明治大学図書館所蔵

高句麗広開土王碑拓本

明治大学広開土王碑拓本刊行委員会 編

吉村武彦・加藤友康・徐建新・吉田悦志

八木書店

はじめに

このたび、明治大学図書館が所蔵する広開土王碑（好太王碑）の拓本の写真版と研究成果を、『明治大学図書館所蔵　高句麗広開土王碑拓本』として出版する運びとなった。

広開土王碑は、高句麗第十九代の国王・広開土王の顕彰碑であるが、四世紀の日本（当時は倭国）と高句麗との外交関係、そして日本と新羅・百済などの朝鮮半島諸国との関係を知るための最重要史料といわれている。碑文を写し取った拓本は、千八百字近くを数えるが、高句麗の支配体制を復元するばかりでなく、朝鮮半島と日本列島の関係を明らかにする貴重な史料と評されている。

しかし、碑文は長年の風雨等によって文字が見づらくなっており、各種の拓本から読みとる難しさが指摘されている。明治大学図書館では、整紙本と剪装本という二種類の広開土王碑拓本を所蔵している。本書で、その二種類の拓本を写真版で公開することによって、所蔵史料の活用をはかりたいと思う。また、各拓本所蔵者の協力を得て、諸拓本の写真を並列し、その比較を通じて釈読できるように図った。

あわせて明治大学および中国社会科学院研究者の関連する諸論考を収録して、研究の発展を期した。本書を通じて、明治大学図書館所蔵の拓本が多くの研究者に利用され、広開土王碑研究がますます盛んになることを願ってやまない。

本書の刊行に際し、関係者各位のご理解・ご協力に、心より感謝申し上げたい。

二〇一九年二月

明治大学図書館長　吉田悦志

目　次

第二部　論考編

第一部　史料編

第一章　整紙本〔写真版〕

第Ⅰ面

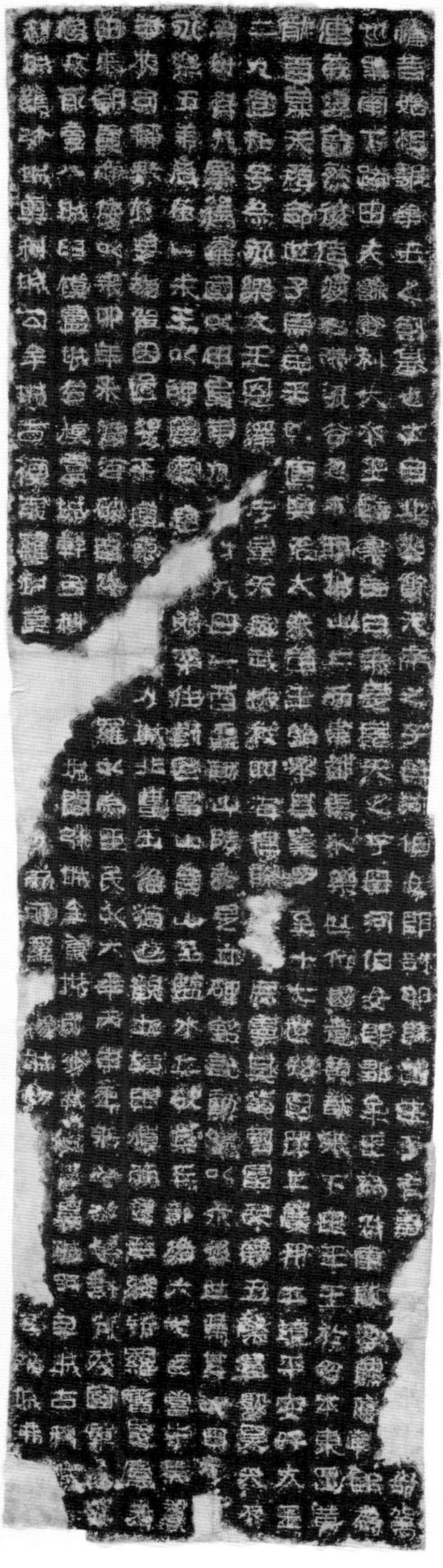

第Ⅱ面

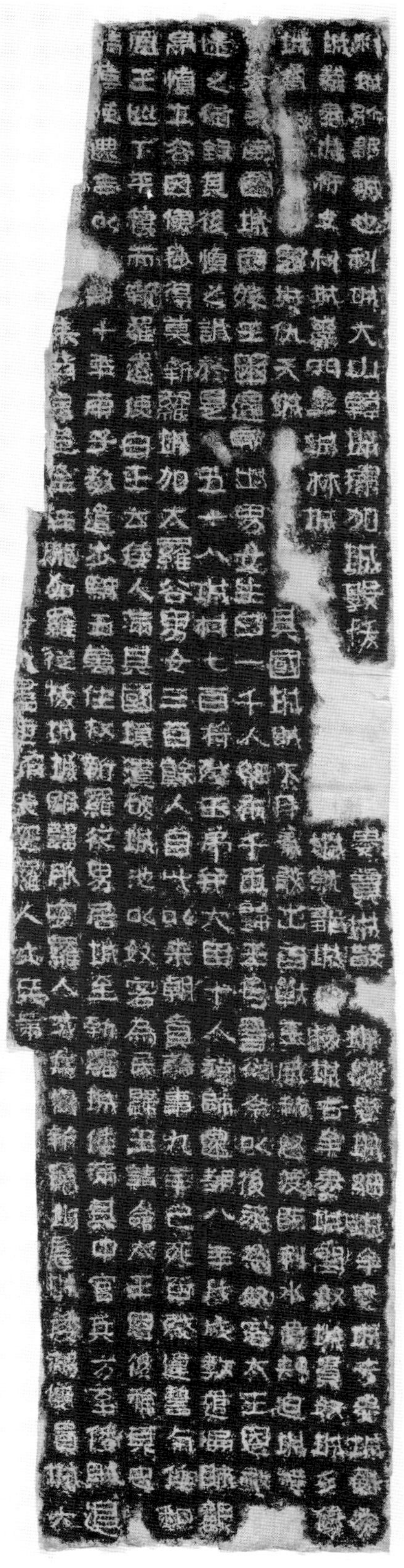

第Ⅲ面

第Ⅳ面

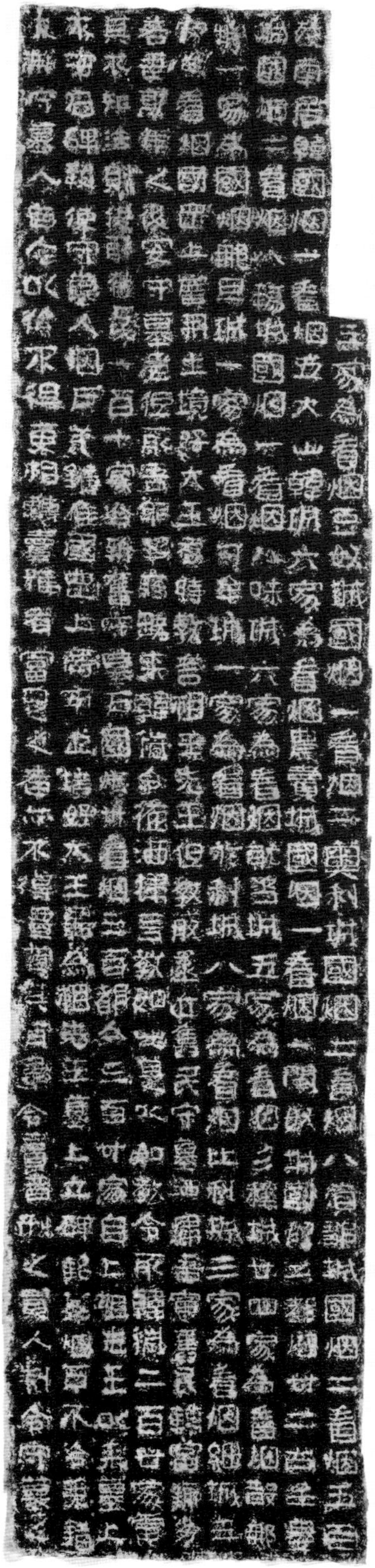

第Ⅰ面

1　惟昔始祖鄒牟王
2　巡幸南下路由夫
3　連葭浮龜然後造
4　龍首昇天顧命世
5　二九登祀号為永

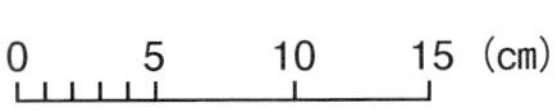

第Ⅰ面

1 之創基也出自北
2 餘奄利大水王□
3 渡於沸流谷忽本
4 子儒留王以道興
5 樂太王恩澤　于

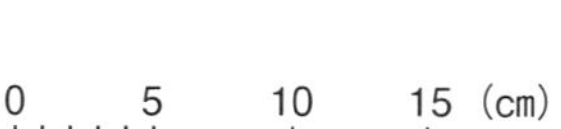

5　4　3　2　1

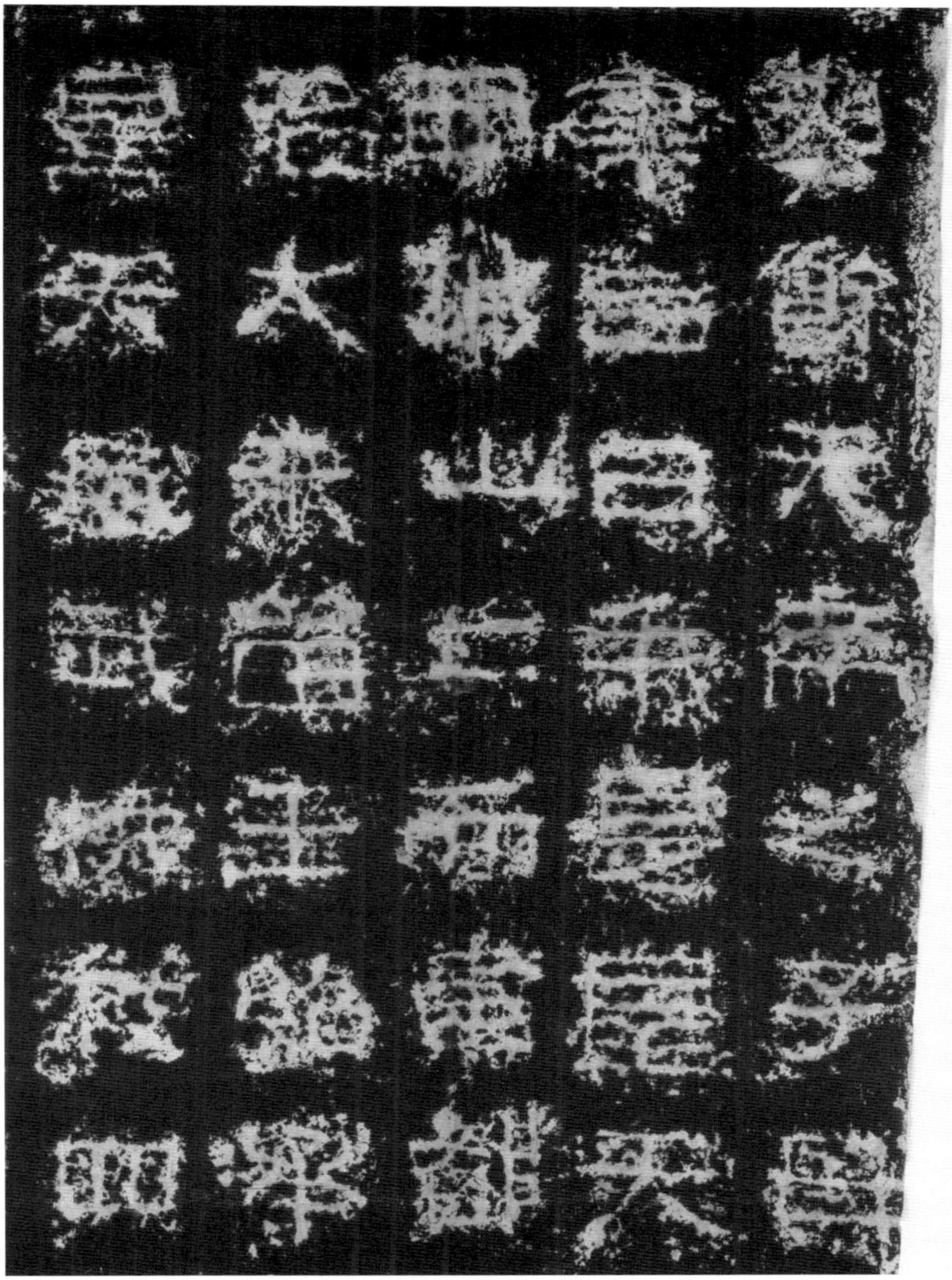

15　16　17　18　19　20　21

第Ⅰ面

1 夫餘天帝之子母（15–21）
2 津言曰我是皇天
3 西城山上而[建]都
4 治大朱留王紹承
5 皇天威武[振]被四

0　5　10　15 (cm)

第Ⅰ面

1 河22伯23女24郎25剖26卯27降28
2 之子母河伯女郎
3 焉不樂世位因遺
4 基業□至十七世
5 海掃除　　庶寧

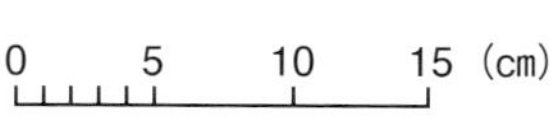

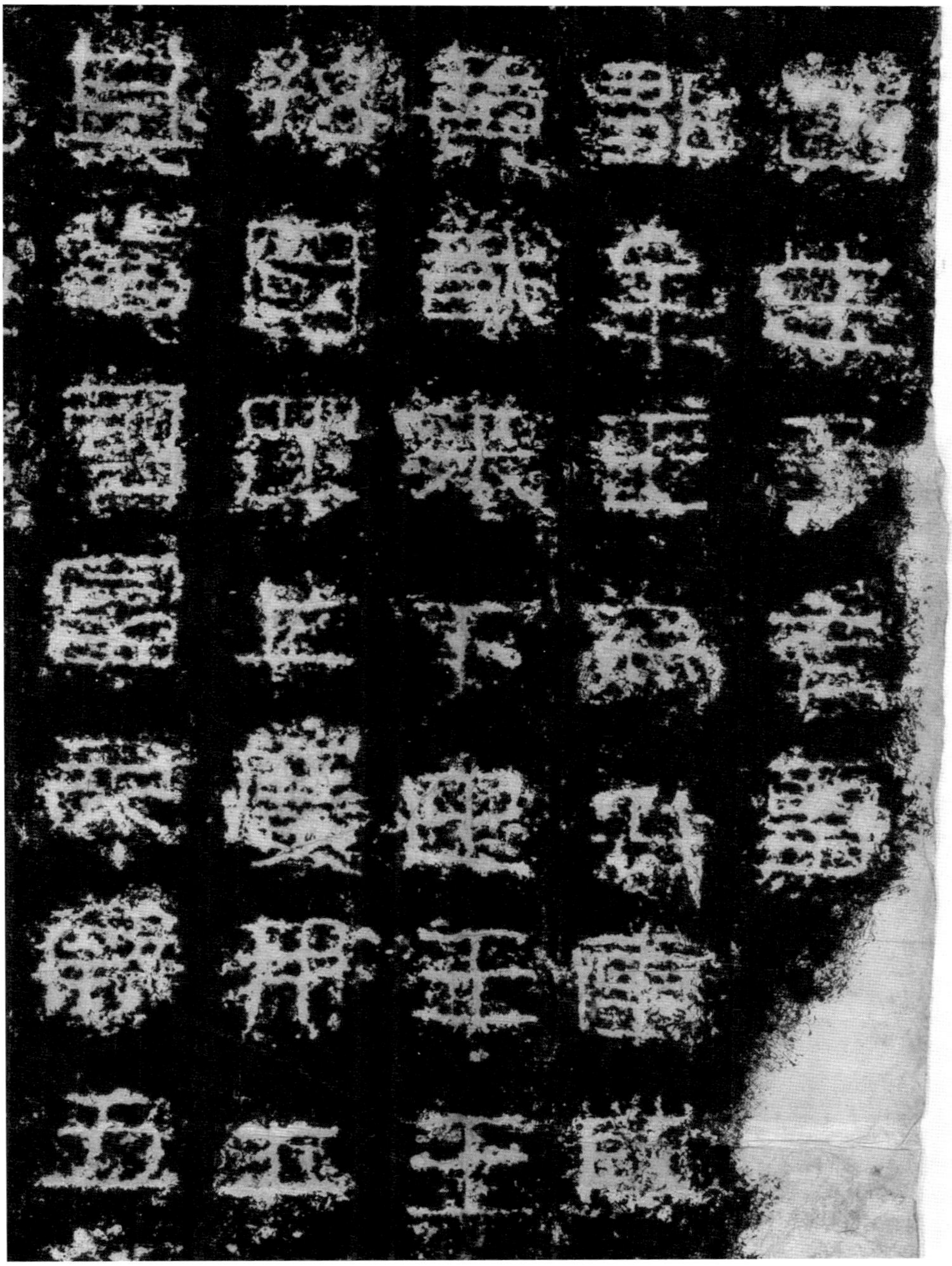

第Ⅰ面

1 出生子有聖
2 鄒牟王為我連葭
3 黄龍来下迎王王
4 孫國罡上廣開土
5 其業國富民殷五

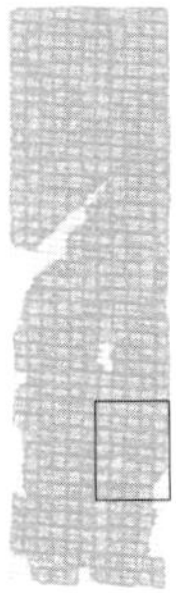

0　5　10　15 (cm)

5　4　3　2　1

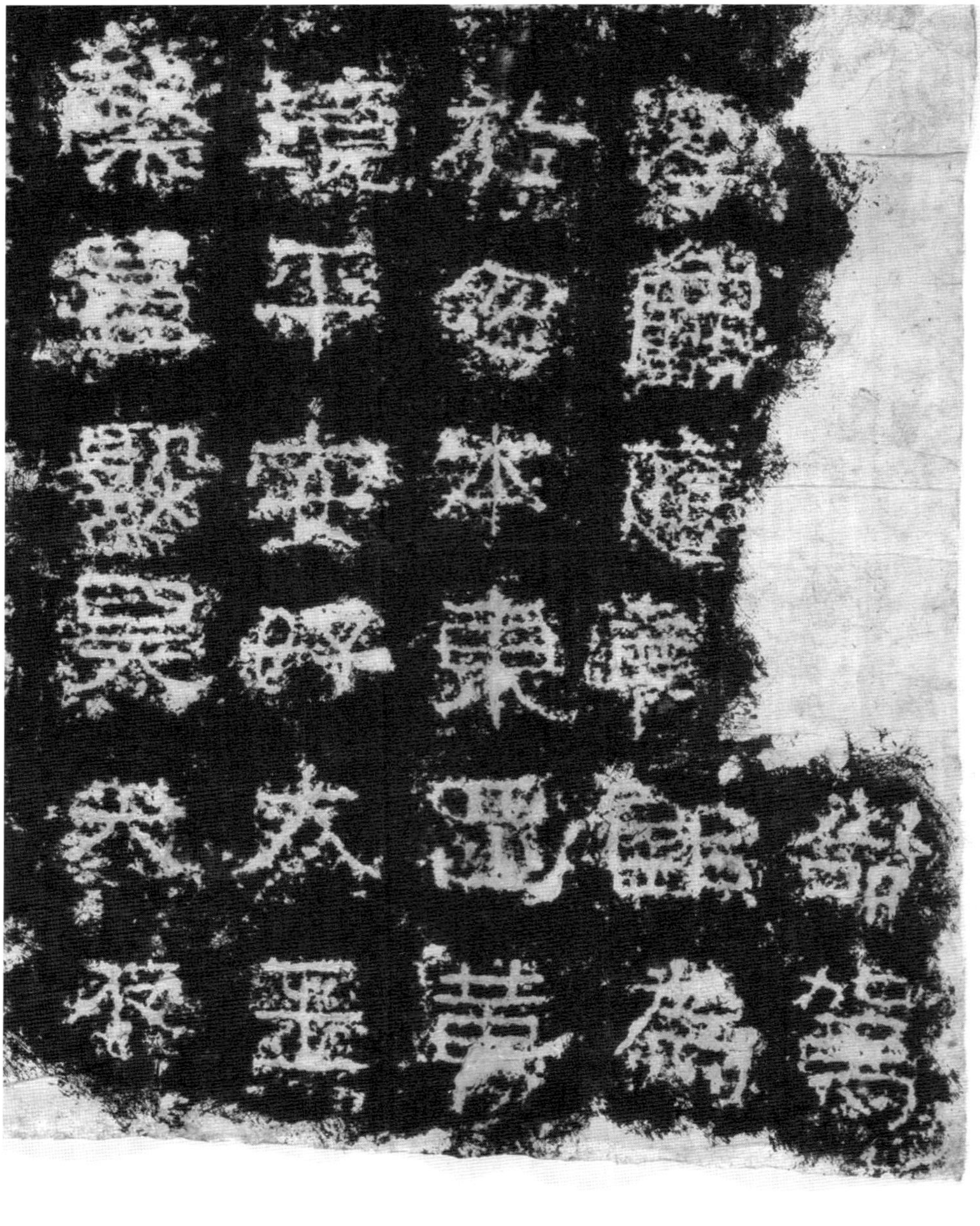

36
37
38
39
40
41

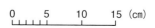

第Ⅰ面

	1	2	3	4	5
36		浮	於	境	穀
37		龜	忽	平	豊
38		應	本	安	熟
39		[聲]	東	好	昊
40	命	即	罡	太	天
41	駕	為	黄	王	不

0　5　10　15 (cm)

第Ⅰ面

6 弔卅有九宴駕棄
7 永樂五年歳在乙
8 羊不可稱數於是
9 由来朝貢而倭以
10 因攻取壹八城臼
11 利城雜弥城奥利

0　5　10　15（cm）

第Ⅰ面

	6	7	8	9	10	11
8	國	未	旋	辛	模	城
9	以	王	駕	卯	盧	勾
10	甲	以	因	年	城	牟
11	寅	碑	過	来	各	城
12	年	麗	⿱㔾□	渡	模	古
13	九	不	平	海	盧	須
14		□	道	破	城	耶

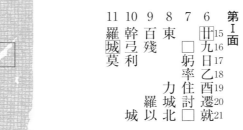

第Ⅰ面

	6	7	8	9	10	11
15	廿		東	百	幹	羅
16	九	□		殘	弓	城
17	日	躬			利	莫
18	乙	率				
19	酉	住	力			
20	遷	討	城	羅		
21	就	□	北	以	城	

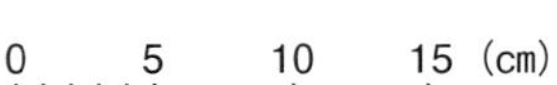

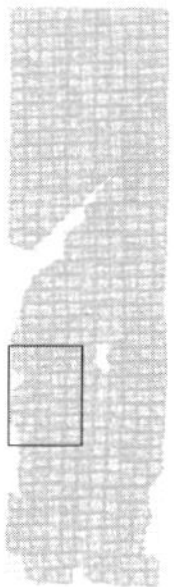

第Ⅰ面

	22	23	24	25	26	27	28
6	山	陵	於	是	立	碑	銘
7	冨	山	負	山	至	鹽	水
8	豊	五	備	海	遊	觀	圡
9	為	臣	民	以	六	年	丙
10	閣	弥	城	牟	盧	城	弥
11		□	而	耶	羅		瑑

0　5　10　15（cm）

第Ⅰ面

	6	7	8	9	10	11
29	記	上	境	申	沙	城
30	勲	破	田	王	城	□
31	績	其	獵	躬	□	
32	以	三	而	率	□	
33	未	部	還	水	蔦	
34	後	洛	百	軍	城	
35	世	六	殘	討	阿	

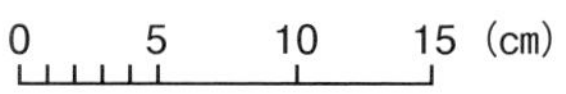

第Ⅰ面

6 焉其辞曰

7 七百當牛馬羣

8 新羅舊是屬民

9 伐殘國軍□□

10 旦城古利城□

11 豆奴城沸

36 37 38 39 40 41

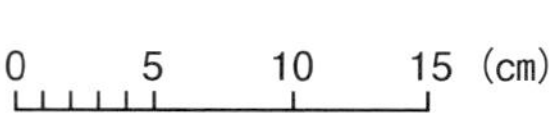

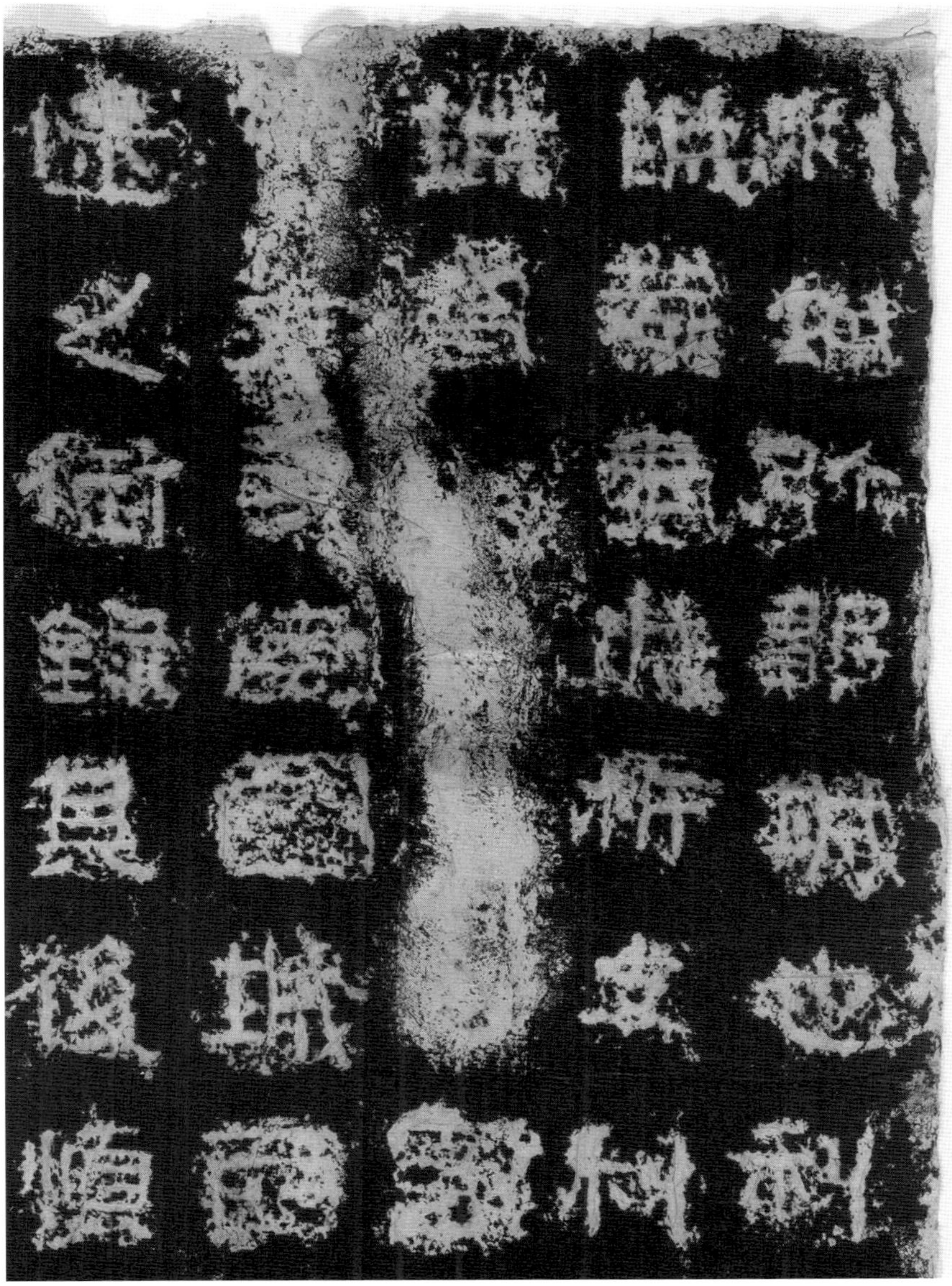

第Ⅱ面

1　利城弥鄒城也利
2　城燕婁城析支利
3　城□□□□□羅
4　□□□□[國]城而
5　迷之[愆]録其後順

0　5　10　15（cm）

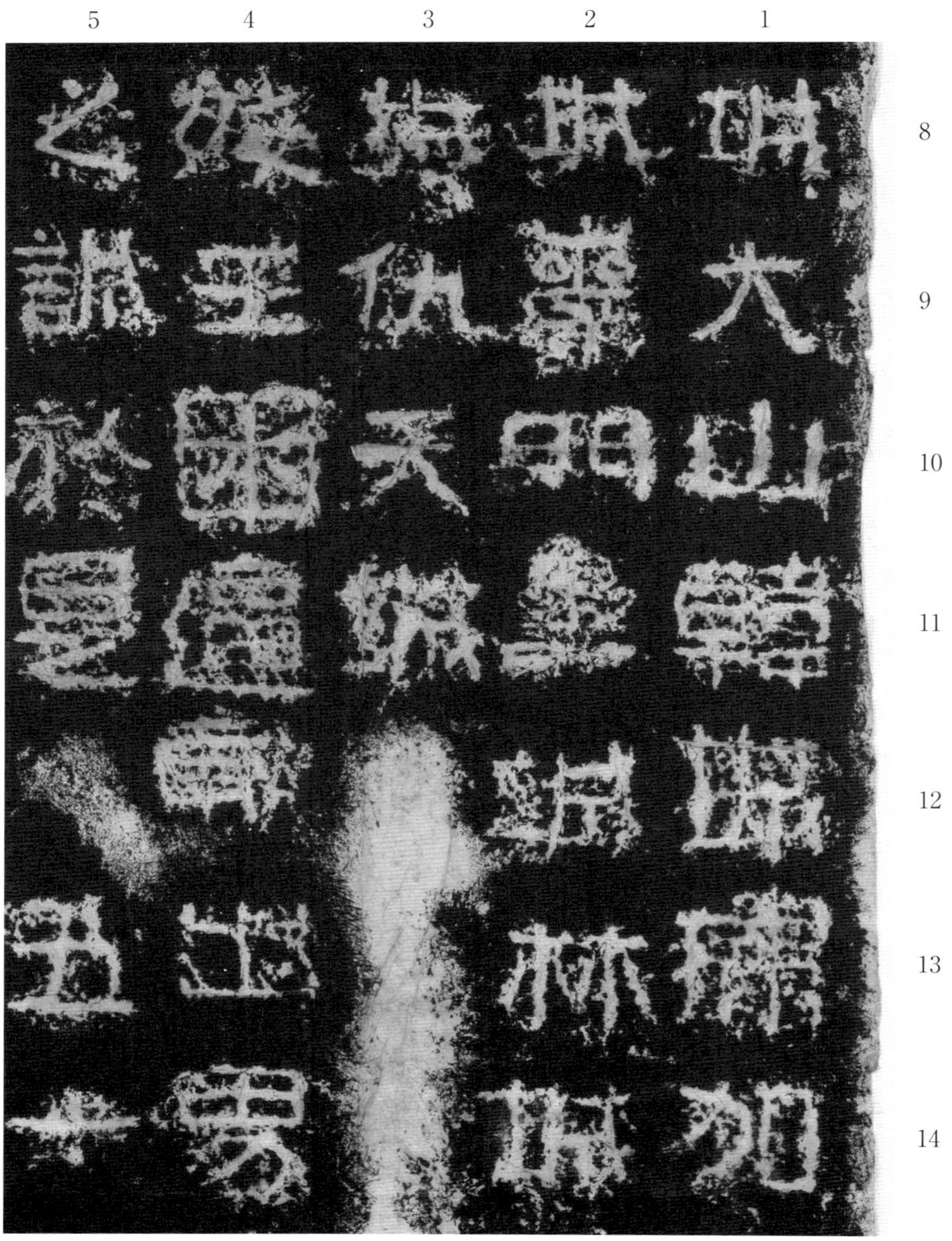

第Ⅱ面

1 城大山韓城掃加
2 城巖門至城林城
3 城仇天城
4 殘王困逼献出男
5 之誠於是　五十

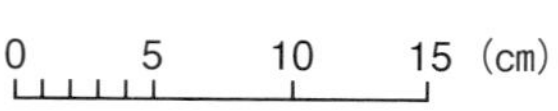

5　4　3　2　1

15
16
17
18
19
20
21

第Ⅱ面

	1	2	3	4	5
15	城	□	□	女	八
16	敦			生	城
17	抜		其	白	村
18			國	一	七
19			城	千	百
20			賊	人	将
21			不	細	殘

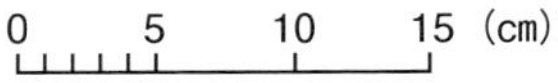

5　4　3　2　1

22　23　24　25　26　27　28

第Ⅱ面

	1	2	3	4	5
22		□	丹	布	王
23	婁	城	氣	千	弟
24	賣	就	敢	匹	并
25	城	鄒	出	歸	大
26	散	城	百	王	臣
27	□	□	戰	自	十
28	城	抜	王	誓	人

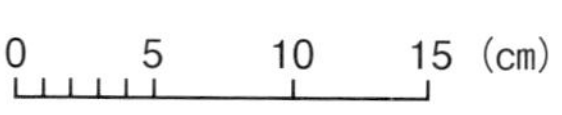

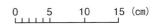

第Ⅱ面

	1	2	3	4	5
29	那	城	威	従	旋
30	婁	古	赫	今	師
31	城	牟	怒	以	還
32	細	婁	渡	後	都
33	城	城	阿	永	八
34	牟	閏	利	為	年
35	婁	奴	水	奴	戊

0　5　10　15（cm）

5　4　3　2　1

36
37
38
39
40
41

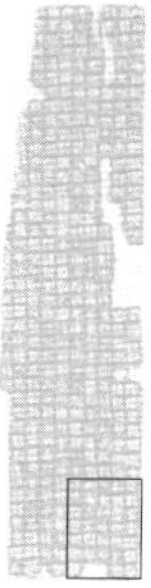

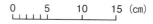

第Ⅱ面

	1	2	3	4	5
36	城	城	遣	客	戌
37	于	貫	刺	太	教
38	婁	奴	迫	王	遣
39	城	城	城	恩	偏
40	蘇	彡	[横]	赦	師
41	灰	穰		□	觀

0　5　10　15（cm）

第Ⅱ面

行	1	2	3	4	5	6	7
6	帛	慎	圡	谷	因	便	抄
7	通	王	巡	下	平	穰	而
8	□	遣	使	還	告	以	
9							
10							

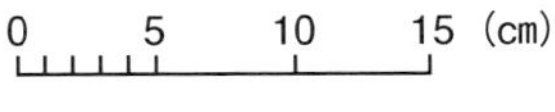

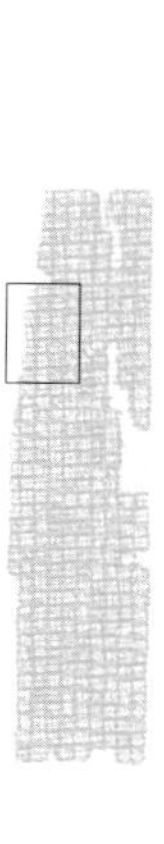

第Ⅱ面

6 得莫新羅城加太
7 新羅遣使白王云
8 □十年庚子教遣
9 来背急追至任
10

（行 8 9 10 11 12 13 14）

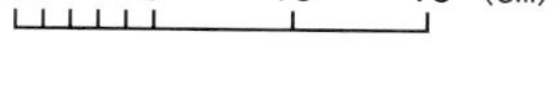

第Ⅱ面

	15	16	17	18	19	20	21
6	羅	谷	男	女	三	百	餘
7	倭	人	滿	其	國	境	潰
8	歩	騎	五	萬	住	救	新
9	那	加	羅	従	抜	城	城
10			十	九	盡	拒	□

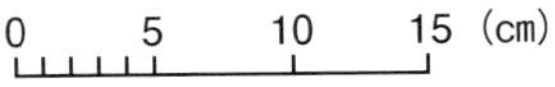

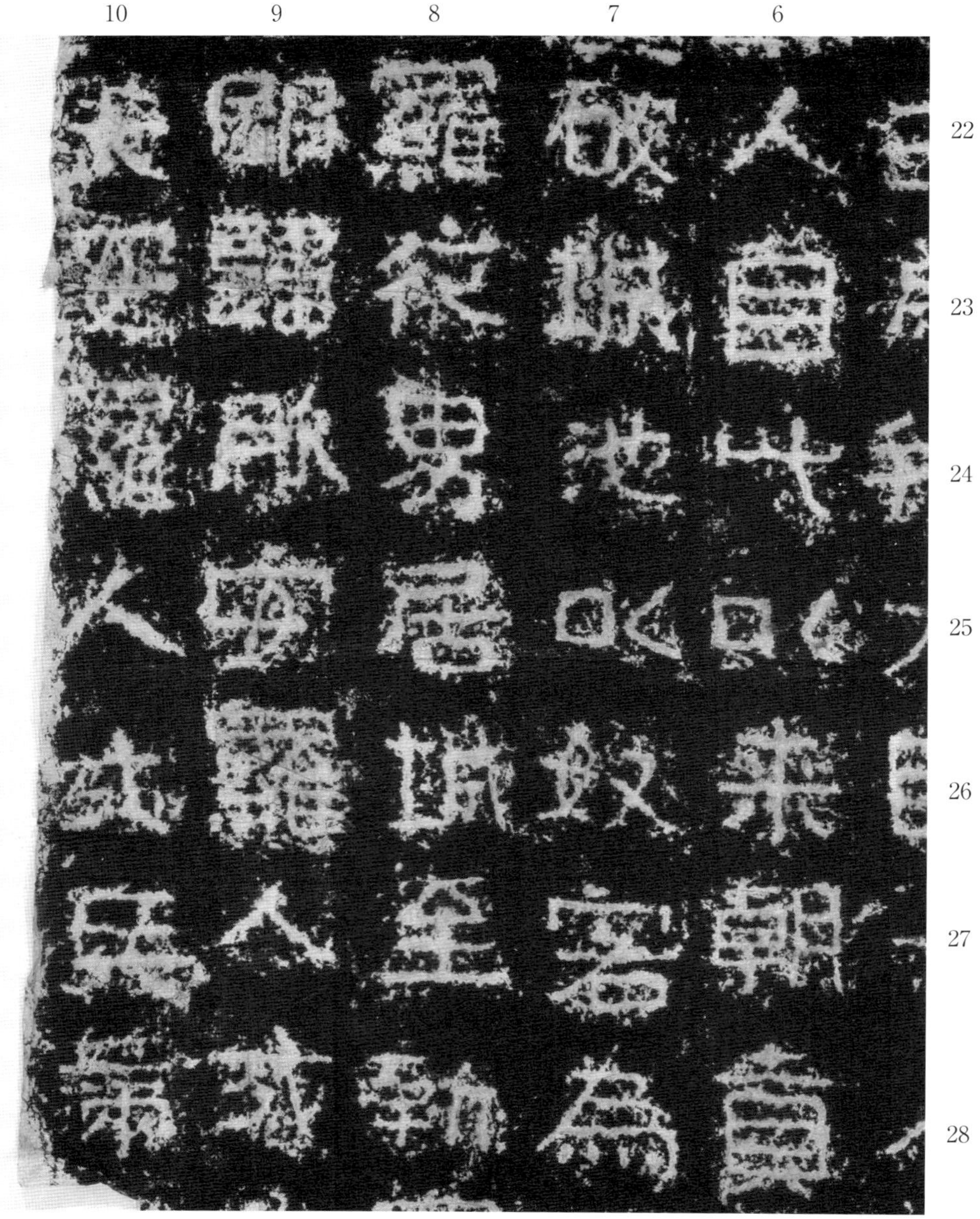

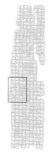

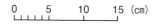

第Ⅱ面

6　人自此以来朝貢
7　破城池以奴客為
8　羅従男居城至新
9　卽歸服安羅人戍
10　□安羅人戍兵滿

(22–28)

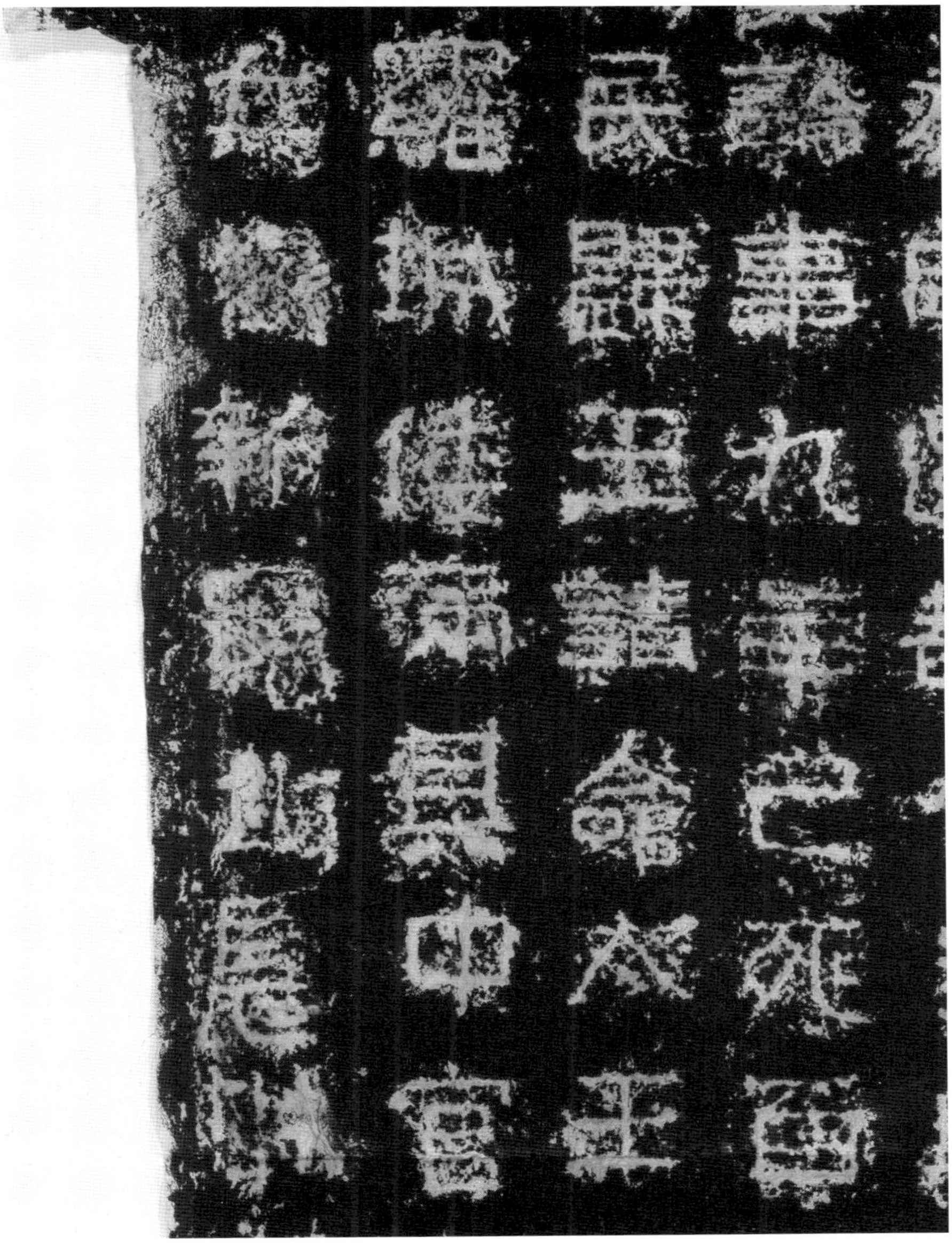

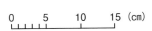

第Ⅱ面

6 論事九年己亥百 (29–35)
7 民歸王請命太王
8 羅城倭滿其中官
9 兵□新羅城□城
10

0　5　10　15 (cm)

第Ⅱ面

6　残違誓与倭和（36–41）
7　恩後稱其忠□
8　兵方至倭賊退
9　倭□倭潰城六
10

0　5　10　15（cm）

第Ⅲ面

	7	6	5	4	3	2	1
1							
2		城					
3	王	廿	合				
4	恩	年	戰	□	□		
5	普	庚	斬	相	朝	□	
6	覆	戌	煞	遇	貢	羅	
7	於	東	蕩	王	十	人	

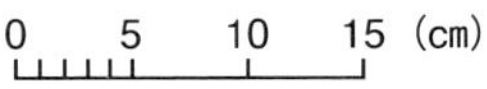

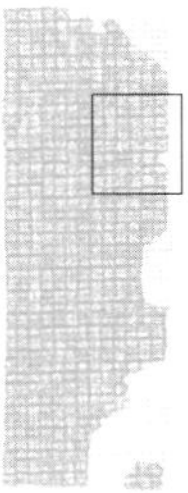

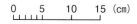

第Ⅲ面

	8	9	10	11	12	13	14
1							
2	戍	兵	昔	新	羅	□	錦
3	四	年	甲	辰	而	倭	不
4	幢	要	截	盪	刺	倭	寇
5	盡	所	穫	鎧	鉀	一	萬
6	夫	餘	舊	是	鄒	牟	王
7	是	旋	還	又	其	慕	化

0　5　10　15（cm）

7　6　5　4　3　2　1

15　16　17　18　19　20　21

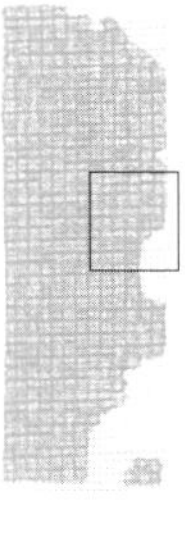

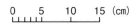

第Ⅲ面

	7	6	5	4	3	2	1
15	随	屬	餘	潰	軌	未	
16	官	民	領	敗	侵	有	
17	来	中	軍	斬	入	身	
18	者	叛	資	煞	帯	来	
19	味	不	器	無	方	朝	
20	仇	貢	械	數	界		
21	婁	王	不	十			

0　5　10　15（cm）

7　6　5　4　3　2　1

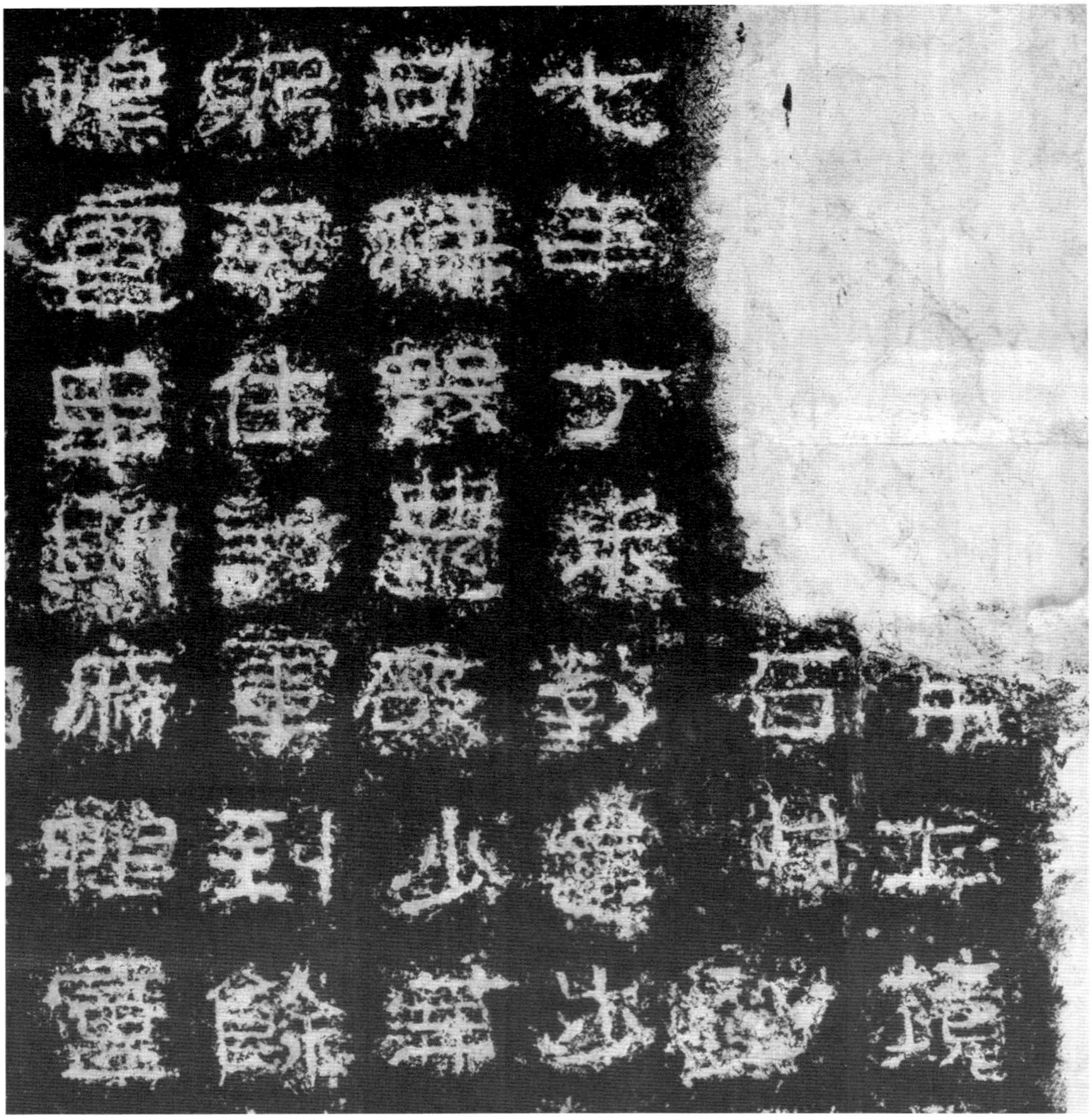

22
23
24
25
26
27
28

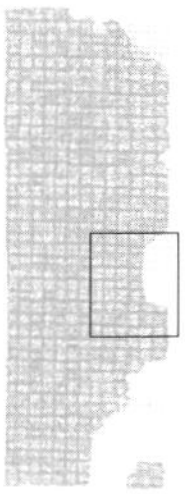

第Ⅲ面

	7	6	5	4	3	2	1
22	鴨	躬	可	七			
23	盧	率	稱	年			
24	卑	住	數	丁			
25	斯	討	還	未	□		
26	麻	軍	破	教	石	開	
27	鴨	到	沙	遣	城	土	
28	盧	餘	溝	歩	□	境	

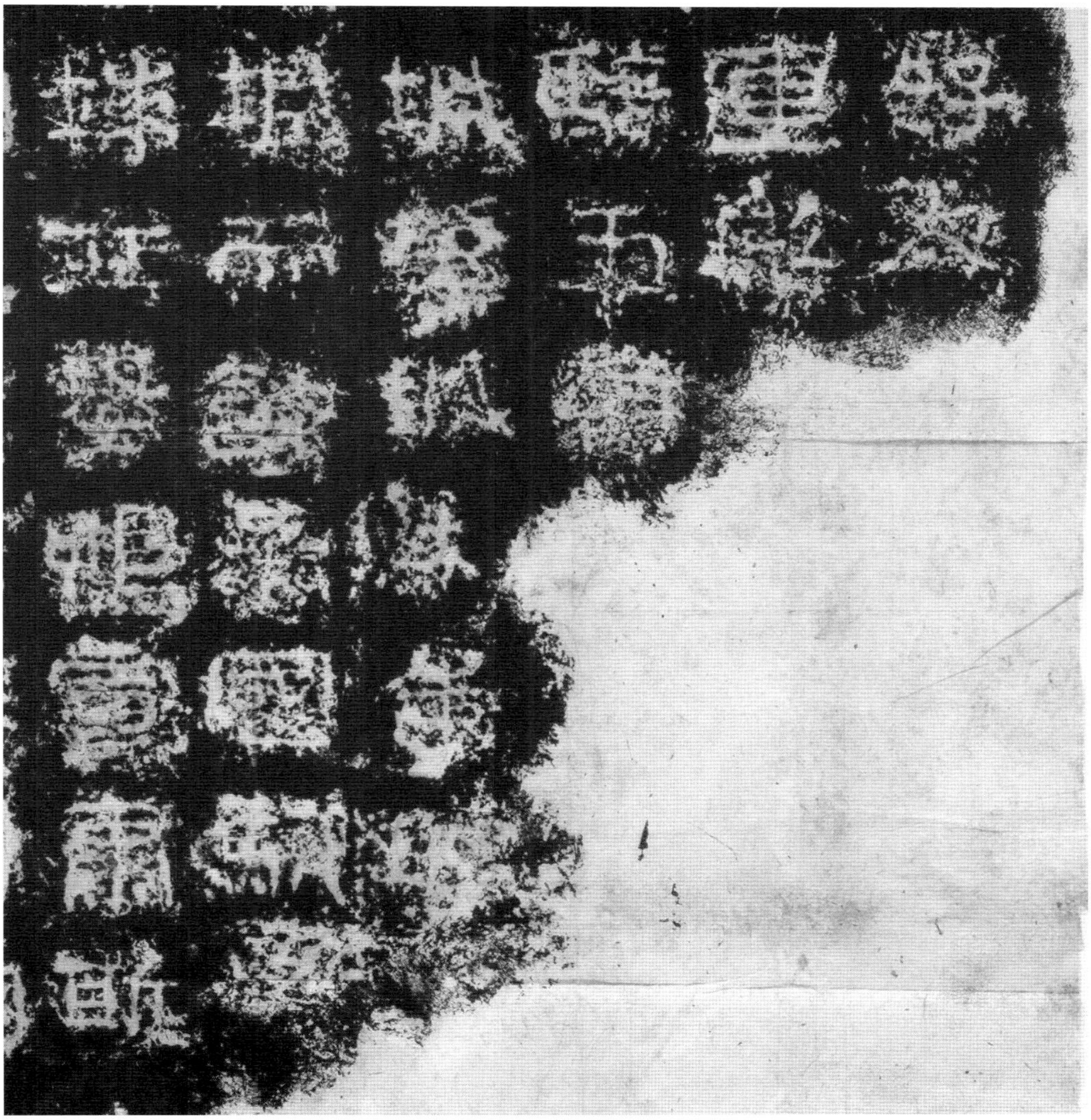

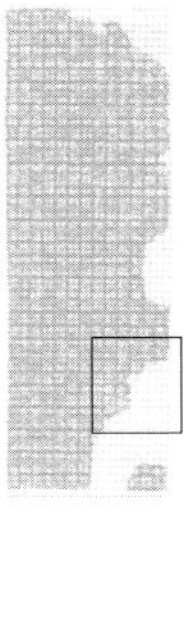

第Ⅲ面

	7	6	5	4	3	2	1
29	端	城	城	騎	連	好	
30	立	而	婁	五	舩	太	
31	婁	餘	城	萬			
32	鴨	城	□				
33	盧	國	住				
34	肅	駭	城				
35	斯	□					

0　5　10　15（cm）

7　6　5　4　3　2　1

36
37
38
39
40
41

第Ⅲ面

	7	6	5	4	3	2	1
36	舍						
37							
38							
39							
40					□	平	僕
41					師	穰	勾

0　5　10　15 (cm)

第Ⅲ面

1 2 3 4 5 6 7

8 　盧凡所攻破城
9 　四家盡為看烟
10 人國烟一看烟卌
11 家為看烟南蘇城
12 看烟勾牟客頭二
13 旲古城國烟一看
14 城四家為看烟各

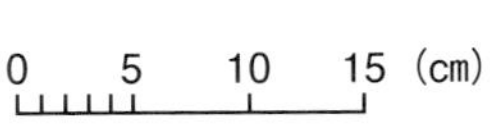

第Ⅲ面

8 六十四村一千四

9 于城一家為看烟

10 二梁谷二家為看

11 一家為國烟新来

12 家為看烟末底韓

13 烟三客賢韓一家

14 模盧城二家為看

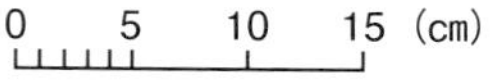

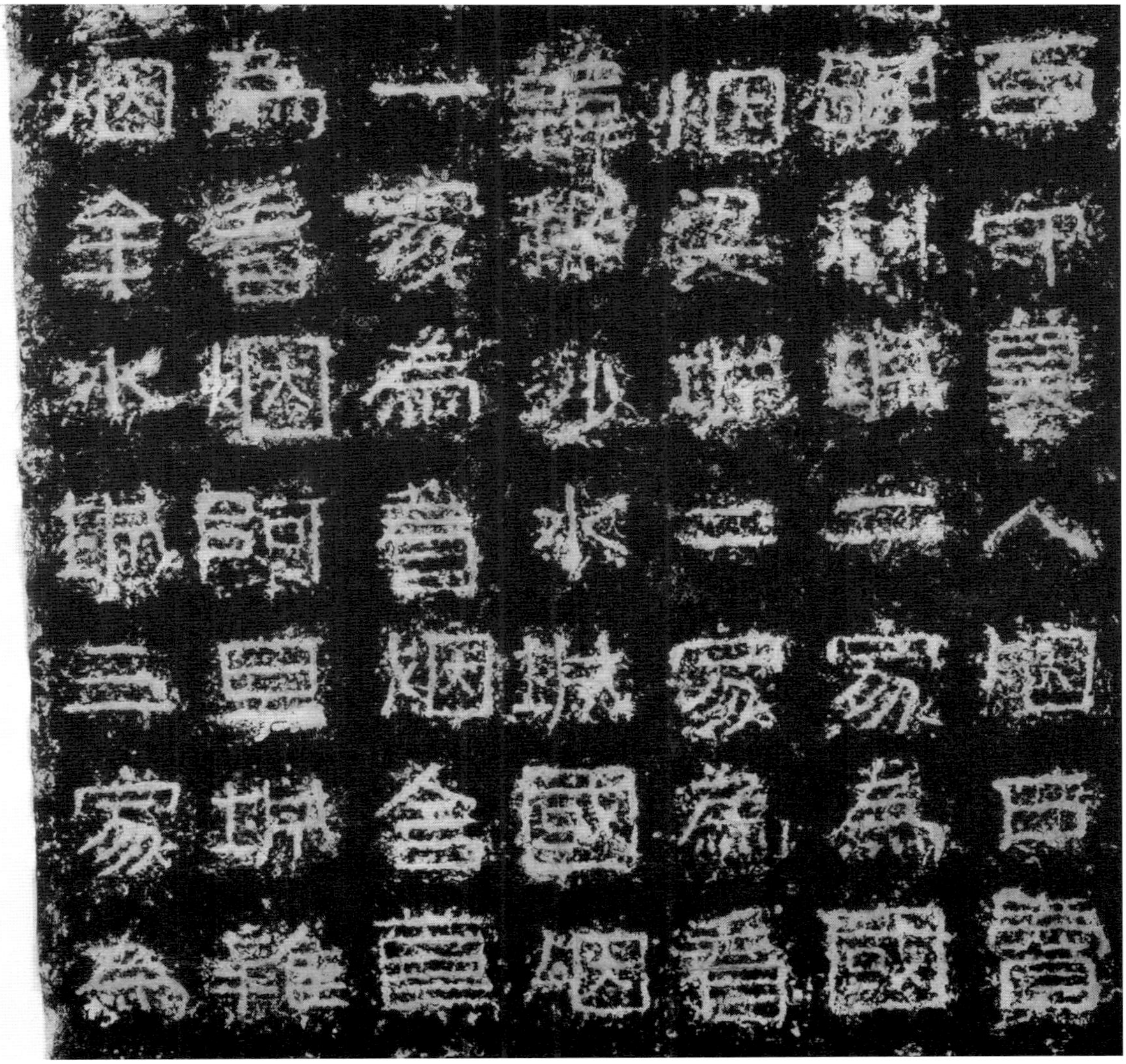

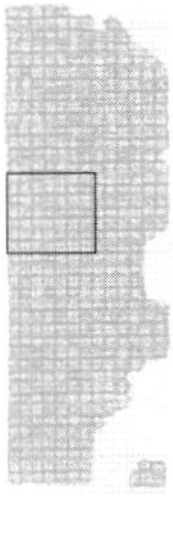

第Ⅲ面

8 百守墓人烟戸賣
9 碑利城二家為國
10 烟栥城二家為看
11 韓穢沙水城國烟
12 一家為看烟舍蔦
13 為看烟阿旦城雜
14 烟牟水城三家為

0　5　10　15（cm）

14 13 12 11 10 9 8

22 23 24 25 26 27 28

第Ⅲ面

行	22	23	24	25	26	27	28
8	勾	余	民	國	烟	二	看
9	烟	平	穰	城	民	國	烟
10	烟	安	夫	連	廿	二	家
11	一	看	烟	一	牟	婁	城
12	城	韓	穢	國	烟	三	看
13	珎	城	合	十	家	為	看
14	看	烟	幹	弖	利	城	國

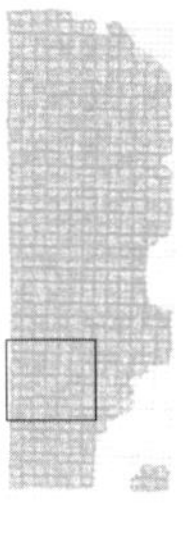

第Ⅲ面

	8	9	10	11	12	13	14
29	烟	一	為	二	烟	烟	烟
30	三	看	看	家	廿	巴	二
31	東	烟	烟	為	一	奴	看
32	海	十	□	看	古	城	烟
33	賈	訾	谷	烟	家	韓	□
34	國	連	三	豆	耶	九	弥
35	烟	二	家	比	羅	家	□

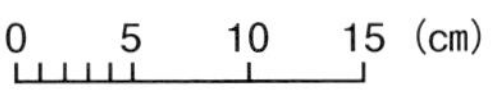

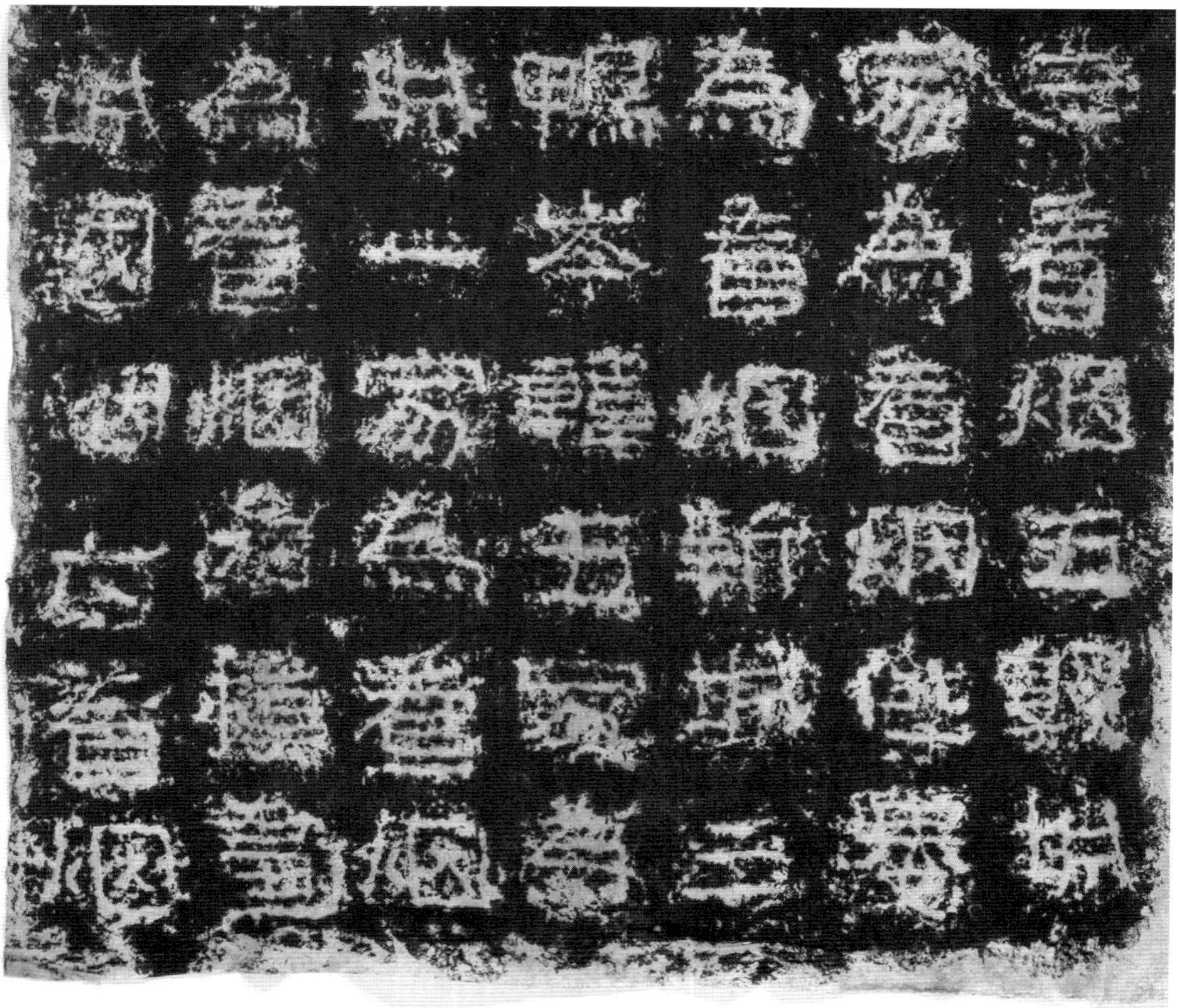

第Ⅲ面

	8	9	10	11	12	13	14
36	三	家	為	鴨	城	為	城
37	看	為	看	岑	一	看	国
38	烟	看	烟	韓	家	烟	烟
39	五	烟	新	五	為	[各]	六
40	敦	[俳]	城	家	看	模	看
41	城	要	三	為	烟	盧	烟

0　5　10　15 (cm)

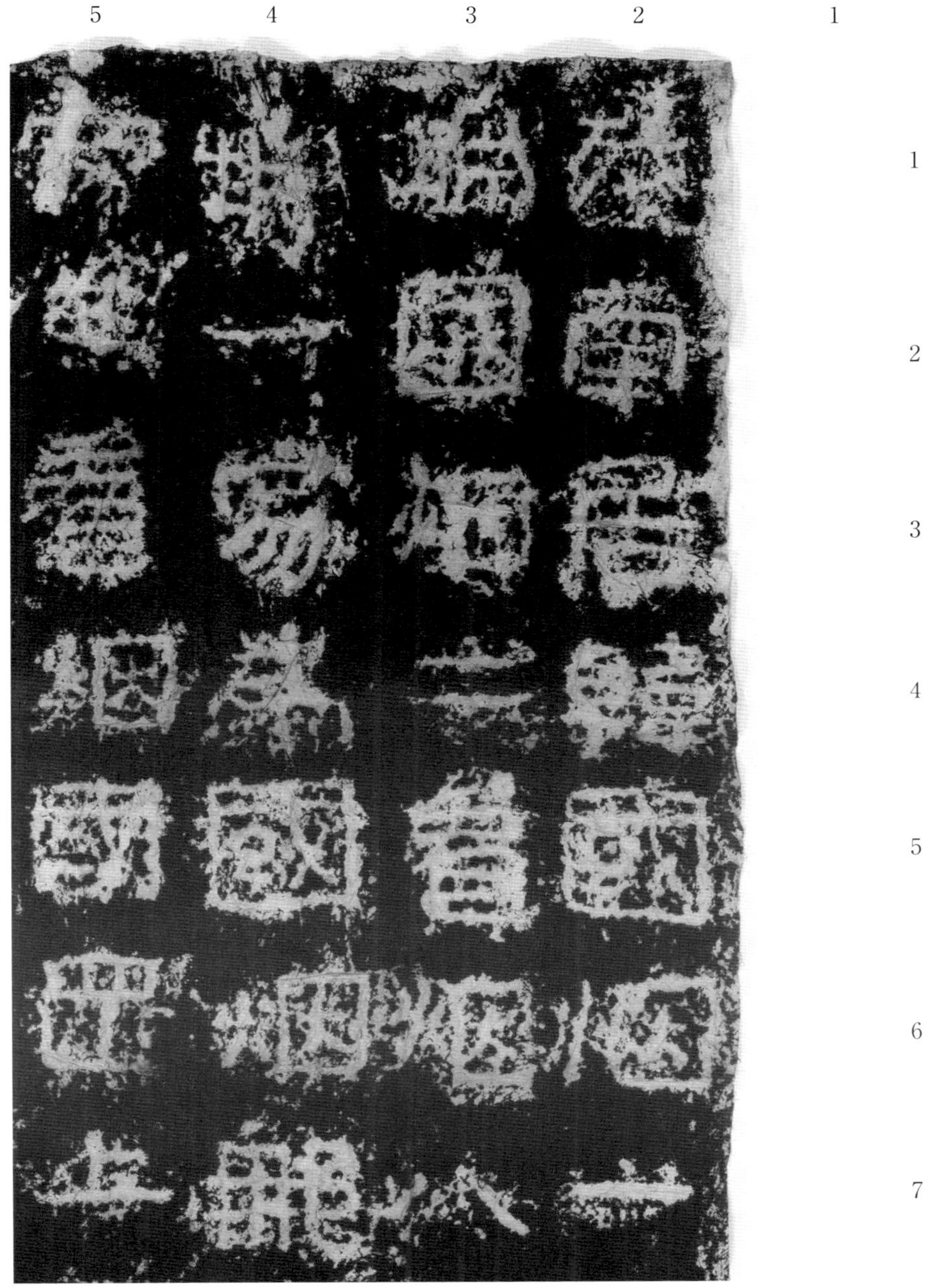

第Ⅳ面

行：1 2 3 4 5 6 7

1
2 殘南居韓國烟一
3 城國烟二看烟八
4 城一家為國烟那
5 家為看烟國罡上

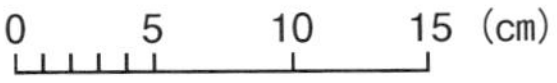

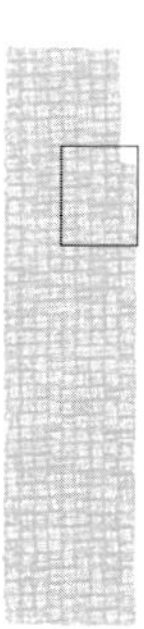

第Ⅳ面

1　□三家為看烟豆
2　看烟五大山韓城
3　琢城國烟一看烟
4　旦城一家為看烟
5　廣開土境好太王

（行番号 8–14）

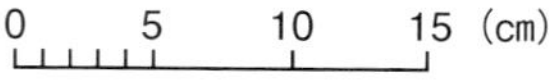

5　4　3　2　1

15 16 17 18 19 20 21

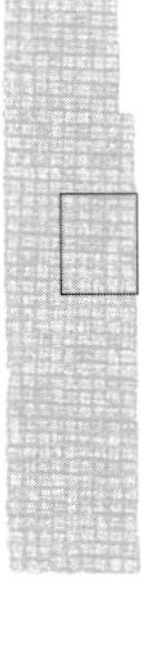

第Ⅳ面

	15	16	17	18	19	20	21
1	奴	城	國	烟	一	看	烟
2	六	家	為	看	烟	農	賣
3	八	味	城	六	家	為	看
4	勾	牟	城	一	家	為	看
5	存	時	教	言	祖	王	先

0　5　10　15（cm）

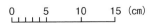

第Ⅳ面

	22	23	24	25	26	27	28
1	二	奥	利	城	國	烟	二
2	城	國	烟	一	看	烟	一
3	烟	就	咨	城	五	家	為
4	烟	於	利	城	八	家	為
5	王	但	教	取	遠	近	舊

0　5　10　15 (cm)

5　4　3　2　1

29　30　31　32　33　34　35

第Ⅳ面

	1	2	3	4	5
29	看	閏	看	看	民
30	烟	奴	[烟]	烟	守
31	八	城	彡	比	墓
32	須	國	穰	利	洒
33	鄒	[烟]	城	城	掃
34	城	二	廿	三	吾
35	國	[都]	四	家	[慮]

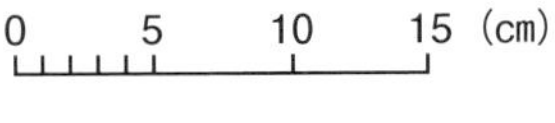

5　4　3　2　1

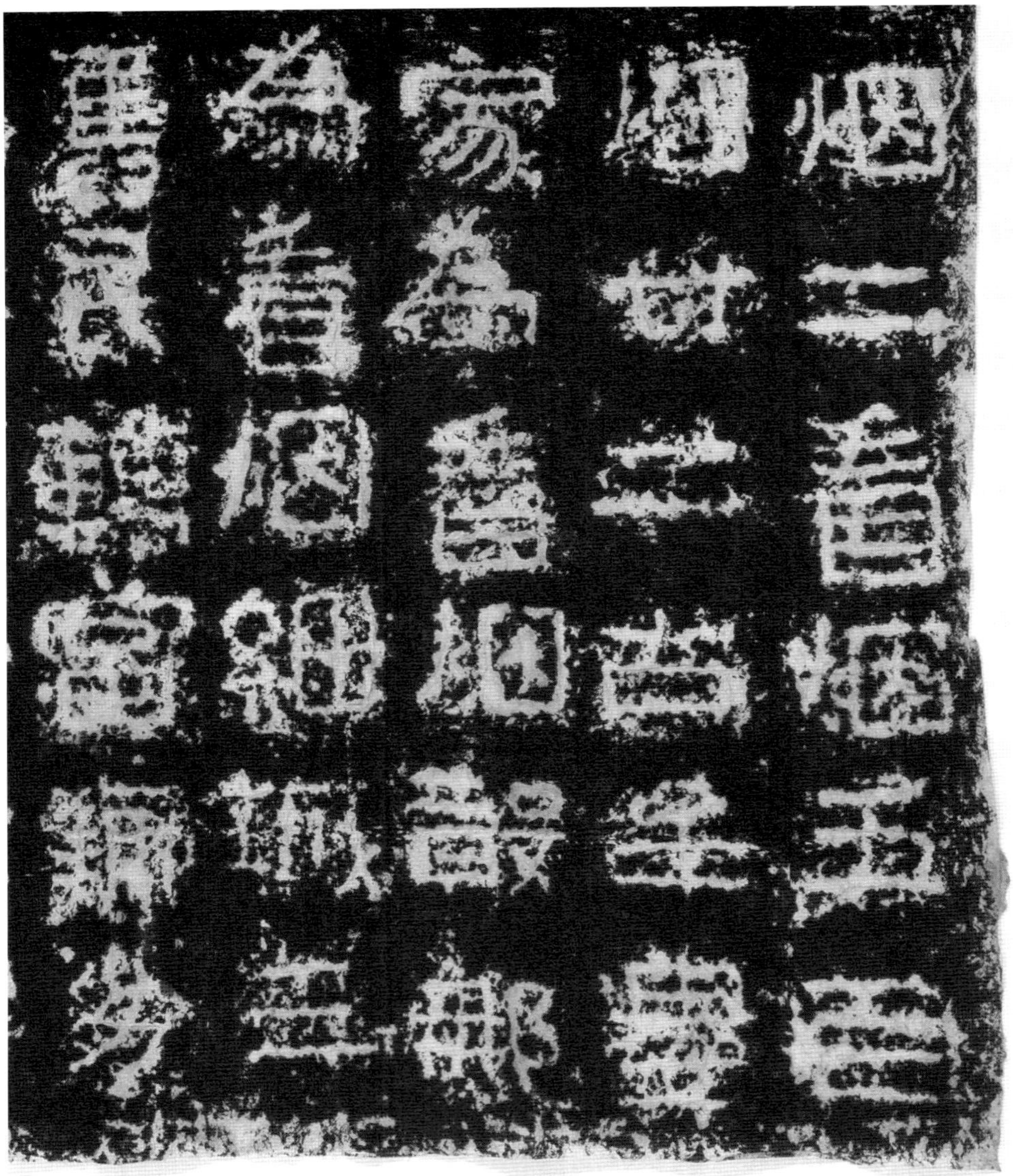

36 37 38 39 40 41

第Ⅳ面

1　烟二看烟五百

2　烟廿二古牟婁

3　家為看烟散那

4　為看烟細城三

5　舊民轉當□劣

36 37 38 39 40 41

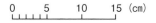

0　5　10　15 (cm)

第Ⅳ面

1234567

6 若吾萬年之後安

7 其不知法則復取

8 不安石碑致使守

9 又□守墓人自今

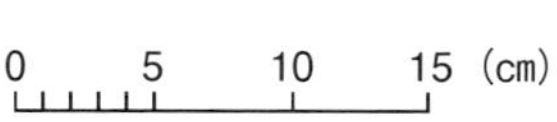

第Ⅳ面

6 守8墓9者10但11取12吾13躬14

7 舊民一百十家合

8 墓人烟戸□錯惟

9 以後不得更相轉

0　5　10　15 (cm)

9　8　7　6

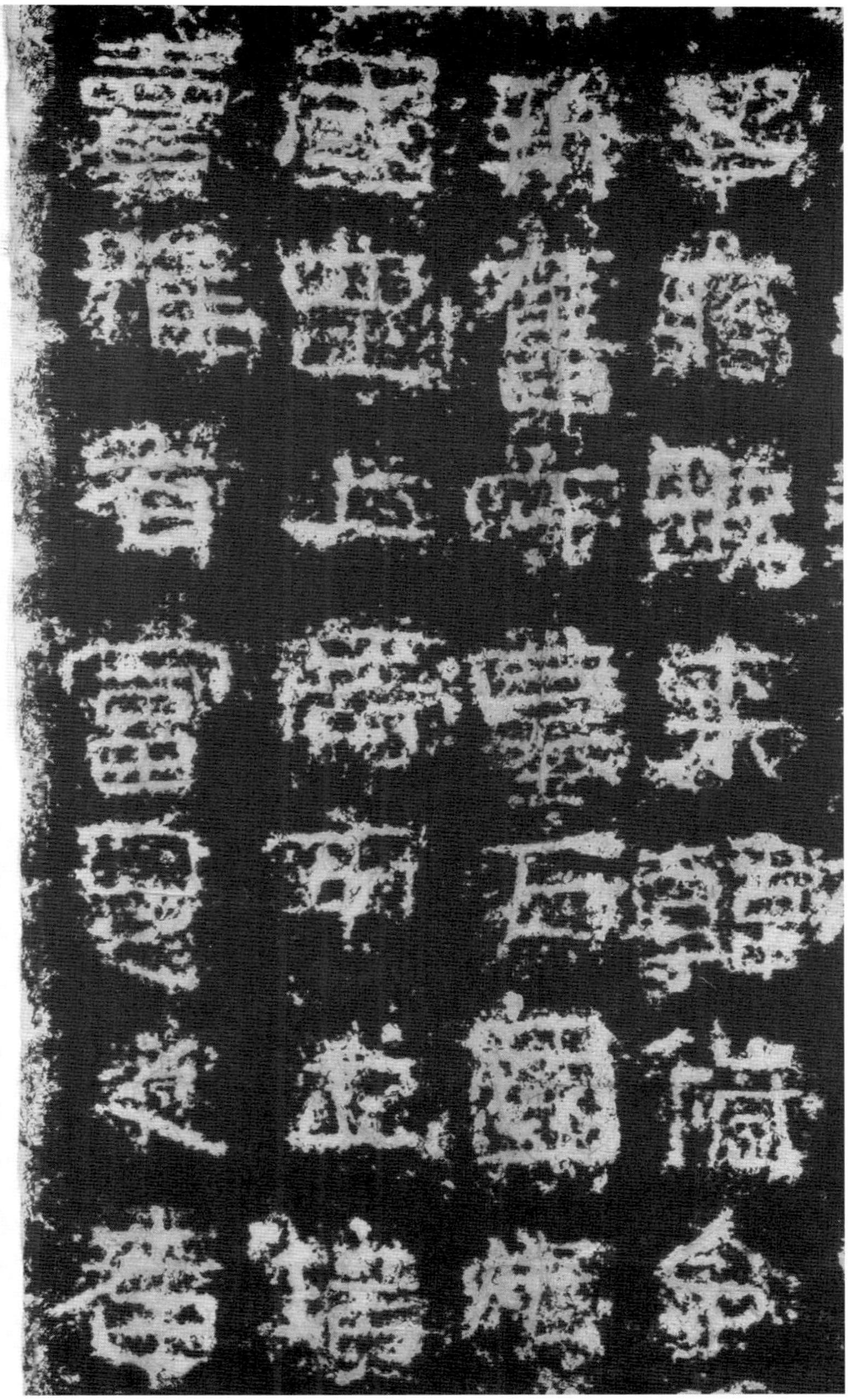

15 16 17 18 19 20 21

第Ⅳ面

	6	7	8	9
15	率	新	國	賣
16	所	舊	罡	雖
17	略	守	上	有
18	来	墓	廣	富
19	韓	戸	開	足
20	穢	國	土	之
21	令	烟	境	者

0　5　10　15（cm）

第Ⅳ面

6 備22洒23掃24言25教26如27此28
7 卅看烟三百都合
8 好太王盡為祖先
9 亦不得擅買其有

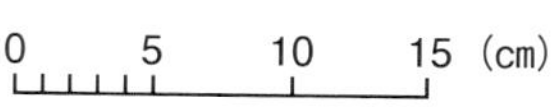

第Ⅳ面

6　是29以30如31教32令33取34韓35
7　三百卅家自上祖
8　王墓上立碑銘其
9　違令賣者刑之買

0　5　10　15（cm）

9　8　7　6

36　37　38　39　40　41

第Ⅳ面

	36	37	38	39	40	41
6	穢	二	百	廿	家	慮
7	先	王	以	来	墓	上
8	烟	戸	不	令	羌	錯
9	人	制	令	守	墓	之

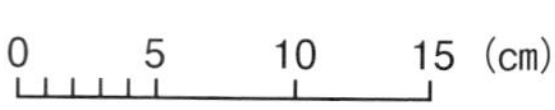

第Ⅰ面

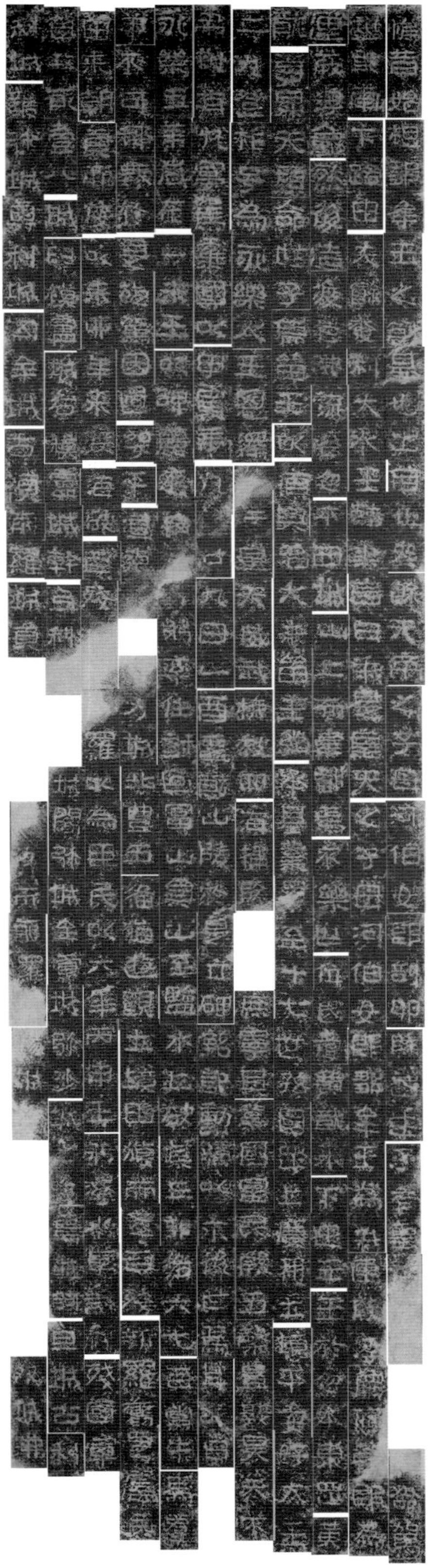

第Ⅱ面

第二章　剪装本〔写真版〕

第Ⅲ面

第Ⅳ面

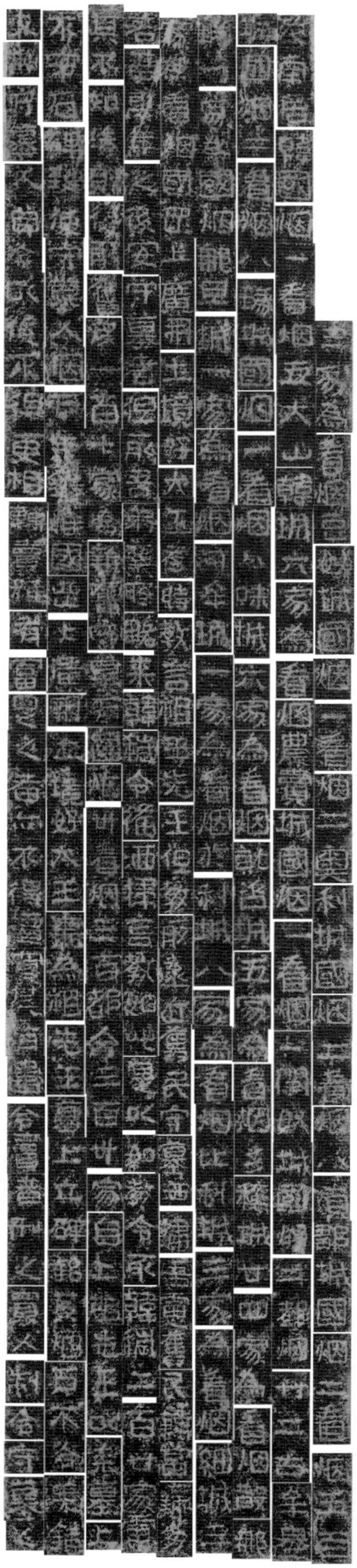

第Ⅰ面

1
惟1
昔2
始3
祖4
鄒5
牟6

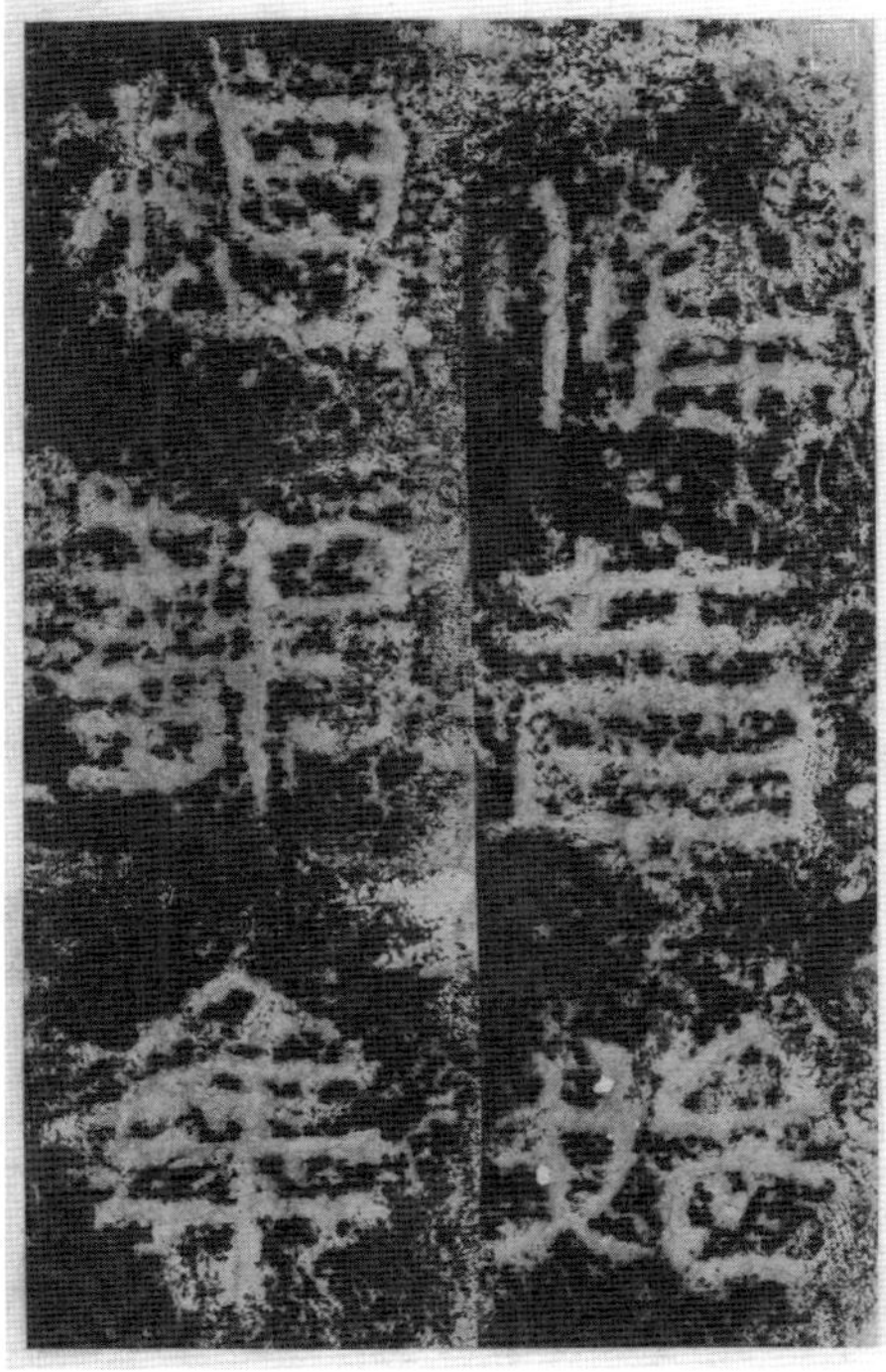

1
王7
之8
創9
基10
也11
出12

1
自13
北14
夫15
餘16
天17
帝18

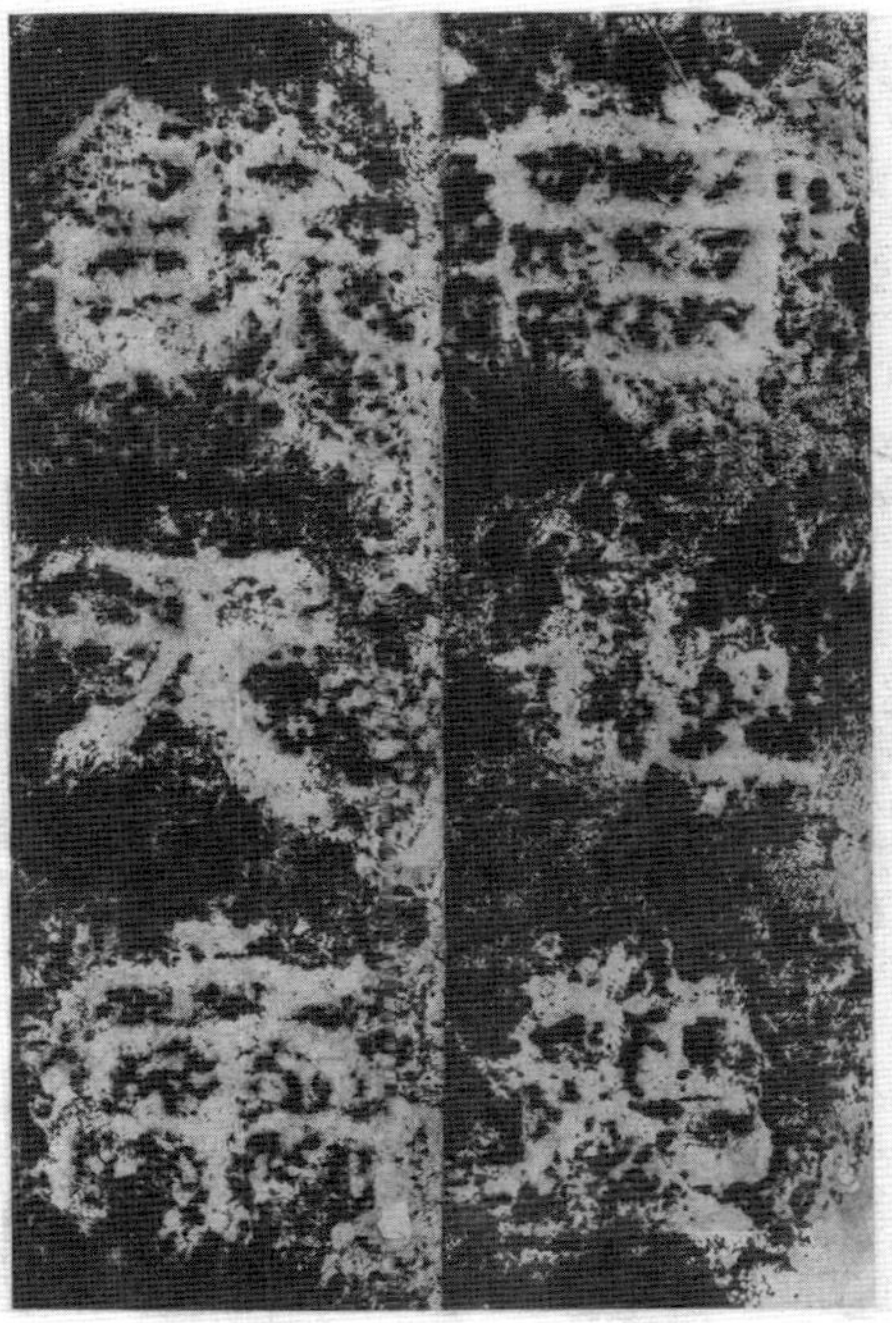

1
之19
子20
母21
河22
伯23
女24

0　5　10　15（cm）

1
39
命40
駕41
／
2
巡1
幸2
南3

1
郎25
剖26
卯27
降28
出29
生30

2
下4
路5
由6
夫7
餘8
奄9

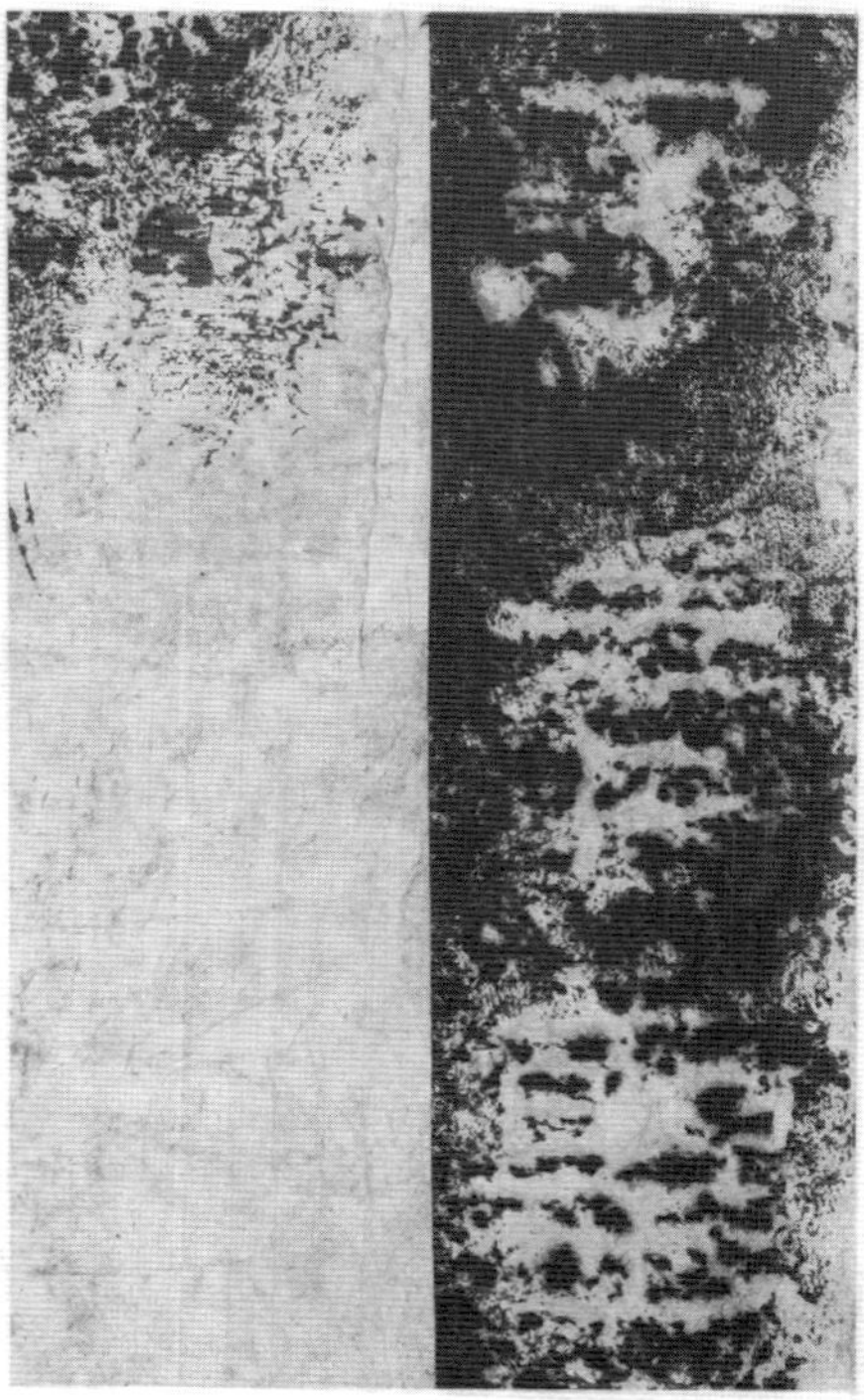

1
子31
有32
聖33
34
35
36

0　5　10　15 (cm)

2
利10
大11
水12
王13
臨14
津15

2
言16
曰17
我18
是19
皇20
天21

2
之22
子23
母24
河25
伯26
女27

2
郎28
鄒29
牟30
王31
為32
我33

0　5　10　15（cm）

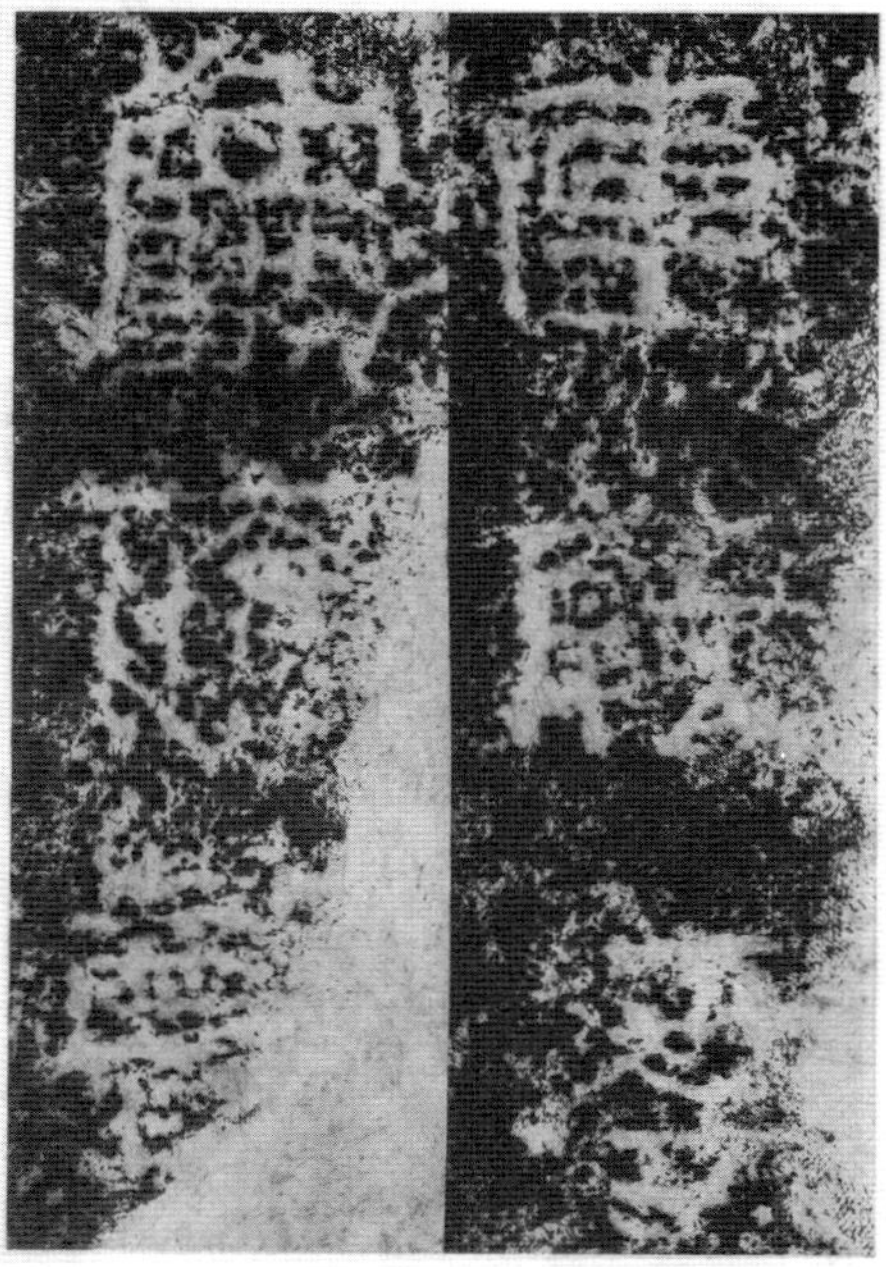

2
連34
葭35
浮36
龜37
應38
聲39

2
即40
為41
／
3
連1
葭2
浮3
龜4

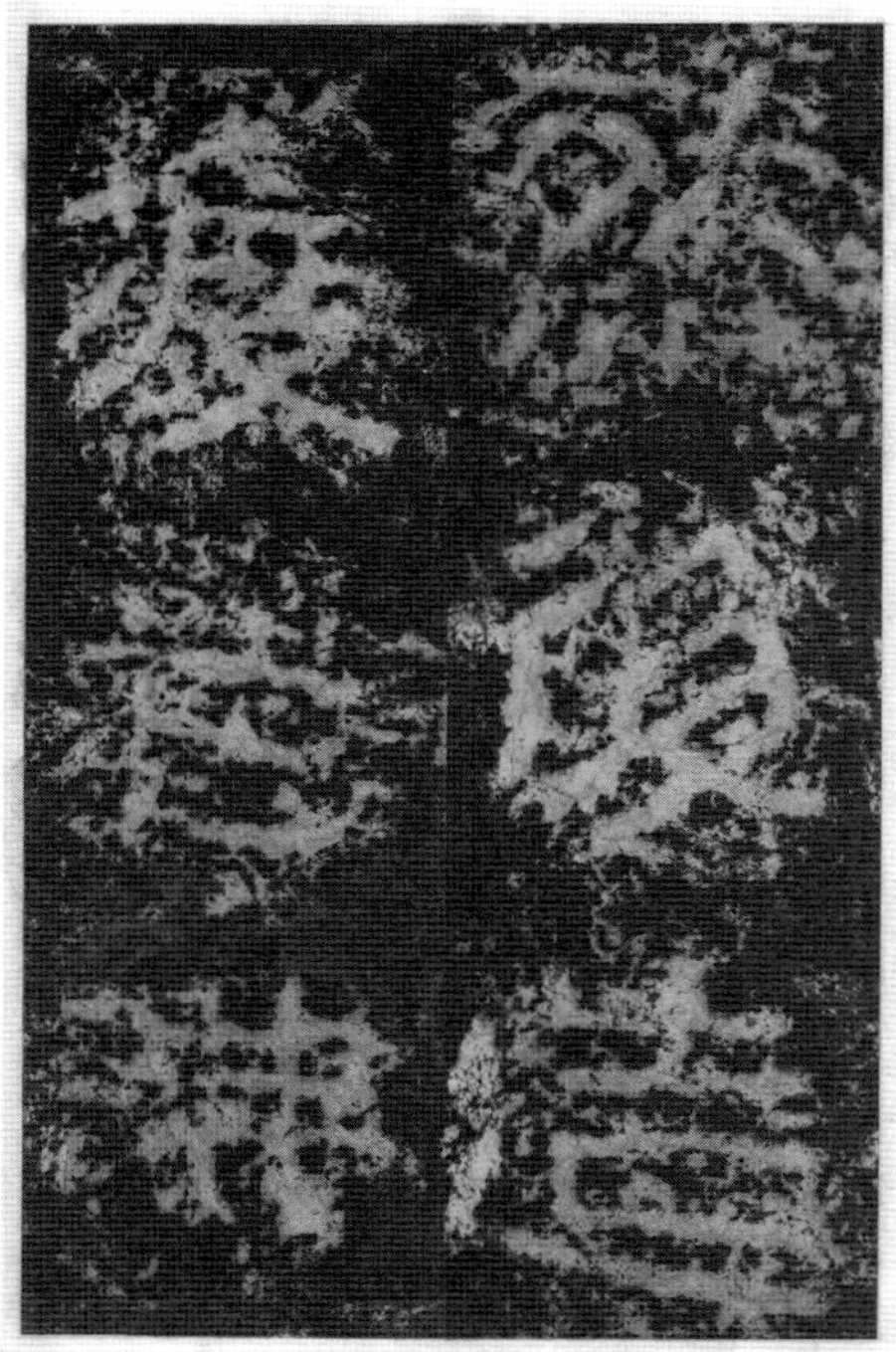

3
然5
後6
造7
渡8
於9
沸10

3
流11
谷12
忽13
本14
西15
城16

0　5　10　15（cm）

3
黄29
龍30
来31
下32
迎33
王34

3
山17
上18
而19
建20
都21
焉22

3
王35
於36
忽37
本38
東39
罡40

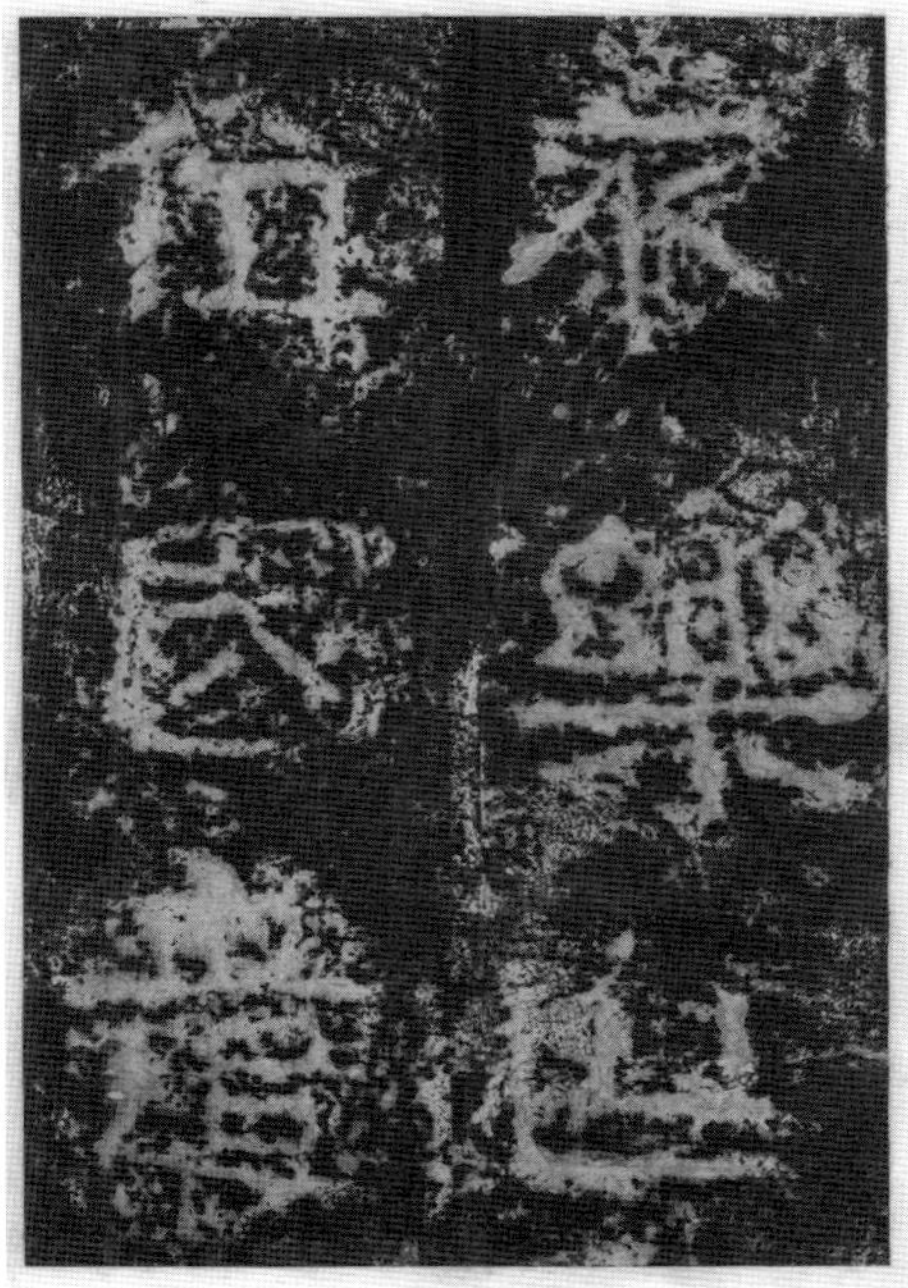

3
不23
樂24
世25
位26
因27
遣28

0　5　10　15（cm）

3
黄41
／
4
龍1
首2
舁3
天4
顧5

4
命6
世7
子8
儒9
留10
王11

4
以12
道13
興14
治15
大16
朱17

4
留18
王19
紹20
承21
基22
業23

0　5　10　15 (cm)

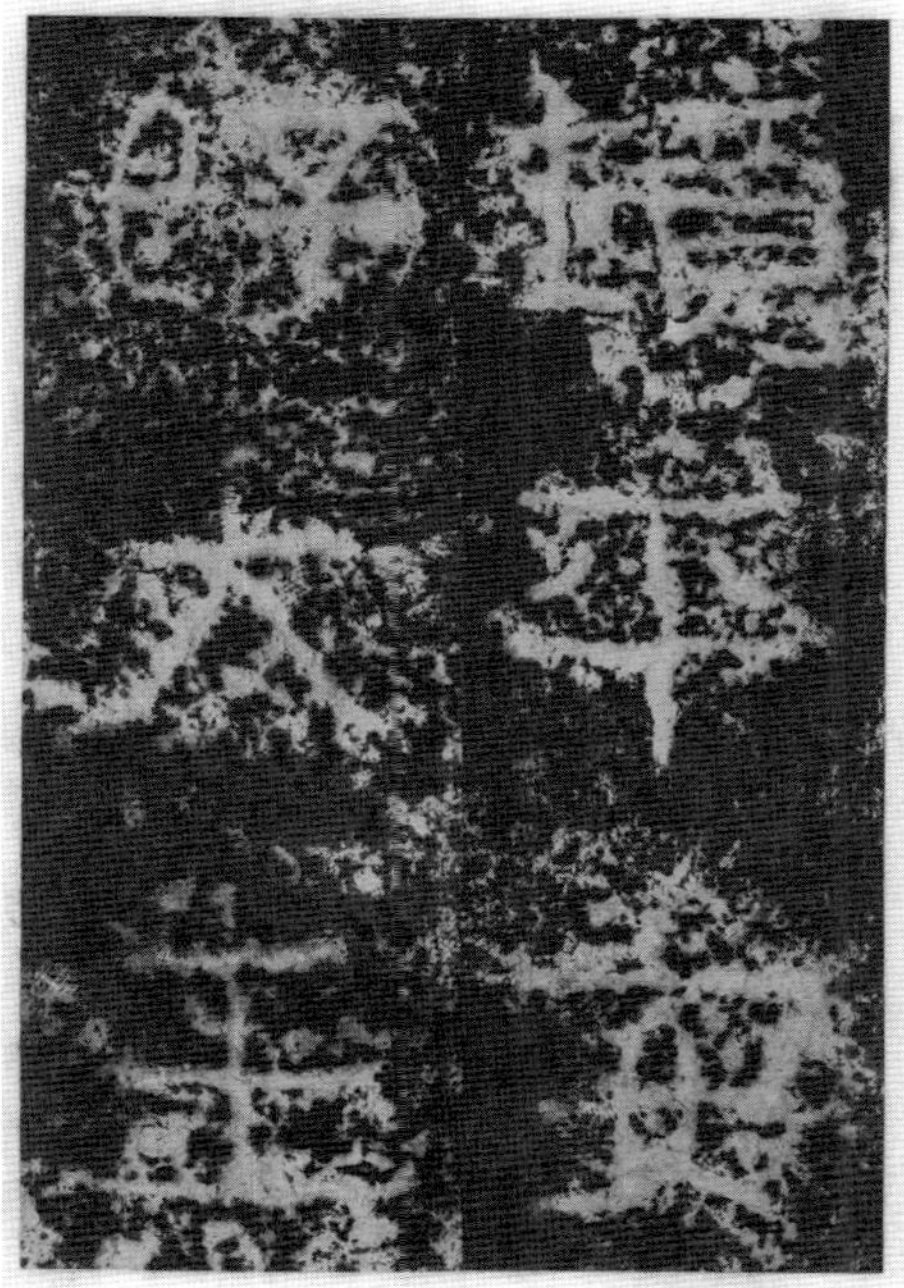

4
境36
平37
安38
好39
太40
王41

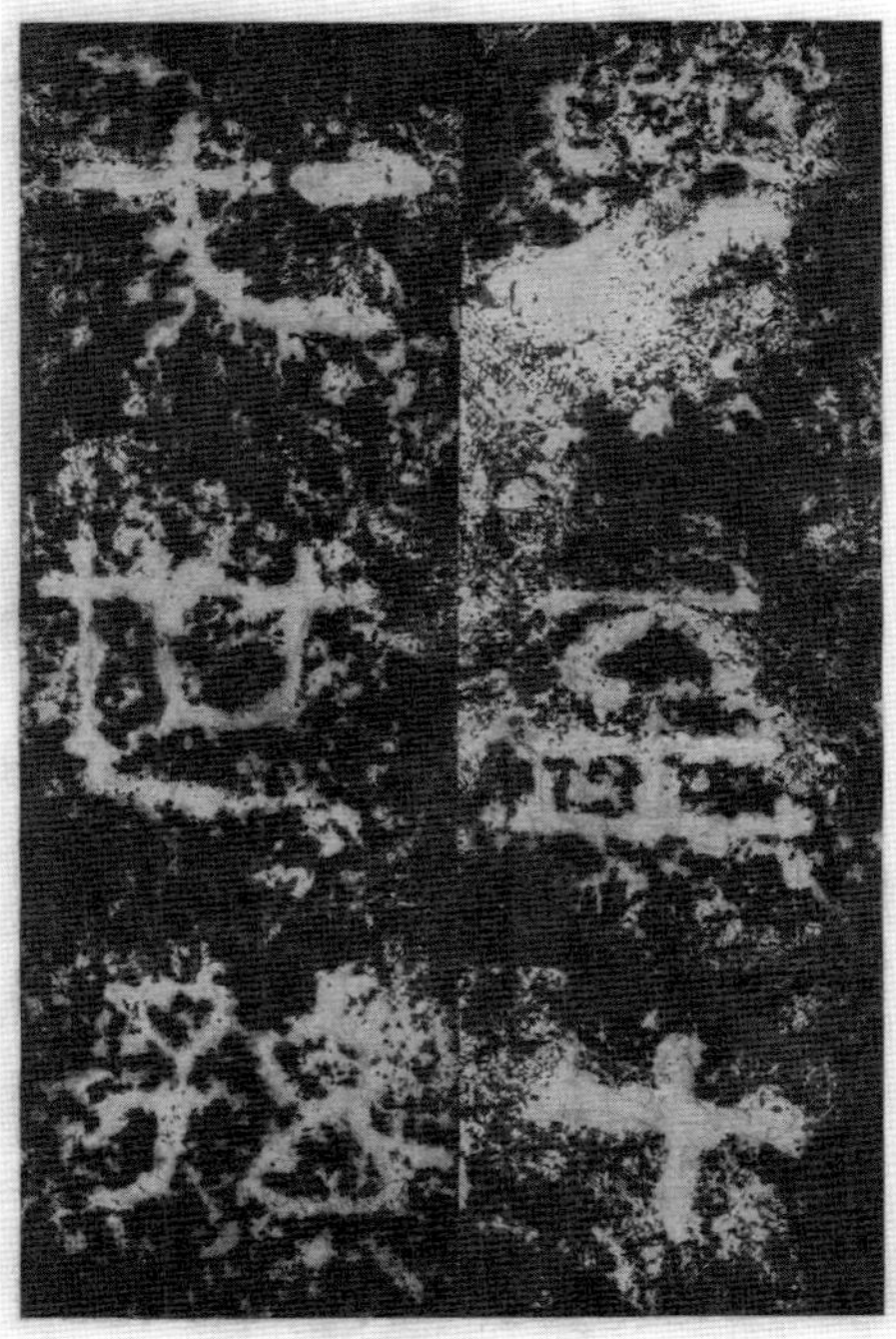

4
□24
至25
十26
七27
世28
孫29

5
二 1
九 2
登 3
祀 4
号 5
為 6

4
國30
罡31
上32
廣33
開34
土35

0　5　10　15（cm）

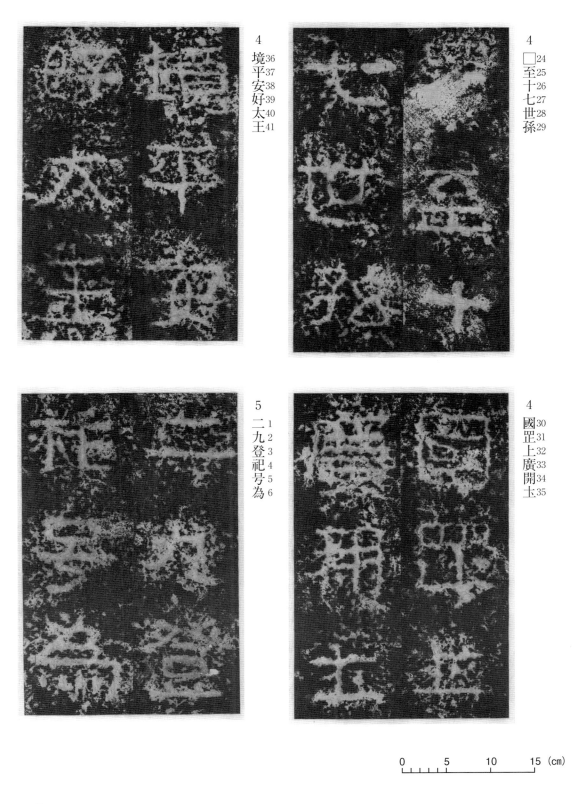

5

振19
被20
四21
海22
掃23
除24

5

永7
樂8
太9
王10
恩11
澤12

5

庶27
寧28
其29
業30
國31
冨32

5

13
于14
皇15
天16
威17
武18

0　5　10　15 (cm)

5
民33
殷34
五35
穀36
豊37
熟38

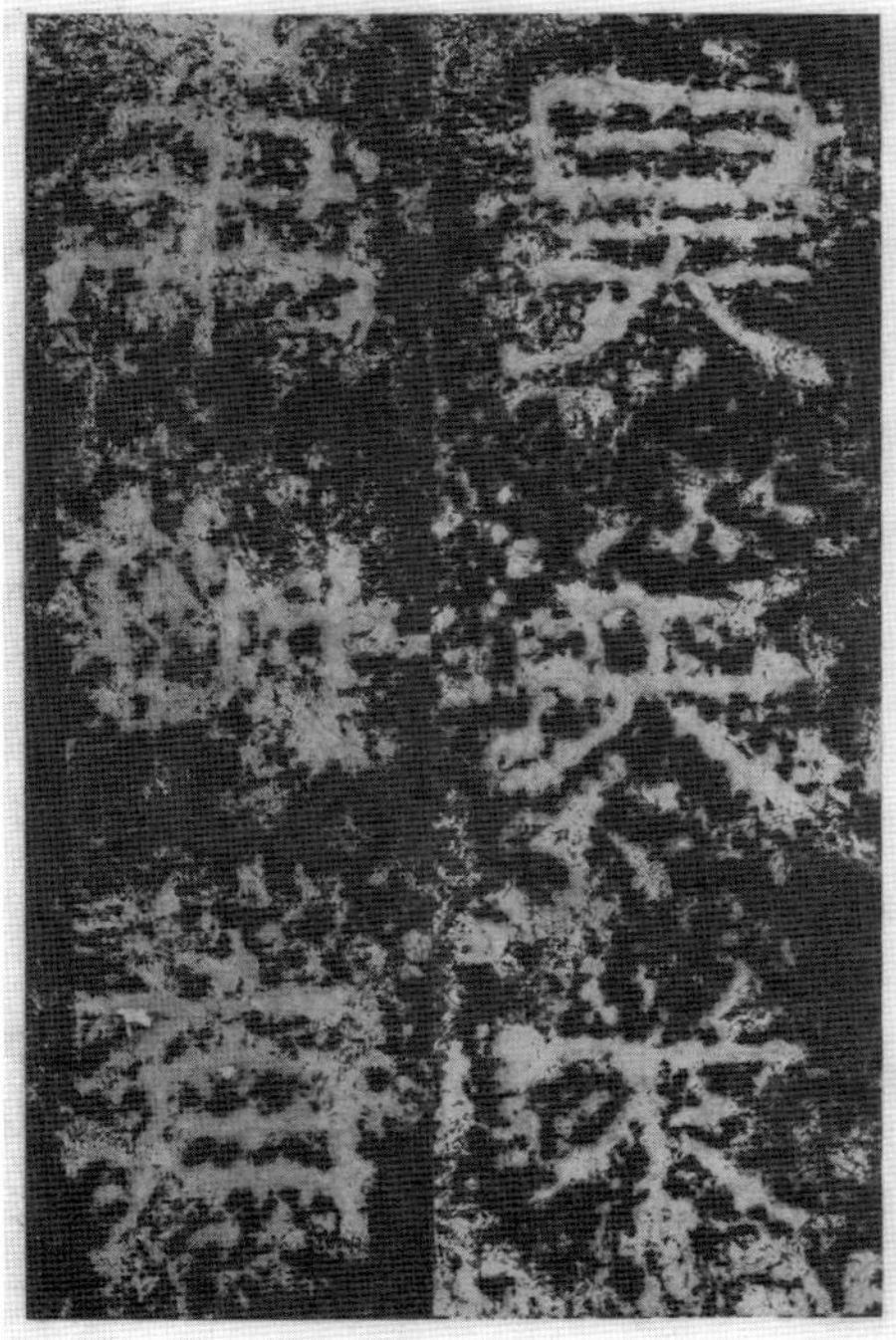

5
昊39
天40
不41
／
6
弔1
卅2
有3

6
九4
宴5
駕6
棄7
國8
以9

6
甲10
寅11
年12
九13
14
廿15

0　5　10　15（cm）

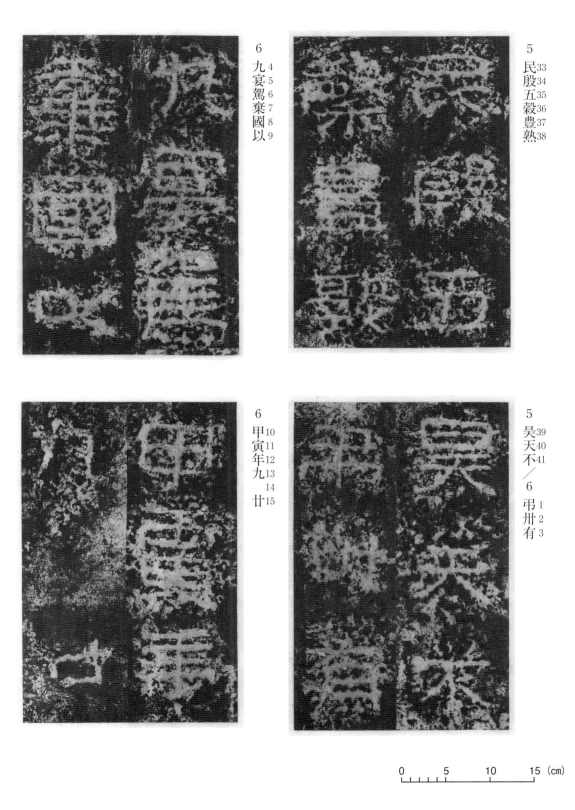

6
九16
日17
乙18
酉19
遷20
就21

6
山22
陵23
於24
是25
立26
碑27

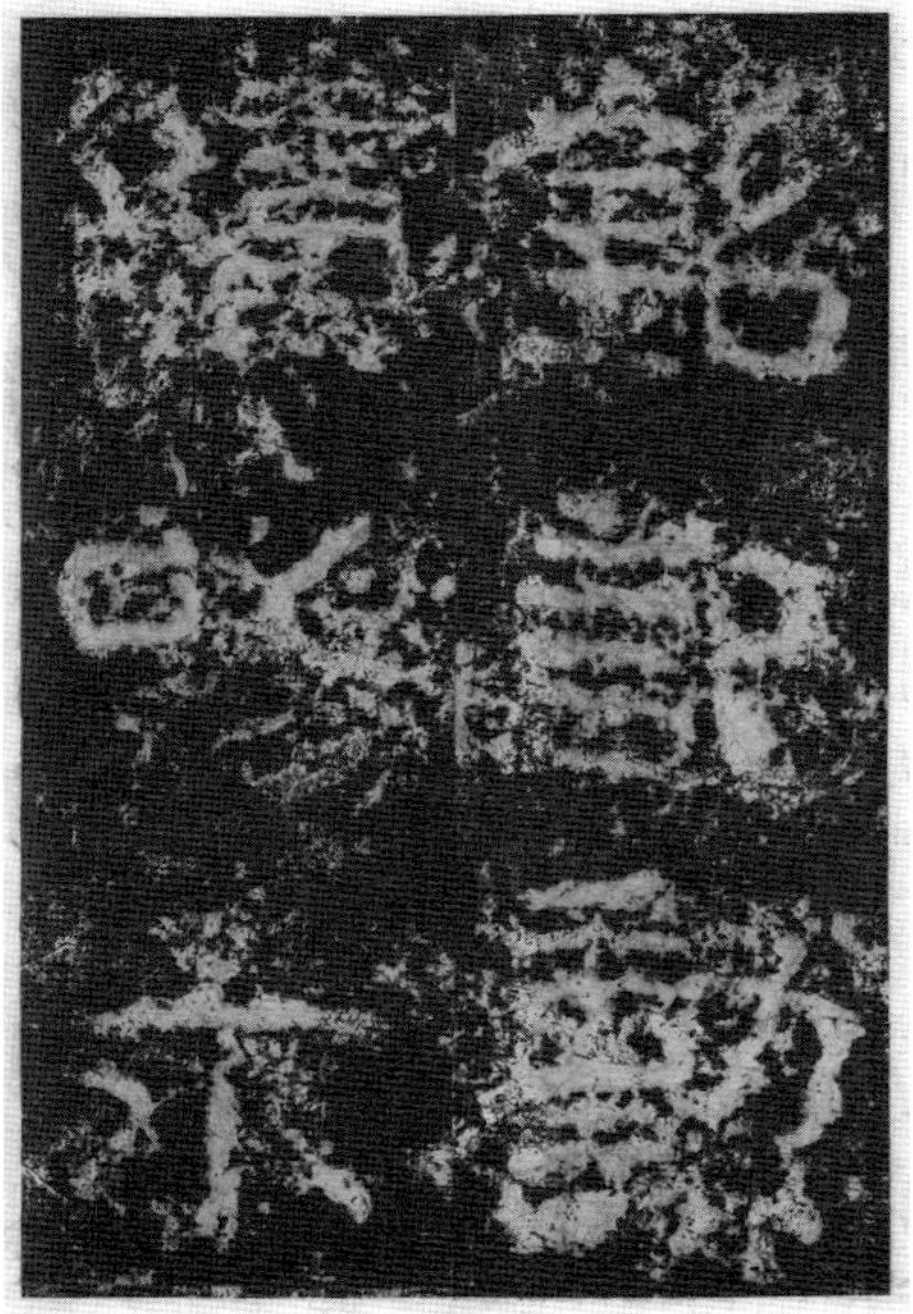

6
銘28
記29
勲30
績31
以32
朮33

6
後34
世35
焉36
其37
辞38
曰39

0　5　10　15（cm）

7
永 1
樂 2
五 3
年 4
歲 5
在 6

7
乙 7
未 8
王 9
以 10
碑 11
麗 12

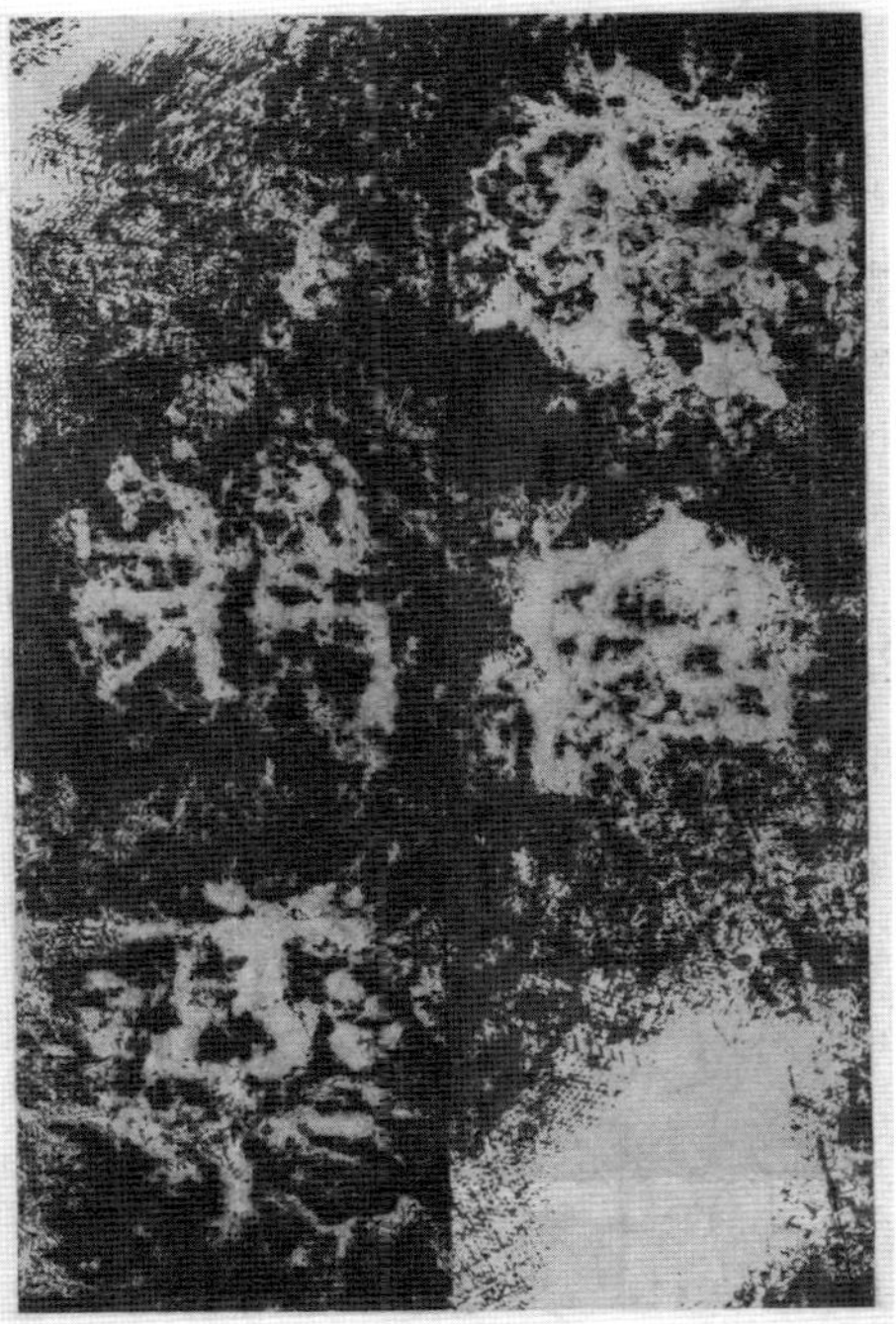

7
不 13
□ 14
15
□ 16
躬 17
率 18

7
住 19
討 20
回 21
富 22
山 23
負 24

0　5　10　15 (cm)

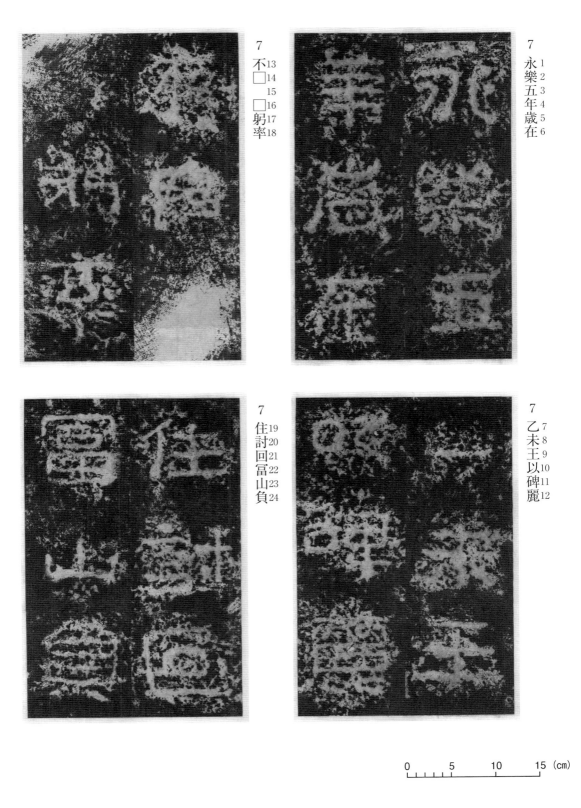

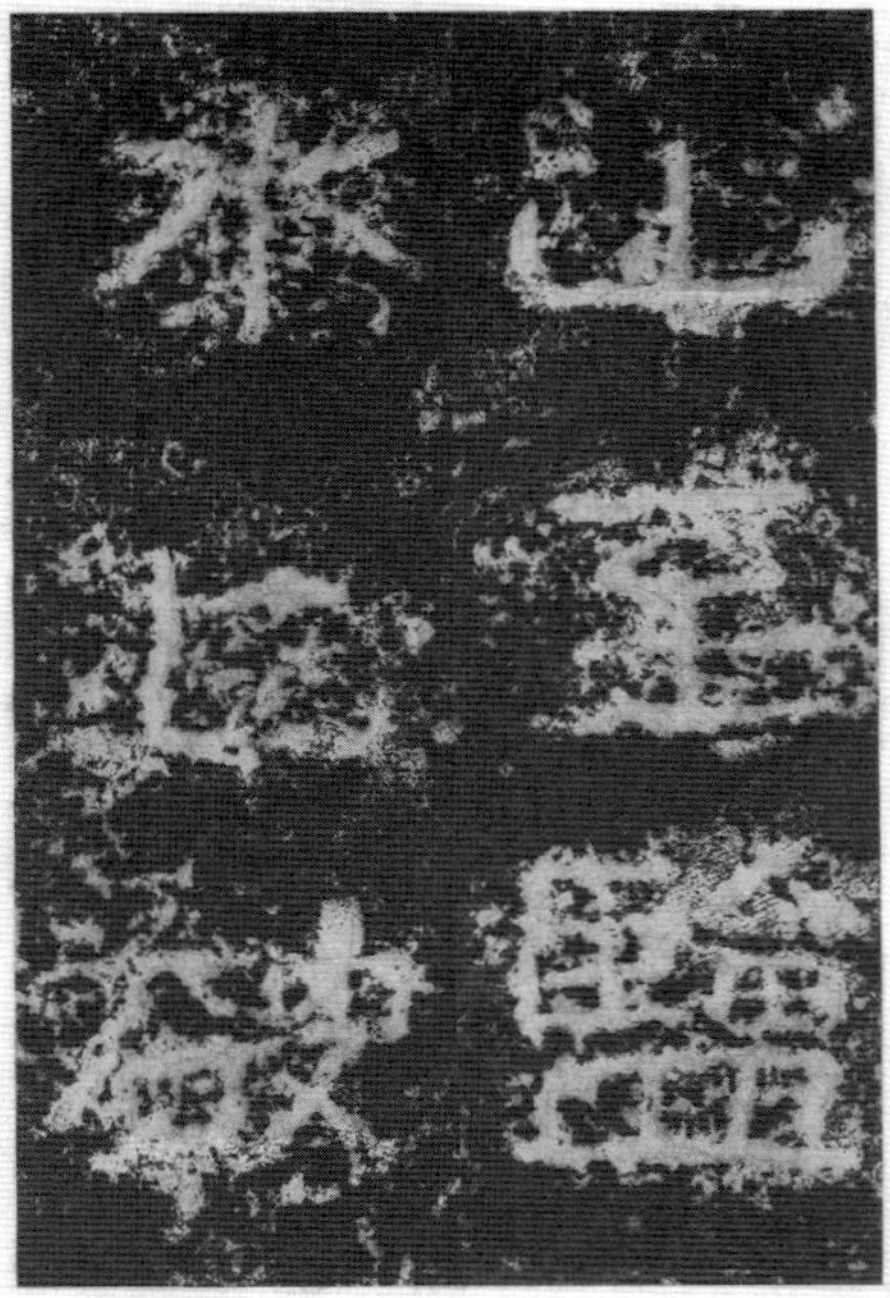

7
山25
至26
鹽27
水28
上29
破30

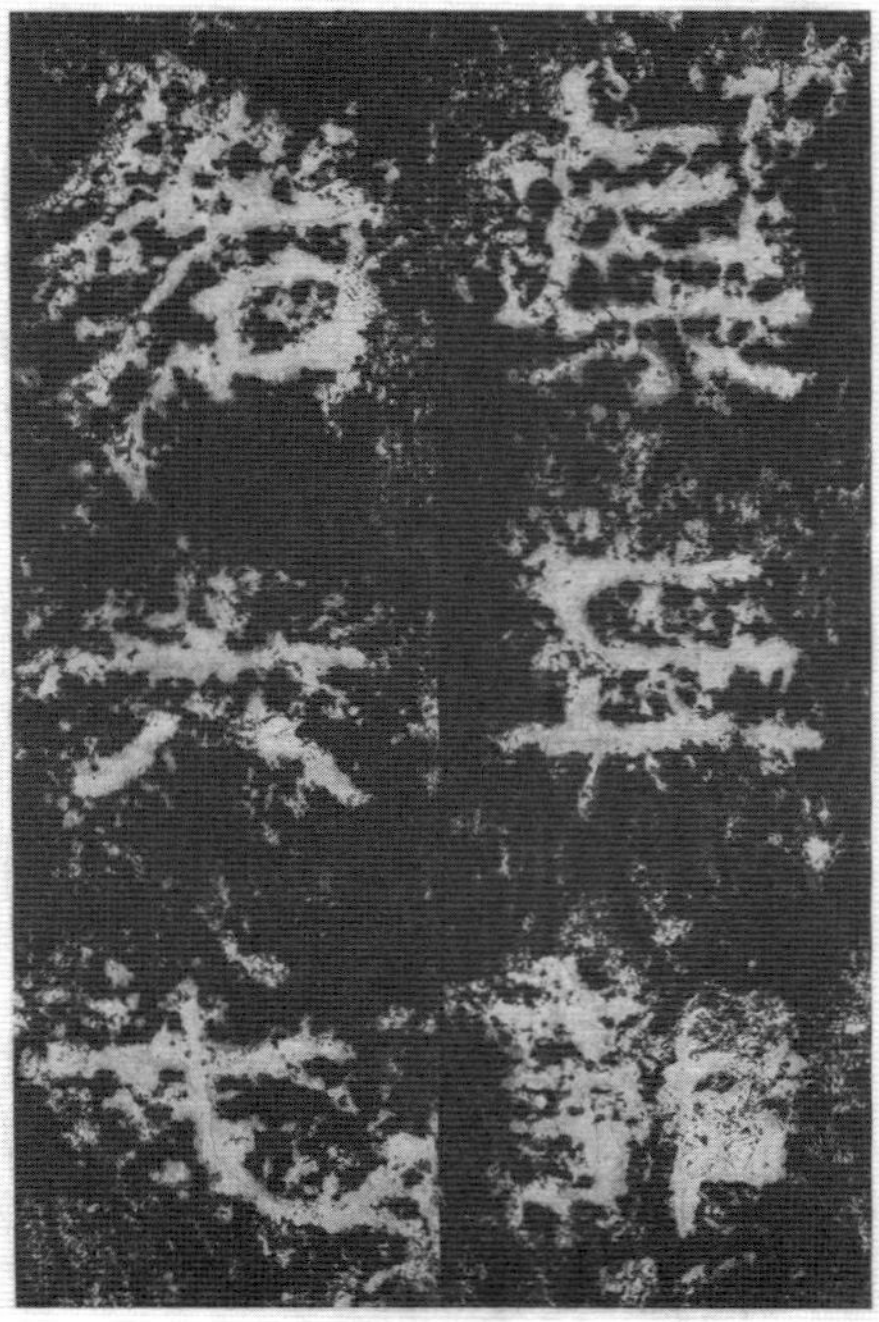

7
其31
三32
部33
洛34
六35
七36

7
百37
當38
牛39
馬40
羣41
／
8
羊1

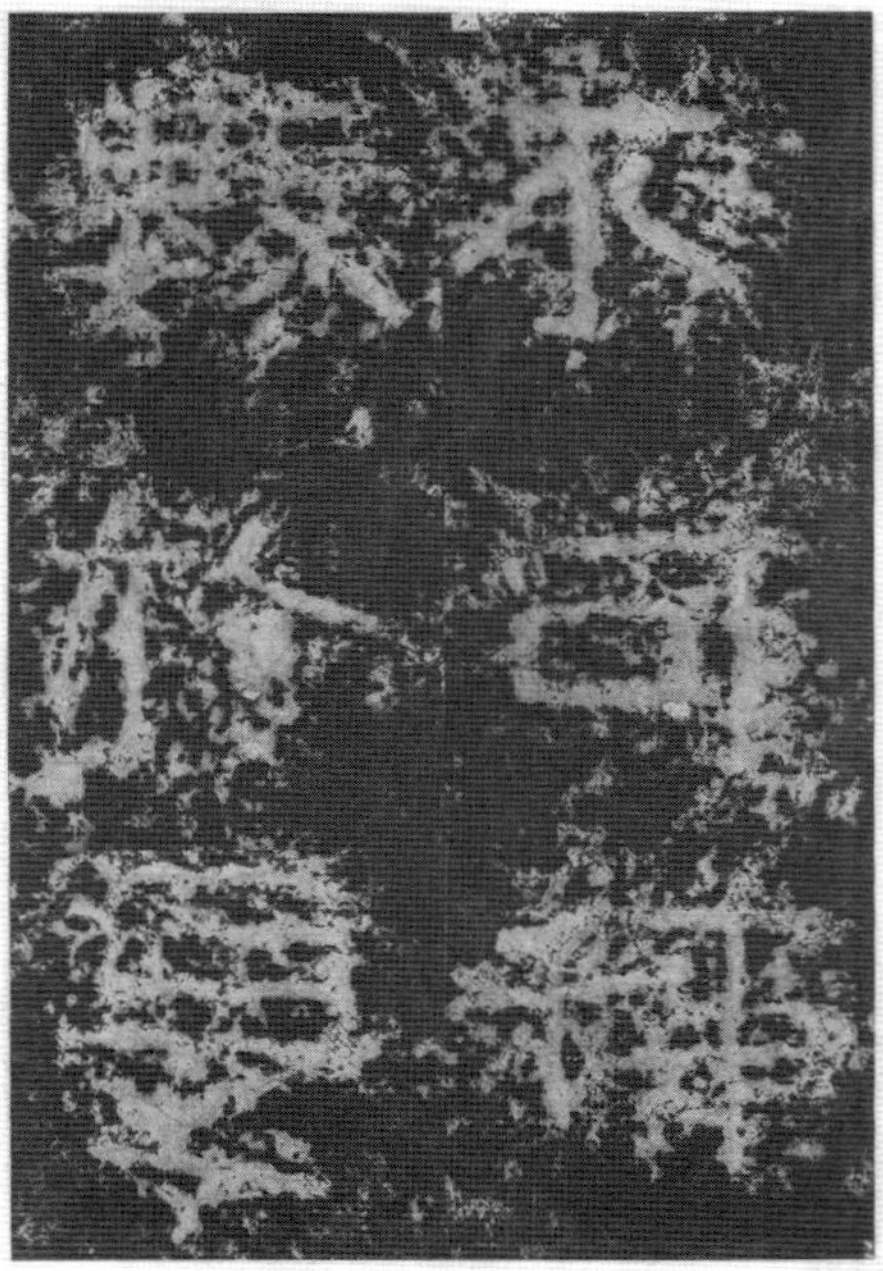

8
不2
可3
稱4
數5
於6
是7

0　5　10　15（cm）

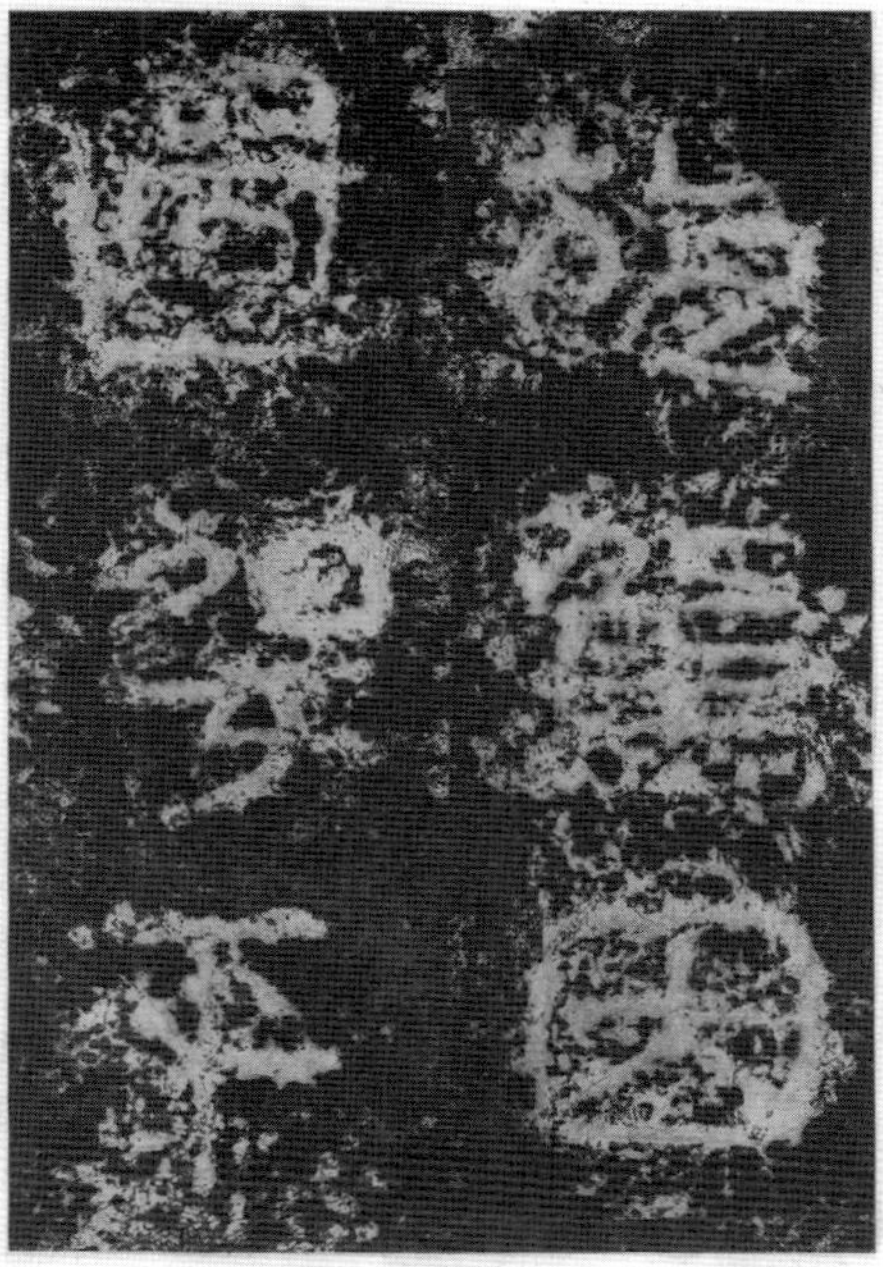

8
旋8
駕9
因10
過11
賀12
平13

8
道14
東15
16
18
力19
城20

8
北21
豊22
五23
備24
海25
遊26

8
觀27
土28
境29
田30
獵31
而32

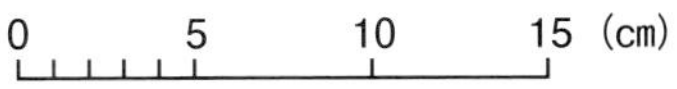

8
還33
百34
殘35
新36
羅37
舊38

8
是39
屬40
民41
／
9
由1
来2
朝3

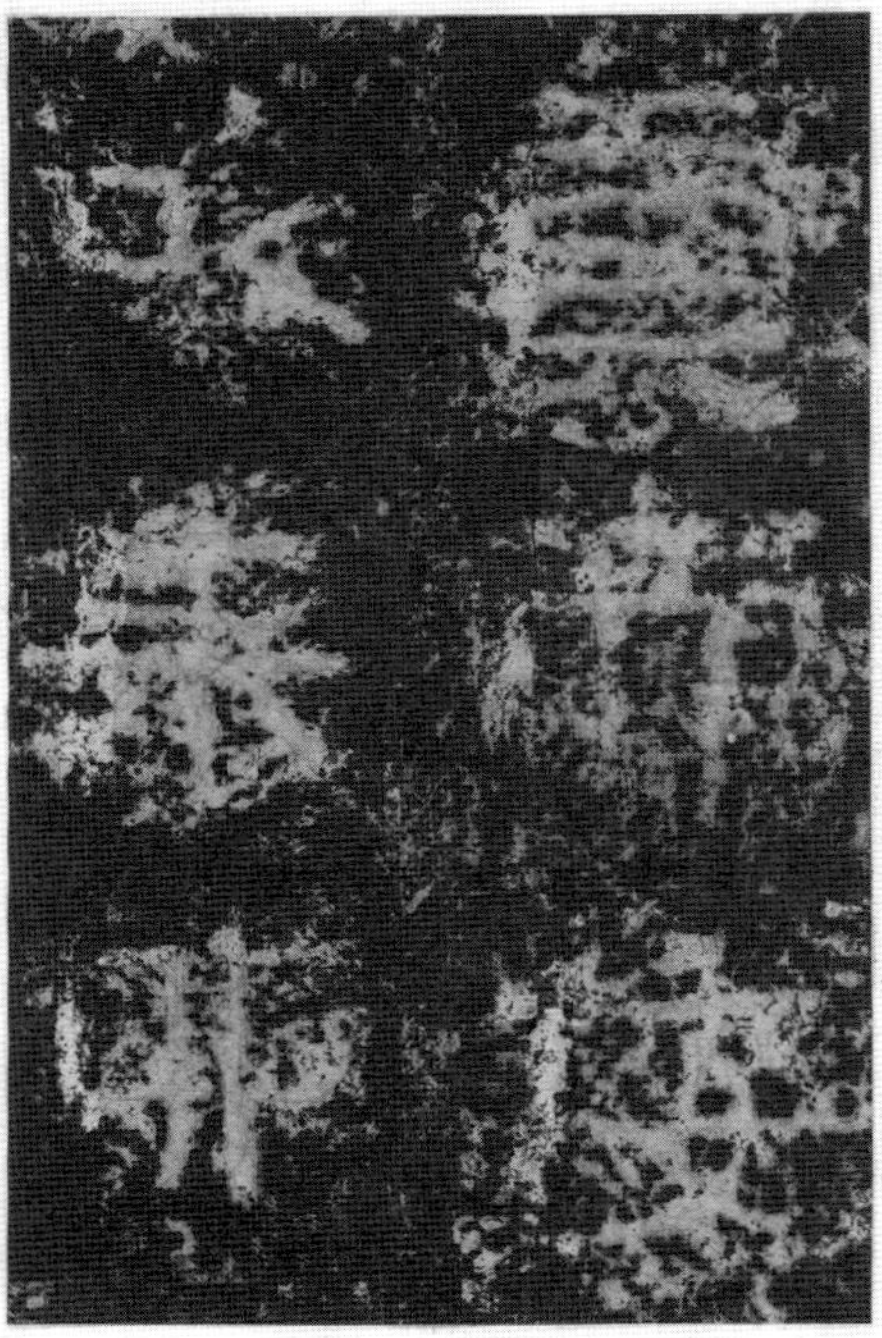

9
貢4
而5
倭6
以7
辛8
卯9

9
年10
来11
渡12
海13
破14
百15

0　5　10　15 (cm)

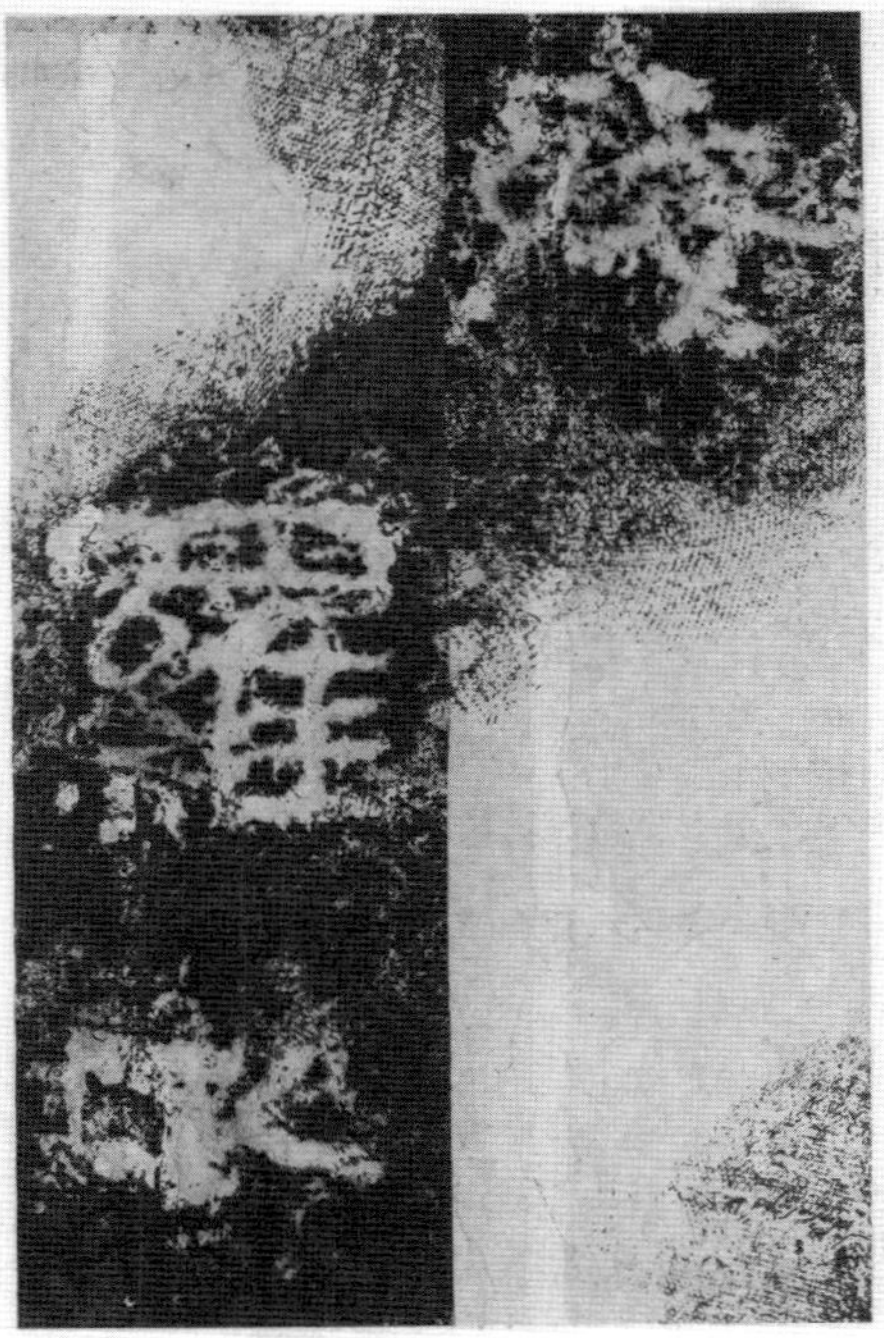

9
殘16
17
18
19
羅20
以21

9
為22
臣23
民24
以25
六26
年27

9
丙28
申29
王30
躬31
率32
水33

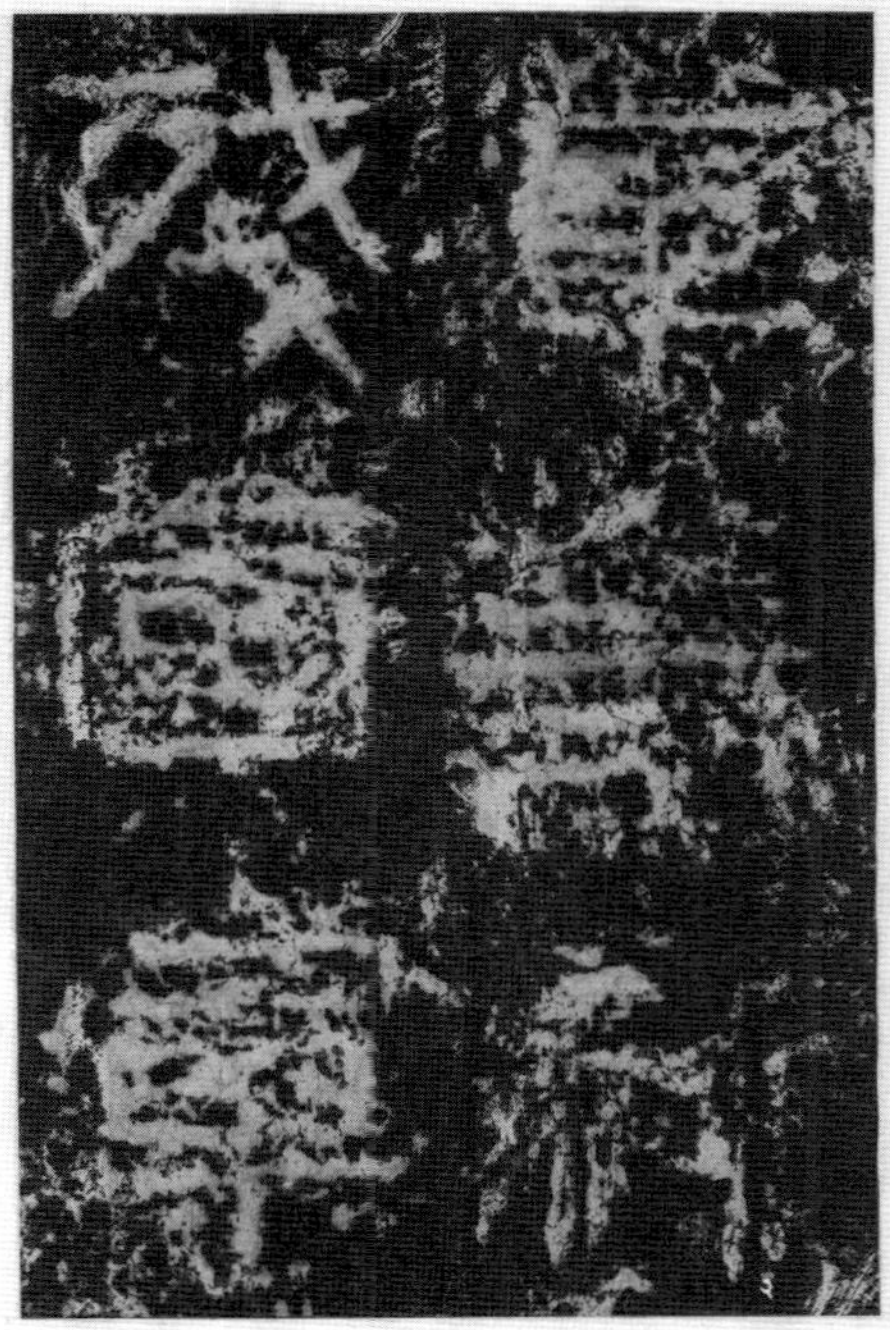

9
軍34
討35
伐36
殘37
國38
軍39

0　5　10　15（cm）

10
因1
攻2
取3
壹4
八5
城6

10
臼7
模8
盧9
城10
各11
模12

10
盧13
城14
幹15
弖16
利17
18

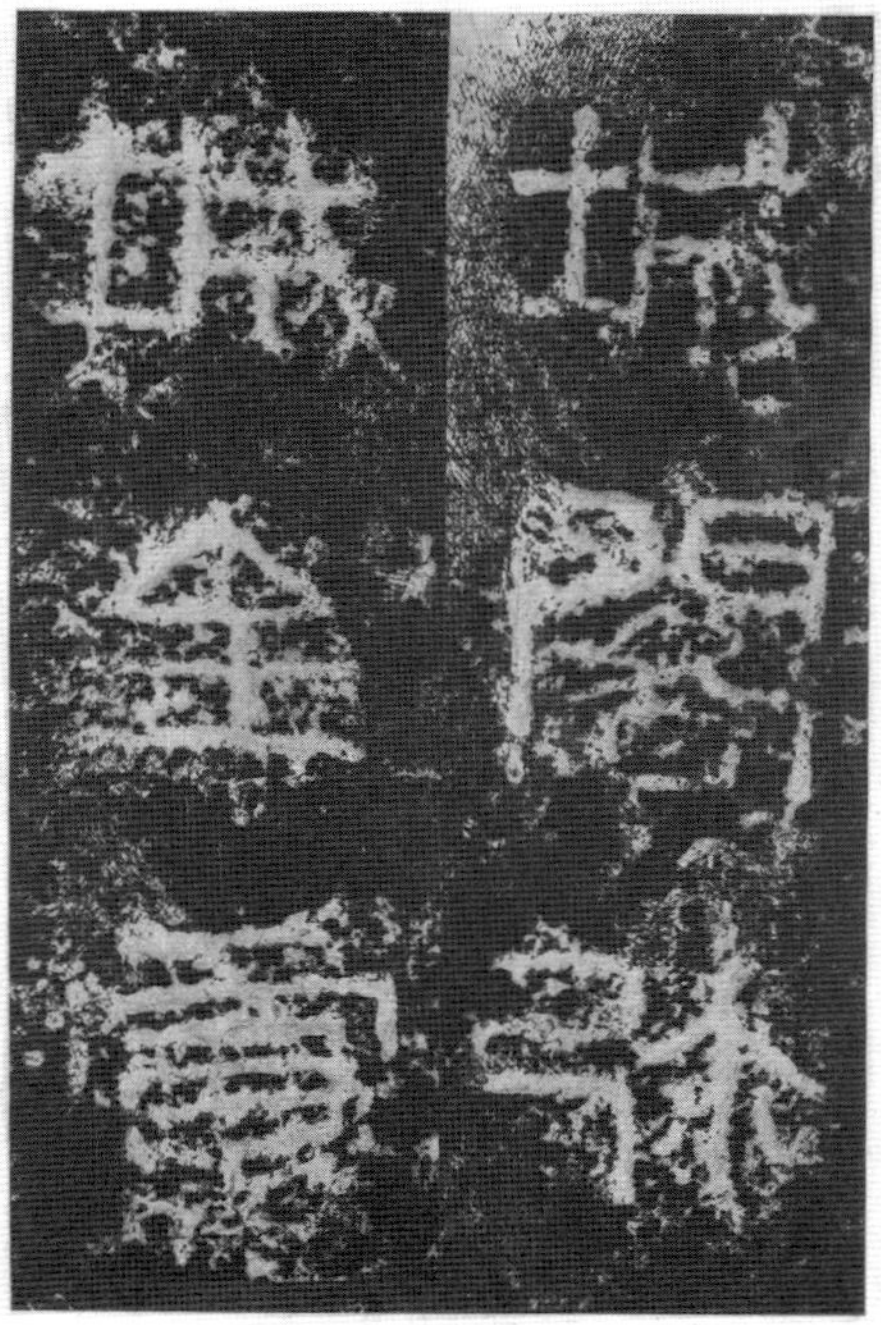

10
城21
閣22
弥23
城24
牟25
盧26

0　5　10　15（cm）

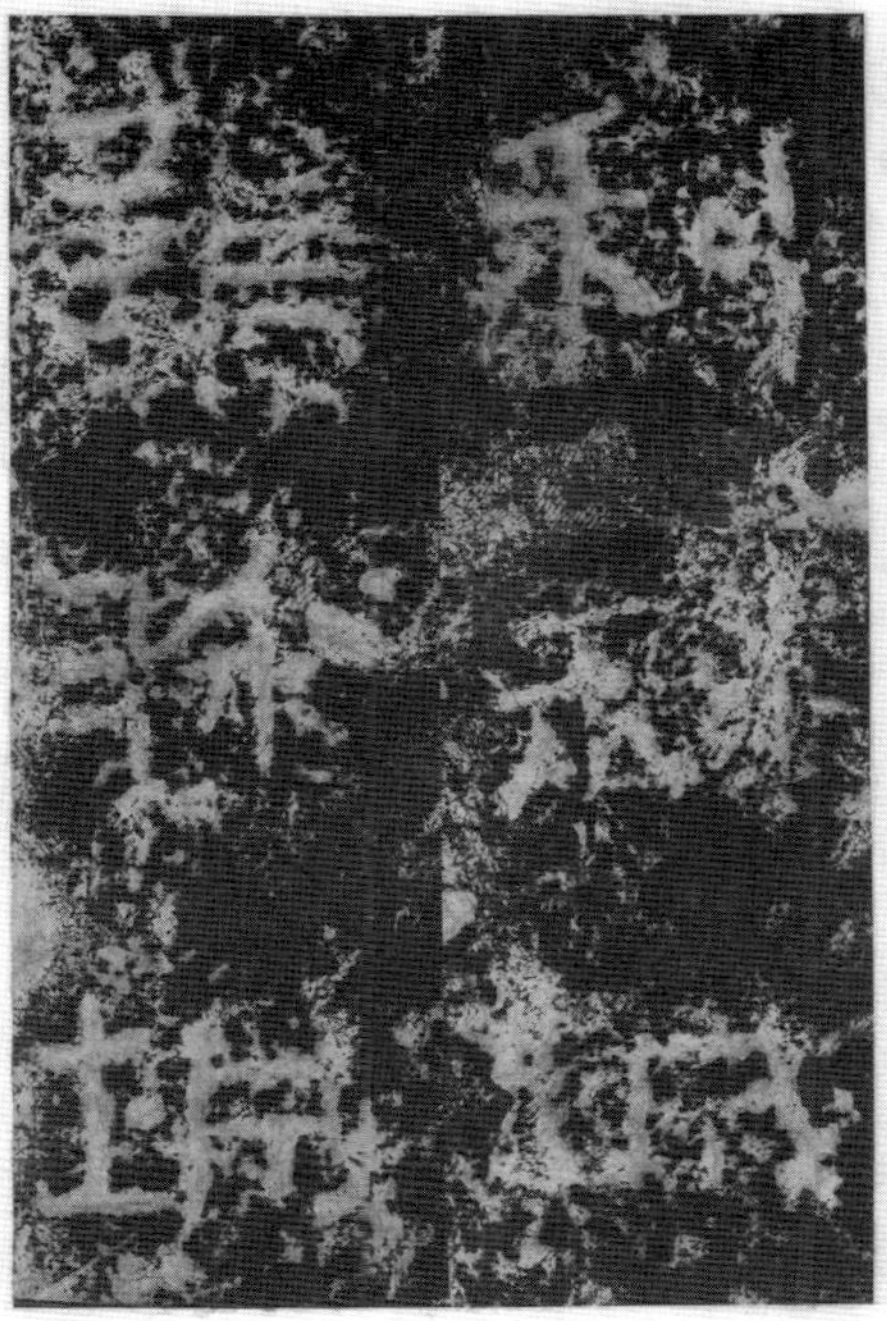

10
利39
／
11
利1
城2
雜3
弥4
城5

10
城27
弥28
沙29
城30
□31
□32

11
奥6
利7
城8
勾9
牟10
城11

10
蔦33
城34
阿35
旦36
城37
古38

0　5　10　15（cm）

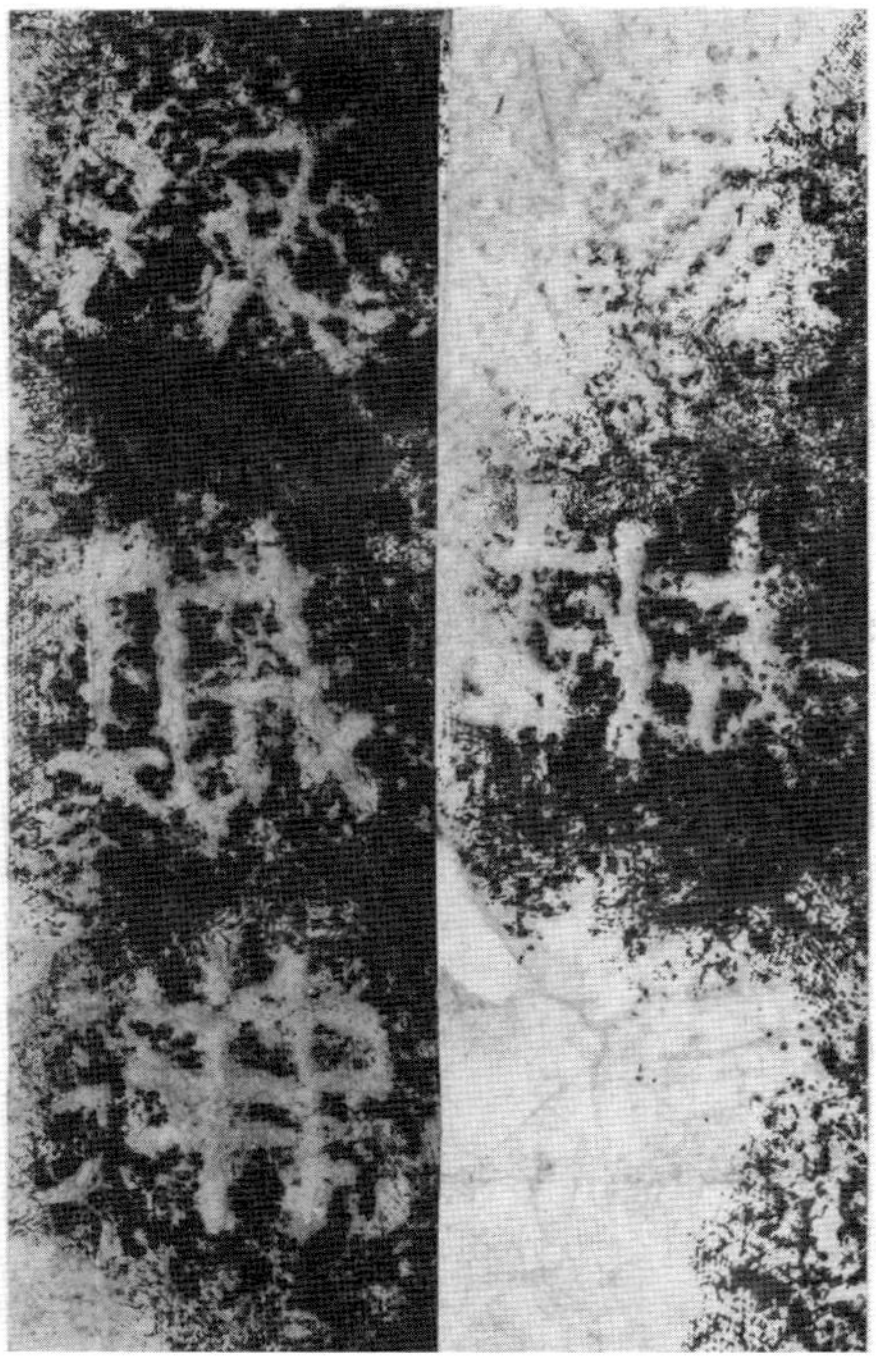

11
琢28
城29
□30
奴37
城38
沸39

11
古12
須13
耶14
羅15
城16
莫17

11
22
□23
而24
耶25
羅26
27

0　5　10　15（cm）

第Ⅱ面

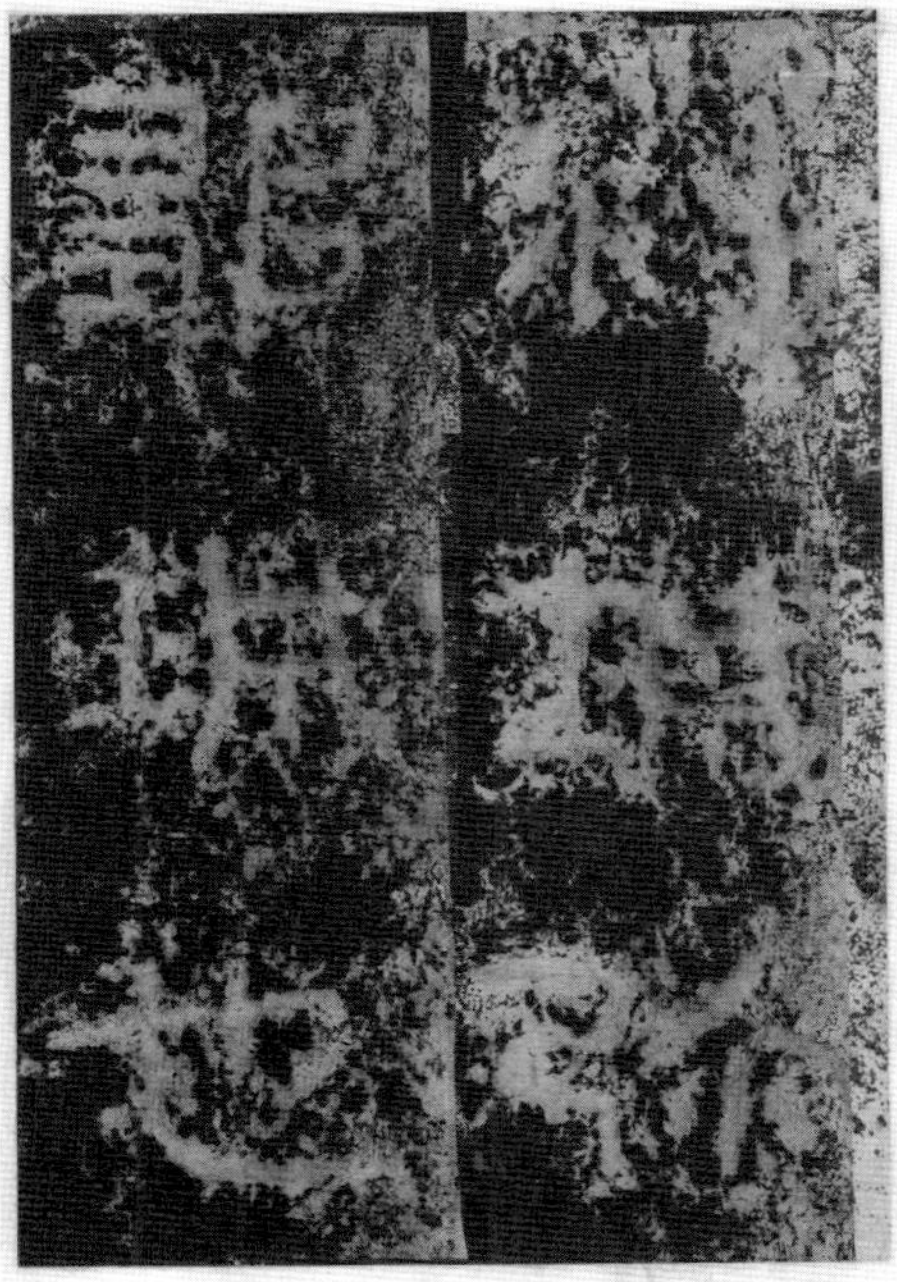

1
利 1
城 2
弥 3
鄒 4
城 5
也 6

1
利 7
城 8
大 9
山 10
韓 11
城 12

1
掃 13
加 14
城 15
敦 16
抜 17
18

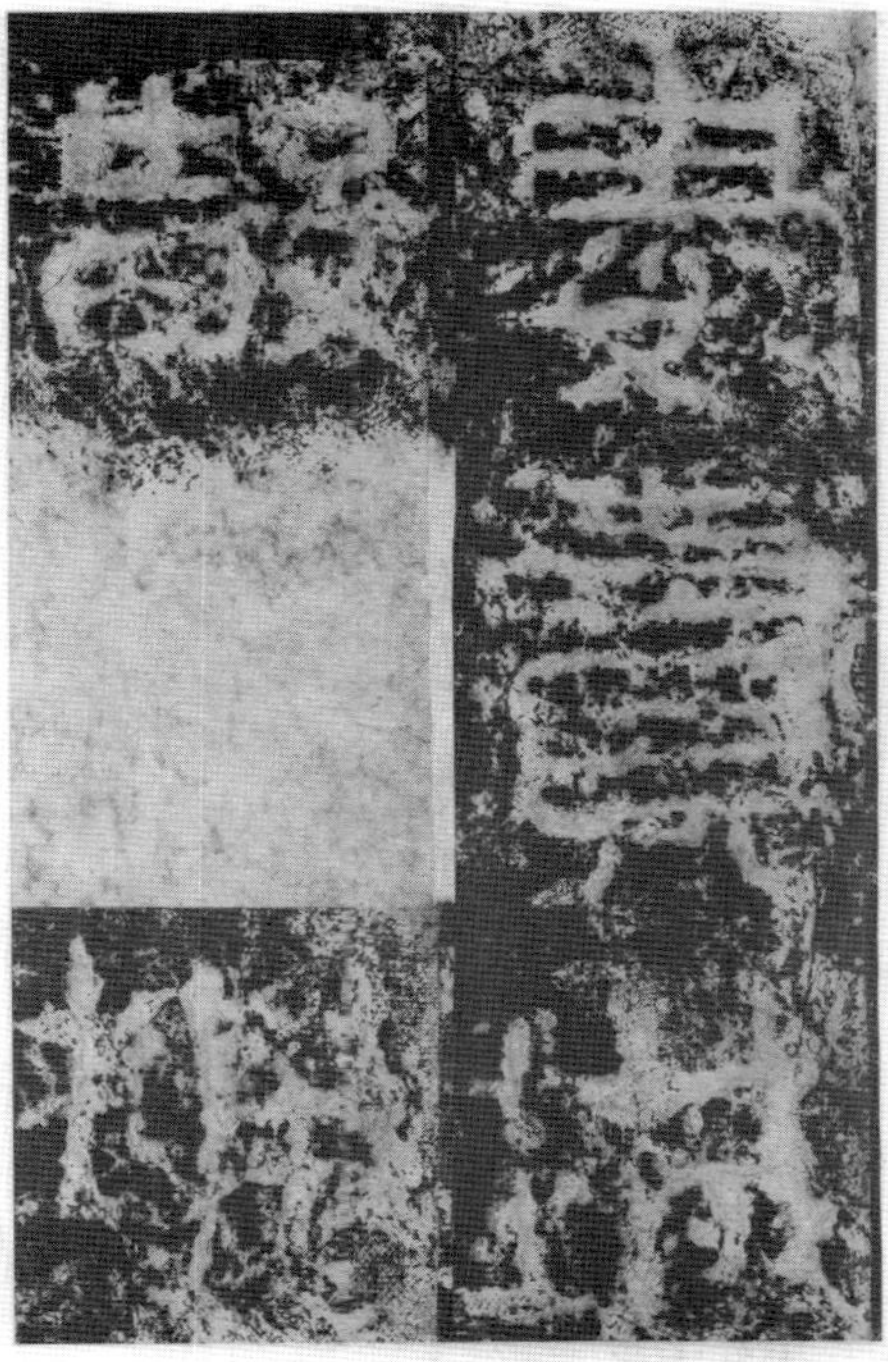

1
婁 23
賣 24
城 25
散 26
27
城 28

0　5　10　15（cm）

1 灰41 ／ 2 城1 燕2 婁3 城4 析5

1 那29 婁30 城31 細32 城33 牟34

2 支6 利7 城8 巖9 門10 至11

1 婁35 城36 于37 婁38 城39 蘇40

0　5　10　15 (cm)

2
婁32
城33
閏34
奴35
城36
貫37

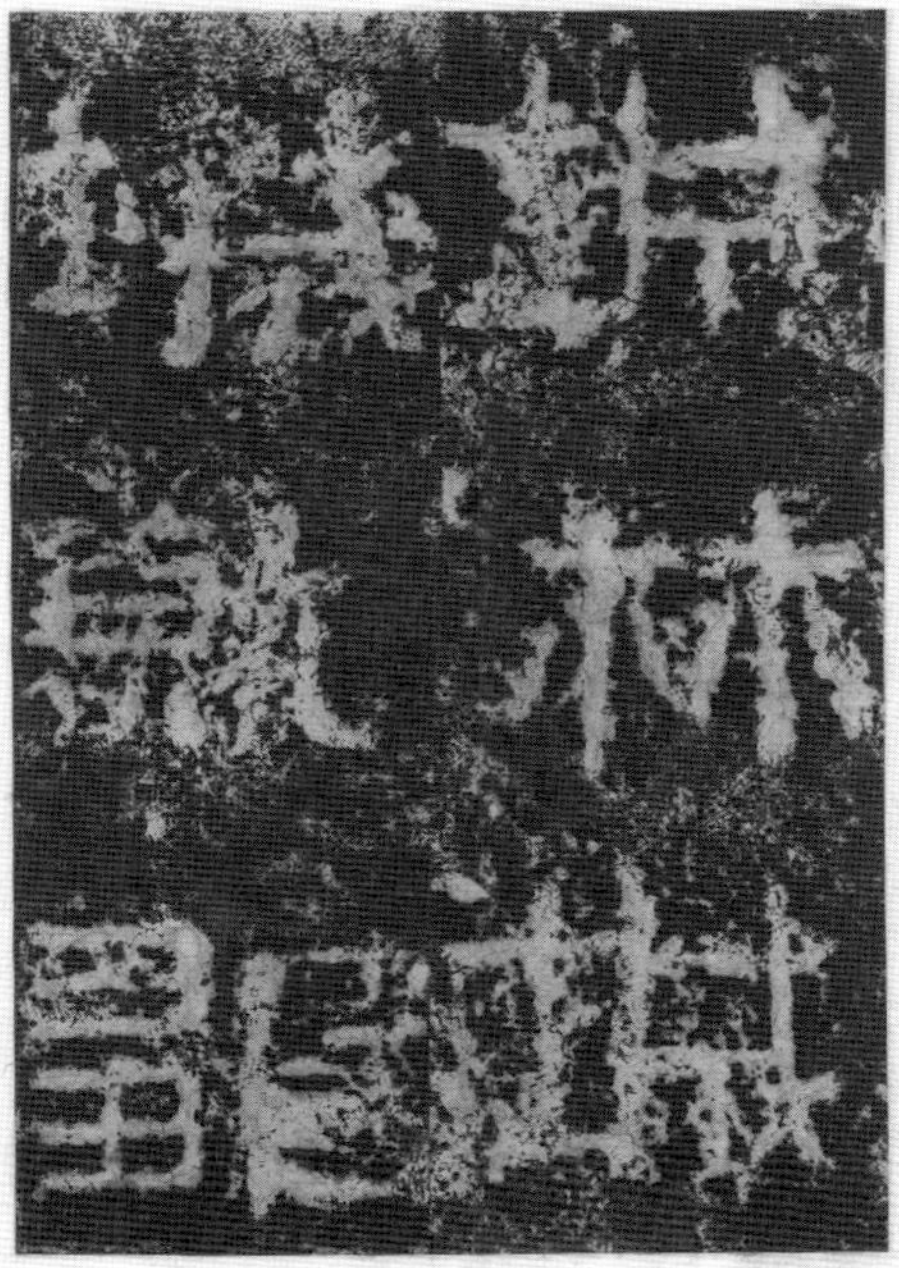

2
城12
林13
城14
城23
就24
鄒25

2
奴38
城39
彡40
穰41
／
3
城1
□2

2
城26
27
抜28
城29
古30
牟31

0　5　10　15（cm）

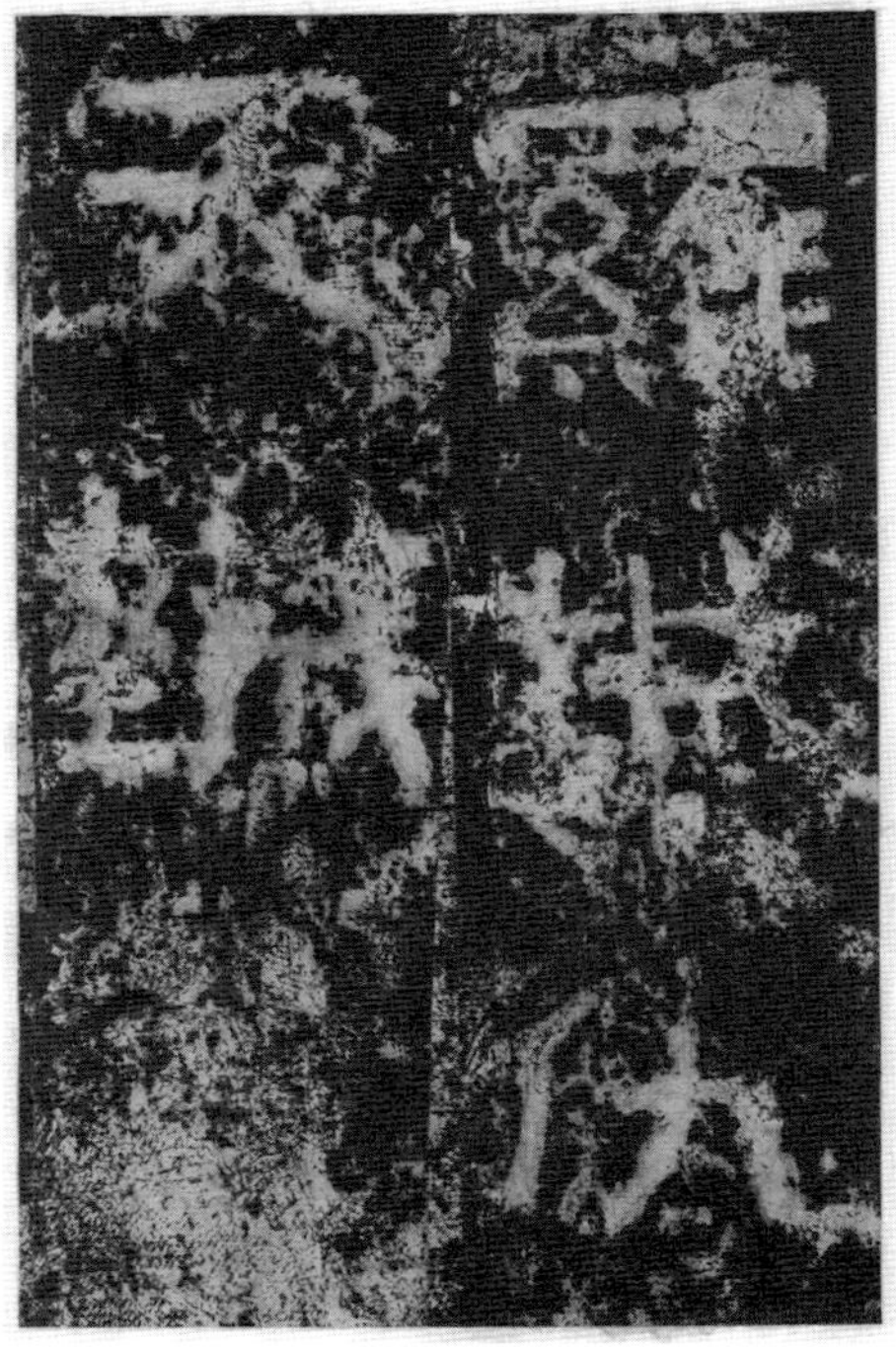

3
羅7
城8
仇9
天10
城11
□12

3
其17
國18
城19
賊20
不21
丹22

3
氣23
敢24
出25
百26
戰27
王28

3
威29
赫30
怒31
渡32
阿33
利34

0　5　10　15 (cm)

4
困10
逼11
献12
出13
男14
女15

3
水35
遣36
刺37
迫38
城39
横40

4
生16
白17
一18
千19
人20
細21

4
便4
國5
城6
而7
殘8
王9

0　5　10　15（cm）

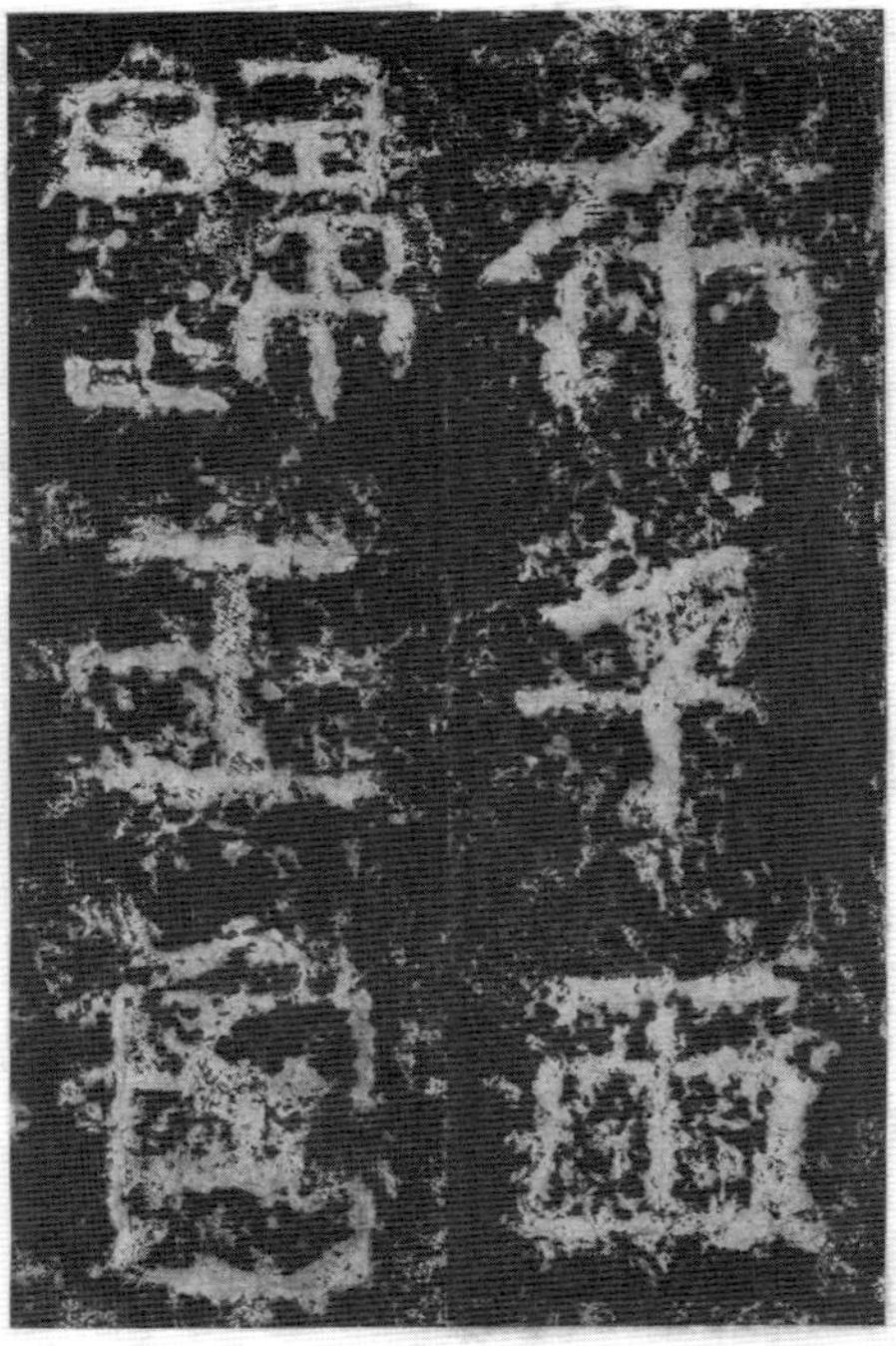

4
布22
千23
匹24
歸25
王26
自27

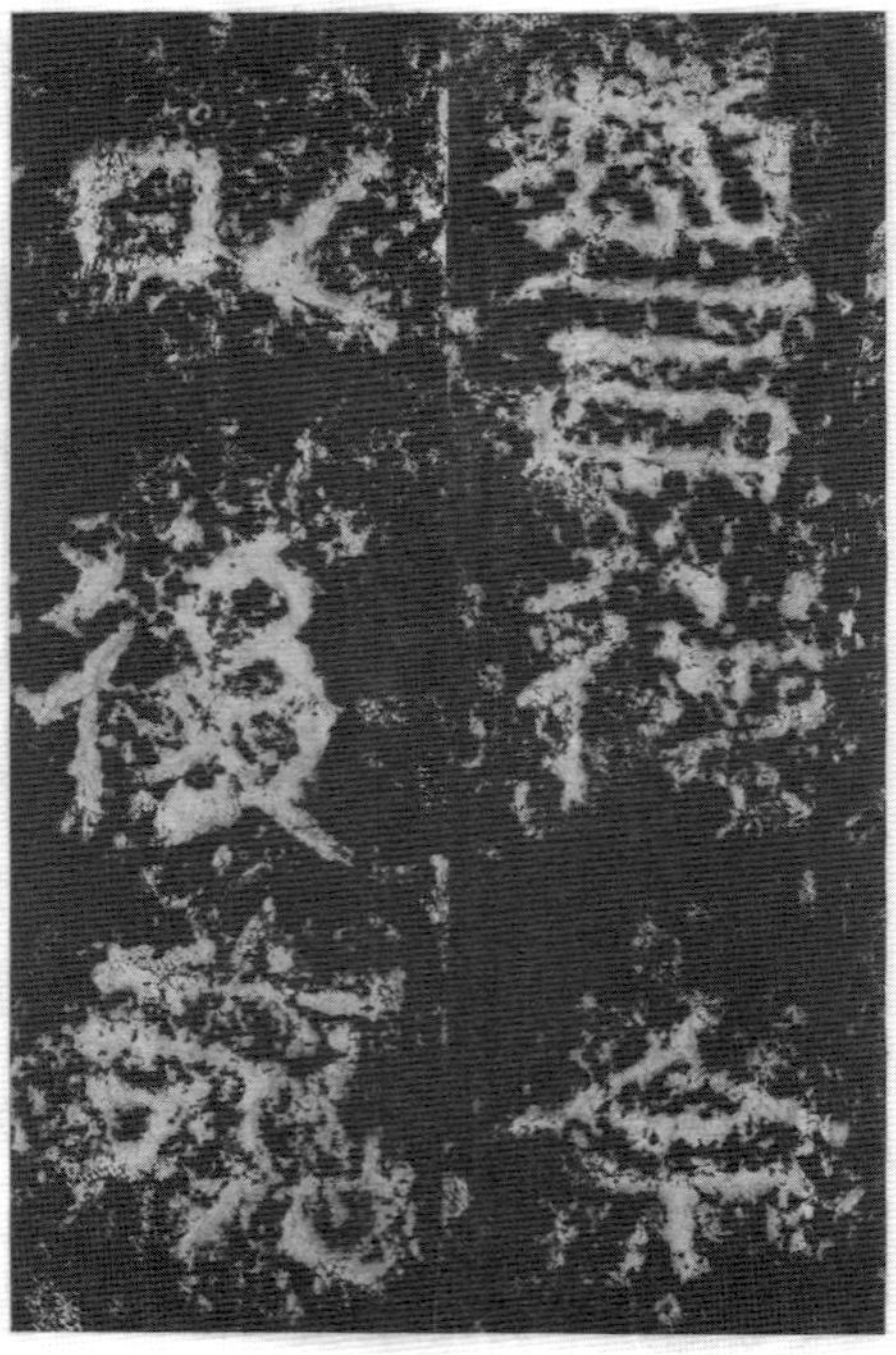

4
誓28
従29
今30
以31
後32
永33

4
為34
奴35
客36
大37
王38
恩39

4
赦40
□41
／
5
迷1
之2
愆3
録4

0　5　10　15（cm）

5
其5
後6
順7
之8
誠9
於10

5
是11
□12
五13
十14
八15
城16

5
村17
七18
百19
将20
殘21
王22

5
弟23
并24
大25
臣26
十27
人28

0　5　10　15（cm）

5
旋29
師30
還31
都32
八33
年34

5
戊35
戊36
教37
遣38
偏39
師40

5
観41
／
6
帛1
慎2
圡3
谷4
因5

6
便6
抄7
得8
莫9
新10
羅11

0　5　10　15（cm）

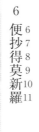

6
城12
加13
太14
羅15
谷16
男17

6
女18
三19
百20
餘21
人22
自23

6
此24
以25
来26
朝27
貢28
論29

6
事30
九31
年32
己33
亥34
百35

0　5　10　15（cm）

6
殘36
違37
誓38
与39
倭40
和41

7
而7
新8
羅9
遣10
使11
白12

7
通1
王2
巡3
下4
平5
穰6

＊右列の三字「通王巡」は天地逆に貼られている。

7
王13
云14
倭15
人16
滿17
其18

0　5　10　15（cm）

7
國19
境20
潰21
破22
城23
池24

7
以25
奴26
客27
為28
民29
歸30

7
王31
請32
命33
太34
王35
恩36

7
後37
稱38
其39
忠40
□41
／
8
□1

0　5　10　15（cm）

8
遣2
使3
還4
告5
以6
7

8
□8
十9
年10
庚11
子12
教13

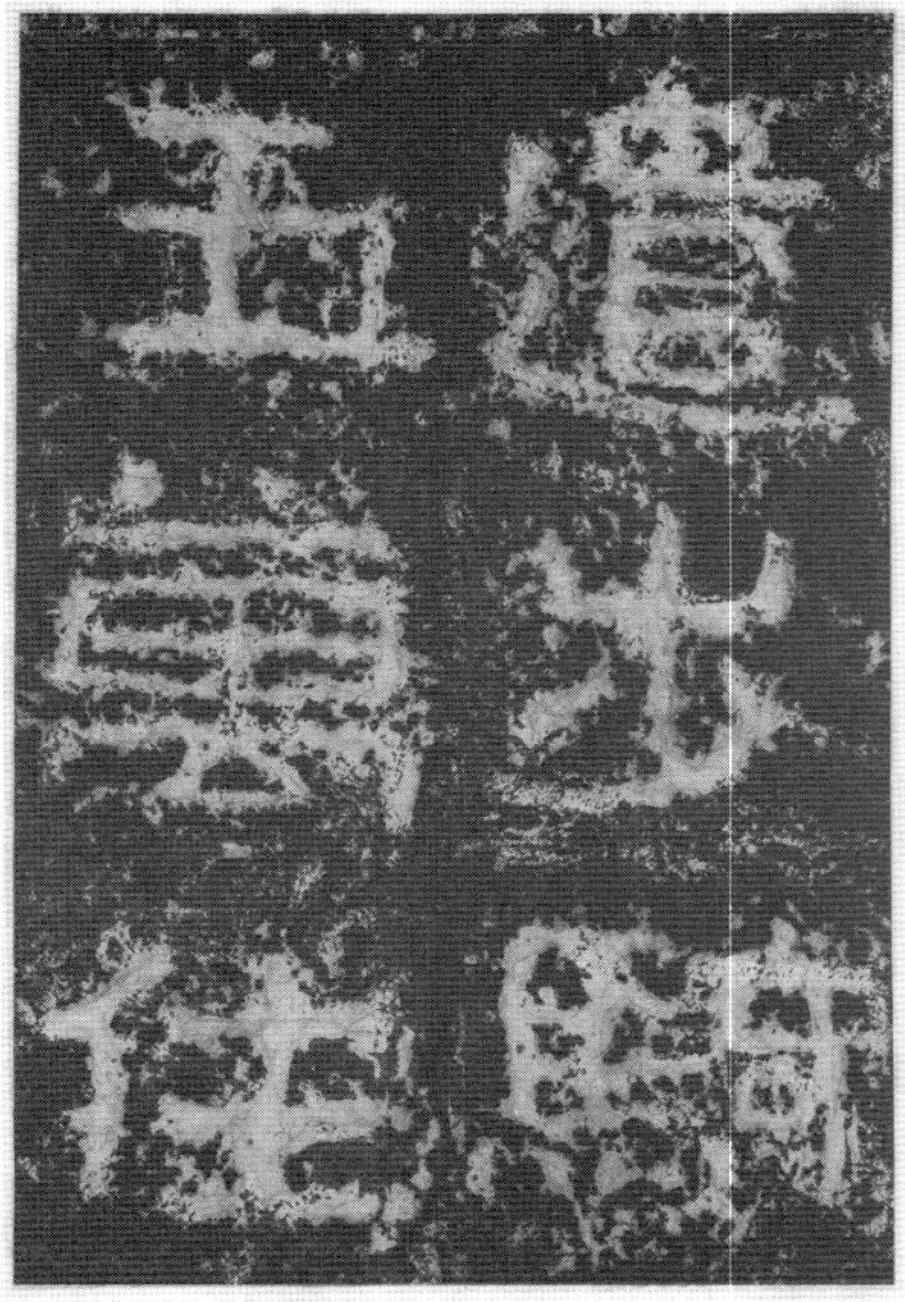

8
遣14
歩15
騎16
五17
萬18
住19

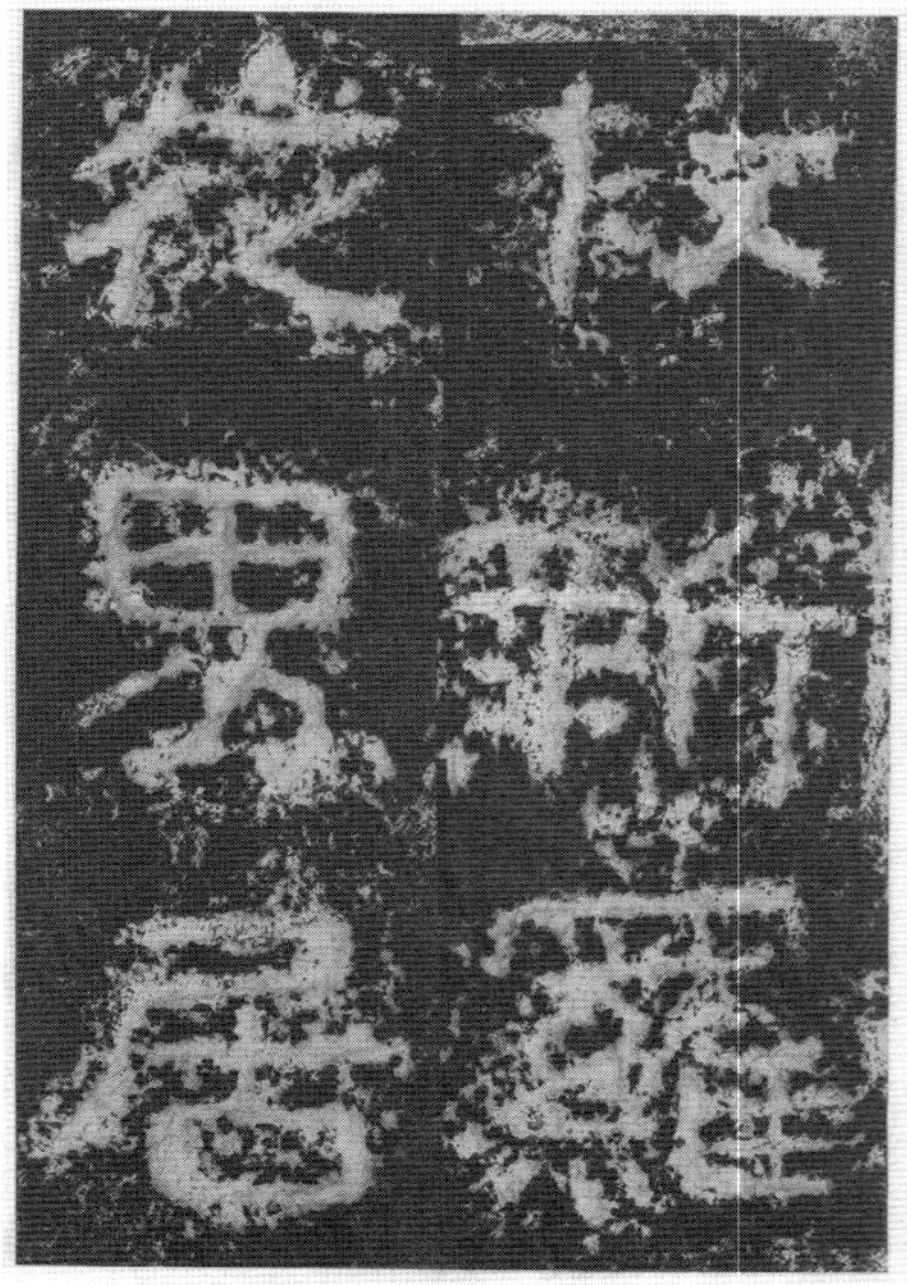

8
救20
新21
羅22
従23
男24
居25

0　5　10　15（cm）

8
城26
至27
新28
羅29
城30
倭31

8
滿32
其33
中34
官35
兵36
方37

8
至38
倭39
賊40
退41
／
9
来9
背10

9
急11
追12
至13
任14
那15
加16

0　5　10　15（cm）

9
羅17
従18
抜19
城20
城21
卽22

9
歸23
服24
安25
羅26
人27
戍28

9
兵29
□30
新31
羅32
城33
□34

9
城35
倭36
[満]37
倭38
潰39
城40

0　5　10　15 (cm)

10
滿28

9
六41
／
10
十17
九18
盡19
拒20
□21

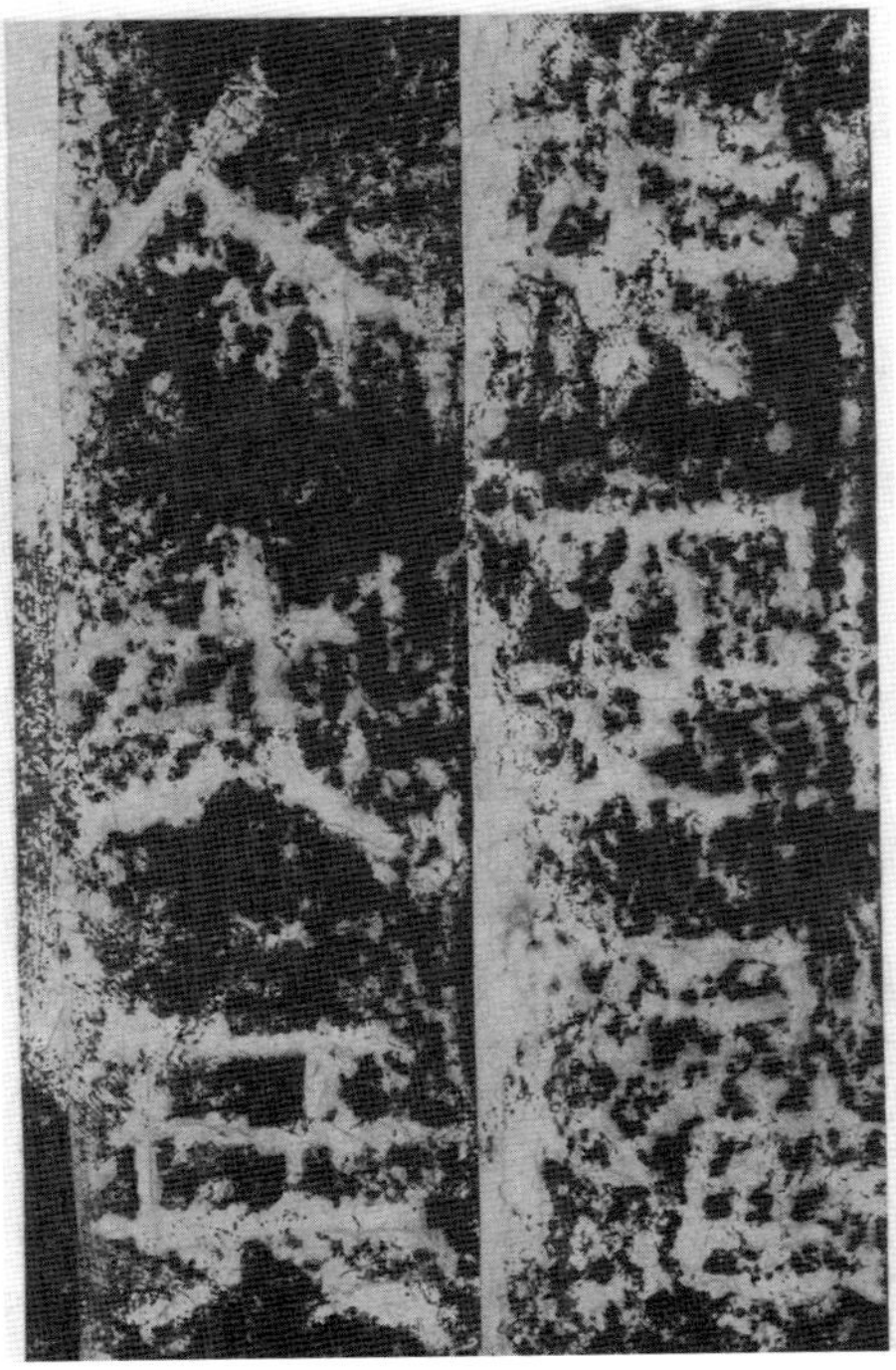

10
□22
安23
羅24
人25
戍26
兵27

0　5　10　15 (cm)

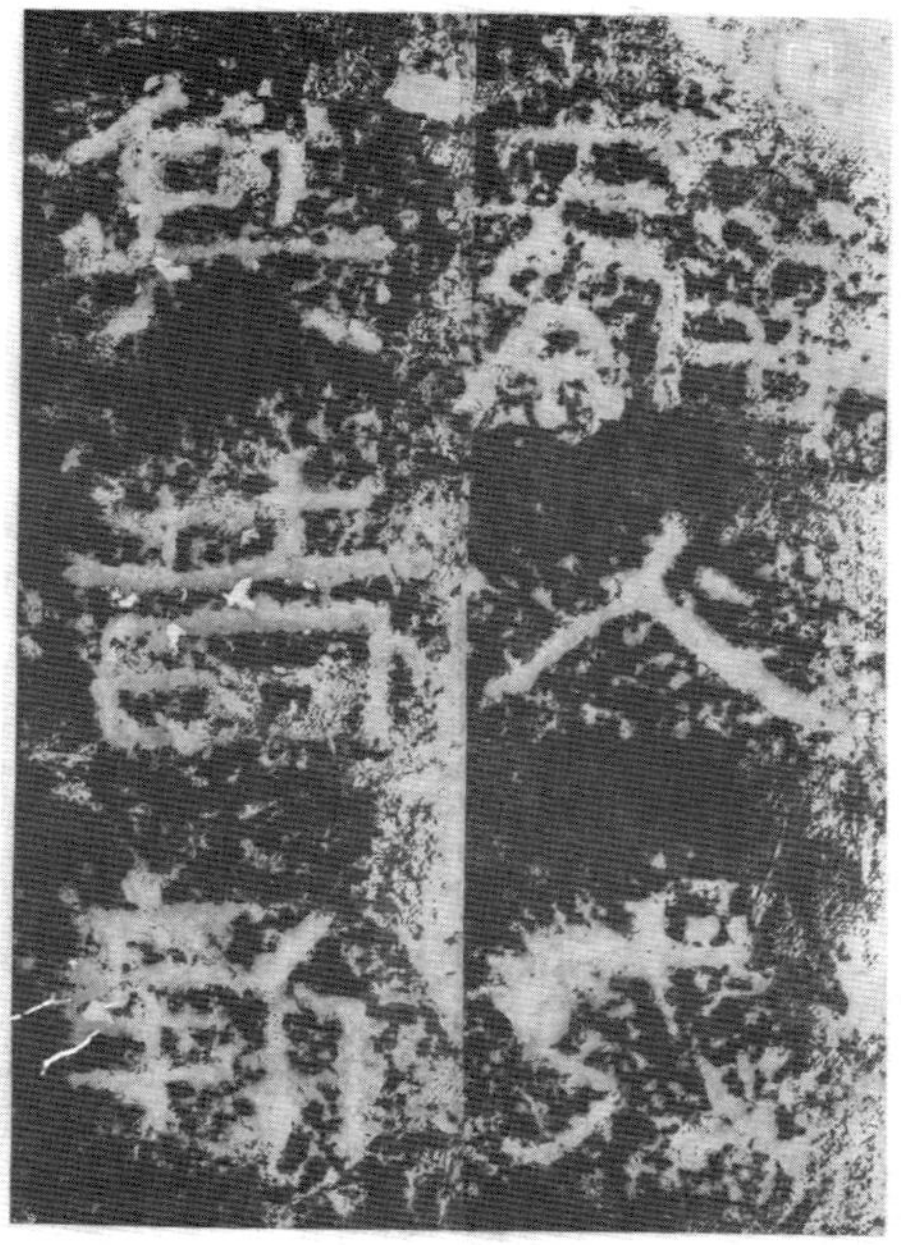

第Ⅲ面

2
羅6
人7
戍8
兵9
昔10
新11

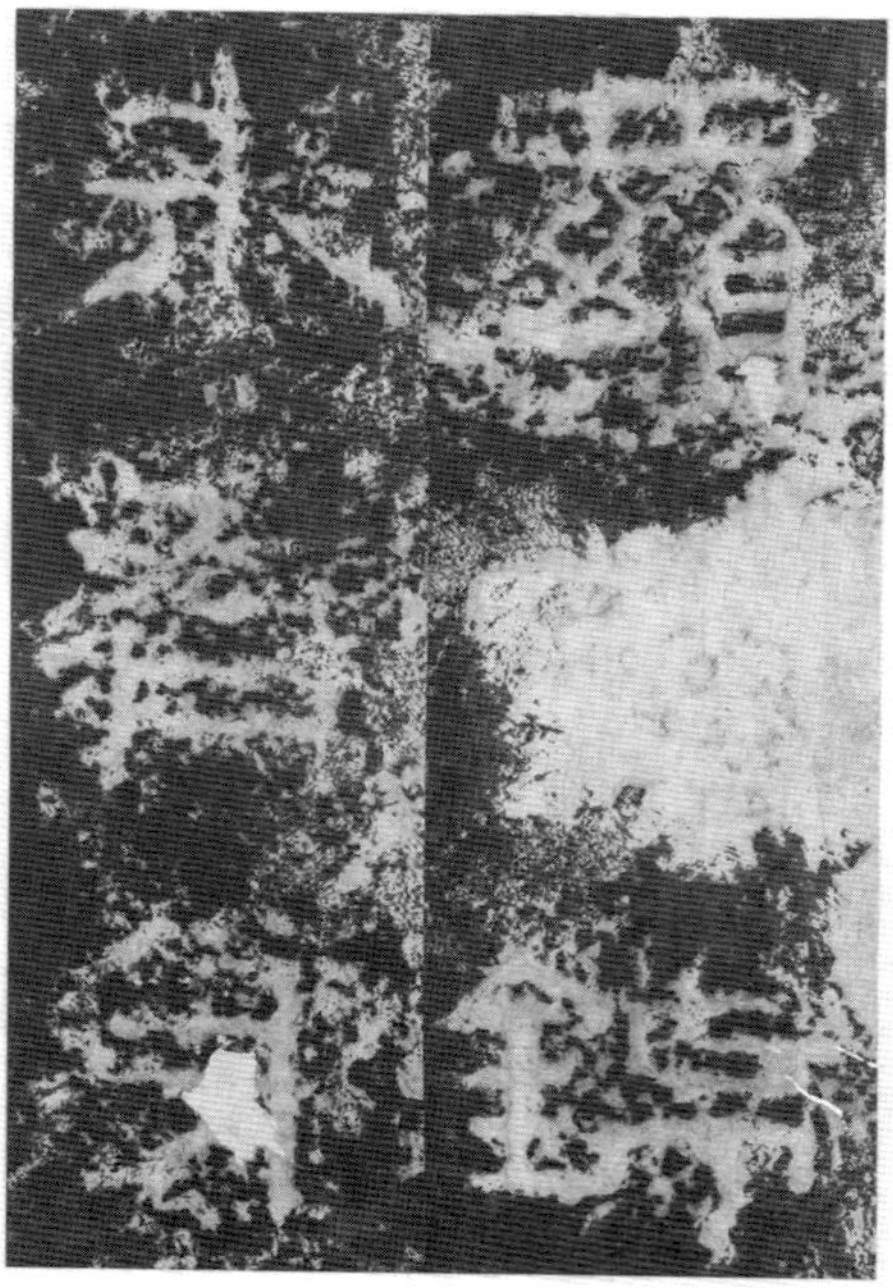

2
羅12
□13
錦14
未15
有16
身17

2
来8
朝19
20
26
土27
境28

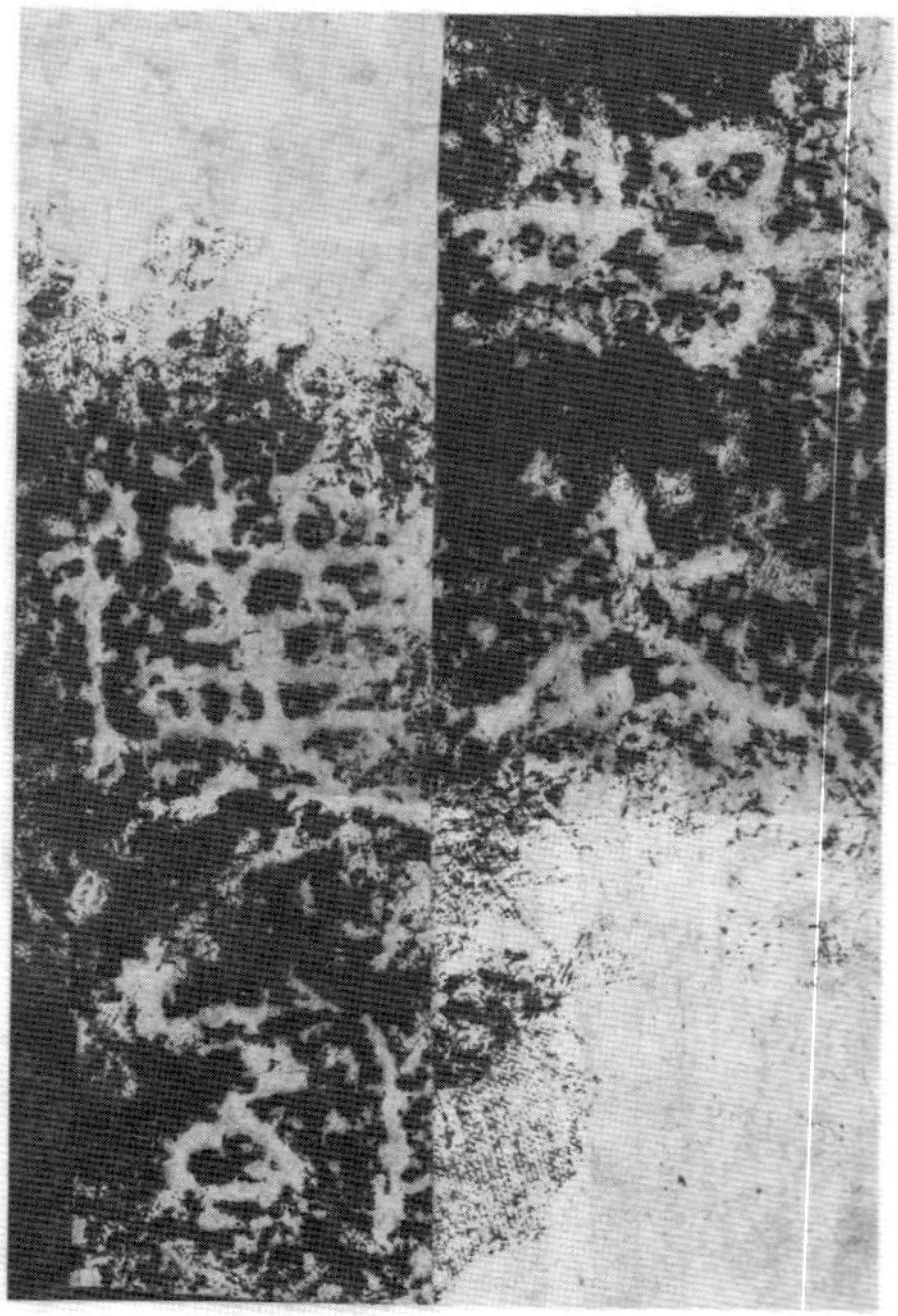

2
好29
太30
31
39
僕40
勾41

0　5　10　15 (cm)

3
朝5
貢6
十7
四8
年9
甲10

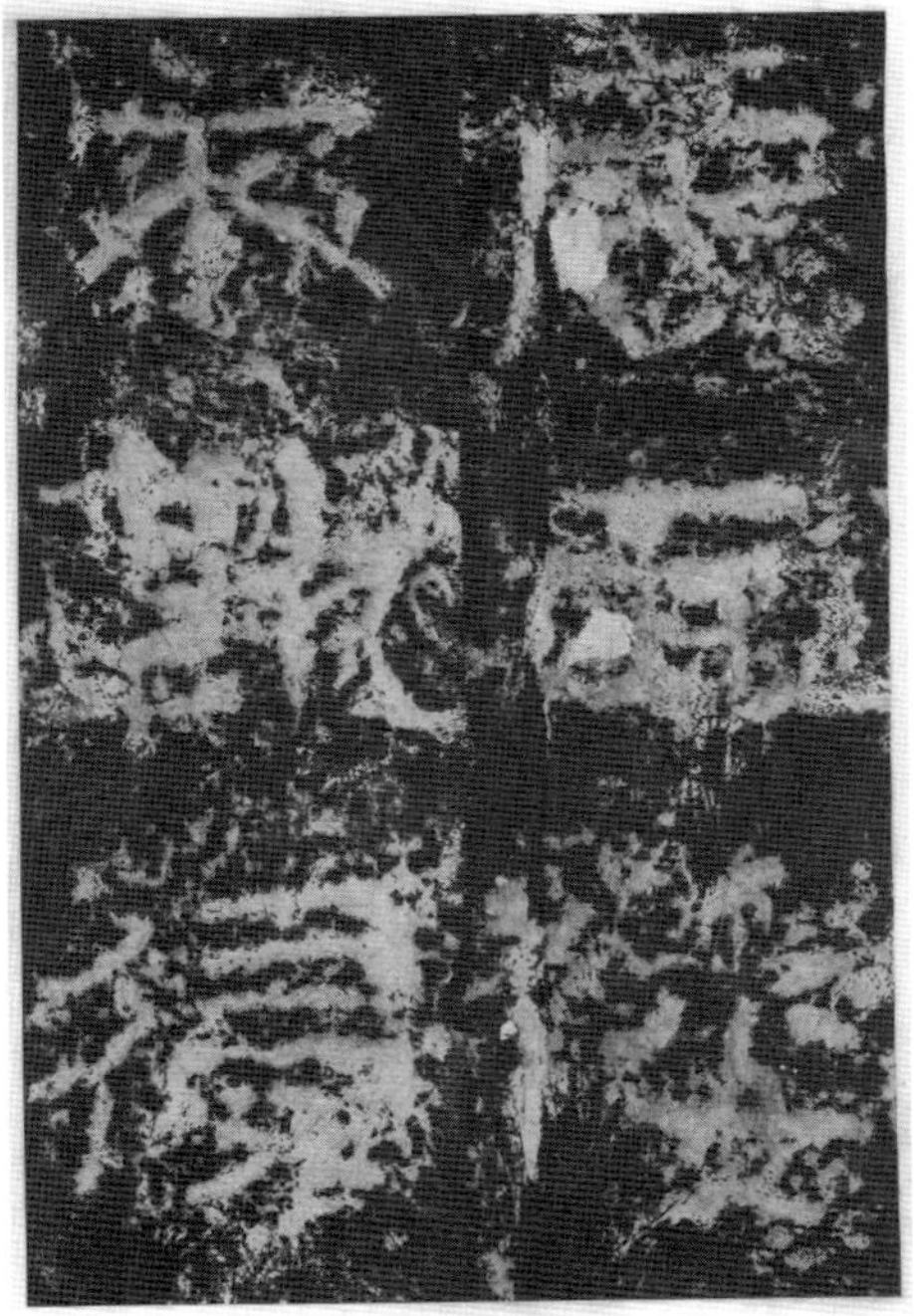

3
辰11
而12
倭13
不14
軌15
侵16

3
入17
帯18
方19
界20
石26
城27

3
連29
船30
31
39
平40
穰41

0　5　10　15（cm）

4
□4
相5
遇6
王7
幢8
要9

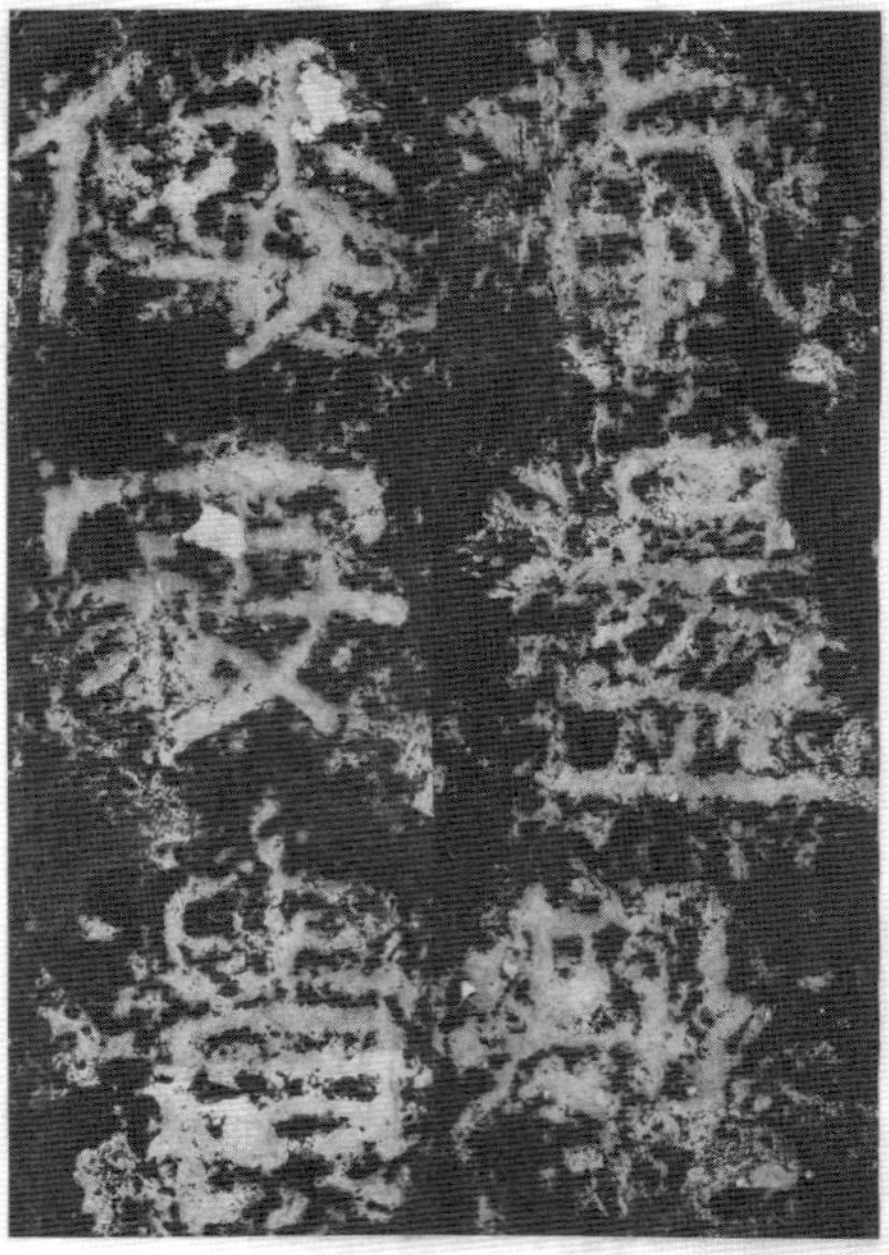

4
截10
盪11
刺12
倭13
寇14
潰15

4
敗16
斬17
煞18
無19
數20
十21

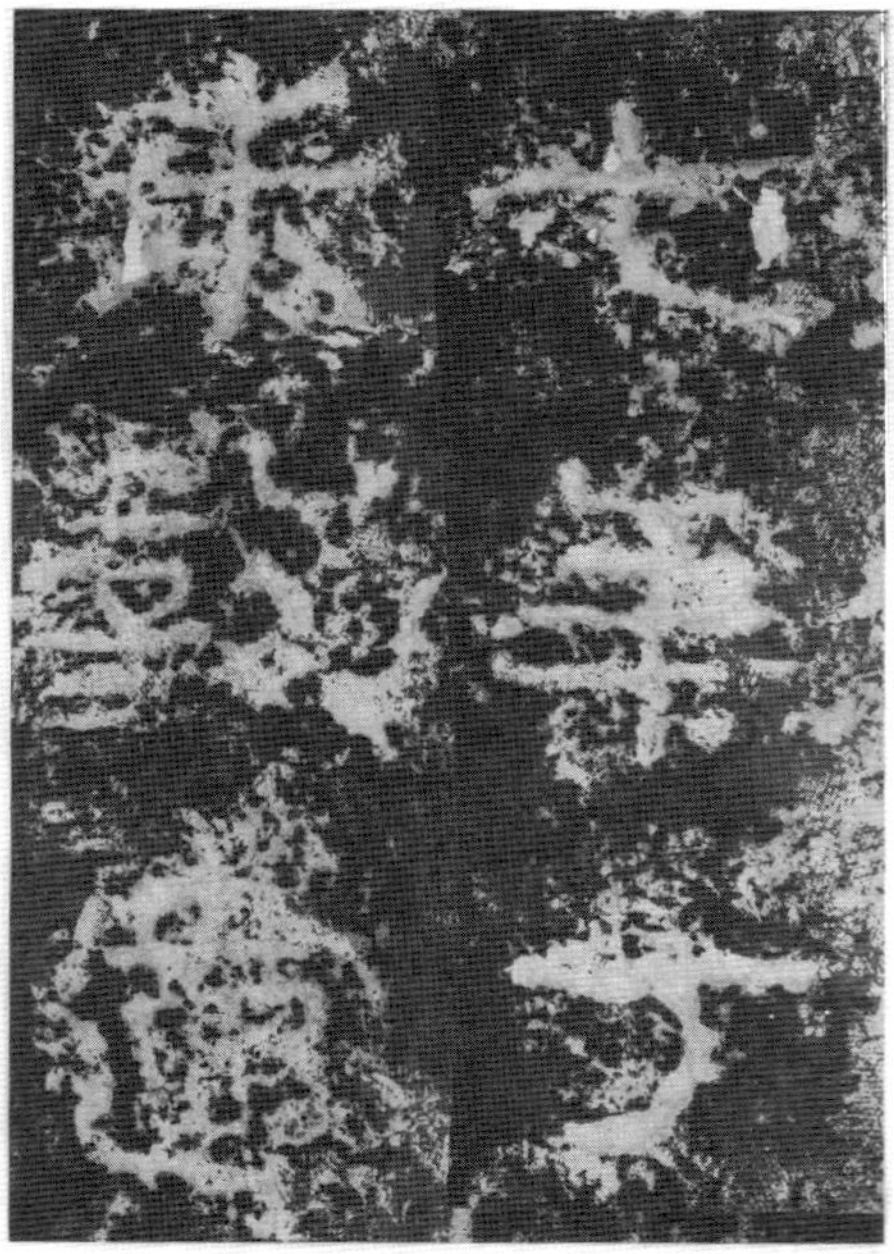

4
七22
年23
丁24
未25
教26
遣27

0　5　10　15（cm）

5
盡8
所9
稚10
鎧11
鉀12
一13

4
歩28
騎29
五30
萬31
32
師41

5
萬14
餘15
領16
軍17
資18
器19

5
2
合3
戰4
斬5
煞6
蕩7

0　5　10　15（cm）

6
1
城 2
廿 3
年 4
庚 5
戊 6

5
械 20
不 21
可 22
稱 23
數 24
還 25

6
東 7
夫 8
餘 9
舊 10
是 11
鄒 12

5
破 26
沙 27
溝 28
城 29
婁 30
城 31

0　5　10　15 (cm)

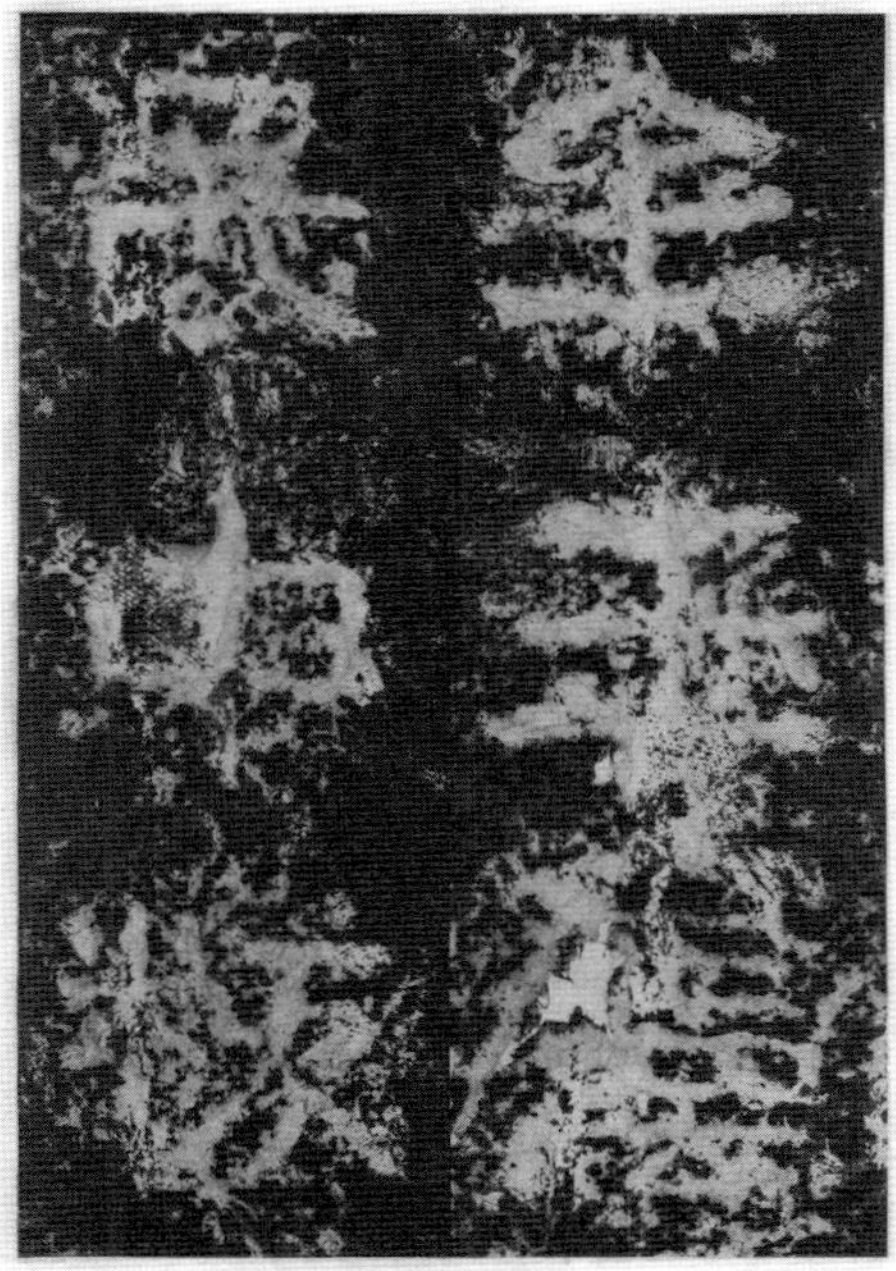

6
牟13
王14
屬15
民16
中17
叛18

6
不19
貢20
王21
躬22
率23
住24

6
討25
軍26
到27
餘28
城29
而30

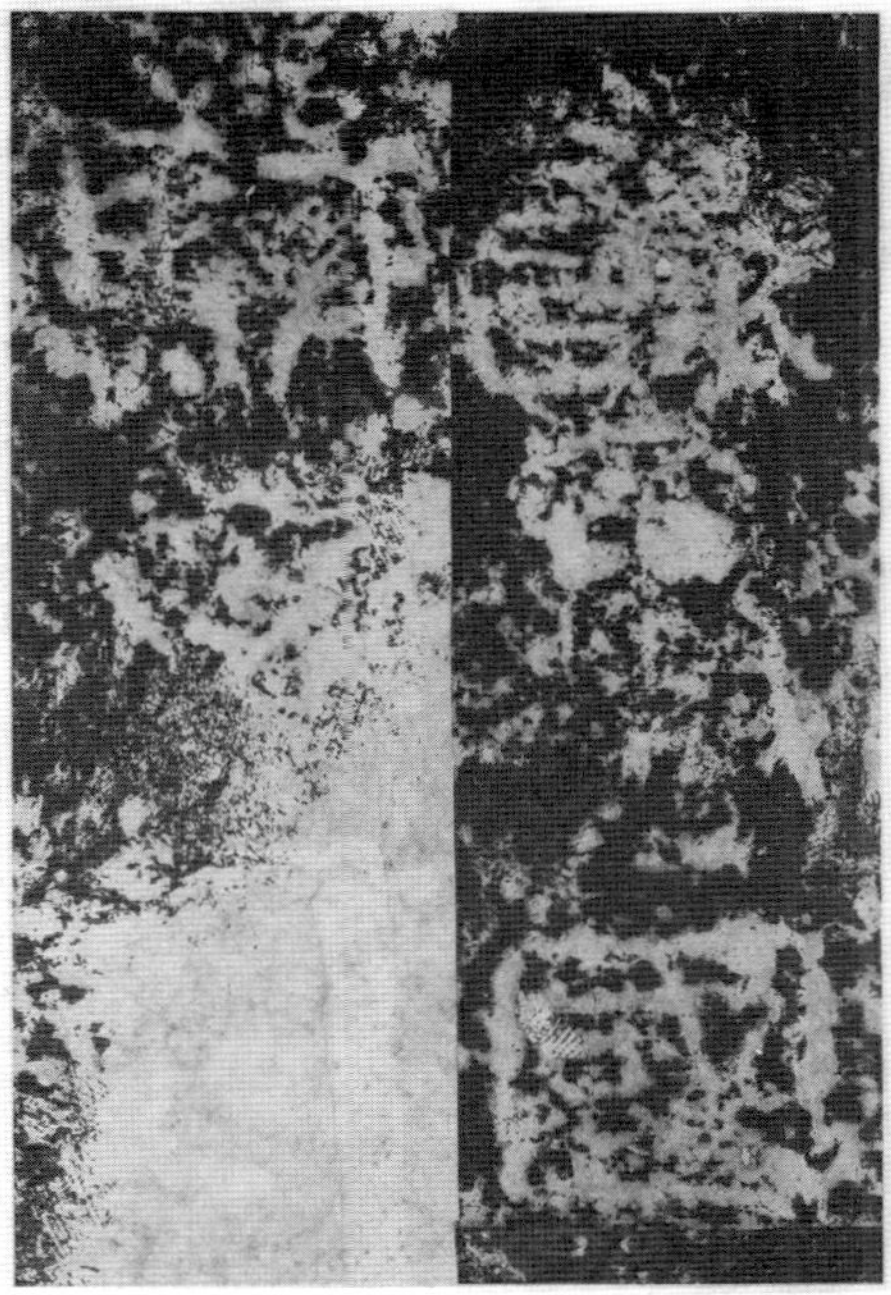

6
餘31
城32
國33
駭34
□35
36

0　5　10　15（cm）

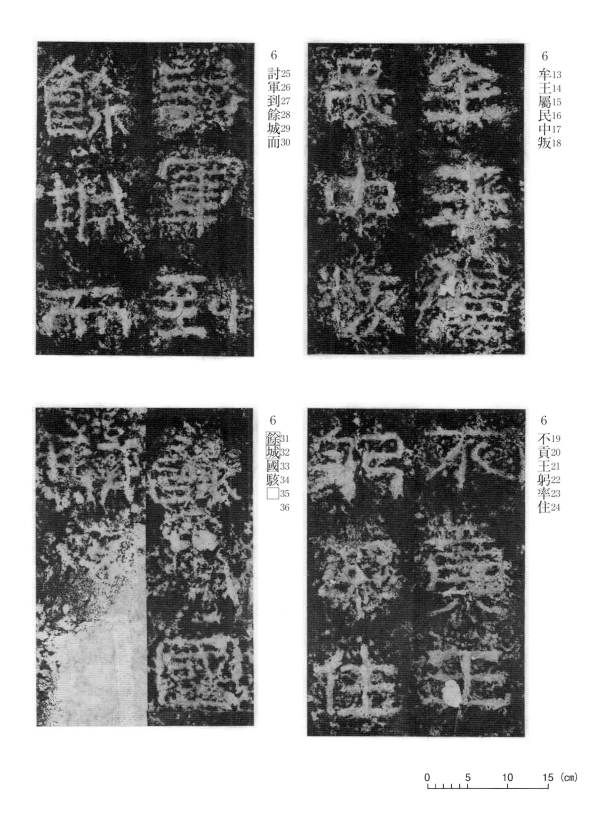

7
王3
恩4
普5
覆6
於7
是8

7
旋9
還10
又11
其12
慕13
化14

7
随15
官16
来17
者18
味19
仇20

7
婁21
鴨22
盧23
卑24
斯25
麻26

0　5　10　15（cm）

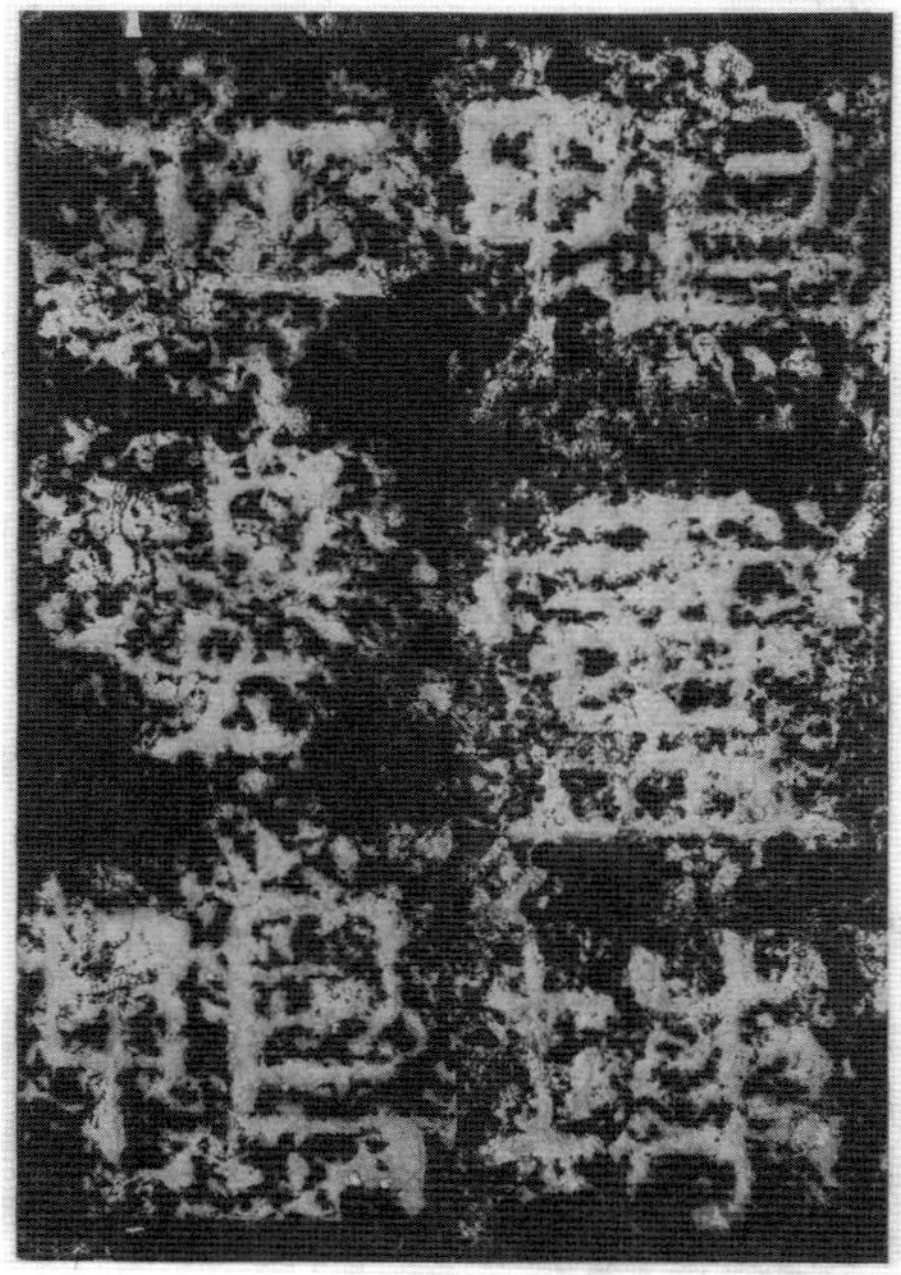

7
鴨27
盧28
端29
立30
婁31
鴨32

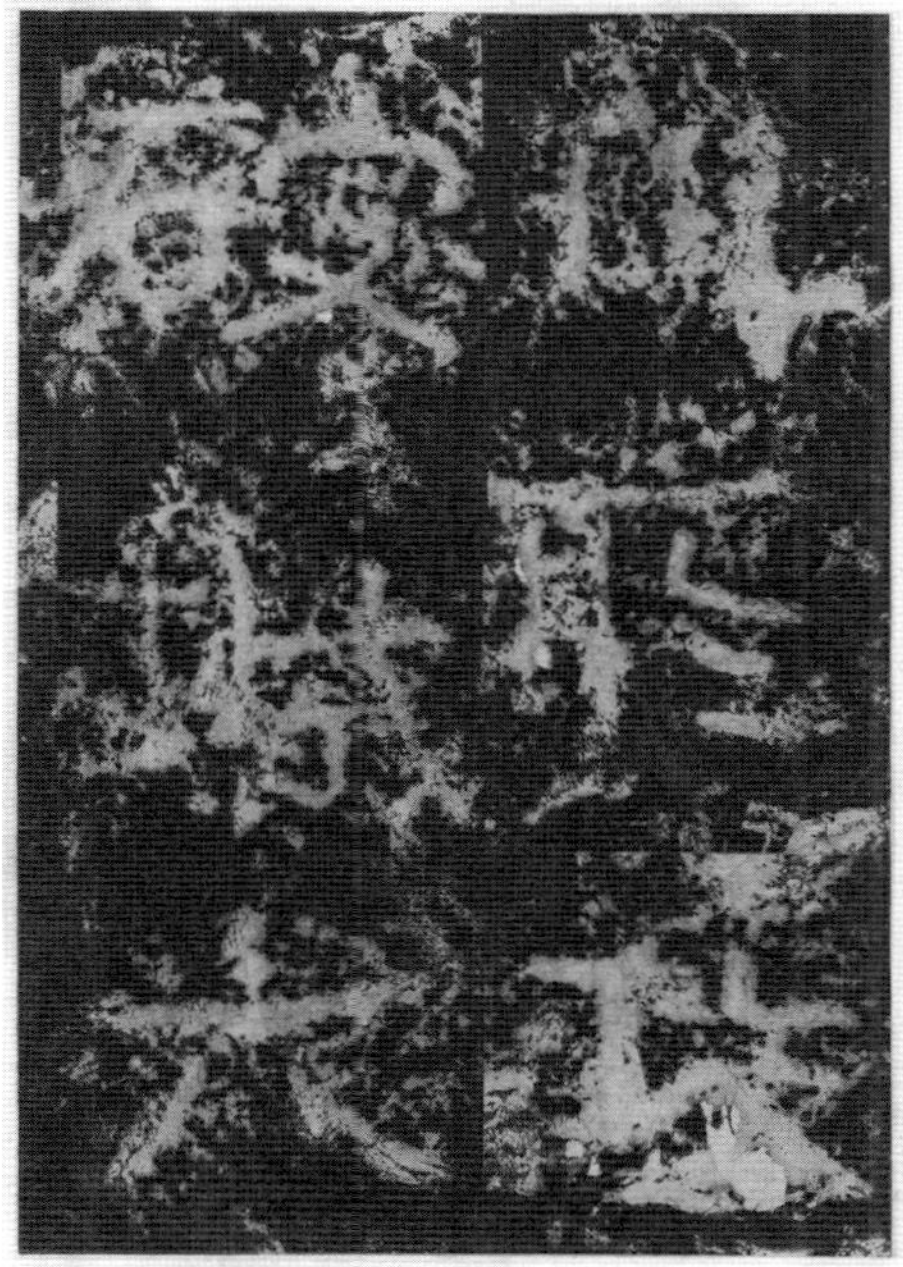

8
凡3
所4
攻5
破6
城7
六8

7
盧33
粛34
斯35
舎36
37
／
8
盧2

8
十9
四10
村11
一12
千13
四14

0　5　10　15（cm）

8
百15
守16
墓17
人18
烟19
戸20

8
賣21
勾22
余23
民24
國25
烟26

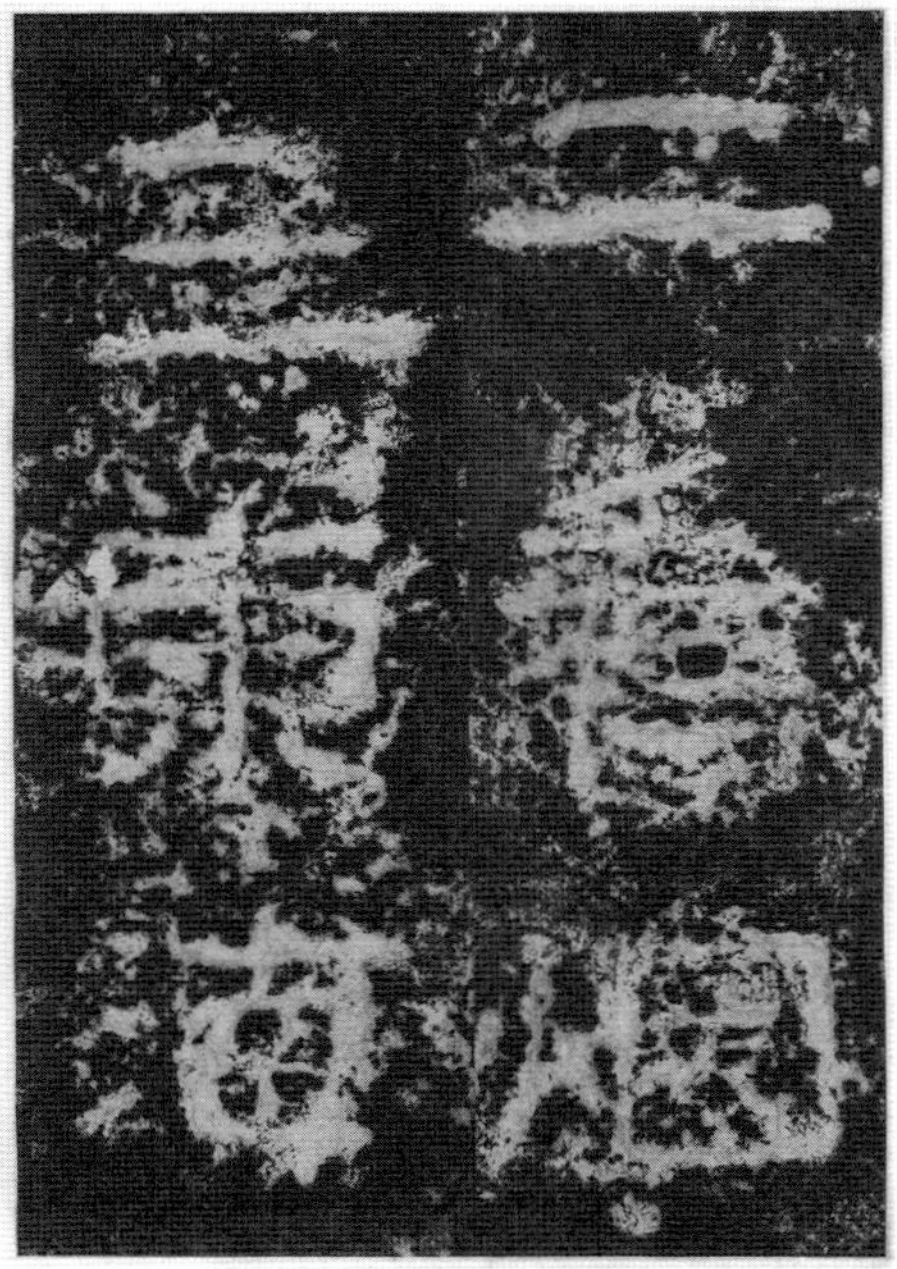

8
二27
看28
烟29
三30
東31
海32

8
賈33
國34
烟35
三36
看37
烟38

0　5　10　15 (cm)

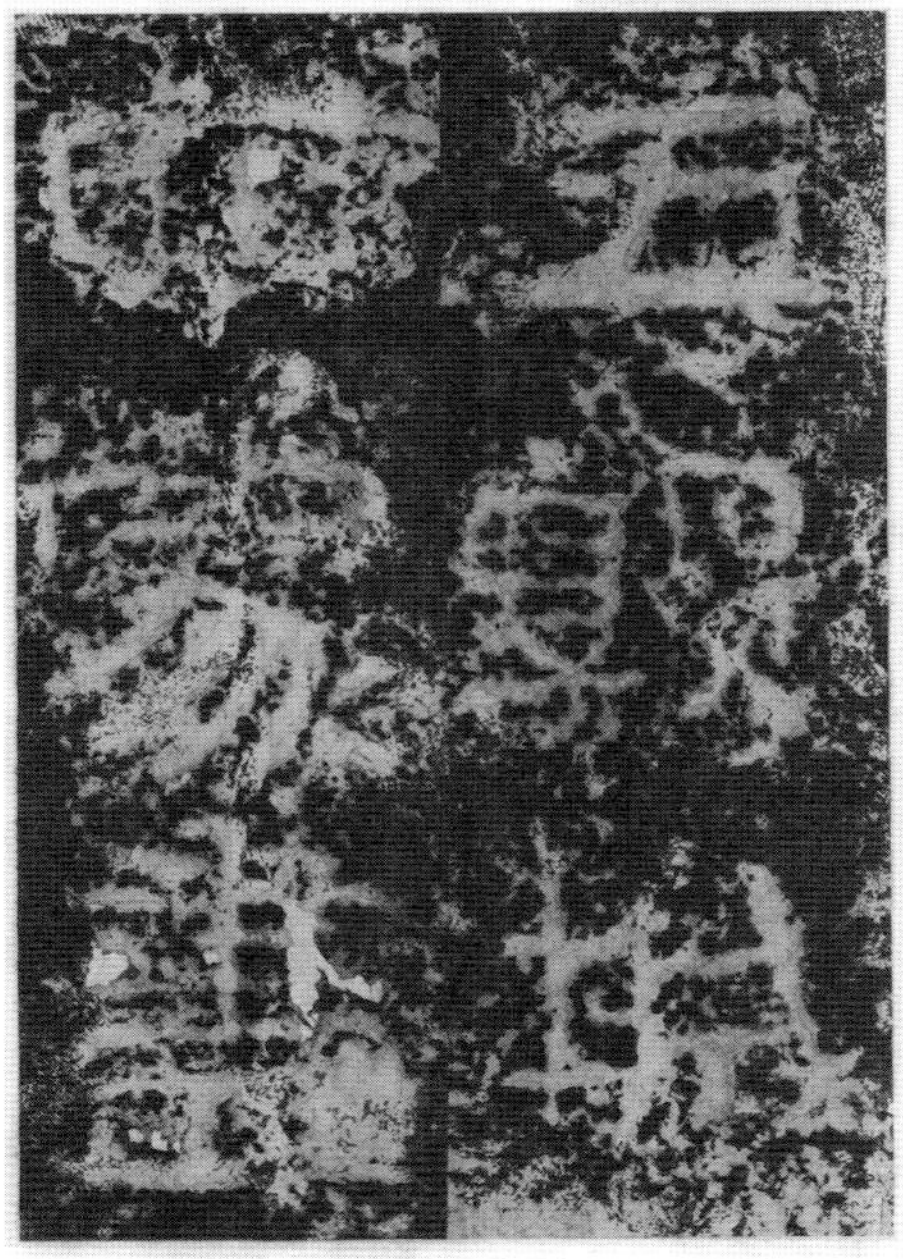

8
五39
敦40
城41
／
9
四2
家3
盡4

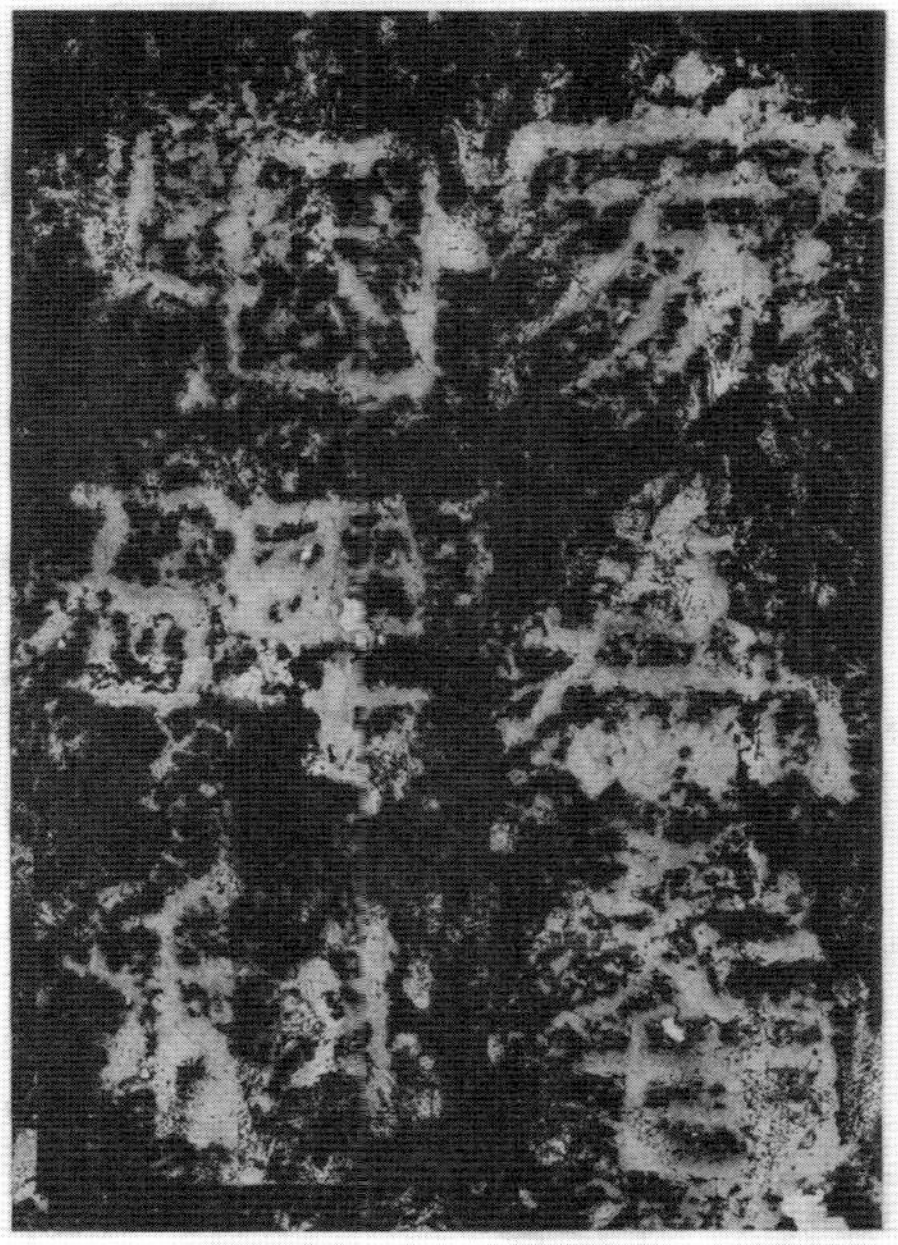

9
家11
為12
看13
烟14
碑15
利16

9
為5
看6
烟7
于8
城9
一10

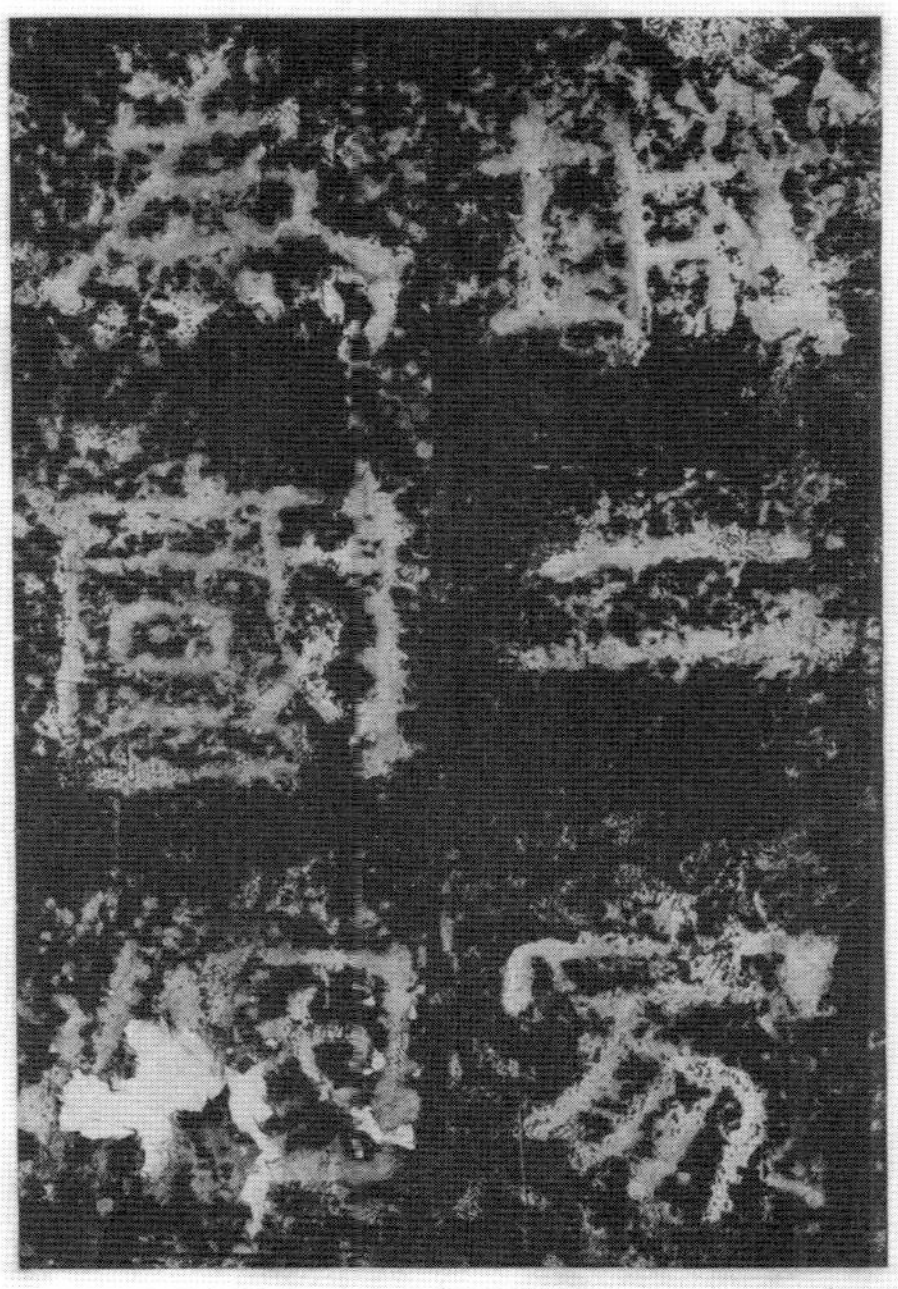

9
城17
二18
家19
為20
國21
烟22

0　5　10　15（cm）

9
平23
穰24
城25
民26
國27
烟28

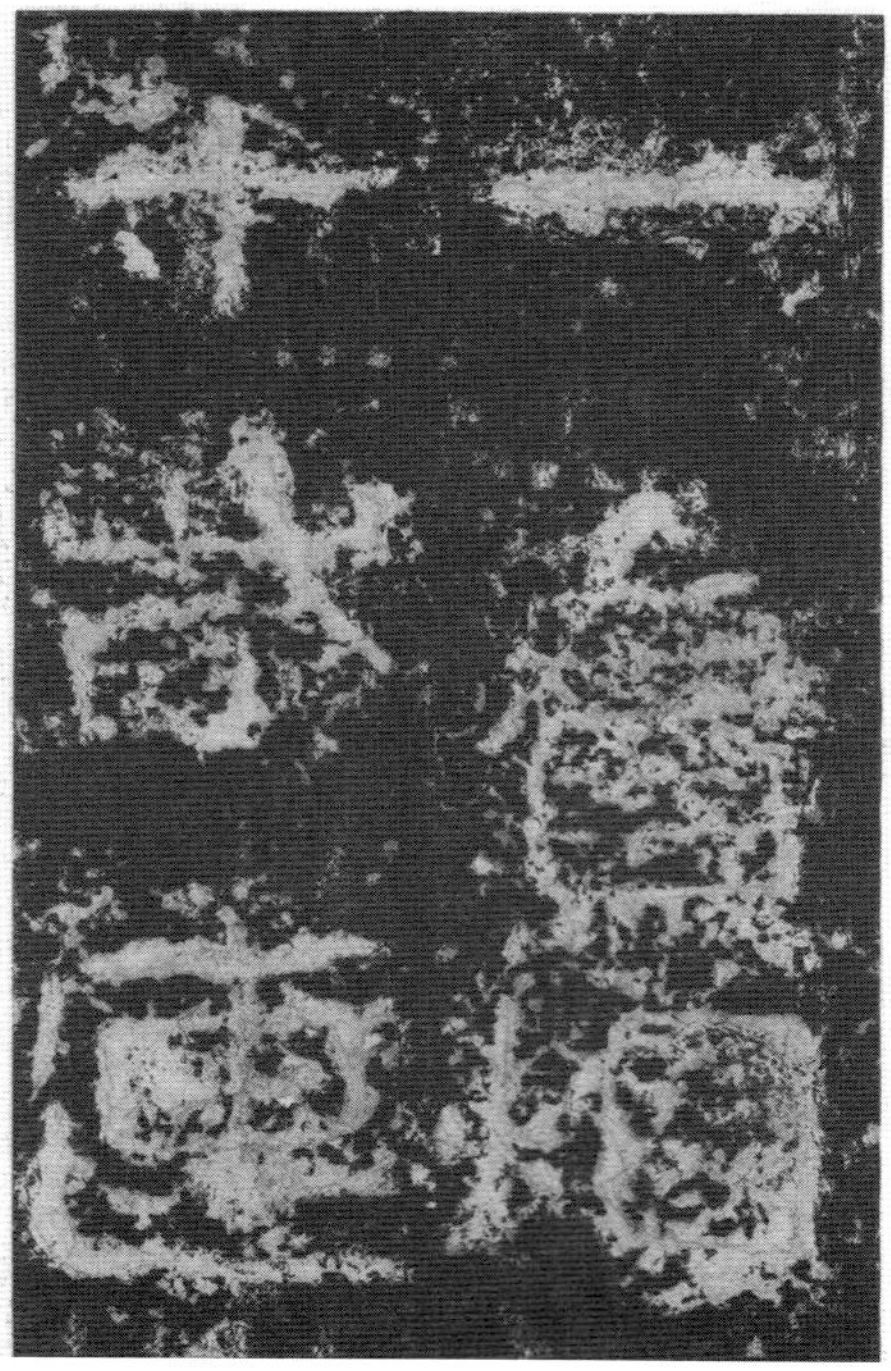

9
一29
看30
烟31
十32
訾33
連34

9
二35
家36
為37
看38
烟39
俳40

9
婁41
／
10
人1
國2
烟3
一4
看5

0　5　10　15（cm）

10
烟6
卌7
二8
梁9
谷10
二11

10
家12
為13
看14
烟15
梁16
城17

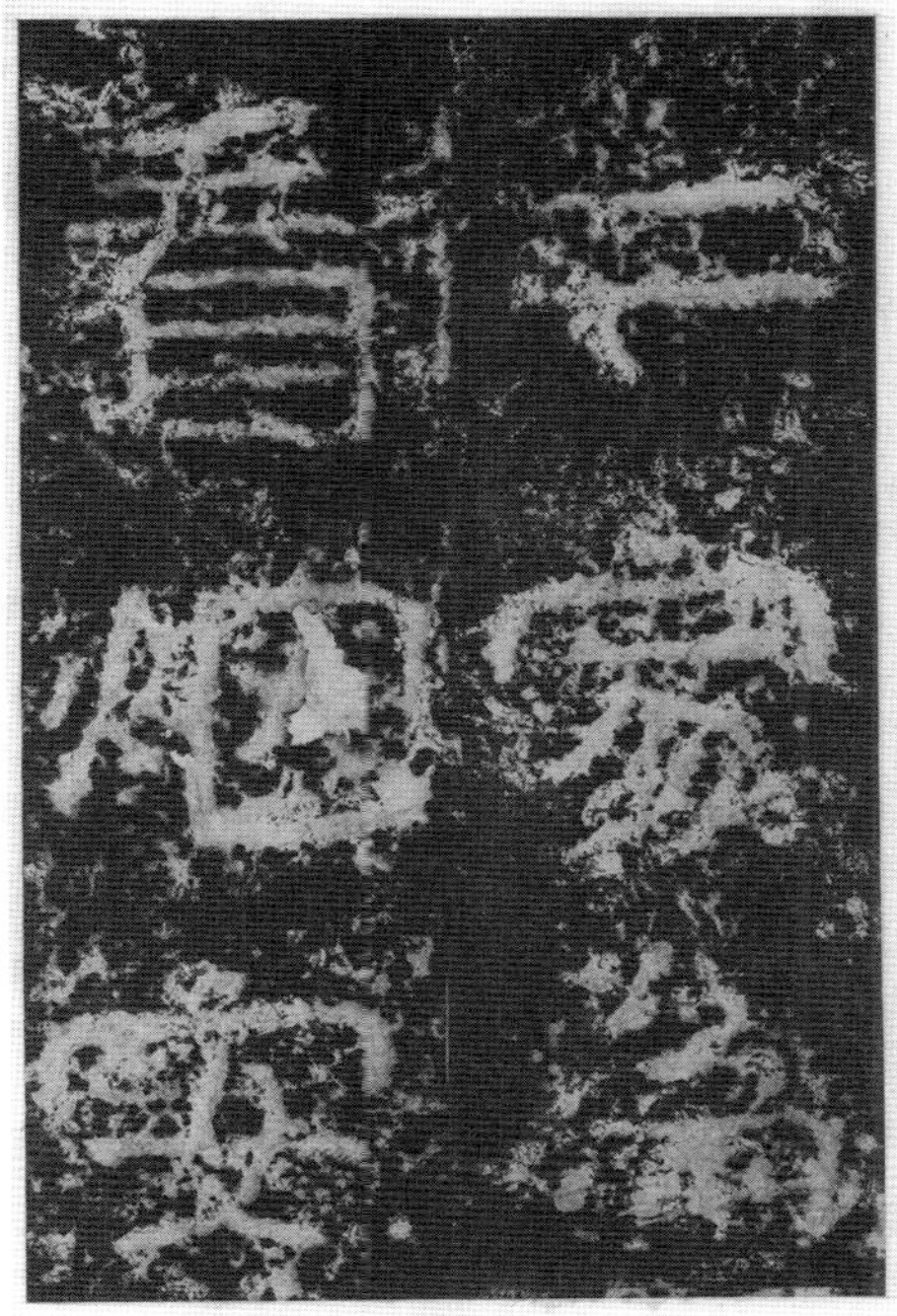

10
二18
家19
為20
看21
烟22
安23

10
夫24
連25
廿26
二27
家28
為29

0　5　10　15（cm）

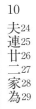

11
家 1
為 2
看 3
烟 4
南 5
蘇 6

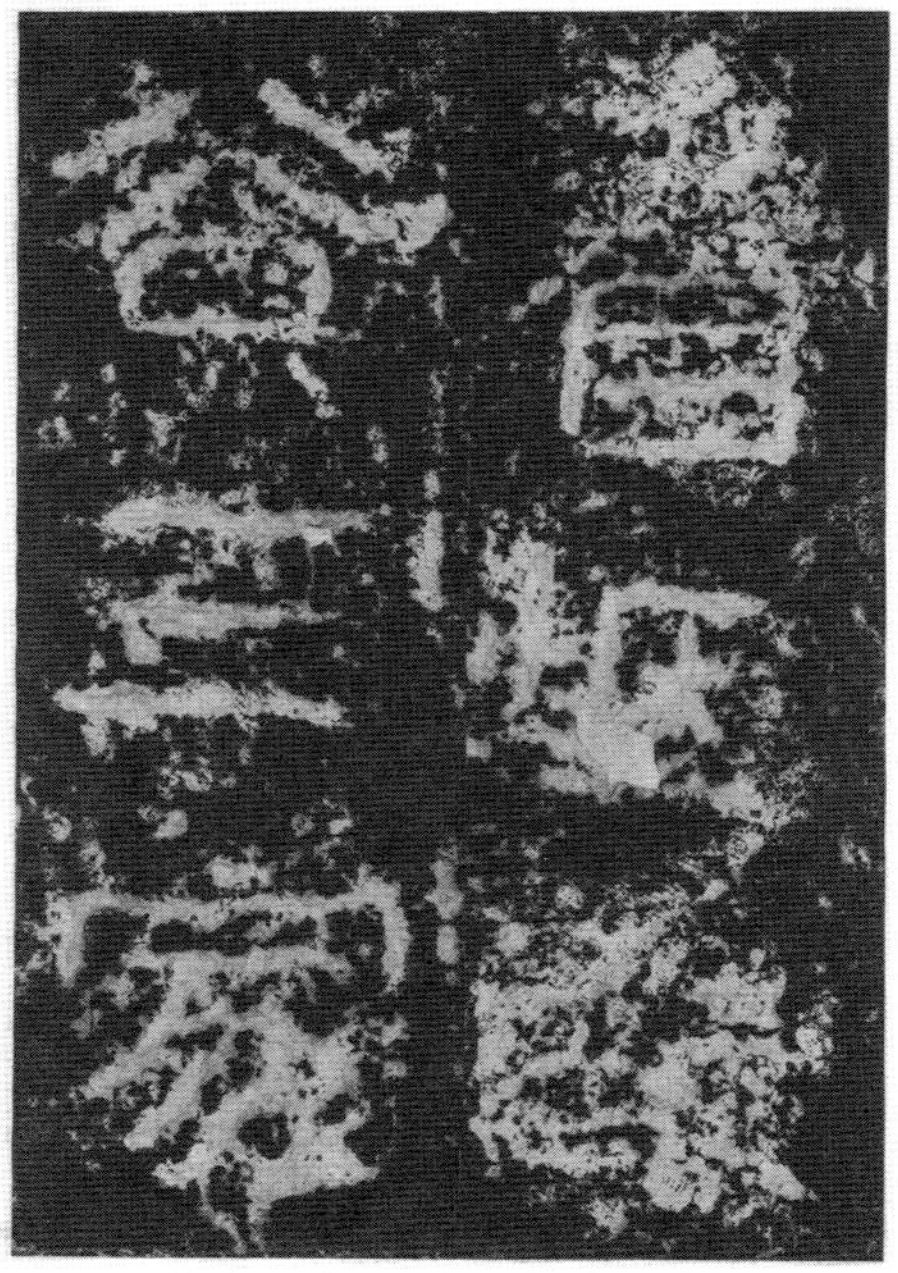

10
看 30
烟 31
□ 32
谷 33
三 34
家 35

11
城 7
一 8
家 9
為 10
國 11
烟 12

10
為 36
看 37
烟 38
新 39
城 40
三 41

0　5　10　15 (cm)

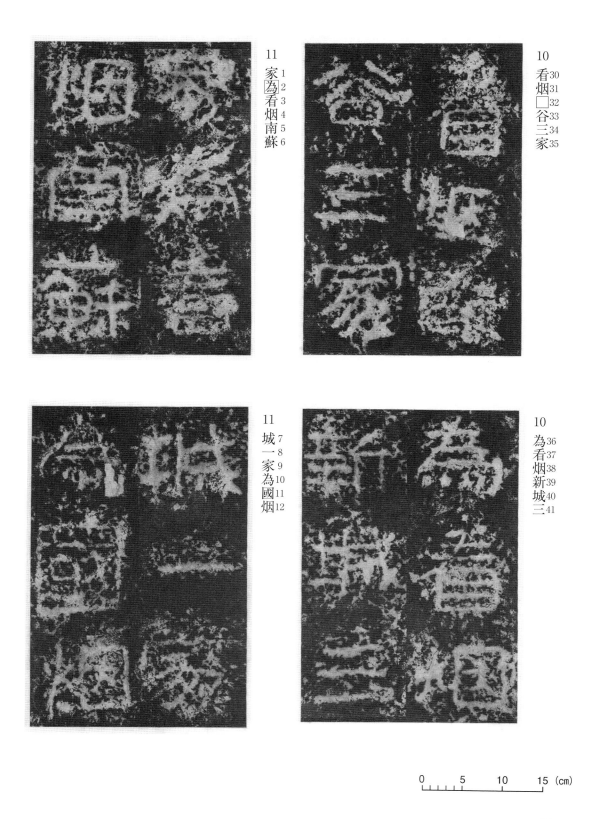

11
新13
来14
韓15
穢16
沙17
水18

11
城19
國20
烟21
一22
看23
烟24

11
一25
牟26
婁27
城28
二29
家30

11
為31
看32
烟33
豆34
比35
鴨36

0　5　10　15 (cm)

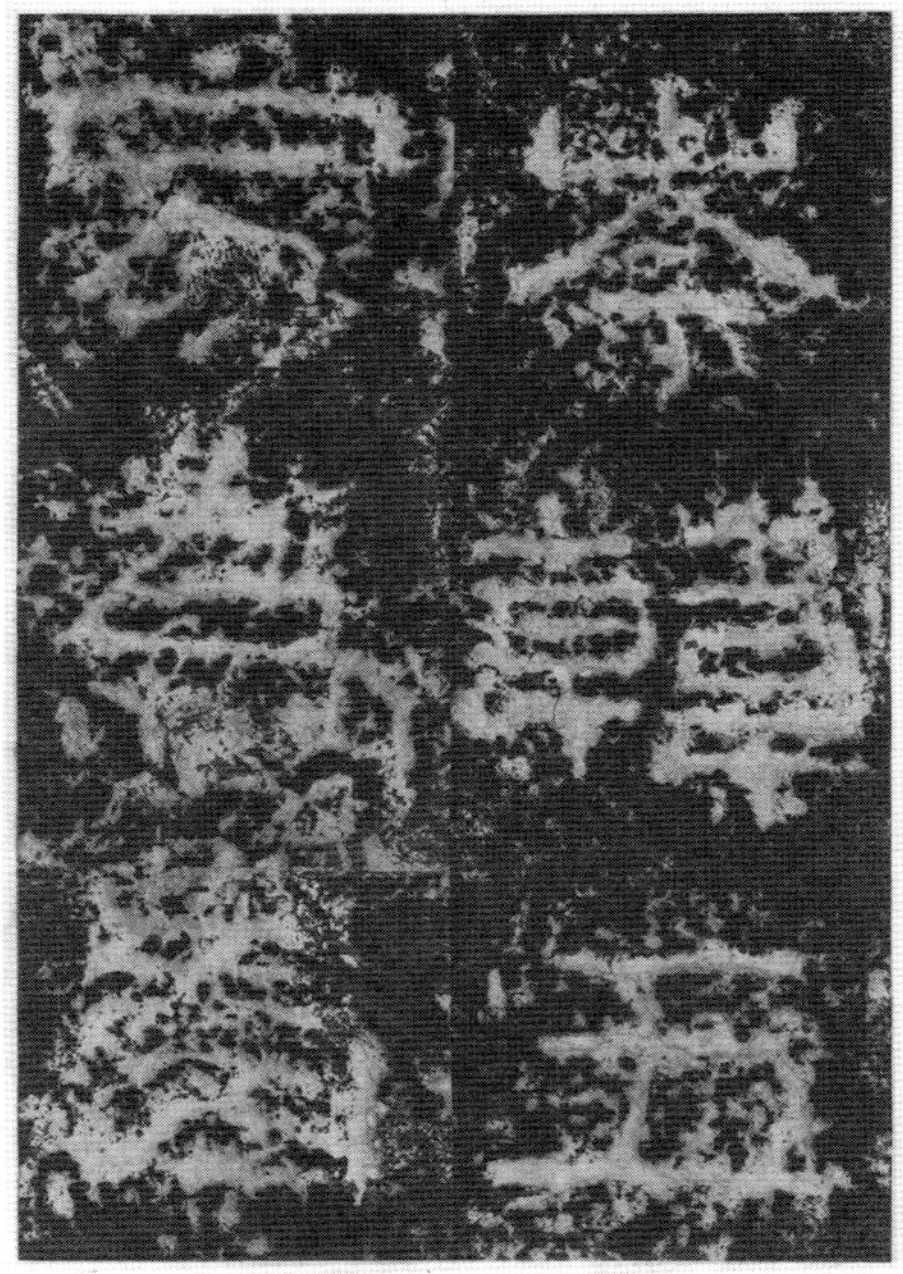

11
岑37
韓38
五39
家40
為41
／
12
看1

12
烟2
勾3
牟4
客5
頭6
二7

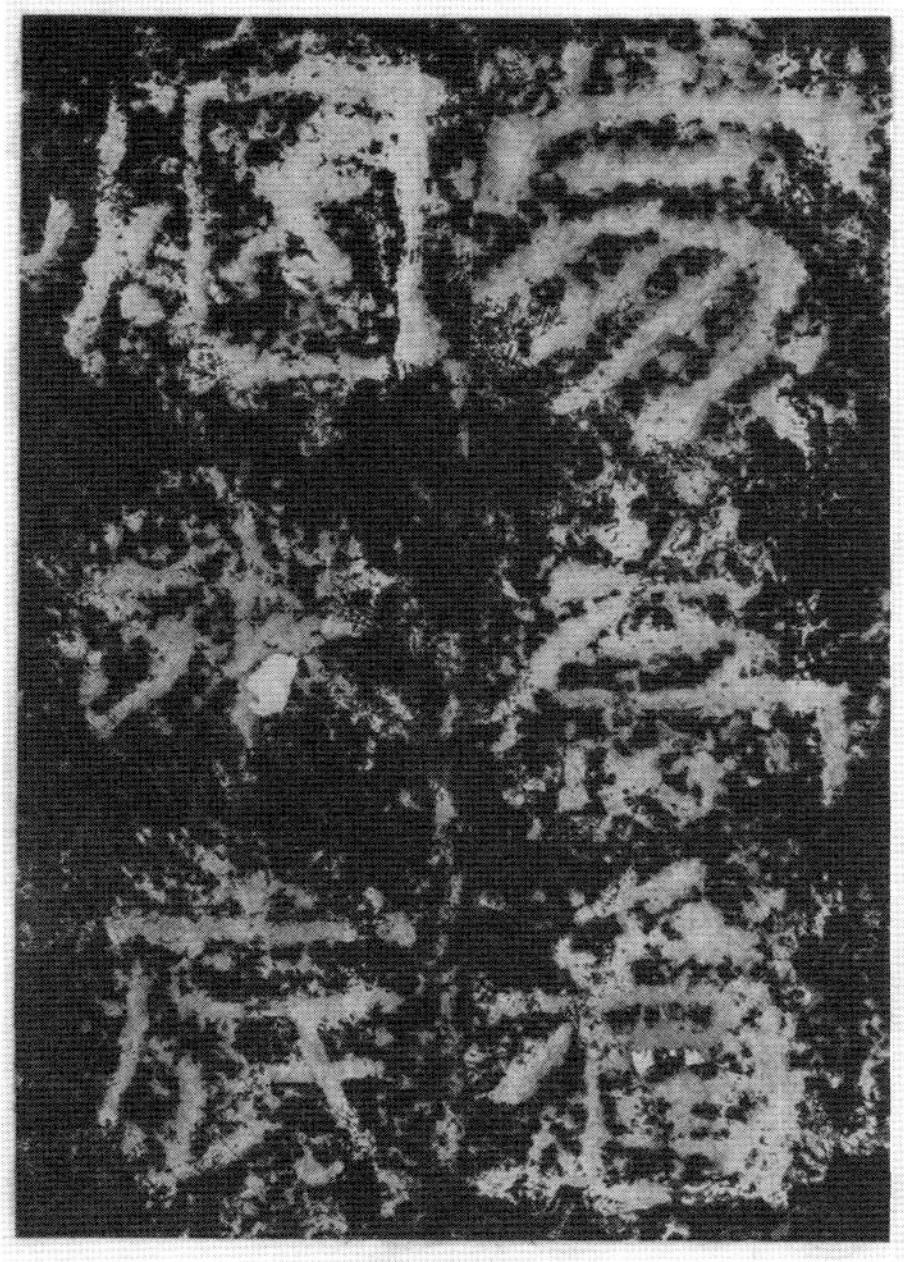

12
家8
為9
看10
烟11
朩12
底13

12
韓14
一15
家16
為17
看18
烟19

0　5　10　15（cm）

12
舎20
蔦21
城22
韓23
穢24
國25

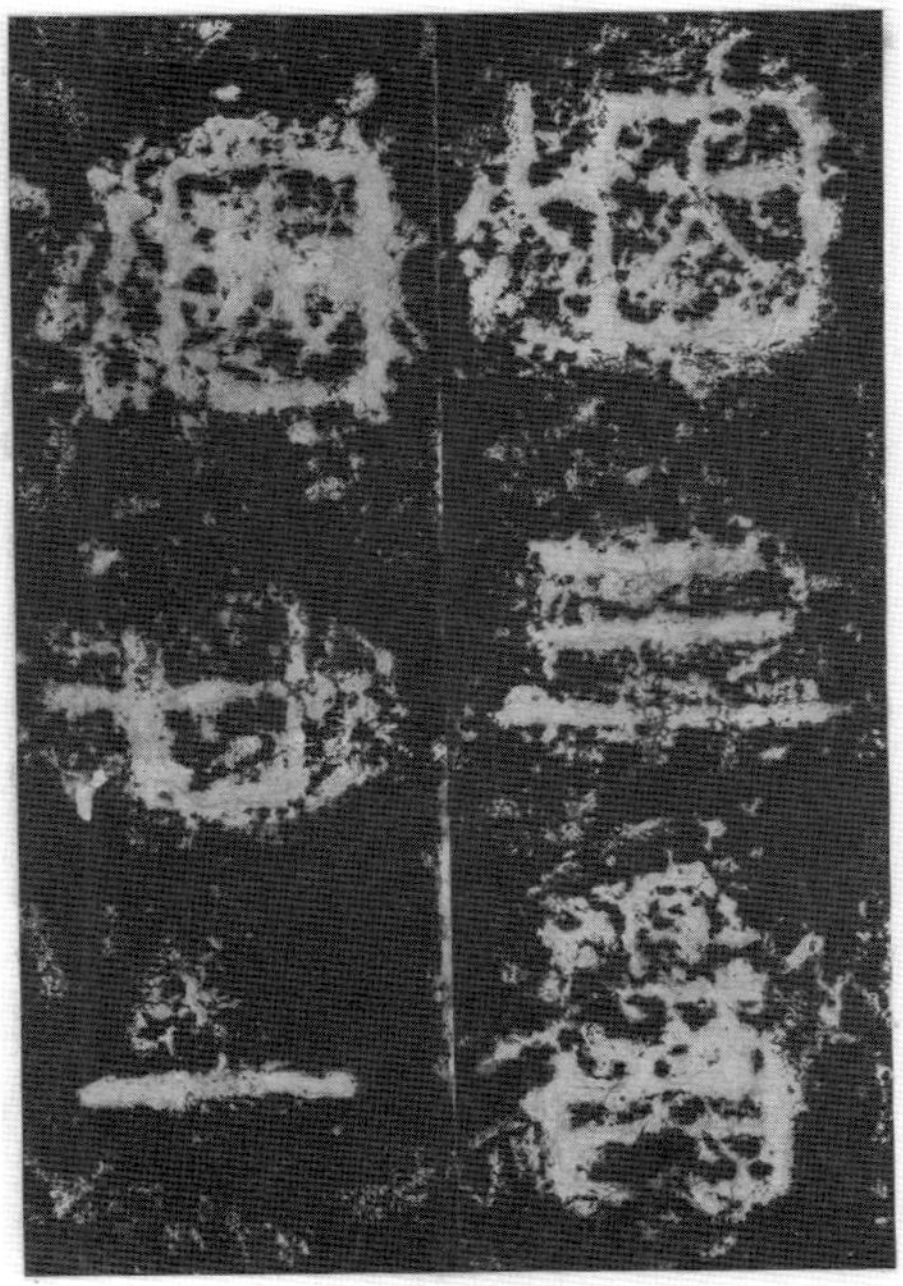

12
烟26
三27
看28
烟29
廿30
一31

12
古32
家33
耶34
羅35
城36
一37

12
家38
為39
看40
烟41
／
13
旲1
古2

＊左列一字目の「烟」は右に九十度傾いて貼られている。

0　5　10　15（cm）

13
城 3
國 4
烟 5
一 6
看 7
烟 8

13
三 9
客 10
賢 11
韓 12
一 13
家 14

13
為 15
看 16
烟 17
阿 18
旦 19
城 20

13
雜 21
珎 22
城 23
合 24
十 25
家 26

0　5　10　15（cm）

13
為27
看28
烟29
巴30
奴31
城32

13
韓33
九34
家35
為36
看37
烟38

13
各39
模40
盧41
／
14
城1
四2
家3

14
為4
看5
烟6
各7
模8
盧9

0　5　10　15（cm）

14
城10
二11
家12
為13
看14
烟15

14
牟16
水17
城18
三19
家20
為21

14
看22
烟23
幹24
弖25
利26
城27

14
國28
烟29
二30
看31
烟32
□33

0　5　10　15 (cm)

14
弥34
□35
城36
国37
烟38
六39

14
看40
烟41

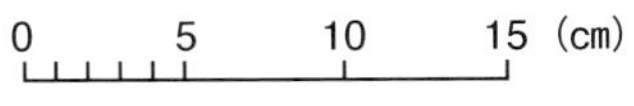

第Ⅳ面

1
三9
家10
為11
看12
烟13
豆14

1
奴15
城16
國17
烟18
一19
看20

1
烟21
二22
奥23
利24
城25
國26

1
烟27
二28
看29
烟30
八31
須32

0　5　10　15 (cm)

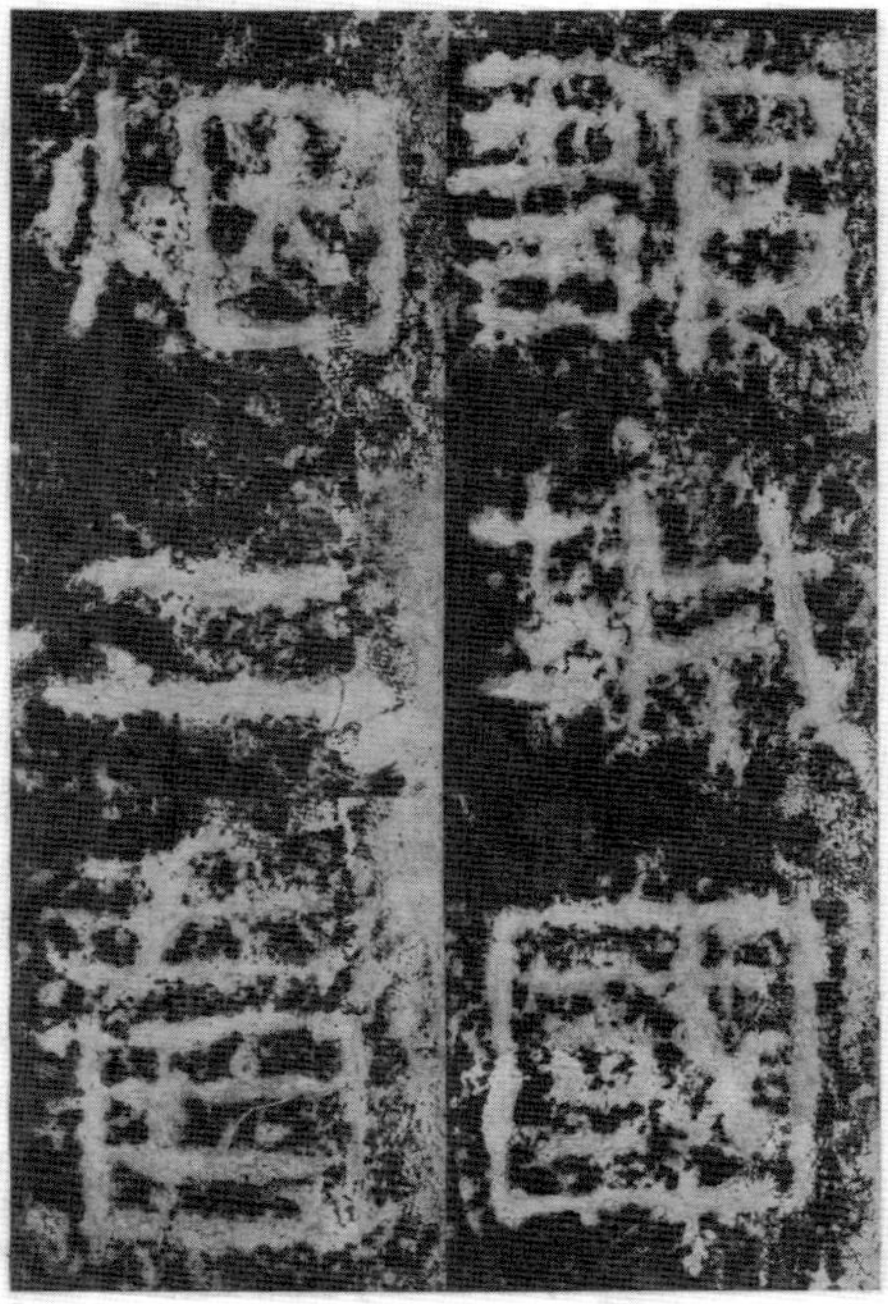

1
鄒33
城34
國35
烟36
二37
看38

1
烟39
五40
百41
／
2
殘1
南2
居3

2
韓4
國5
烟6
一7
看8
烟9

2
五10
大11
山12
韓13
城14
六15

0　5　10　15（cm）

2
家16
為17
看18
烟19
農20
賣21

2
城22
國23
烟24
一25
看26
烟27

2
一28
閏29
奴30
城31
國32
烟33

2
二34
都35
烟36
廿37
二38
古39

0　5　10　15 (cm)

2
牟40
婁41
／
3
城1
國2
烟3
二4

3
看5
烟6
八7
琢8
城9
國10

3
烟11
一12
看13
烟14
八15
味16

3
城17
六18
家19
為20
看21
烟22

0　5　10　15（cm）

3
就23
咨24
城25
五26
家27
為28

3
看29
烟30
彡31
穰32
城33
廿34

3
四35
家36
為37
看38
烟39
散40

3
那41
／
4
城1
一2
家3
為4
國5

0　5　10　15（cm）

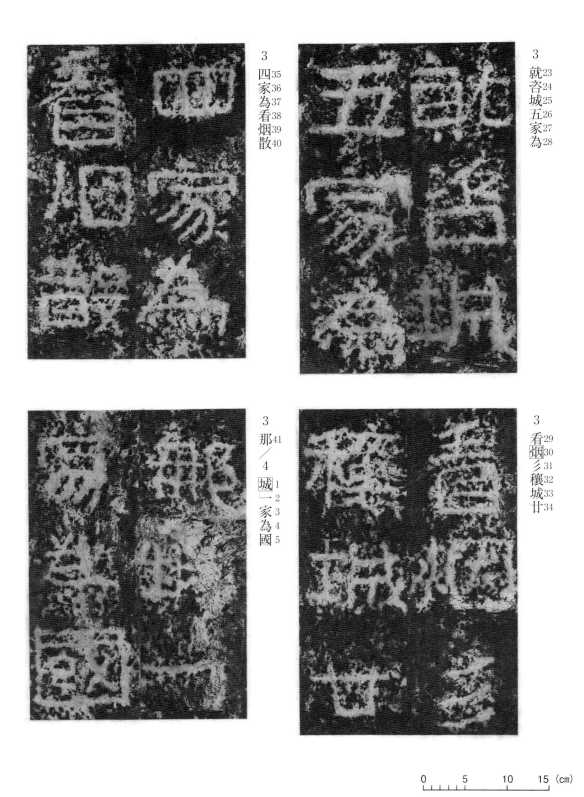

4
烟6
那7
旦8
城9
一10
家11

4
為12
看13
烟14
勾15
牟16
城17

4
一18
家19
為20
看21
烟22
於23

4
利24
城25
八26
家27
為28
看29

0　5　10　15（cm）

5
家 1
為 2
看 3
烟 4
國 5
罡 6

4
烟 30
比 31
利 32
城 33
三 34
家 35

5
上 7
廣 8
開 9
土 10
境 11
好 12

4
為 36
看 37
烟 38
細 39
城 40
三 41

0　5　10　15 (cm)

5
太13
王14
存15
時16
教17
言18

5
祖19
王20
先21
王22
但23
教24

5
取25
遠26
近27
舊28
民29
守30

5
墓31
洒32
掃33
吾34
慮35
舊36

0　5　10　15（cm）

6
守8
墓9
者10
但11
取12
吾13

5
民37
轉38
當39
羸40
劣41
／
6
若1

6
躬14
率15
所16
略17
来18
韓19

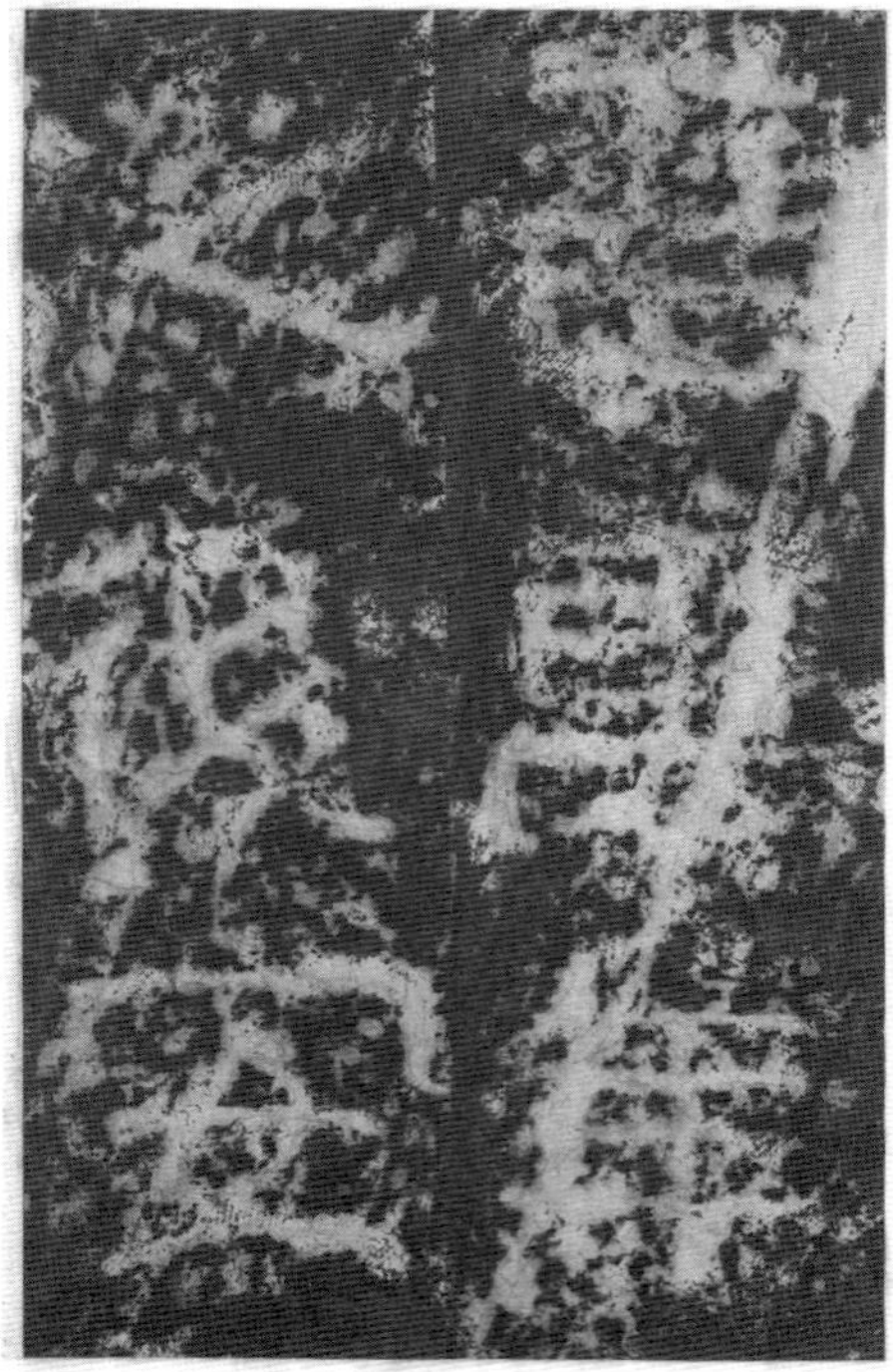

6
吾2
萬3
年4
之5
後6
安7

0　5　10　15（cm）

6
穢20
令21
備22
洒23
掃24
言25

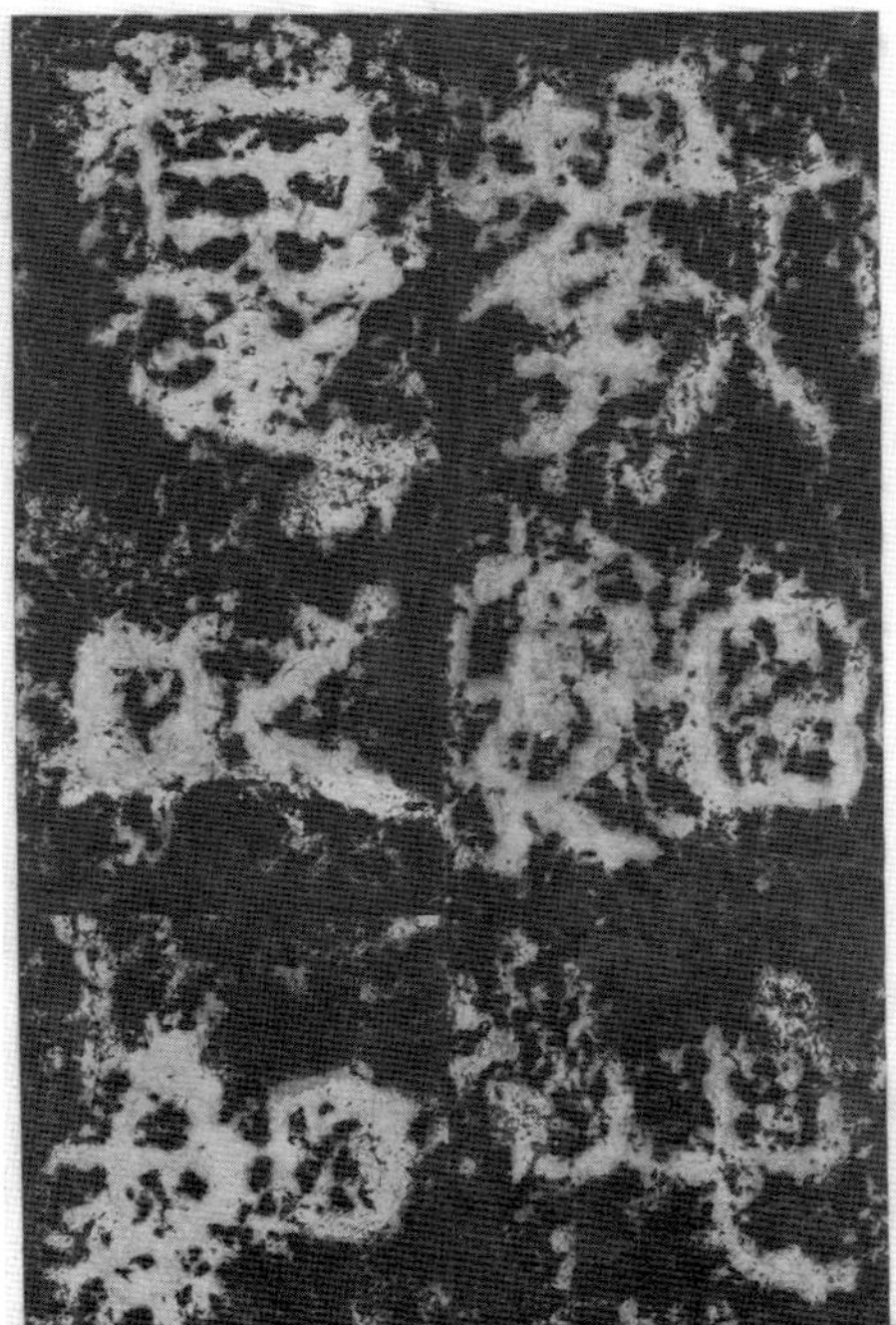

6
教26
如27
此28
是29
以30
如31

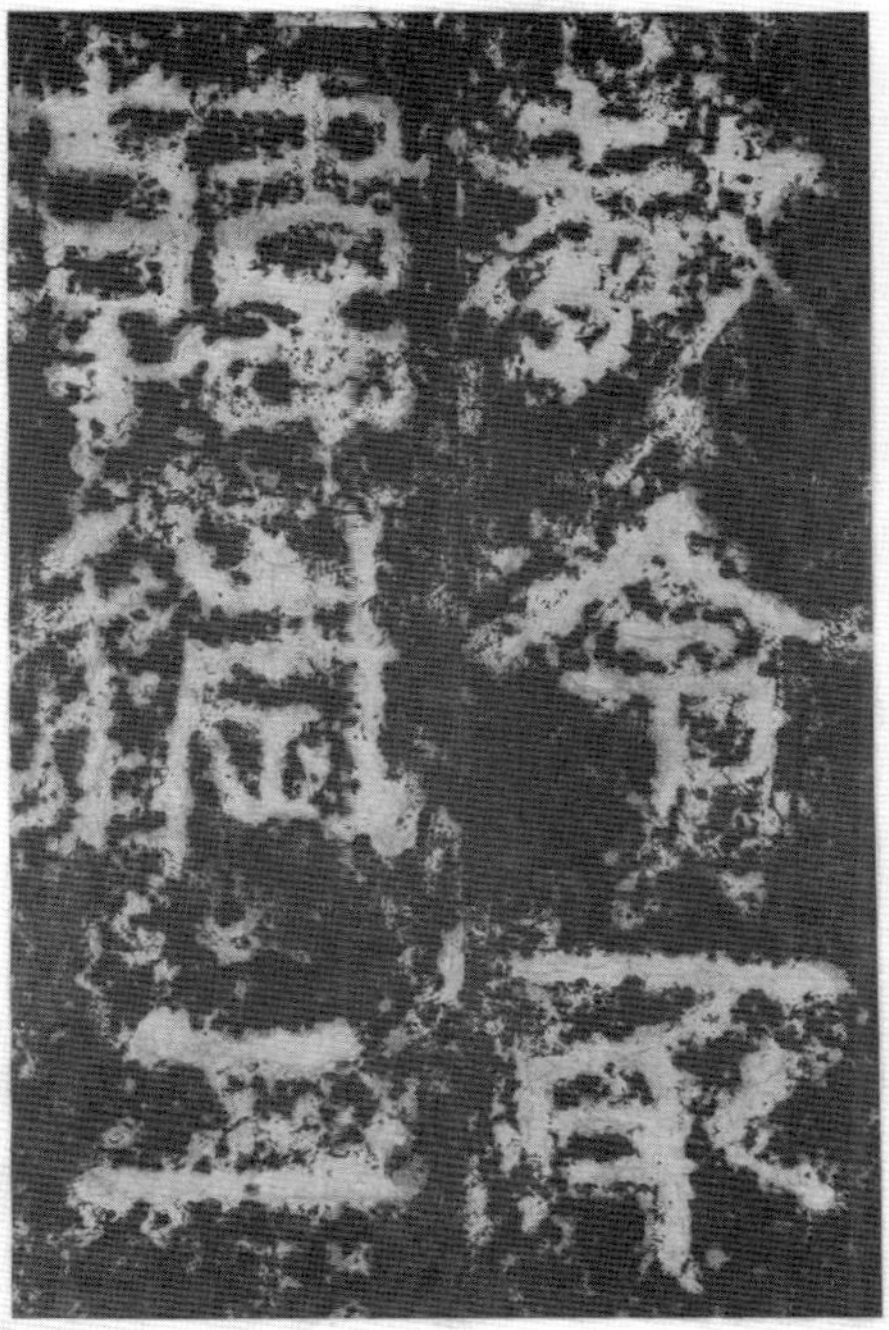

6
教32
令33
取34
韓35
穢36
二37

6
百38
廿39
家40
慮41
／
7
其1
不2

0　5　10　15（cm）

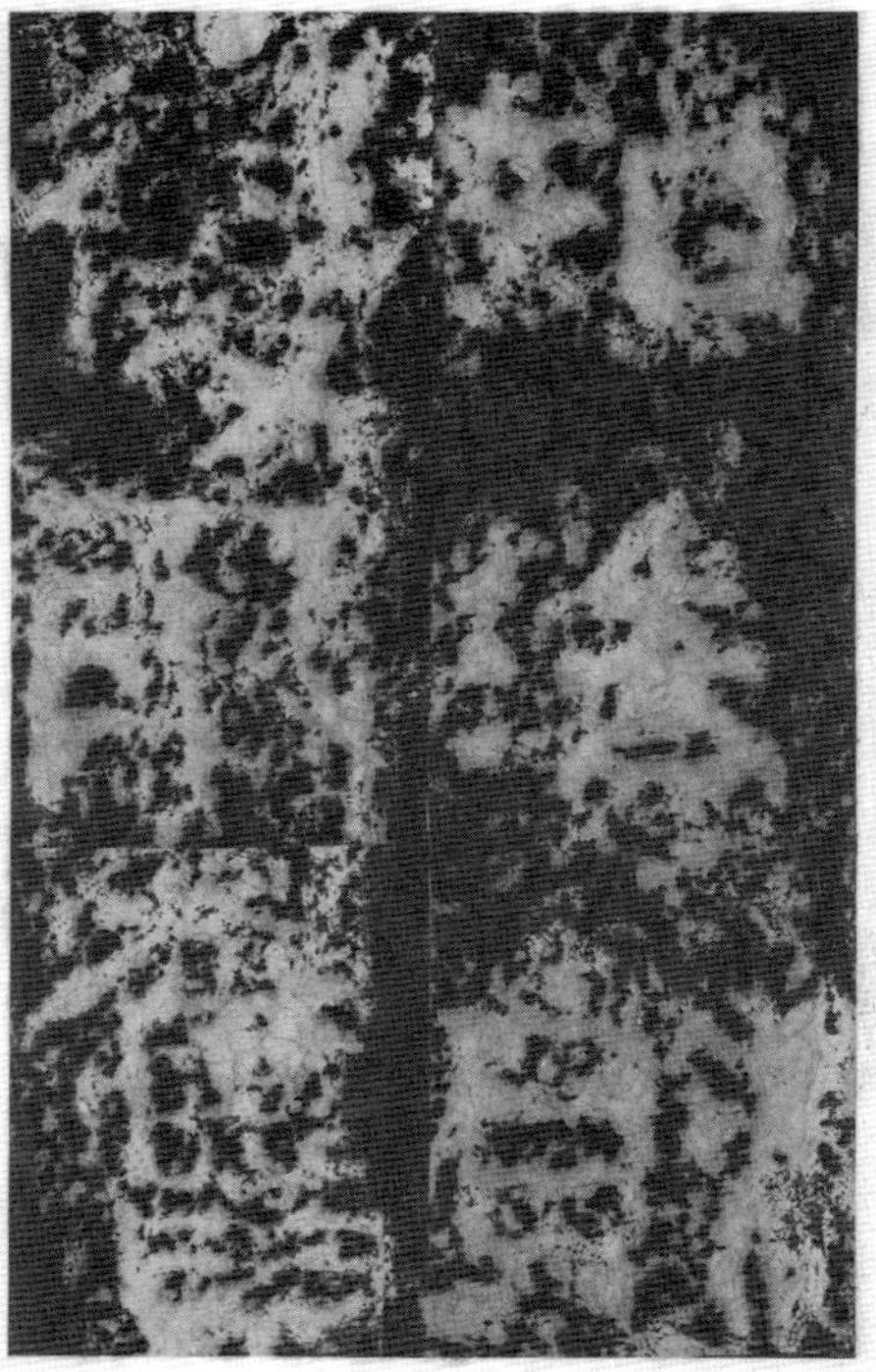

7
知3
法4
則5
復6
取7
舊8

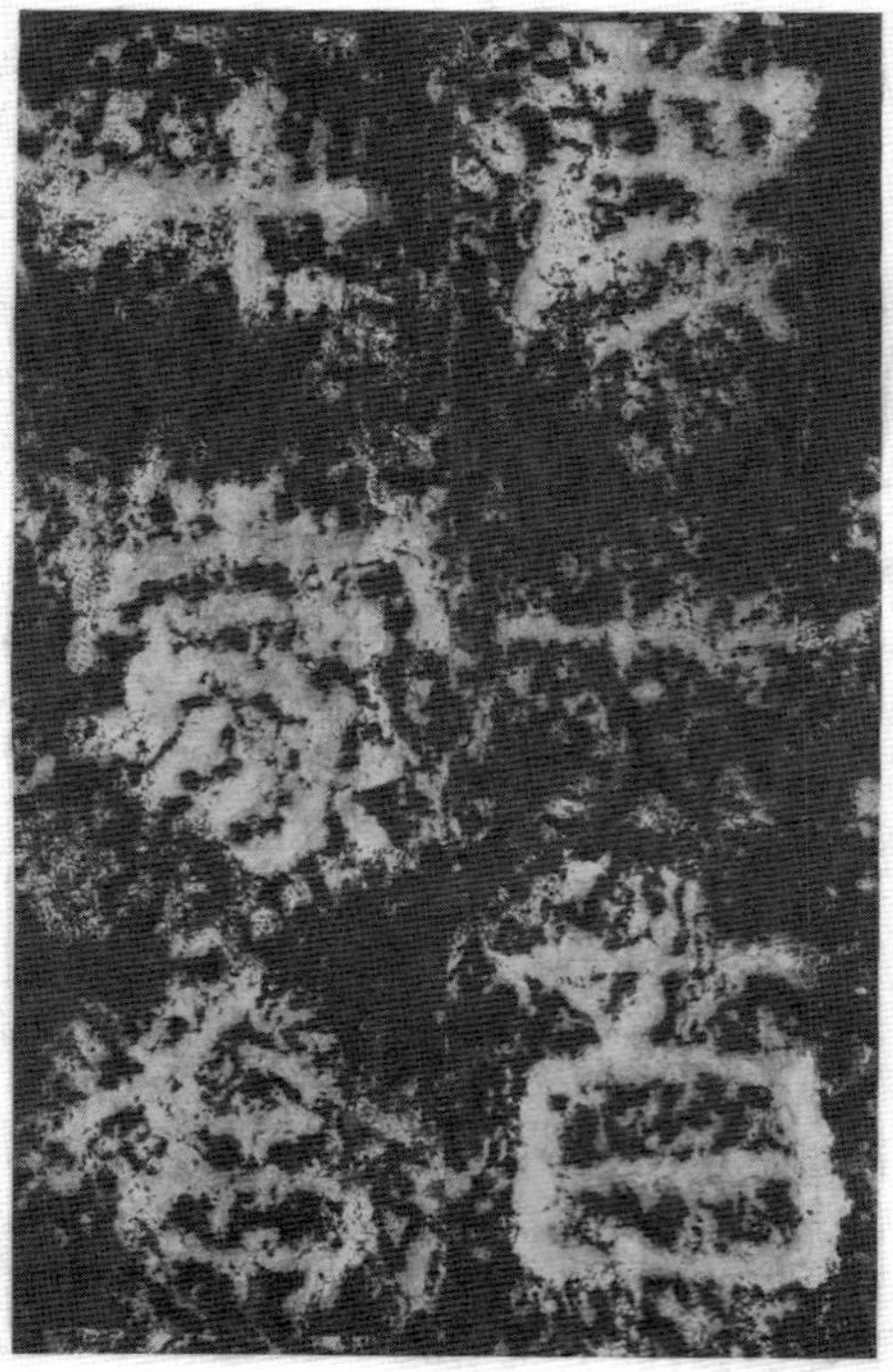

7
民9
一10
百11
十12
家13
合14

7
新15
舊16
守17
墓18
戸19
國20

7
烟21
卅22
看23
烟24
三25
百26

0　5　10　15 (cm)

7
都27
合28
三29
百30
卅31
家32

7
自33
上34
祖35
先36
王37
以38

7
来39
墓40
上41
／
8
不1
安2
石3

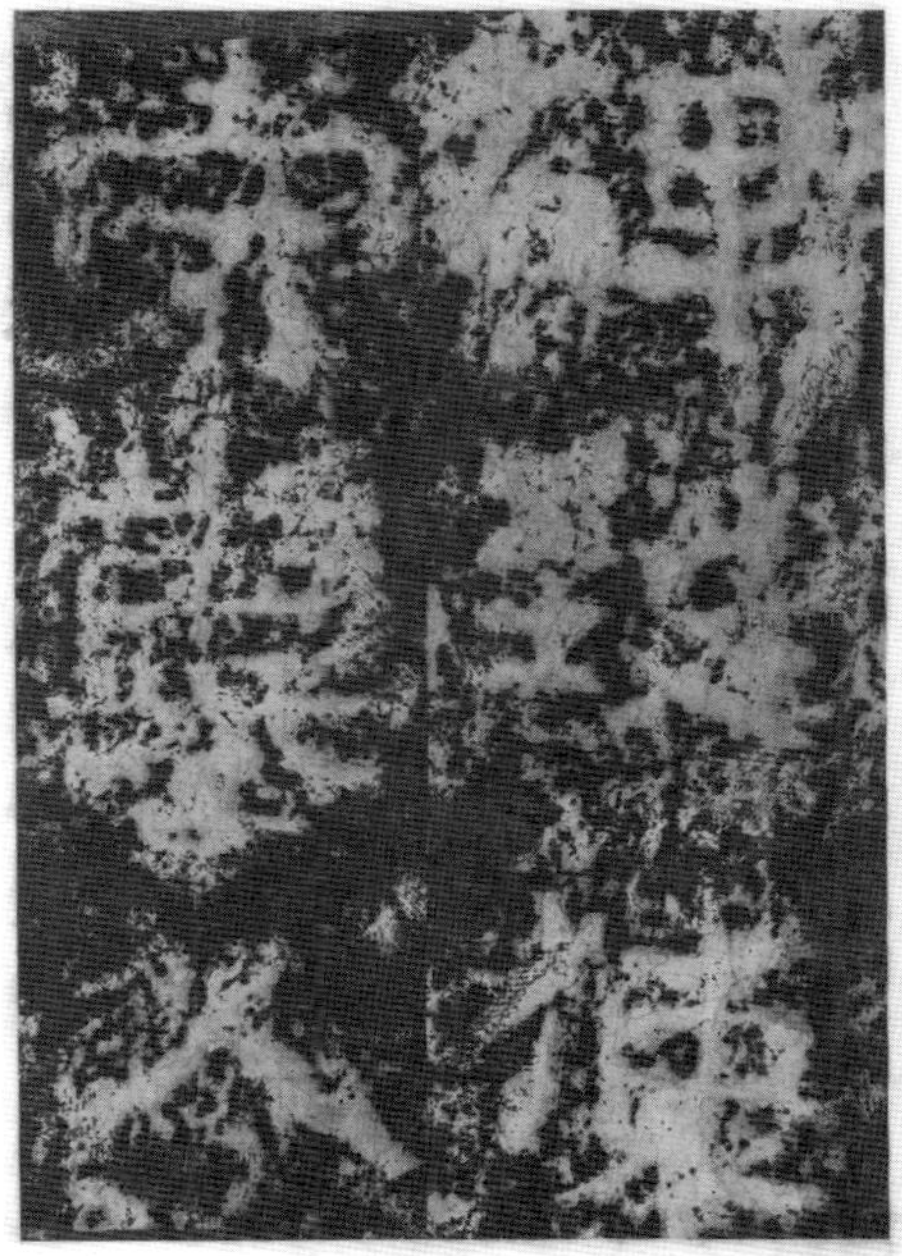

8
碑4
致5
使6
守7
墓8
人9

0　5　10　15 (cm)

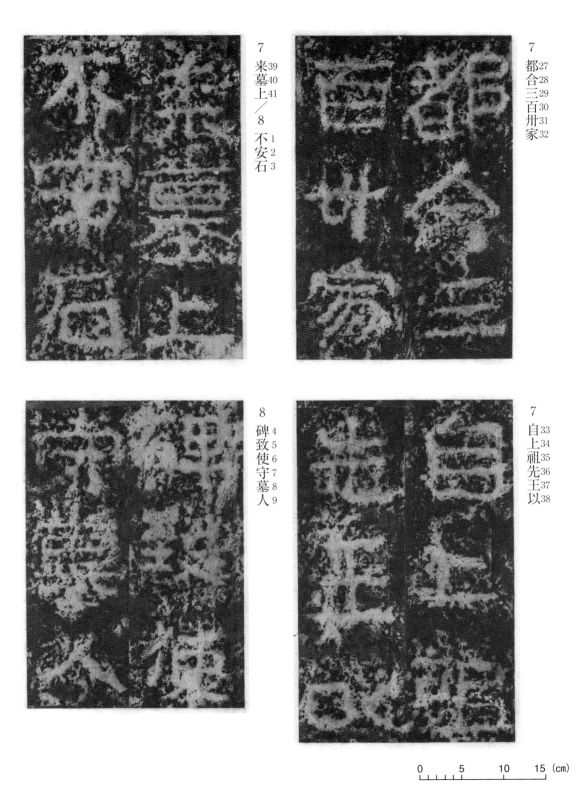

8
烟10
戸11
□12
錯13
惟14
國15

8
罡16
上17
廣18
開19
土20
境21

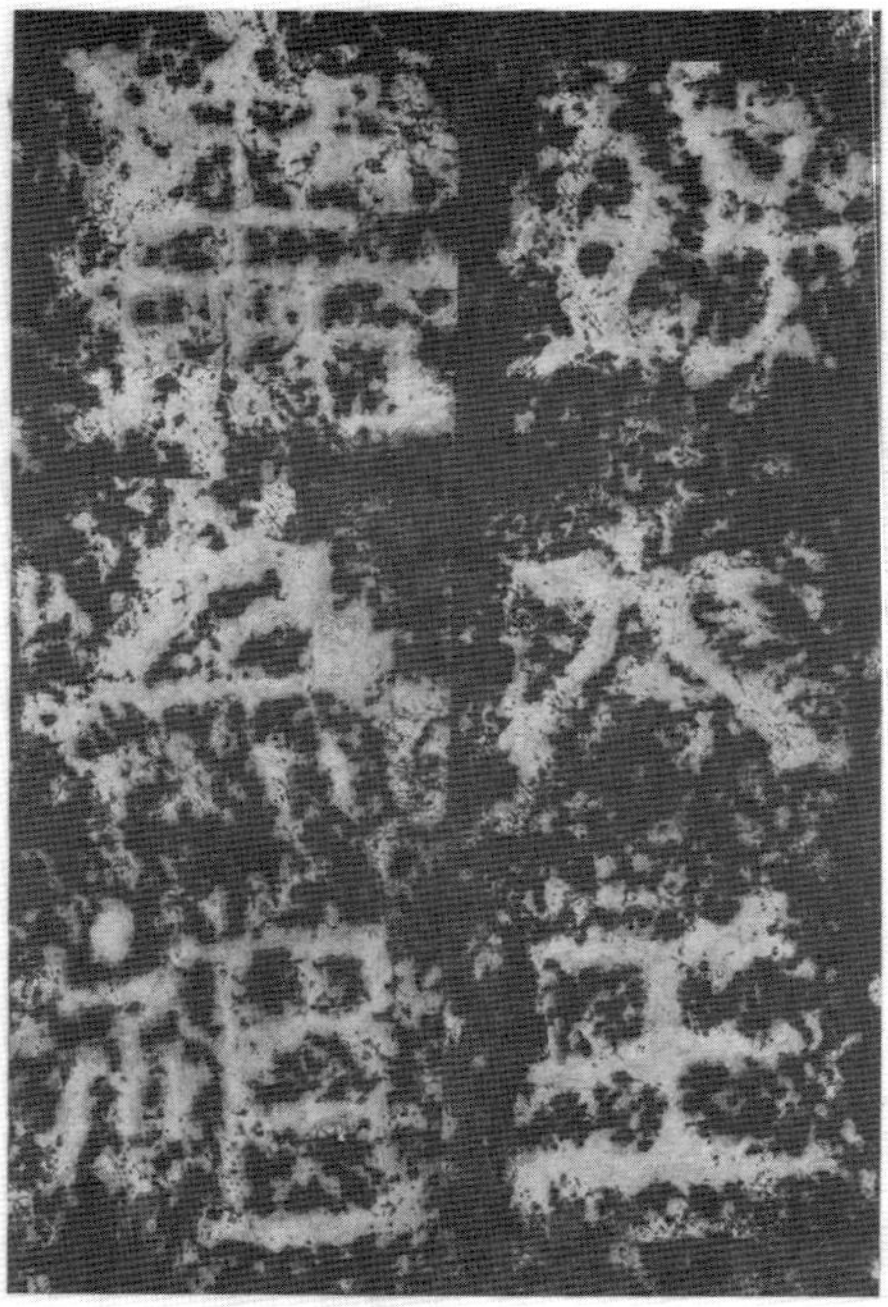

8
好22
太23
王24
盡25
為26
祖27

8
先28
王29
墓30
上31
立32
碑33

0　5　10　15（cm）

8
銘34
其35
烟36
戸37
不38
[令]39

8
羌40
錯41
／
9
又1
□2
守3
墓4

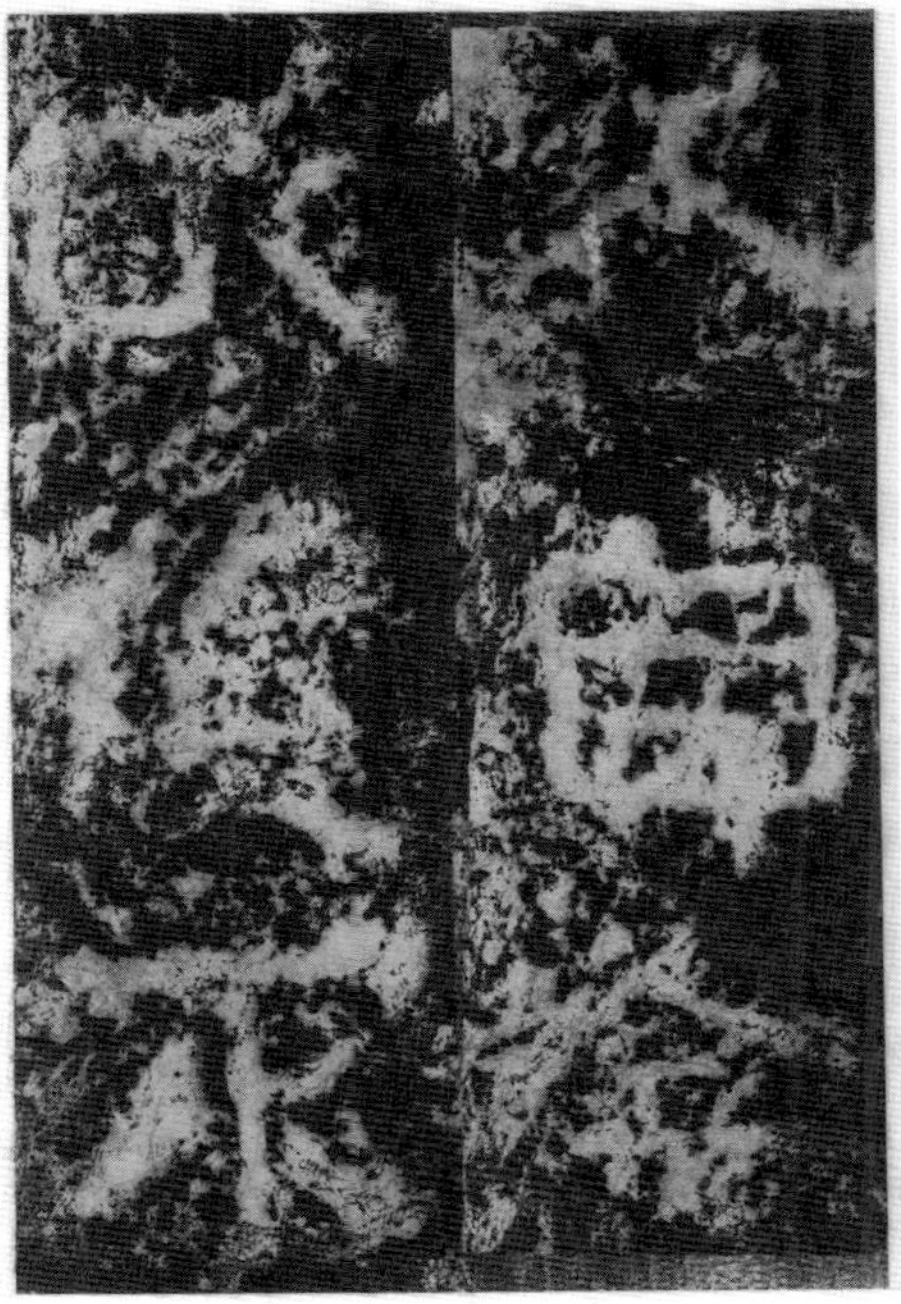

9
人5
自6
今7
以8
[後]9
不10

9
得11
更12
相13
轉14
賣15
雖16

0　5　10　15 (cm)

9
有17
冨18
足19
之20
者21
亦22

9
不23
得24
擅25
買26
其27
有28

9
違29
令30
賣31
者32
刑33
之34

9
買35
人36
制37
令38
守39
墓40

0　5　10　15 (cm)

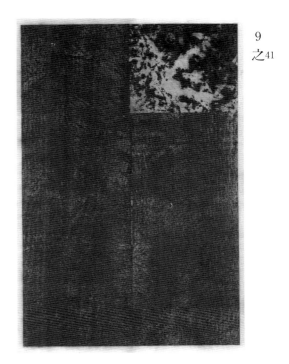

9
之41

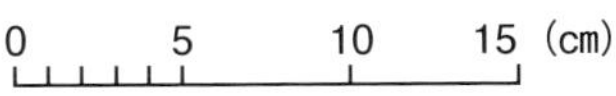

第三章　校訂本文

凡　例

1. 明治大学図書館が所蔵する二種の広開土王碑拓本のうち、整紙本を翻刻したものである。

2. 整紙本の校訂にあたっては、明治大学図書館所蔵の剪装本のほか、各型式の石灰拓本のうち製作年代や購入時期の明かな標識的な拓本、および原石拓本を対校に用いた。使用した拓本は以下の通りである。各拓本の詳細については第二部第一章「明治大学本の書誌と採拓年代」を参照されたい。

原石拓本：Ａ型　水谷悌二郎本（国立歴史民俗博物館所蔵）
　＊参考として水谷拓本の翻刻を付した。
石灰拓本：Ｃ１－１型　内藤湖南本（京都大学人文科学研究所蔵）
　Ｃ１－２型　今西龍本（天理大学図書館蔵甲本）
　Ｃ１－３型　剪装本（明治大学図書館蔵）
　Ｃ２型　梶本益一本（九州大学図書館蔵）
　Ｃ３型　関戸力松本（個人蔵、大阪歴史博物館寄託）

3. 広開土王碑拓本は採拓年代によって碑字が変化するため、その変化を明示することを目的に、全碑字にわたって２に示した各種拓本の写真を採拓年代順に左から配列した。あわせて、原石の碑字からの変化を示すために、対校に用いた水谷悌二郎本の釈文を掲載した。

4. 翻刻にあたり、拓本の字形を伝えるよう努めたが、用字についても注意を払い、拓本と同一もしくは近似する字体とした。

5. 拓本から文字が確定できない際には、次のように表記した。
＊拓本の碑字から字形が推定できる場合には、その文字を□で囲む。
＊字形が推定できないものの、碑字の残画から文字の存在がわかる場合には□で示す。
＊残画もなく、文字の存在が確定できない場合には空角とする。（他の拓本から文字の存在が推測できる場合でも、対象の拓本に残画がない場合はこれに従う。）

6. 整紙本と原石拓本の釈文が異なる場合、石灰拓本の間で碑字が変化する場合、また既に提示されている武田幸男氏・徐建新氏の原石拓本の釈文と文字が異なる場合等は、右端の拓本中の位置を示す数字に＊を付し、後掲の註にその旨を記した。
なお、武田氏、徐氏の釈文は次のものを用いた。
武田幸男「広開土王碑拓本の真意をたずねて」（古瀬奈津子編『広開土王碑拓本の新研究』同成社、二〇一三年）
徐建新『好太王碑拓本の研究』東京堂出版、二〇〇六年

7. 翻刻は、石黒ひさ子・加藤友康・矢越葉子・吉村武彦が担当した。

第Ⅰ面第1行

A 歴博水谷拓本 ／ C1−1 内藤湖南本 ／ C1−2 今西龍本 ／ C1−3 明治大学剪装本 ／ C1−3 明治大学整紙本 ／ C2 梶本益一本 ／ C3 関戸力松本

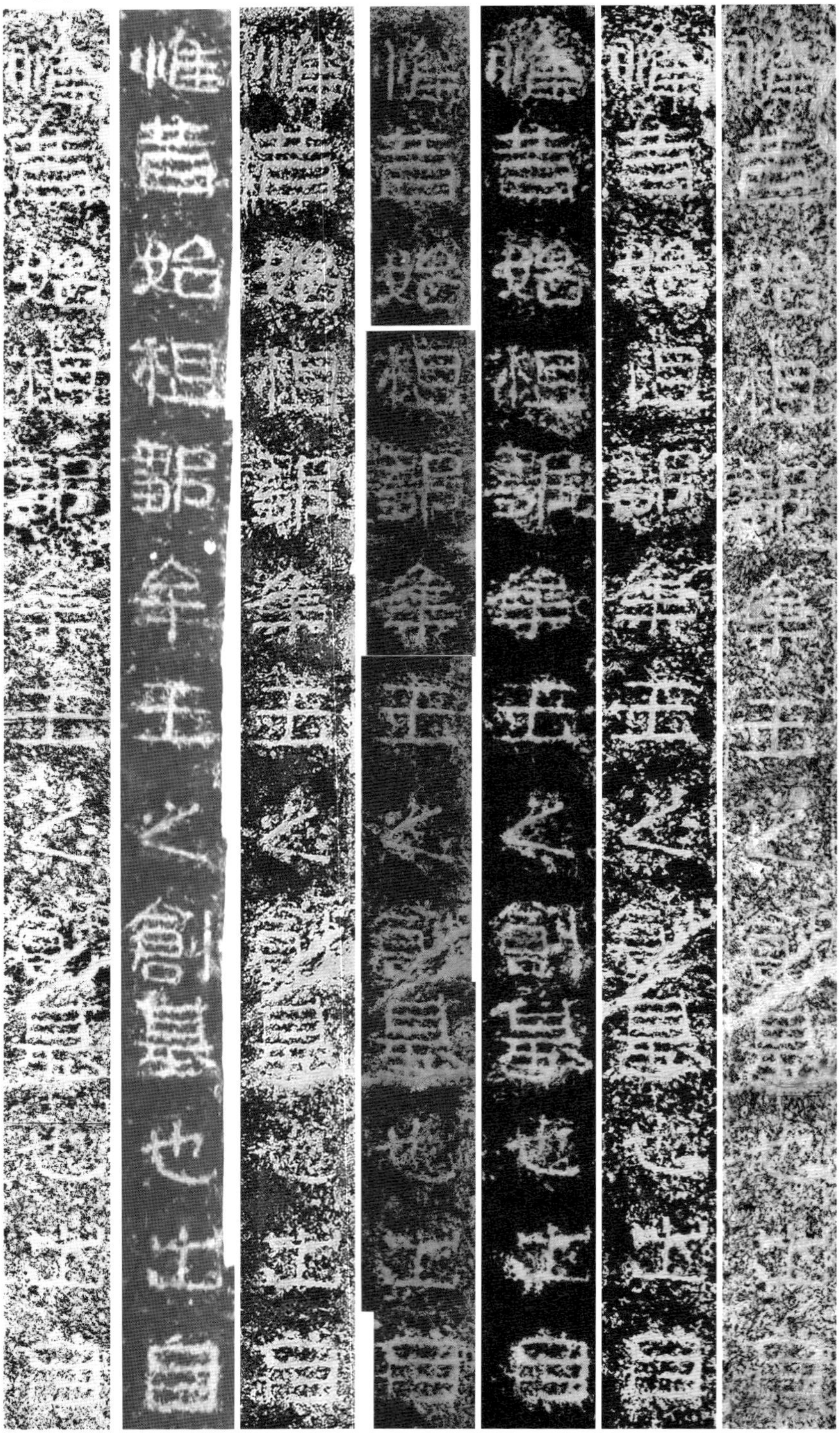

原石拓本釈文	明治大学整紙本釈文	
惟	惟	1
昔	昔	2
始	始	3
祖	祖	4
鄒	鄒	5
牟	牟	6
王	王	7
之	之	8
創	創	9
基	基	10
也	也	11
出	出	12
自	自	13

北夫餘天帝之子母河伯女郎剖卵

北 14
夫 15
餘 16
天 17
帝 18
之 19
子 20
母 21
河 22
伯 23
女 24
郎 25
剖 26
卵 27

降 28
出 29*
生 30
子 31*
有 32
聖 33
34
35
36
37
38
39
命 40
駕 41

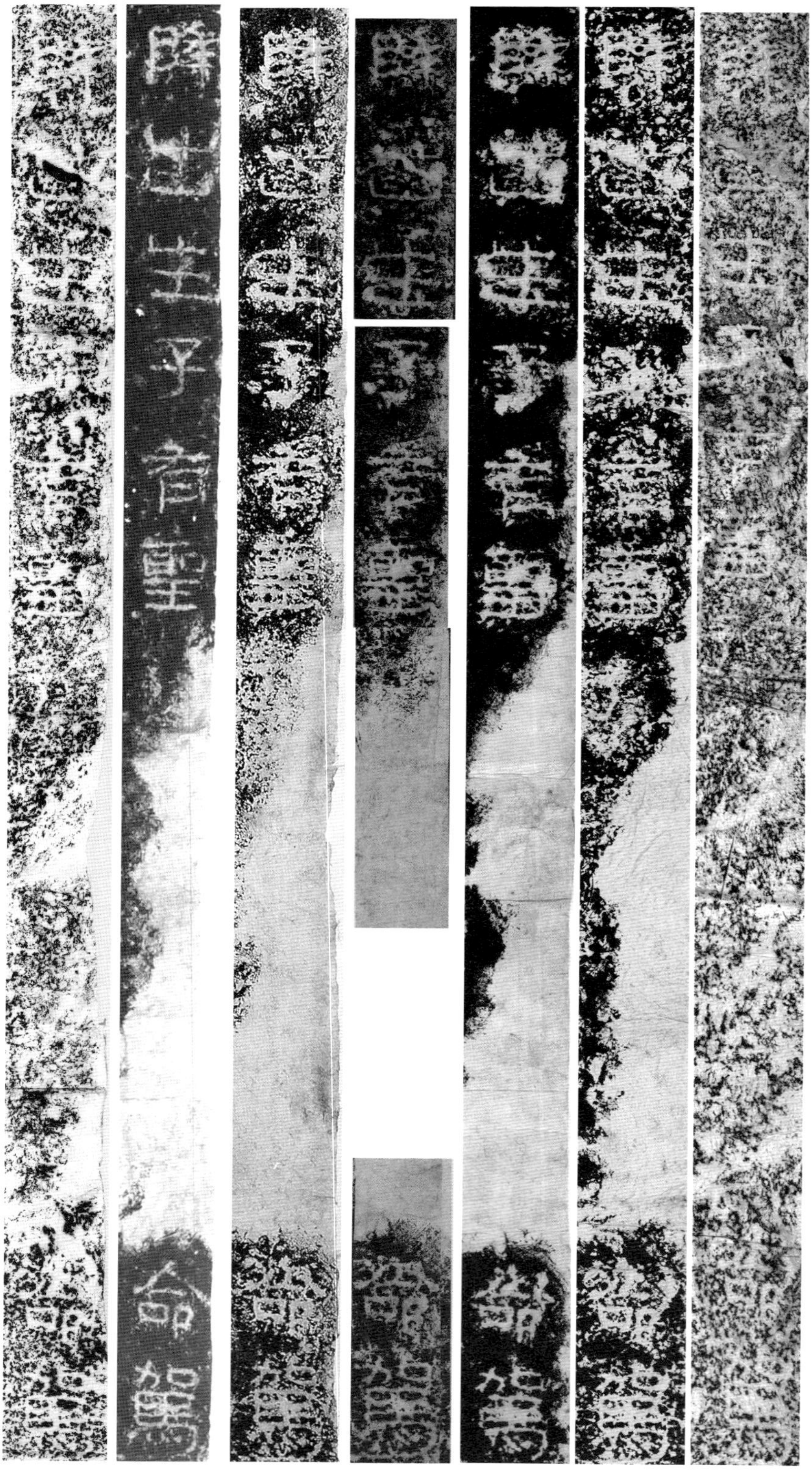

降世生而有聖□□□□□□命駕

第Ⅰ面第２行

原石拓本釈文	A 歴博水谷拓本	C１−１ 内藤湖南本	C１−２ 今西龍本	C１−３ 明治大学剪装本	C１−３ 明治大学整紙本	C2 梶本益一本	C3 関戸力松本	明治大学整紙本釈文	

原石拓本釈文	明治大学整紙本釈文	
巡	巡	1
幸	幸	2*
南	南	3
下	下	4
路	路	5
由	由	6
夫	夫	7
餘	餘	8
奄	奄	9
利	利	10
大	大	11
水	水	12
王	王	13

□ 14*
津 15
言 16
曰 17
我 18
是 19
皇 20
天 21
之 22
子 23
母 24
河 25
伯 26
女 27

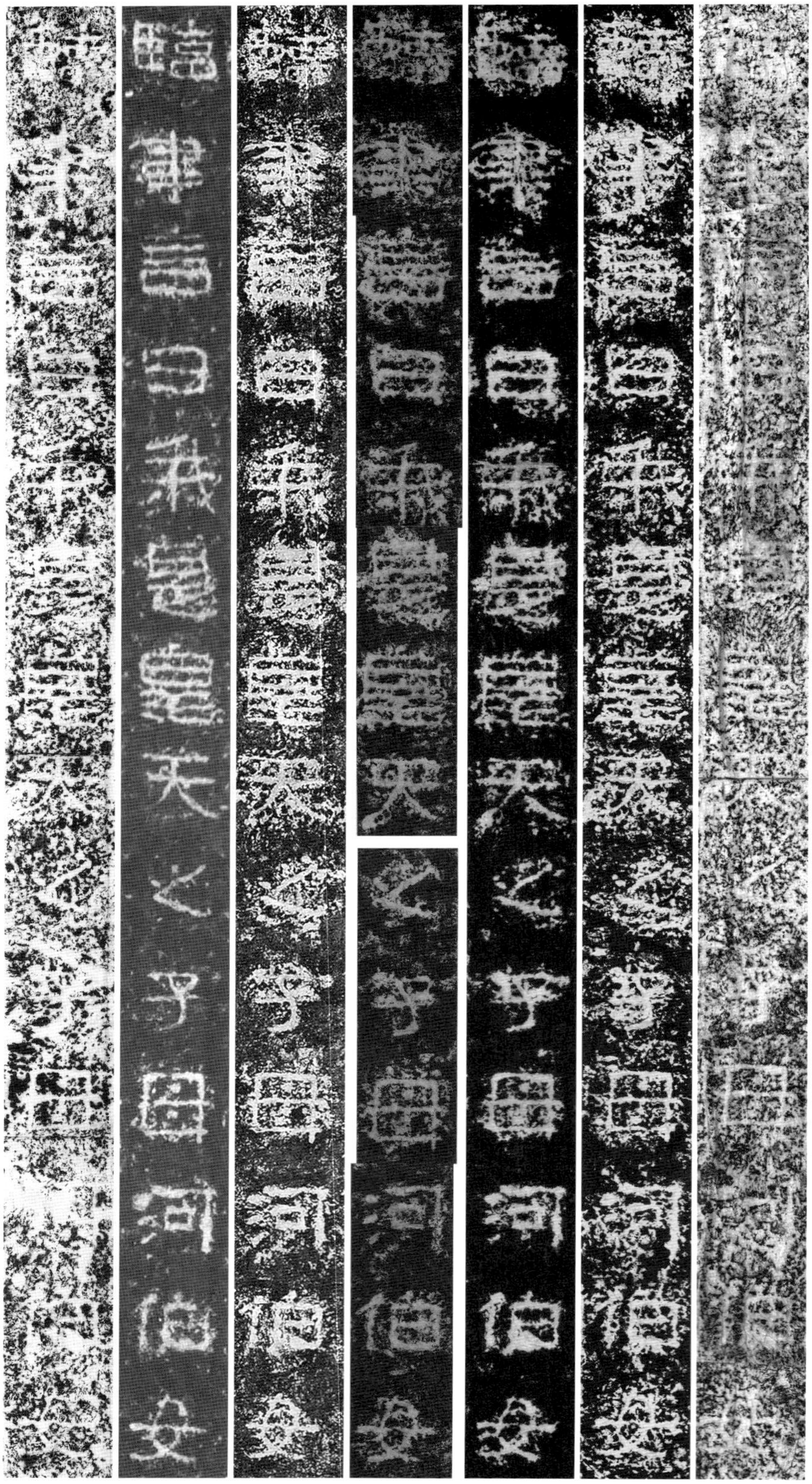

臨津言曰我是皇天之子母河伯女

郎 28
鄒 29
牟 30
王 31
為 32
我 33
連 34
葭 35
浮 36
龜 37
應 38
聲 39
即 40
為 41

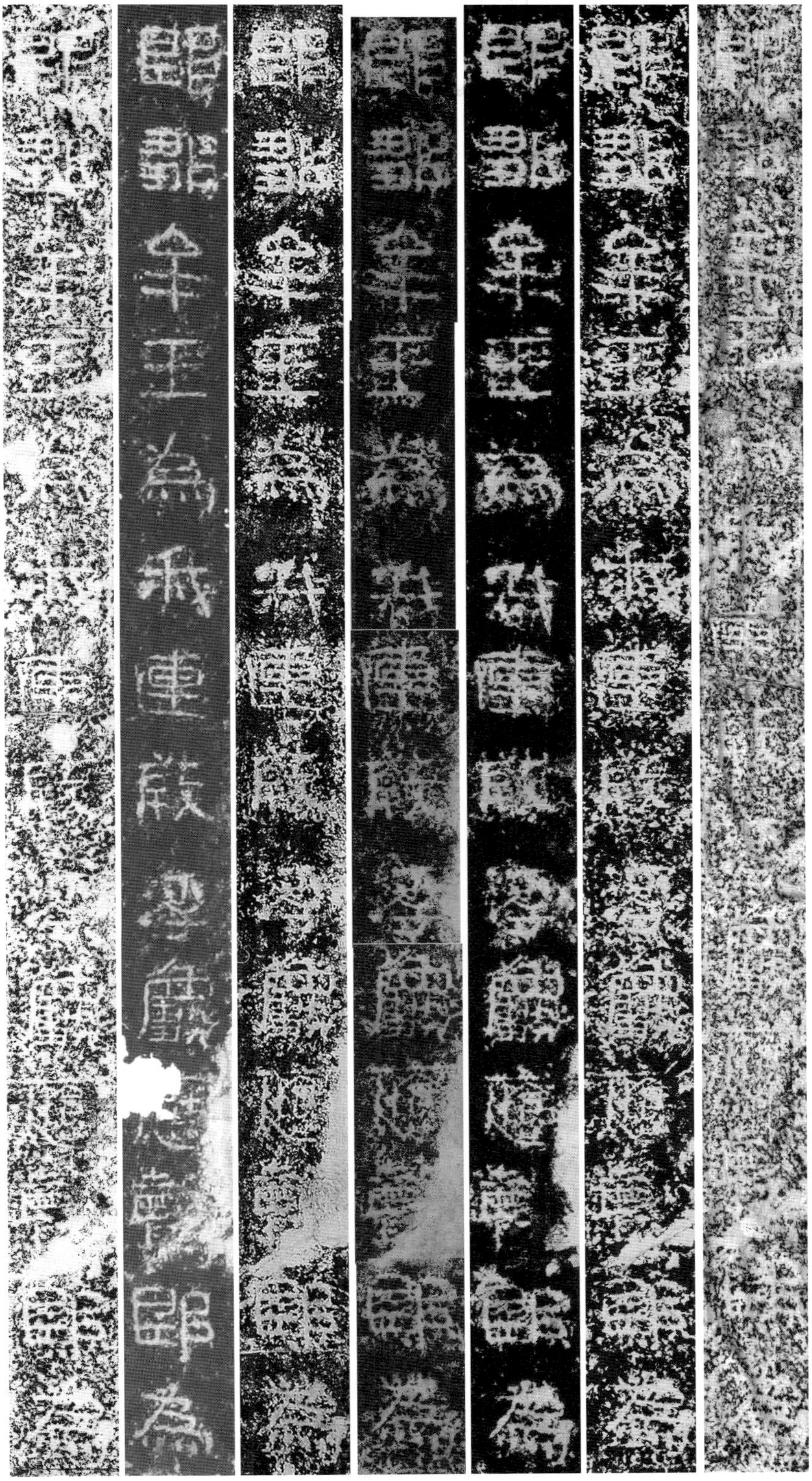

郎鄒牟王為我連葭浮龜應聲即為

第Ⅰ面第3行

原石拓本釈文	A 歴博水谷拓本	C1−1 内藤湖南本	C1−2 今西龍本	C1−3 明治大学剪装本	C1−3 明治大学整紙本	C2 梶本益一本	C3 関戸力松本	明治大学整紙本釈文	
連								連	1
葭								葭	2
浮								浮	3
龜								龜	4
然								然	5
後								後	6
造								造	7
渡								渡	8
於								於	9
沸								沸	10
流								流	11*
谷								谷	12
忽								忽	13

本 14
西 15
城 16
山 17
上 18
而 19
建 20
都 21
焉 22
不 23
樂 24
世 25
位 26
因 27*

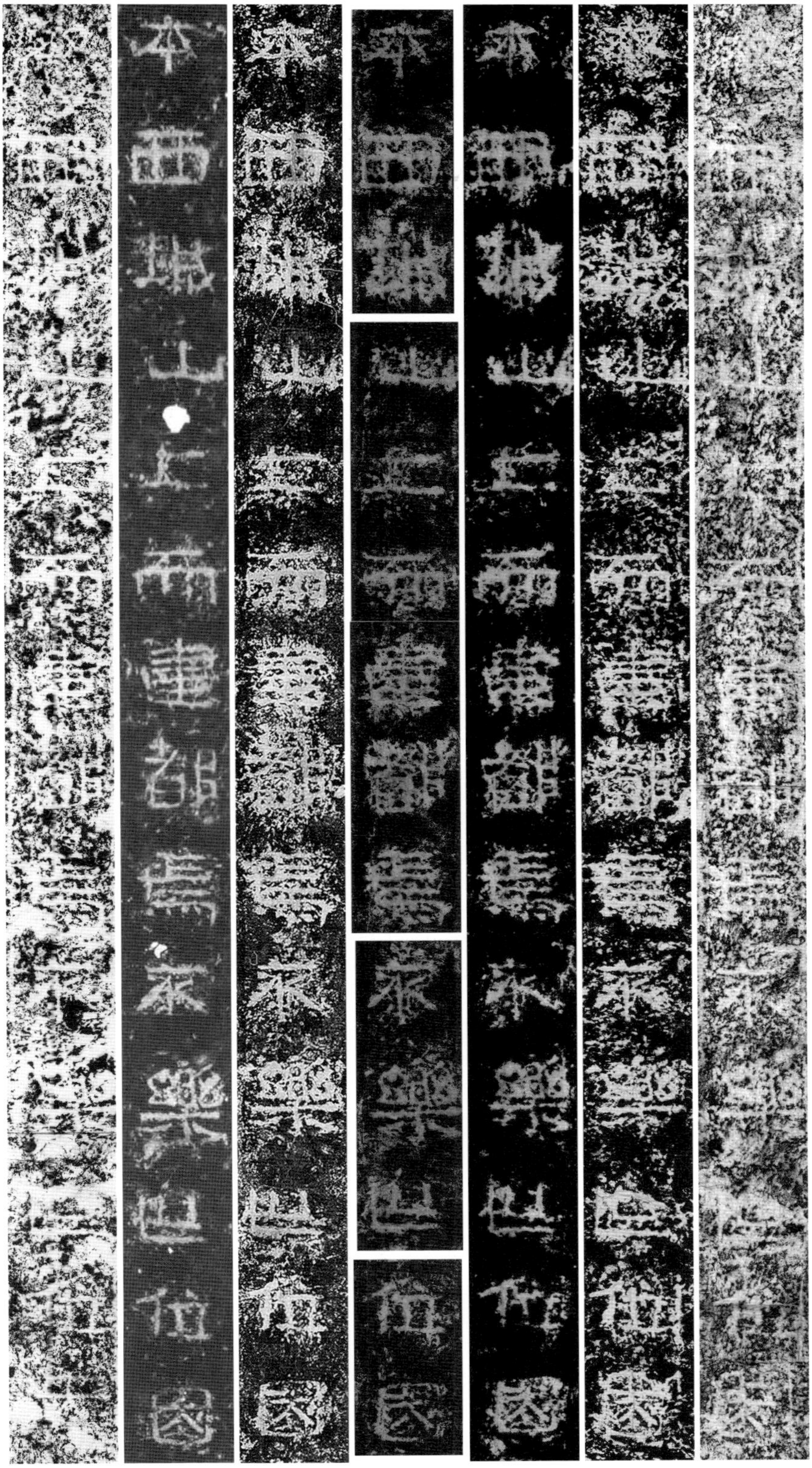

本西城山上而建都焉不樂世位天

遣 28
黄 29
龍 30
来 31
下 32
迎 33
王 34
王 35
於 36
忽 37
本 38
東 39
罡 40
黄 41*

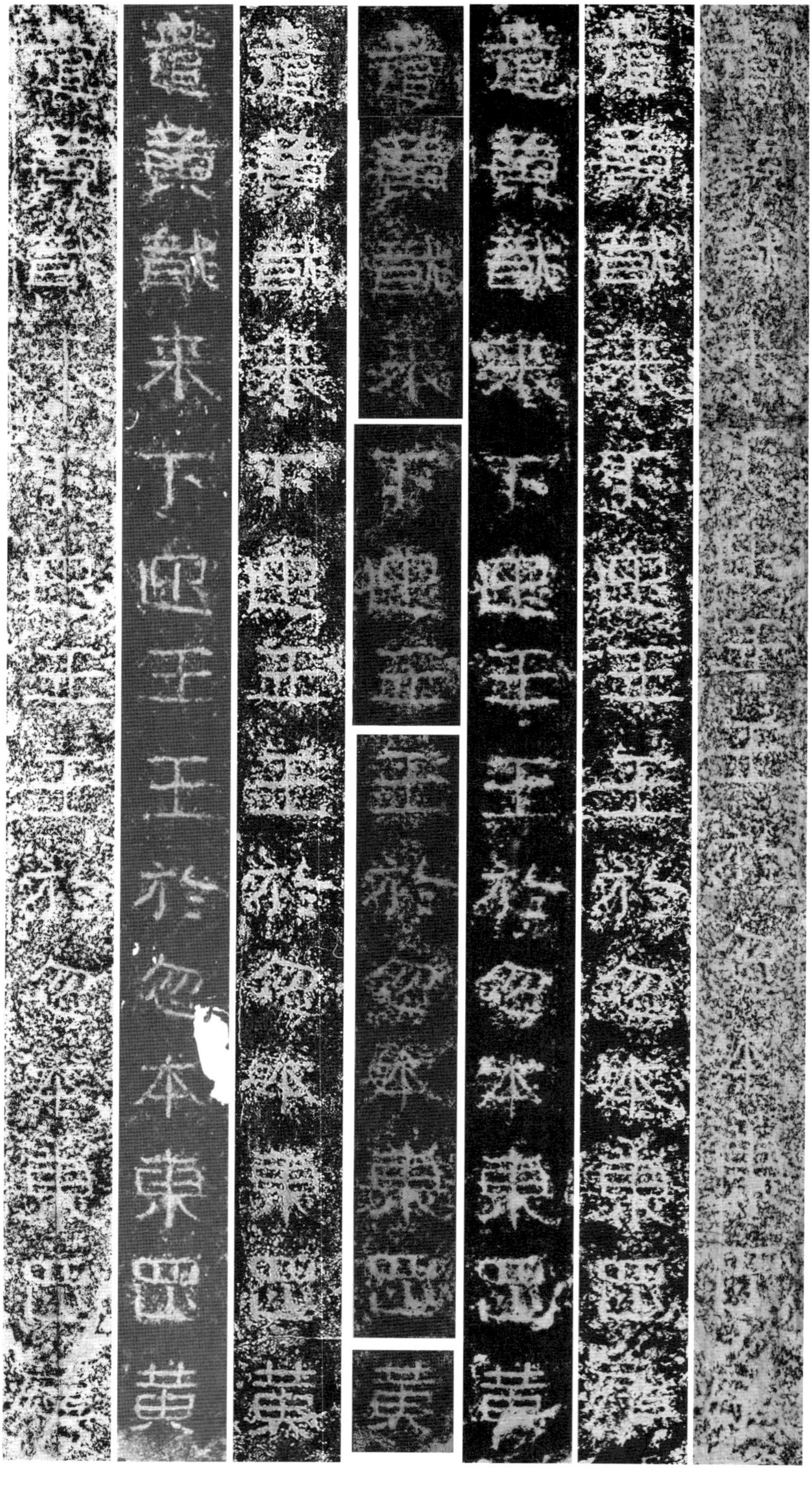

遣
黄
龍
来
下
迎
王
王
於
忽
本
東
罡
□

第Ⅰ面第4行

原石拓本釈文	明治大学整紙本釈文	
龍	龍	1
首	首	2
昇	昇	3
天	天	4
顧	顧	5
命	命	6
世	世	7
子	子	8
儒	儒	9
留	留	10
王	王	11
以	以	12
道	道	13

興 14
治 15
大 16
朱 17
留 18
王 19
紹 20
承 21
基 22
業 23
□ 24*
至 25
十 26
七 27

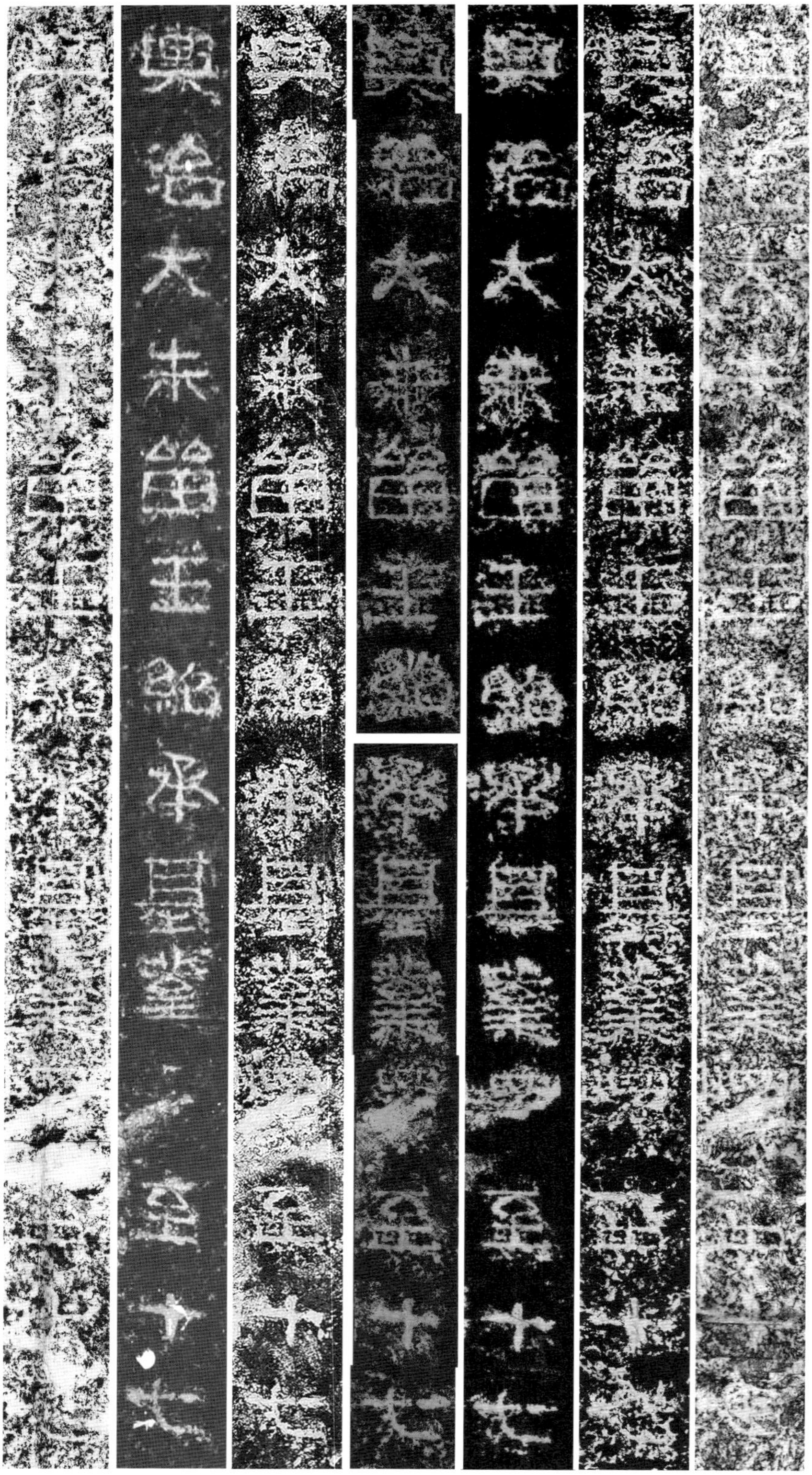

興治大朱留王紹承基業□至十七

世孫國罡上廣開土境平安好太王

世 28
孫 29
國 30
罡 31
上 32
廣 33
開 34
圡 35
境 36
平 37
安 38
好 39
太 40
王 41

第Ⅰ面第5行

A 歴博水谷拓本 | C1-1 内藤湖南本 | C1-2 今西龍本 | C1-3 明治大学剪装本 | C1-3 明治大学整紙本 | C2 梶本益一本 | C3 関戸力松本

原石拓本釈文	明治大学整紙本釈文	
二	二	1
九	九	2
登	登	3
祚	祀	4*
号	号	5
為	為	6
永	永	7
樂	樂	8
太	太	9
王	王	10
恩	恩	11
澤	澤	12
□		13*

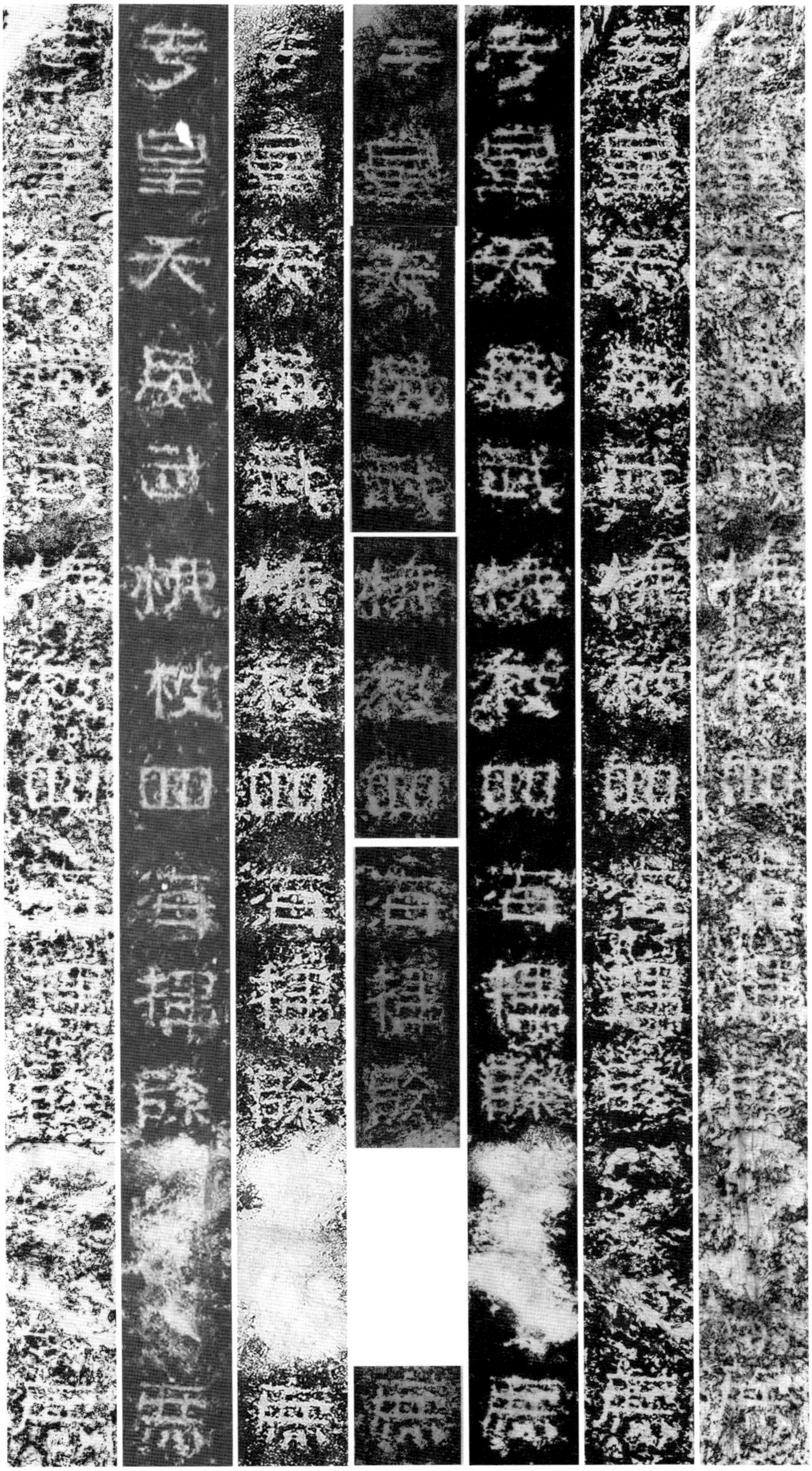

于	于	14
皇	皇	15
天	天	16
威	威	17
武	武	18
振	振	19
被	被	20*
四	四	21
海	海	22
掃	掃	23
除	除	24
□		25
□		26
庶	庶	27

28 寧
29 其
30 業
31 國
32 富
33 民
34 殷
35 五
36 穀
37 豊
38 熟
39 昊
40 天
41 不

寧
其
業
國
富
民
殷
五
穀
豊
熟
昊
天
不

第Ⅰ面第6行

原石拓本釈文	A 歴博水谷拓本	C 1－1 内藤湖南本	C 1－2 今西龍本	C 1－3 明治大学剪装本	C 1－3 明治大学整紙本	C2 梶本益一本	C3 関戸力松本	明治大学整紙本釈文	

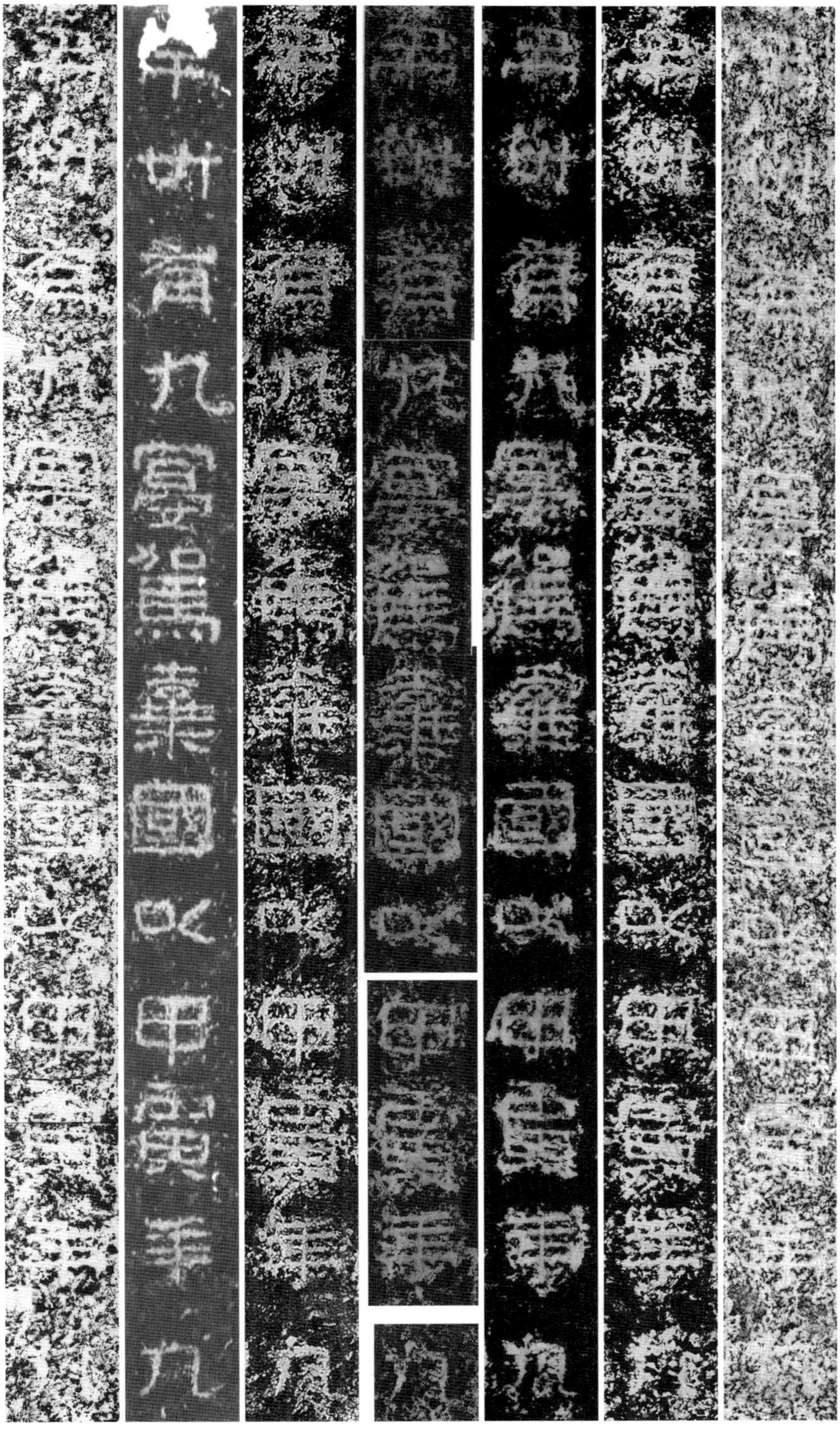

原石拓本釈文	明治大学整紙本釈文	
弔	弔	1
卅	卅	2
有	有	3
九	九	4
宴	宴	5
駕	駕	6
棄	棄	7
國	國	8
以	以	9
甲	甲	10
寅	寅	11
年	年	12
九	九	13

14
[廿] 15
九 16
日 17
乙 18
酉 19
遷 20
就 21
山 22
陵 23
於 24
是 25
立 26
碑 27

月廿九日乙酉遷就山陵於是立碑

銘 28
記 29
勲 30
績 31
以 32
永 33*
後 34
世 35
焉 36
其 37
辞 38
曰 39
40
41

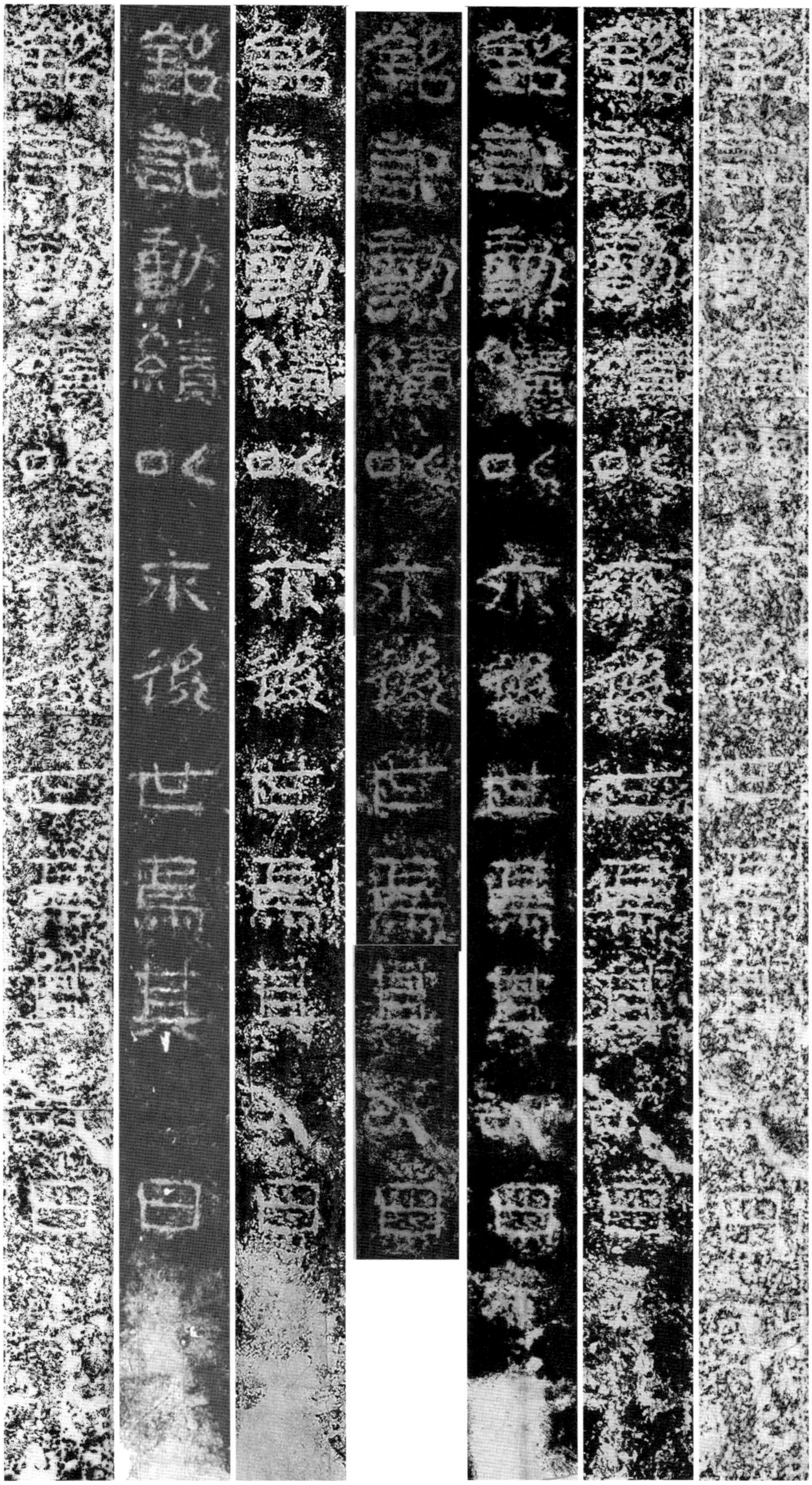

銘記勲績以□後世焉其辞曰

第Ⅰ面第７行

A 歴博水谷拓本 / C 1－1 内藤湖南本 / C 1－2 今西龍本 / C 1－3 明治大学剪装本 / C 1－3 明治大学整紙本 / C2 梶本益一本 / C3 関戸力松本

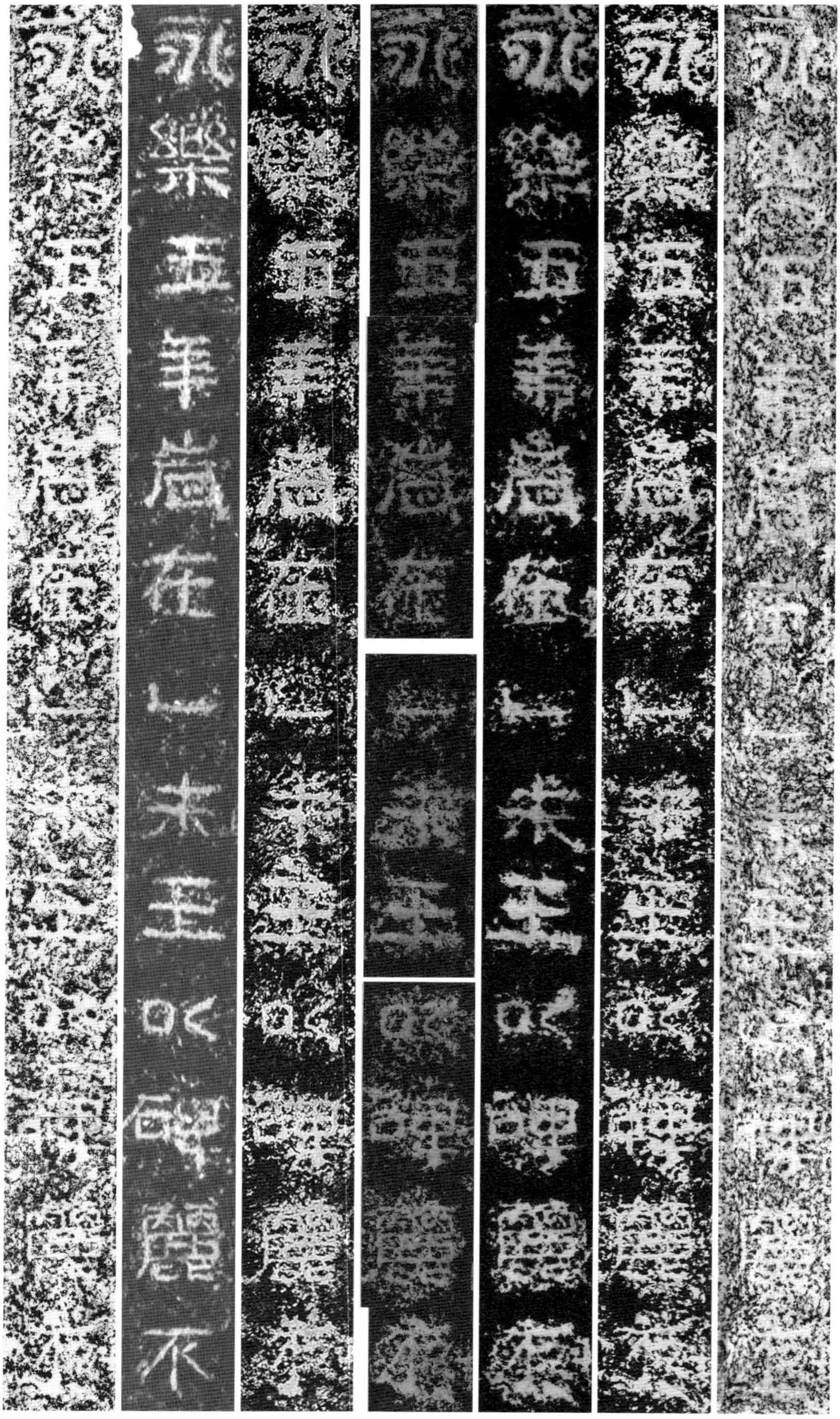

原石拓本釈文	明治大学整紙本釈文	
永	永	1
樂	樂	2
五	五	3
年	年	4
歳	歳	5
在	在	6
乙	乙	7
未	未	8
王	王	9
以	以	10
稗	碑	11*
麗	麗	12
不	不	13

□
□
又
躬
率
往
討
過
畐
山
貧
山
至
鹽

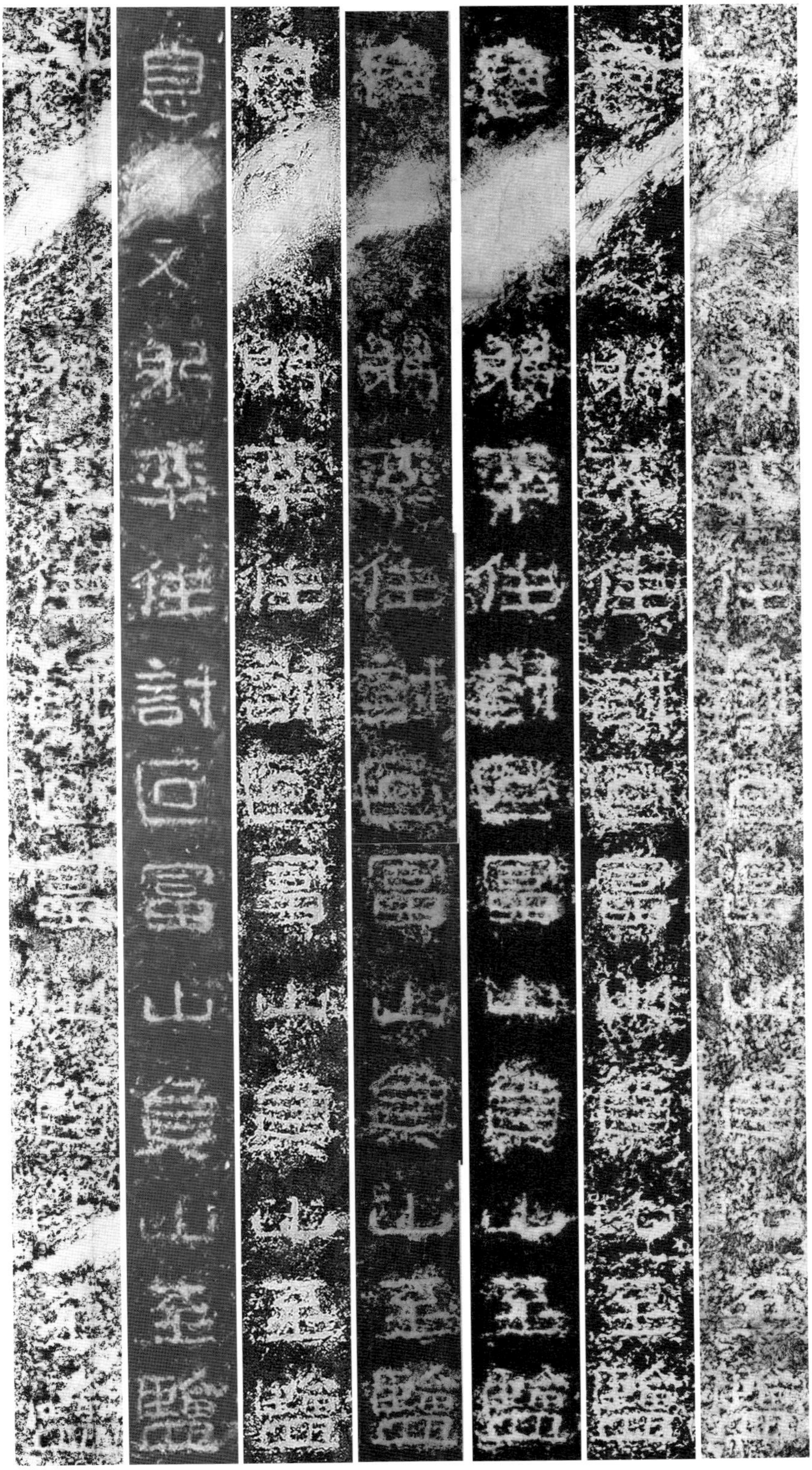

□ 14*
15
□ 16*
躬 17
率 18
住 19*
討 20
□ 21*
畐 22
山 23
負 24*
山 25
至 26
鹽 27

水 28
上 29
破 30
其 31
三 32
部 33
洛 34
六 35
七 36
百 37
當 38*
牛 39
馬 40
羣 41

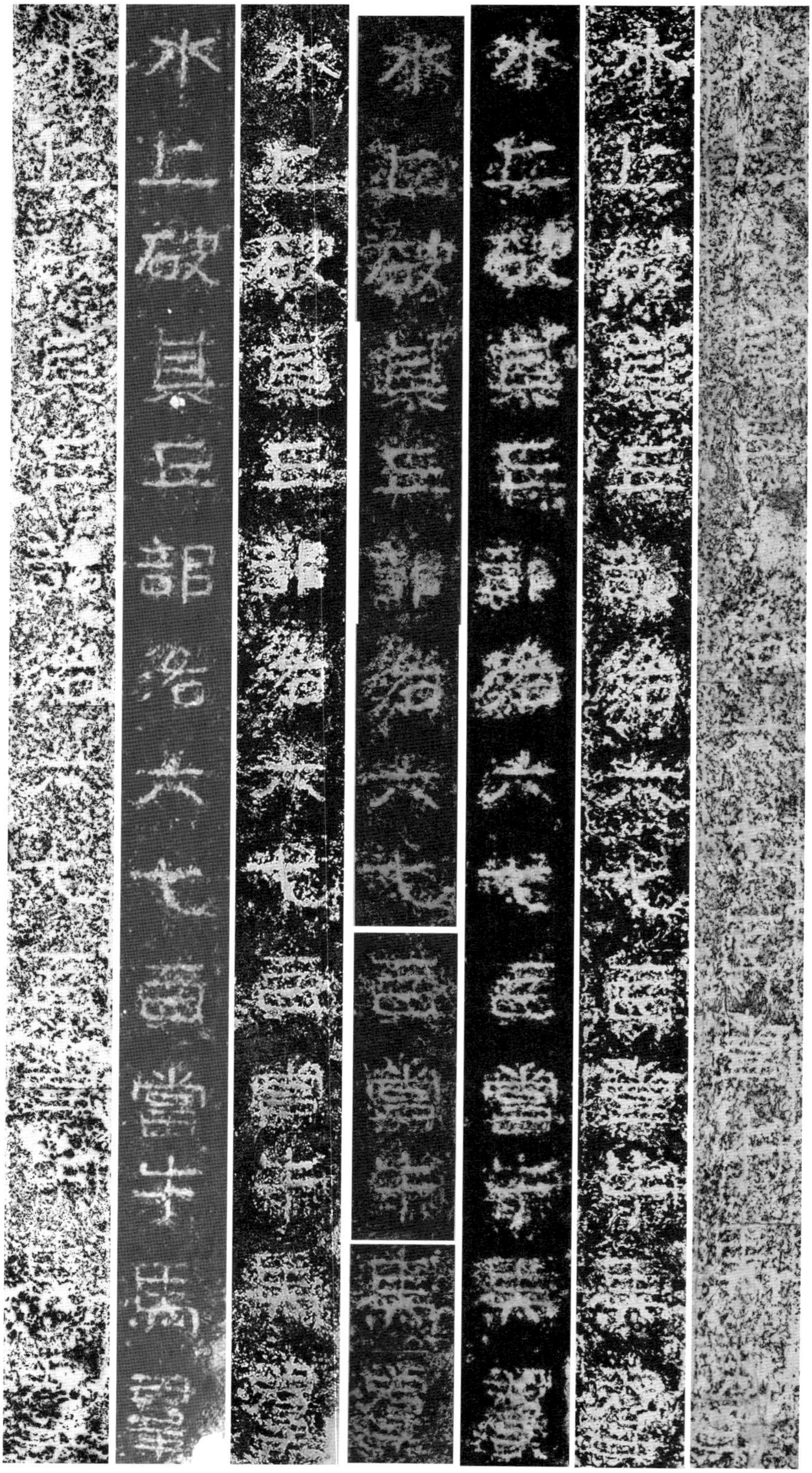

水
上
破
其
三
部
洛
六
七
百
營
牛
馬
羣

第Ⅰ面第８行

原石拓本釈文 ｜ A 歴博水谷拓本 ｜ C１−１ 内藤湖南本 ｜ C１−２ 今西龍本 ｜ C１−３ 明治大学剪装本 ｜ C１−３ 明治大学整紙本 ｜ C2 梶本益一本 ｜ C3 関戸力松本 ｜ 明治大学整紙本釈文

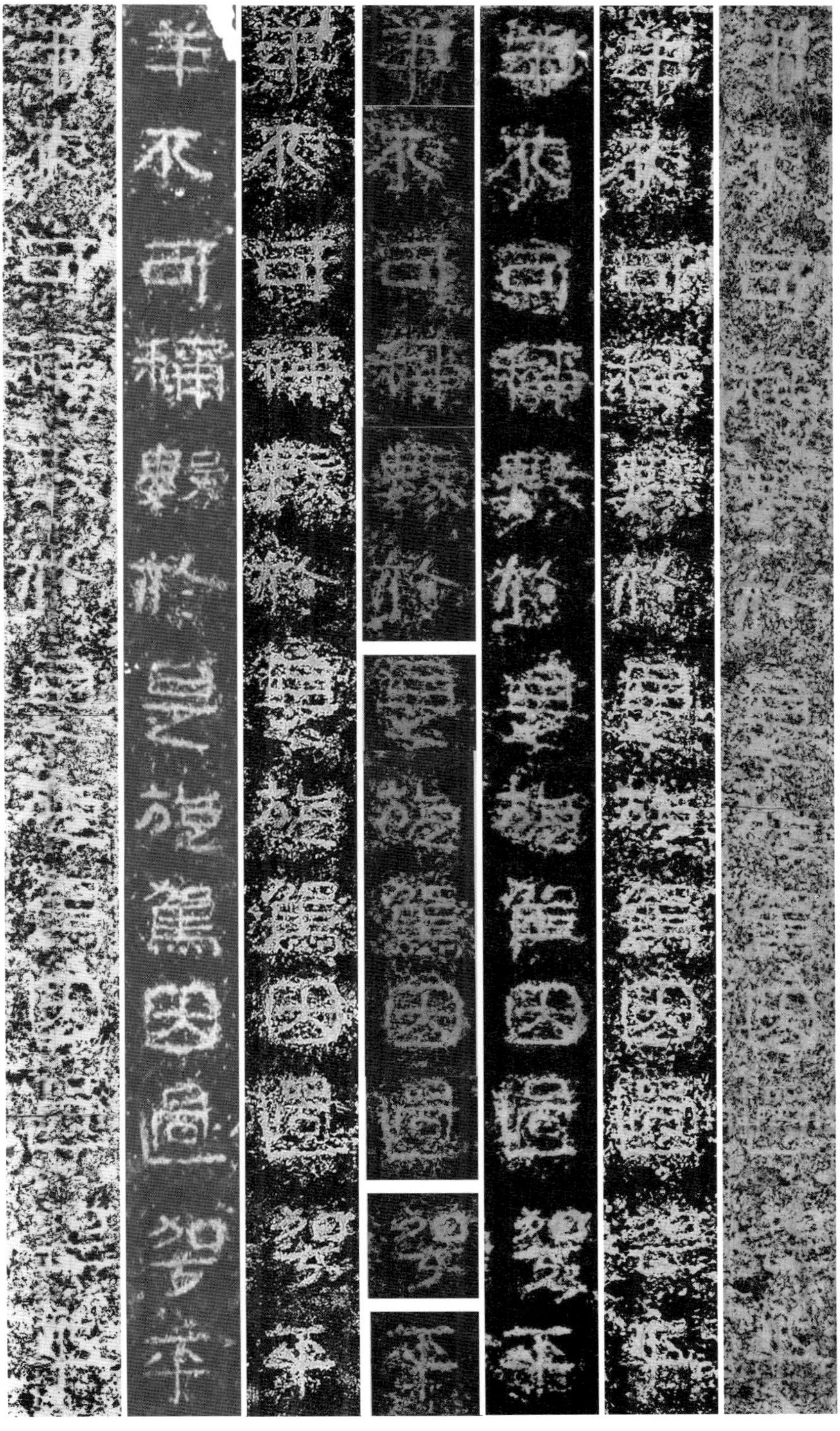

原石拓本釈文	明治大学整紙本釈文	
羊	羊	1
不	不	2
可	可	3
稱	稱	4
數	數	5
於	於	6
是	是	7
旋	旋	8
駕	駕	9
因	因	10
過	過	11
□	賀□	12*
平	平	13

道 14
東 15
16
17*
18
力 19
城 20
北 21
豊 22
五 23
備 24
海 25
遊 26
観 27

道東来□城力城北豊五備海遊観

圡 28
境 29
田 30
獵 31
而 32
還 33
百 34
殘 35
新 36
羅 37
舊 38
是 39
屬 40
民 41

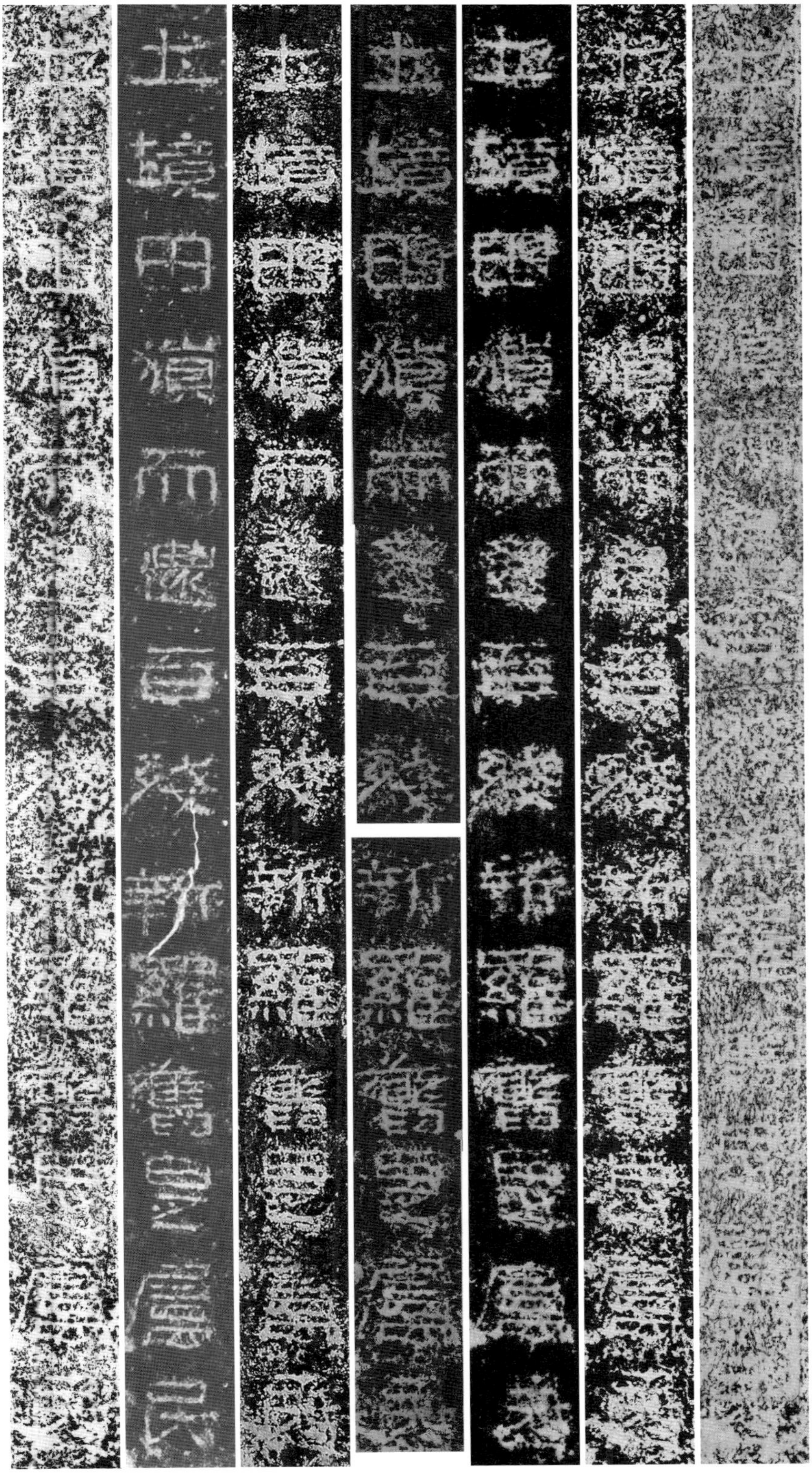

土
境
田
獵
而
還
百
殘
新
羅
舊
是
屬
民

第Ⅰ面第9行

原石拓本釈文 | A 歴博水谷拓本 | C 1－1 内藤湖南本 | C 1－2 今西龍本 | C 1－3 明治大学剪装本 | C 1－3 明治大学整紙本 | C2 梶本益一本 | C3 関戸力松本 | 明治大学整紙本釈文

原石拓本釈文	明治大学整紙本釈文	
由	由	1
来	来	2
朝	朝	3
貢	貢	4
而	而	5
倭	倭	6
以	以	7
辛	辛	8
卯	卯	9
年	年	10
来	来	11
渡	渡	12
海	海	13

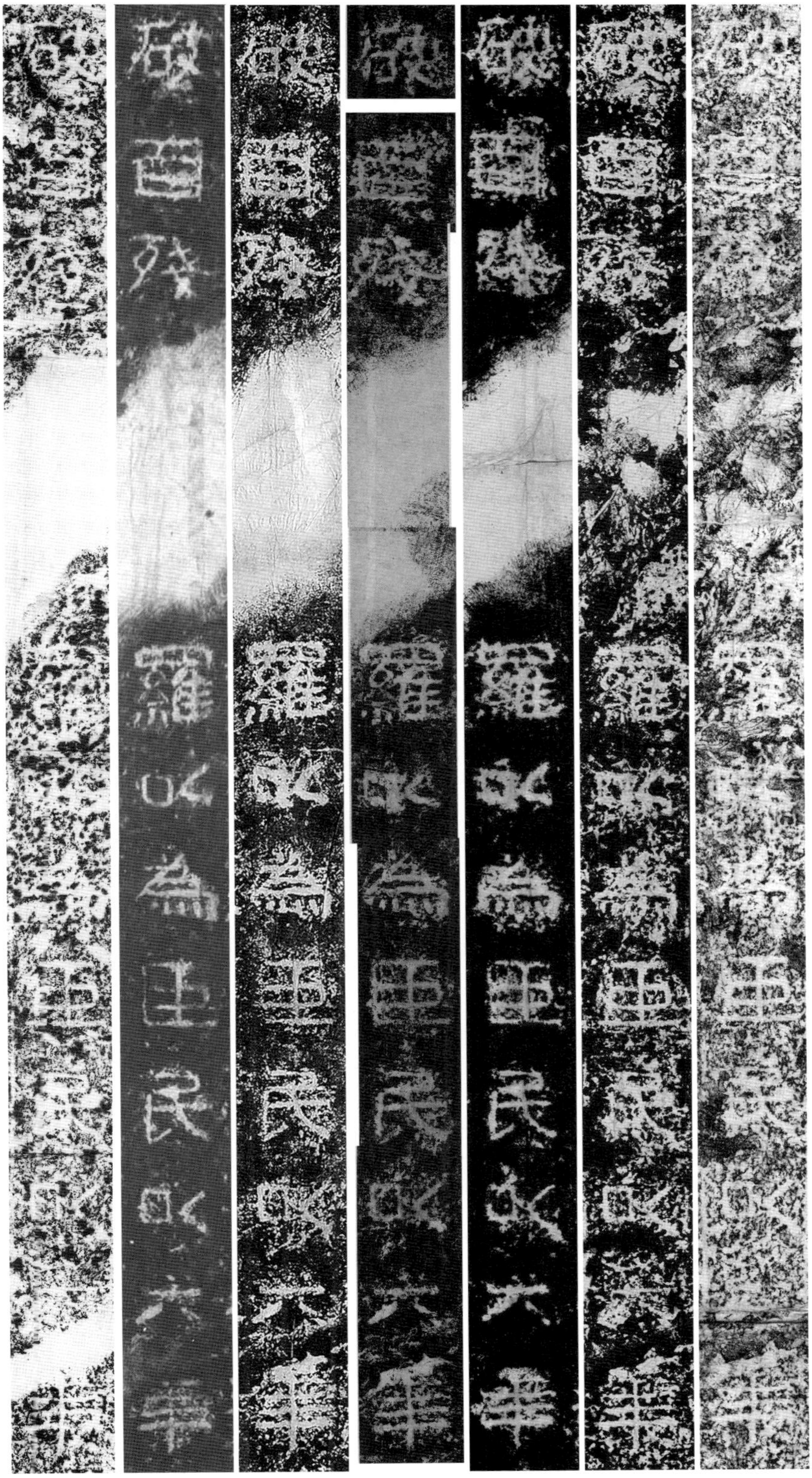

破	破	14
百	百	15
殘	殘	16
□		17*
		18*
□		19*
羅	羅	20
以	以	21
為	為	22
臣	臣	23
民	民	24
以	以	25
六	六	26
年	年	27

丙 28
申 29
王 30
躬 31
率 32
水 33*
軍 34
討 35
伐 36
殘 37
國 38
軍 39
□ 40
□ 41

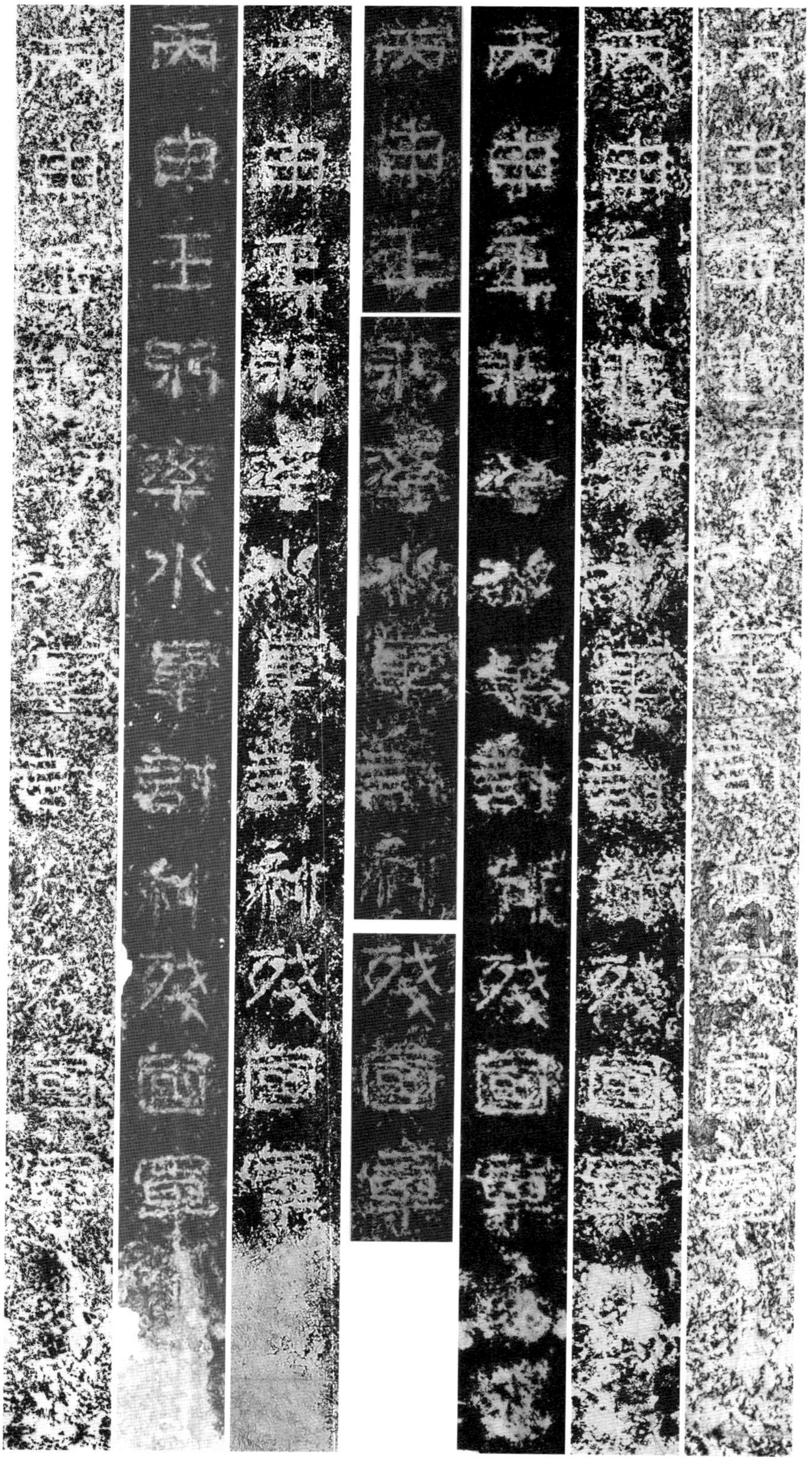

丙申王躬率□軍討伐殘國軍□□

第Ⅰ面第10行

原石拓本釈文	A 歴博水谷拓本	C1−1 内藤湖南本	C1−2 今西龍本	C1−3 明治大学剪装本	C1−3 明治大学整紙本	C2 梶本益一本	C3 関戸力松本	明治大学整紙本釈文	
因								因	1
攻								攻	2
取								取	3
壹								壹	4
八								八	5
城								城	6
臼								臼	7
模								模	8
盧								盧	9
城								城	10
各								各	11
模								模	12
盧								盧	13

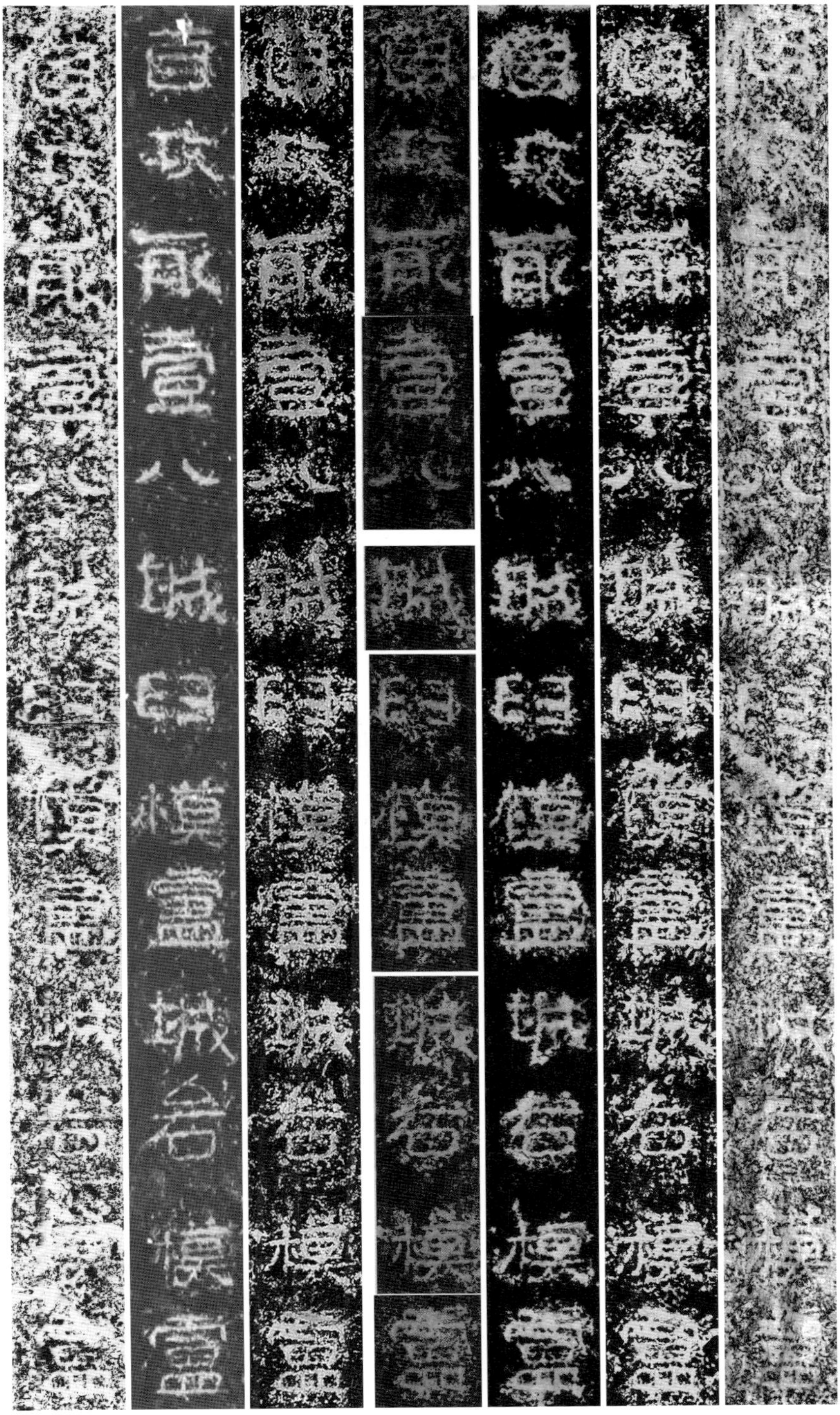

城
幹
弓
利

城
閣
弥
城
牟
盧
城

城 14
幹 15
弓 16
利 17
18*
19*
20*
城 21
閣 22*
弥 23
城 24
牟 25
盧 26
城 27

弥沙城□□蔦城阿旦城古利城□

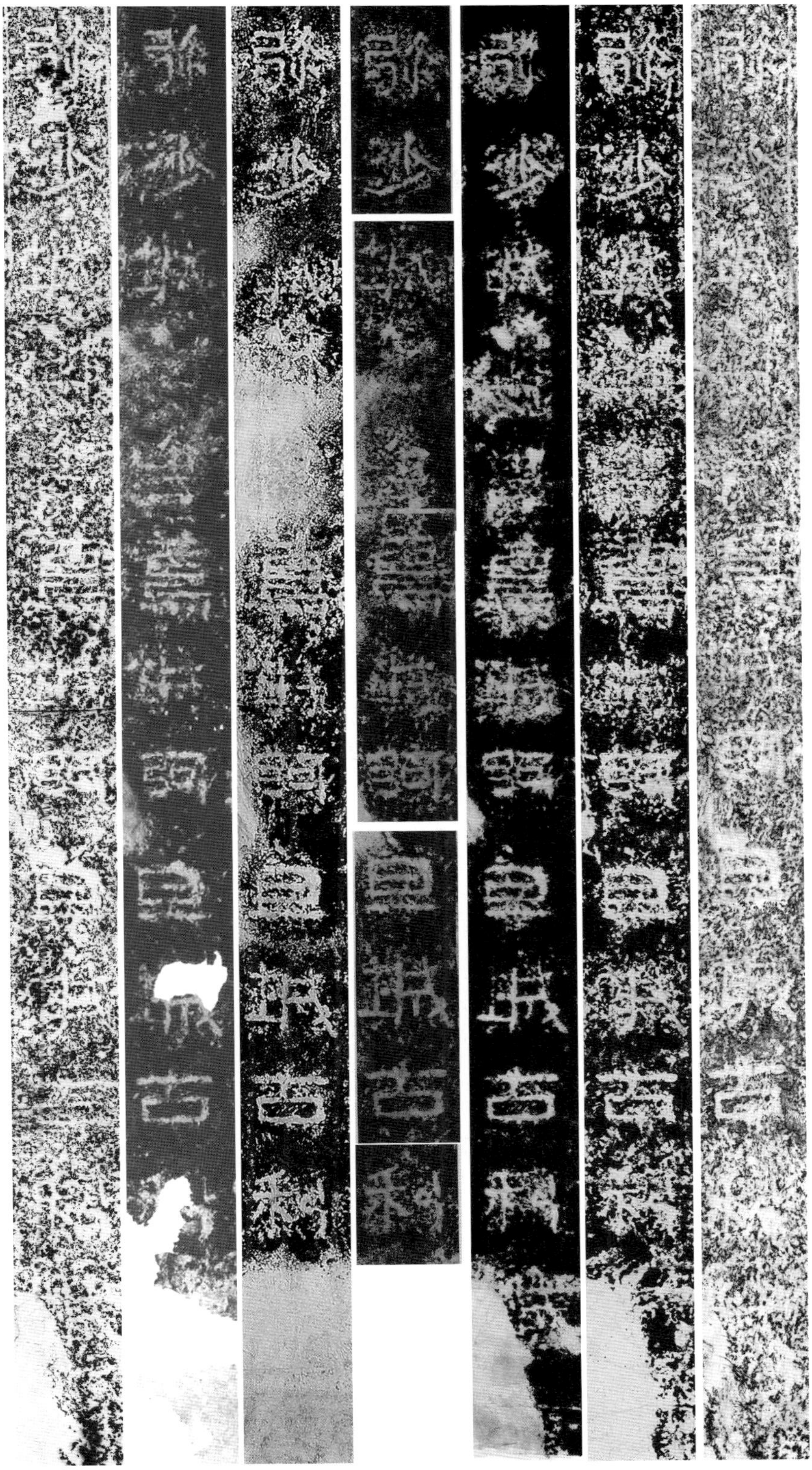

弥 28
沙 29
城 30
□ 31
□ 32*
蔦 33
城 34
阿 35
旦 36
城 37
古 38
利 39
城 40*
□ 41

第Ⅰ面第11行

原石拓本釈文	A 歴博水谷拓本	C1－1 内藤湖南本	C1－2 今西龍本	C1－3 明治大学剪装本	C1－3 明治大学整紙本	C2 梶本益一本	C3 関戸力松本	明治大学整紙本釈文	
利								利	1
城								城	2
雑								雑	3
								弥	4*
城								城	5
奥								奥	6
利								利	7
城								城	8
勾								勾	9
牟								牟	10
城								城	11
古								古	12
須								須	13

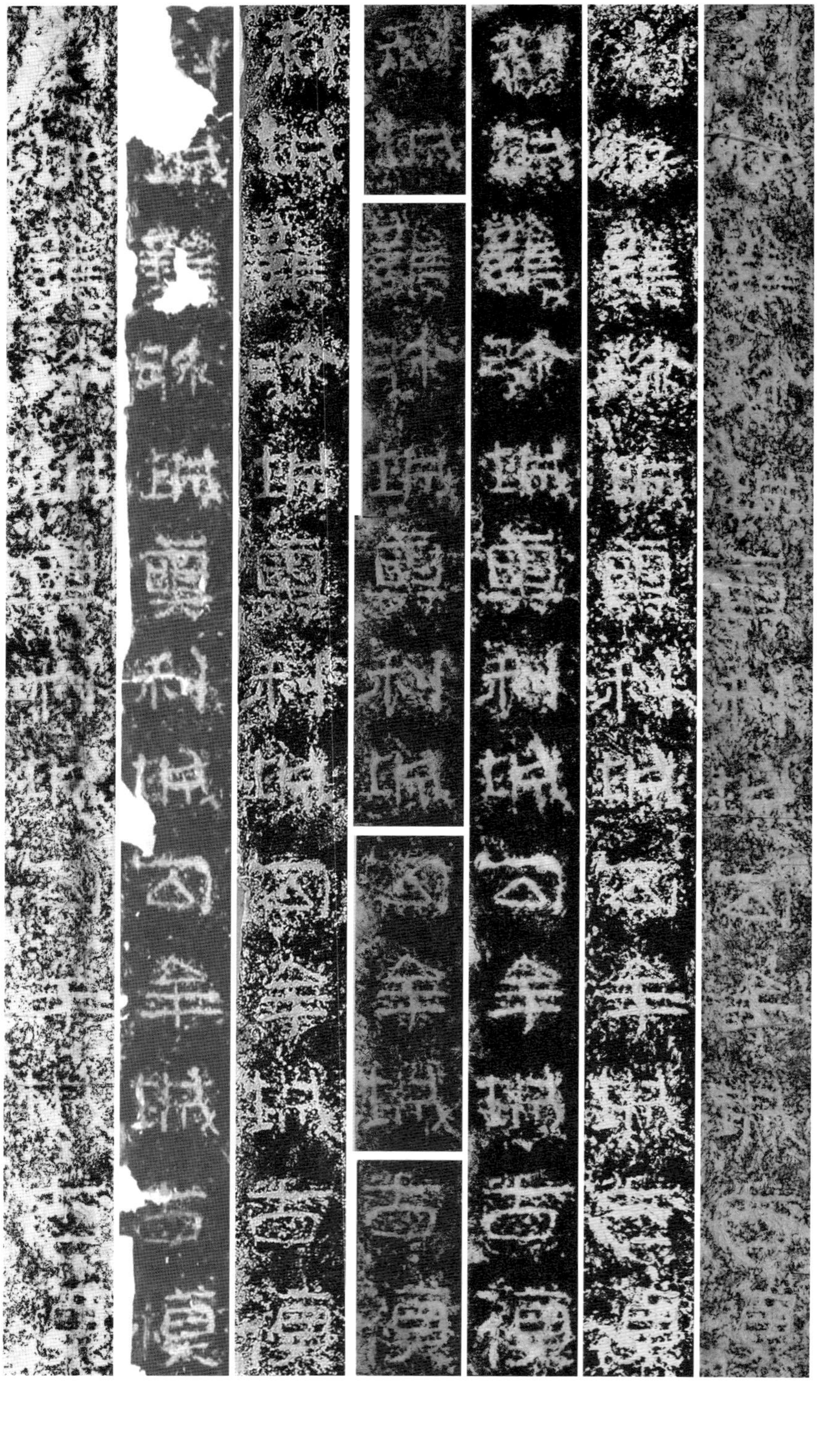

耶
羅
城
莫
□
□
而
耶
羅

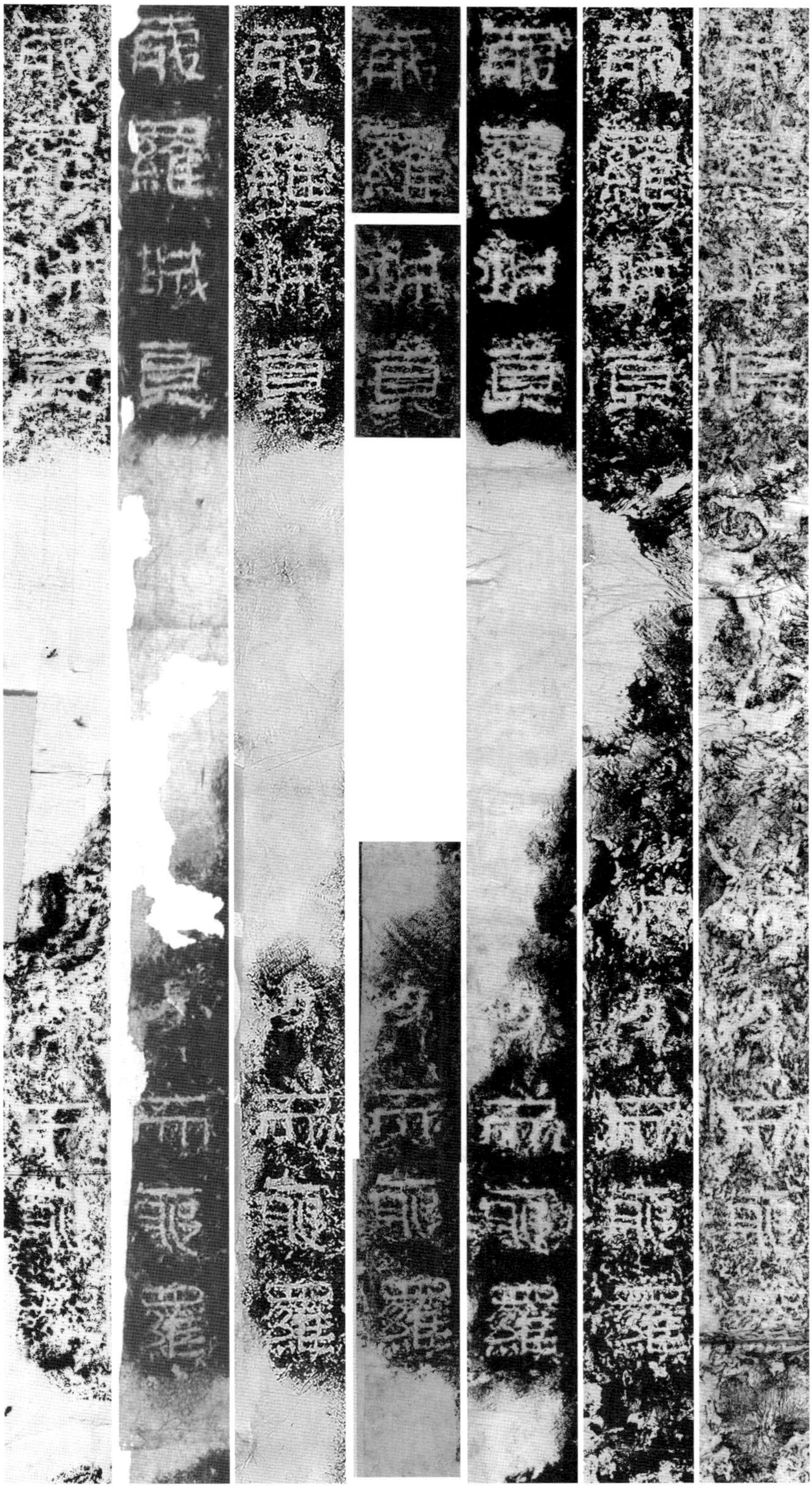

耶 14
羅 15
城 16
莫 17
18*
19*
20*
21*
22*
□ 23
而 24
耶 25
羅 26
27*

琢
城
於
□
城
□
□
□
豆
奴
城
沸

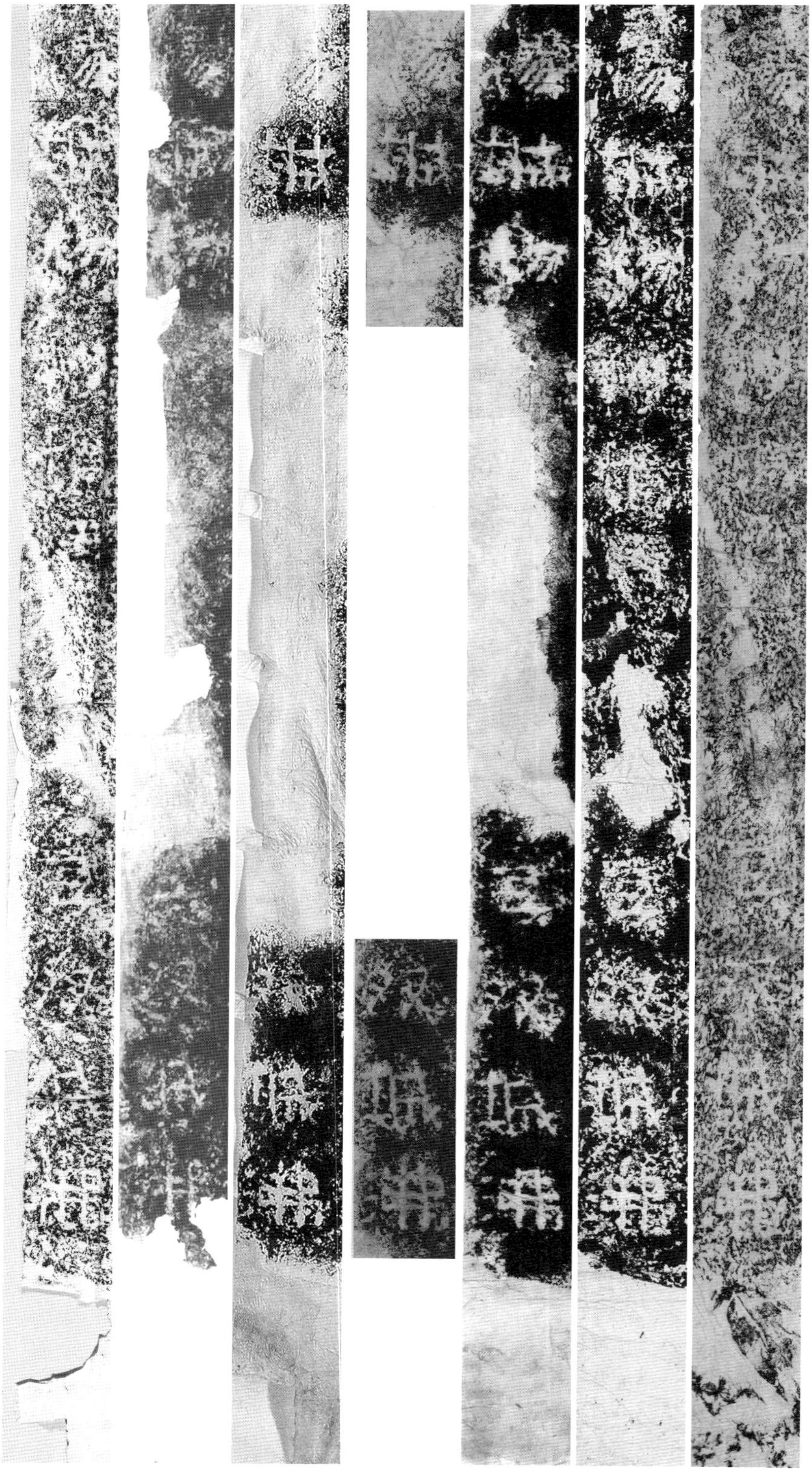

琢 28
城 29
□ 30*
31*
32
33*
34*
35*
豆 36
奴 37
城 38
沸 39
40*
41*

第Ⅱ面第１行

原石拓本釈文 ／ A 歴博水谷拓本 ／ C１−１ 内藤湖南本 ／ C１−２ 今西龍本 ／ C１−３ 明治大学剪装本 ／ C１−３ 明治大学整紙本 ／ C2 梶本益一本 ／ C3 関戸力松本 ／ 明治大学本釈文

原石拓本釈文	明治大学本釈文	
利	利	1
城	城	2
弥	弥	3
鄒	鄒	4
城	城	5
也	也	6
利	利	7
城	城	8
大	大	9*
山	山	10
韓	韓	11
城	城	12
掃	掃	13

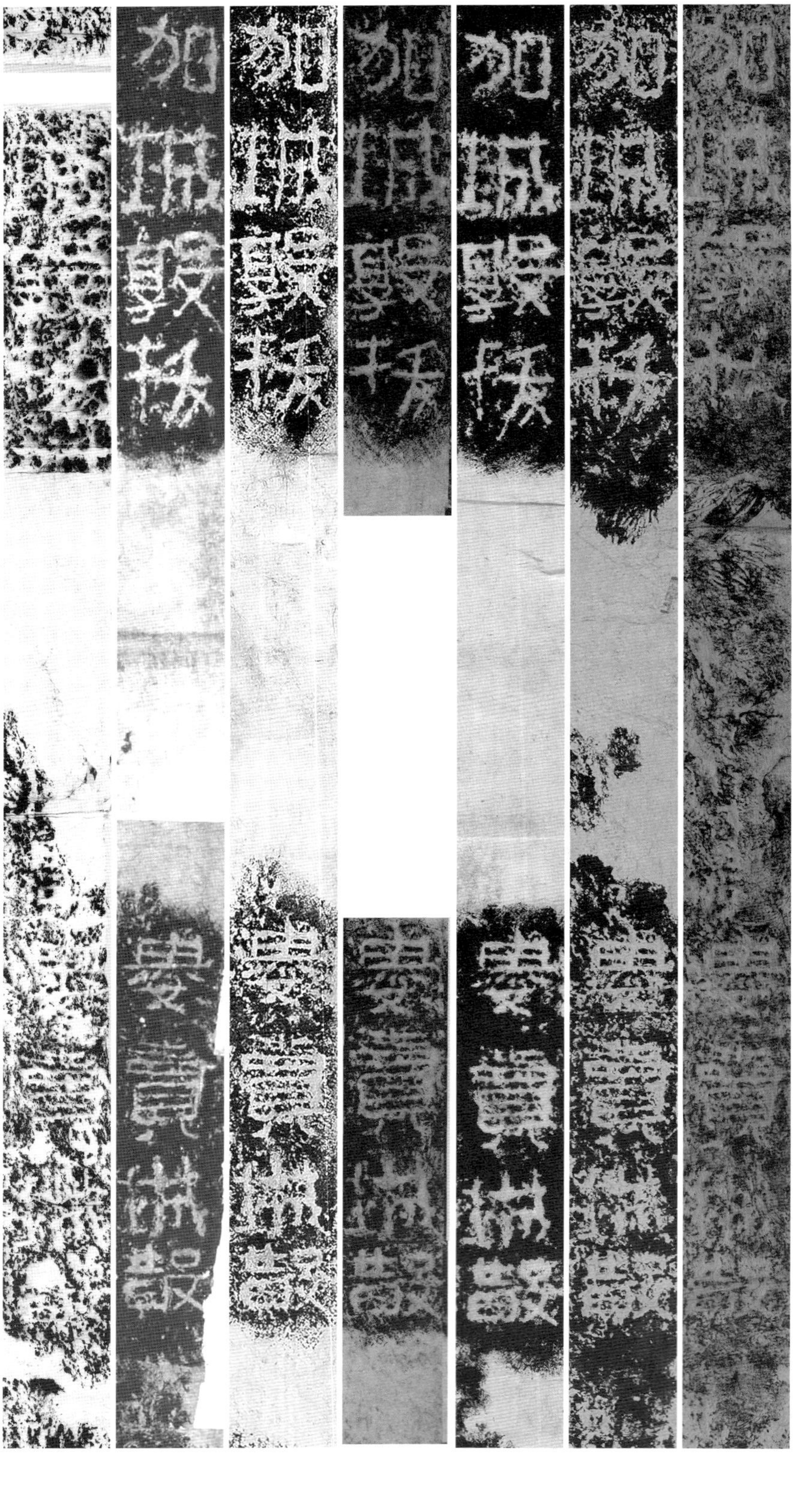

加	加	14*
城	城	15
敦	敦	16
抜	抜	17
城		18*
		19*
		20*
□		21*
□		22
婁	婁	23
賣	賣	24
城	城	25
散	散	26
□	□	27*

城
那
旦
城
細
城
牟
婁
城
于
婁
城
蘇
灰

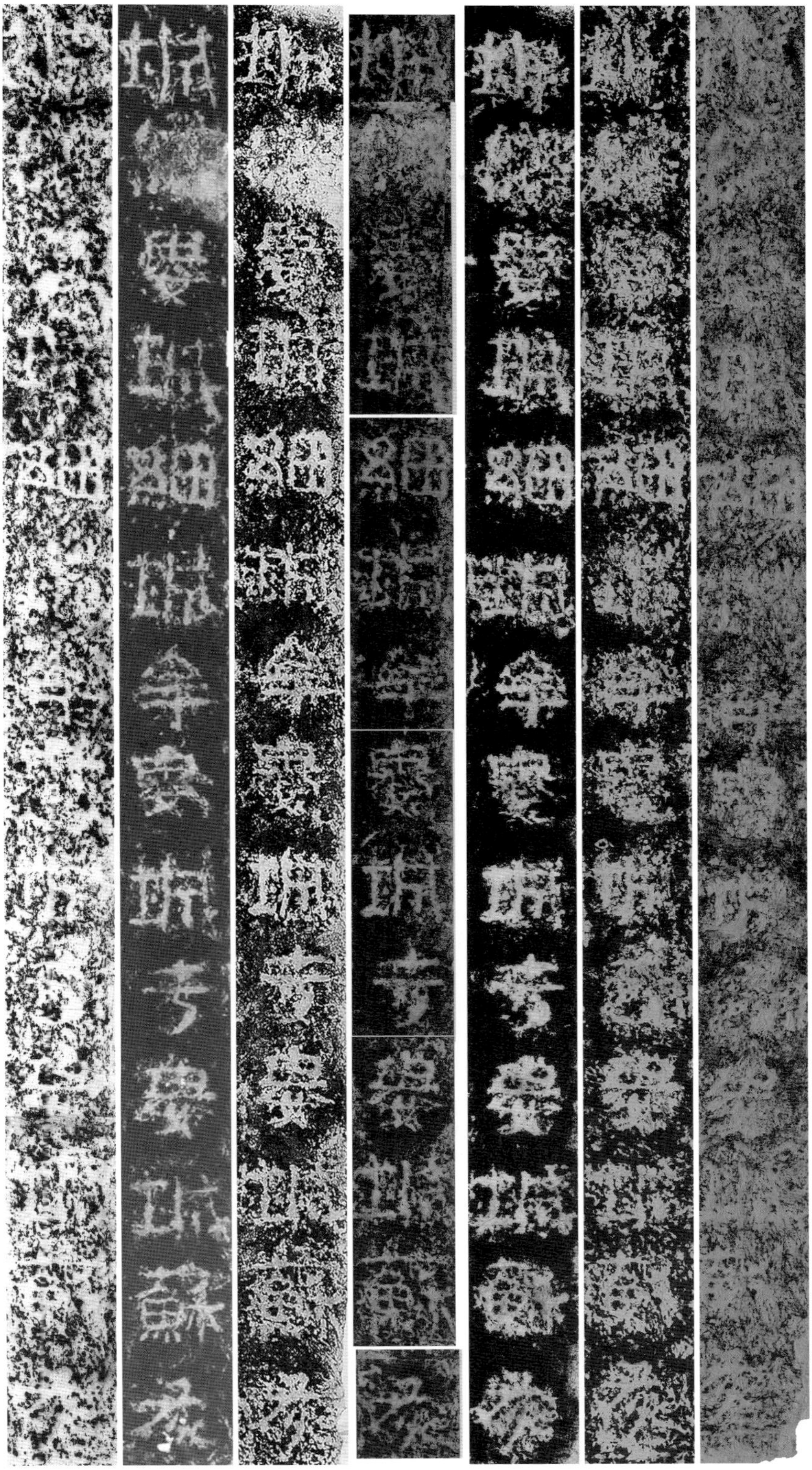

城 28
那 29
婁 30*
城 31
細 32
城 33
牟 34
婁 35
城 36
于 37
婁 38
城 39
蘇 40
灰 41

第Ⅱ面第2行

A 歴博水谷拓本　C1-1 内藤湖南本　C1-2 今西龍本　C1-3 明治大学剪装本　C1-3 明治大学整紙本　C2 梶本益一本　C3 関戸力松本

原石拓本釈文	明治大学本釈文	
城	城	1
燕	燕	2
婁	婁	3
城	城	4
析	析	5
支	支	6
利	利	7
城	城	8
巖	巖	9
門	門	10
□	至	11*
城	城	12
林	林	13*

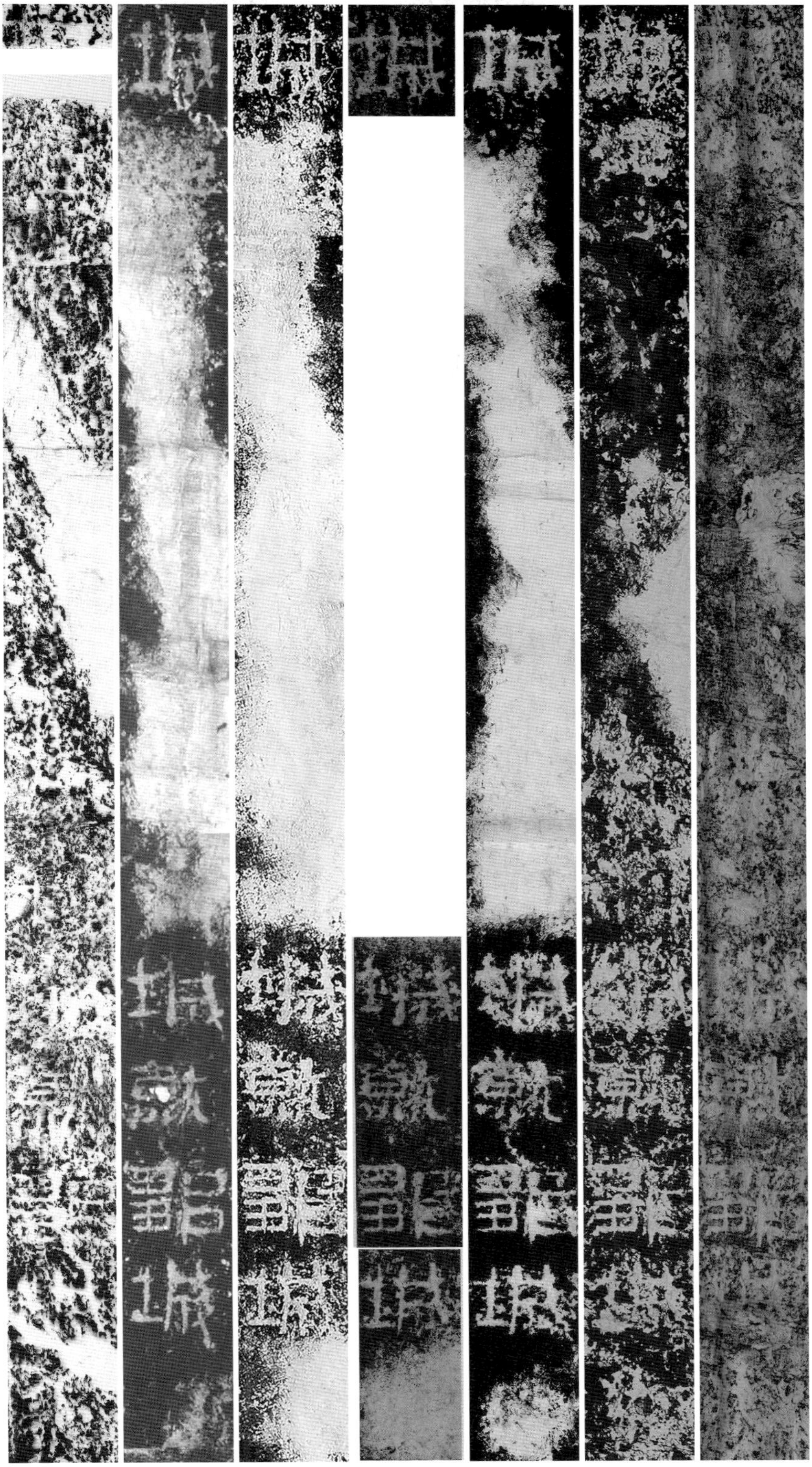

城	城	14*	
□	□	15*	
□		16*	
□		17	
		18*	
□		19	
□		20	
□		21	
利	□	22	
城	城	23	
就	就	24	
鄒	鄒	25	
城	城	26	
□	□	27	

抜
城
古
牟
婁
城
閏
奴
城
貫
奴
城
彡
穰

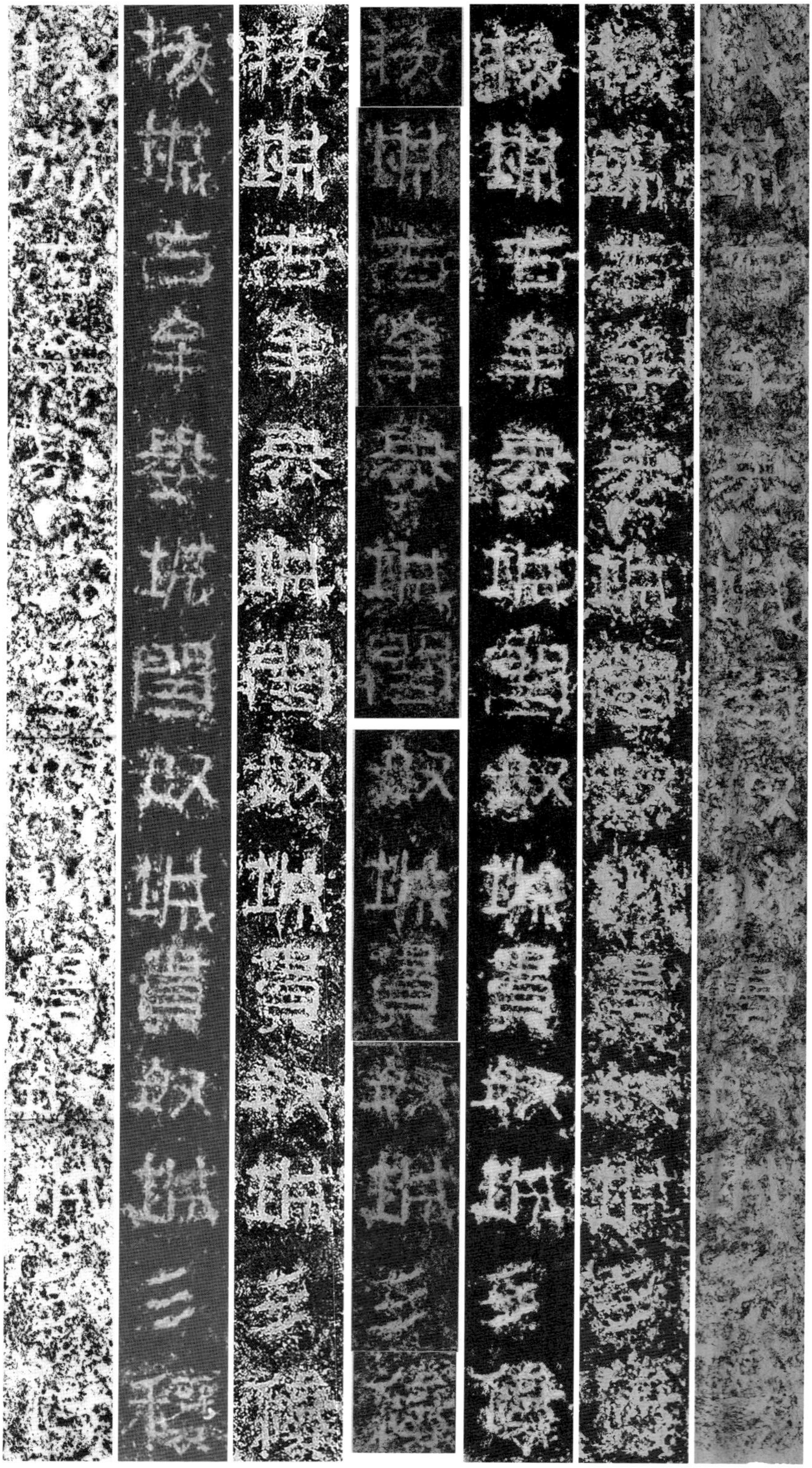

抜 28
城 29
古 30
牟 31
婁 32
城 33
閏 34
奴 35
城 36
貫 37
奴 38
城 39
彡 40
穰 41

第Ⅱ面第３行

A 歴博水谷拓本／C１−１ 内藤湖南本／C１−２ 今西龍本／C１−３ 明治大学剪装本／C１−３ 明治大学整紙本／C2 梶本益一本／C3 関戸力松本

原石拓本釈文	明治大学本釈文	
城	城	1
□	□	2
□	□	3
□	□	4*
□	□	5*
□	□	6*
□	羅	7*
城	城	8
仇	仇	9
天	天	10
城	城	11
□		12
□		13

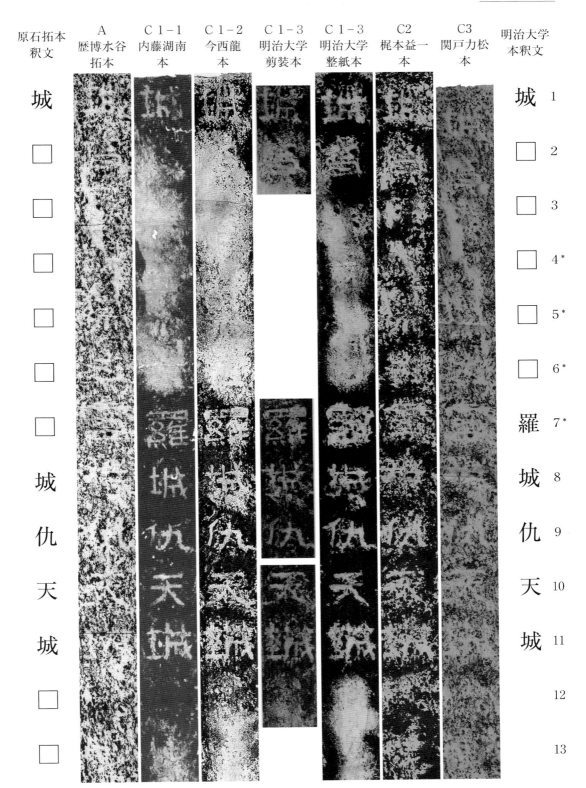

14
□ 15*
16
其 17
國 18
城 19
賊 20*
不 21
丹 22*
氣 23*
敢 24*
出 25
百 26
戰 27

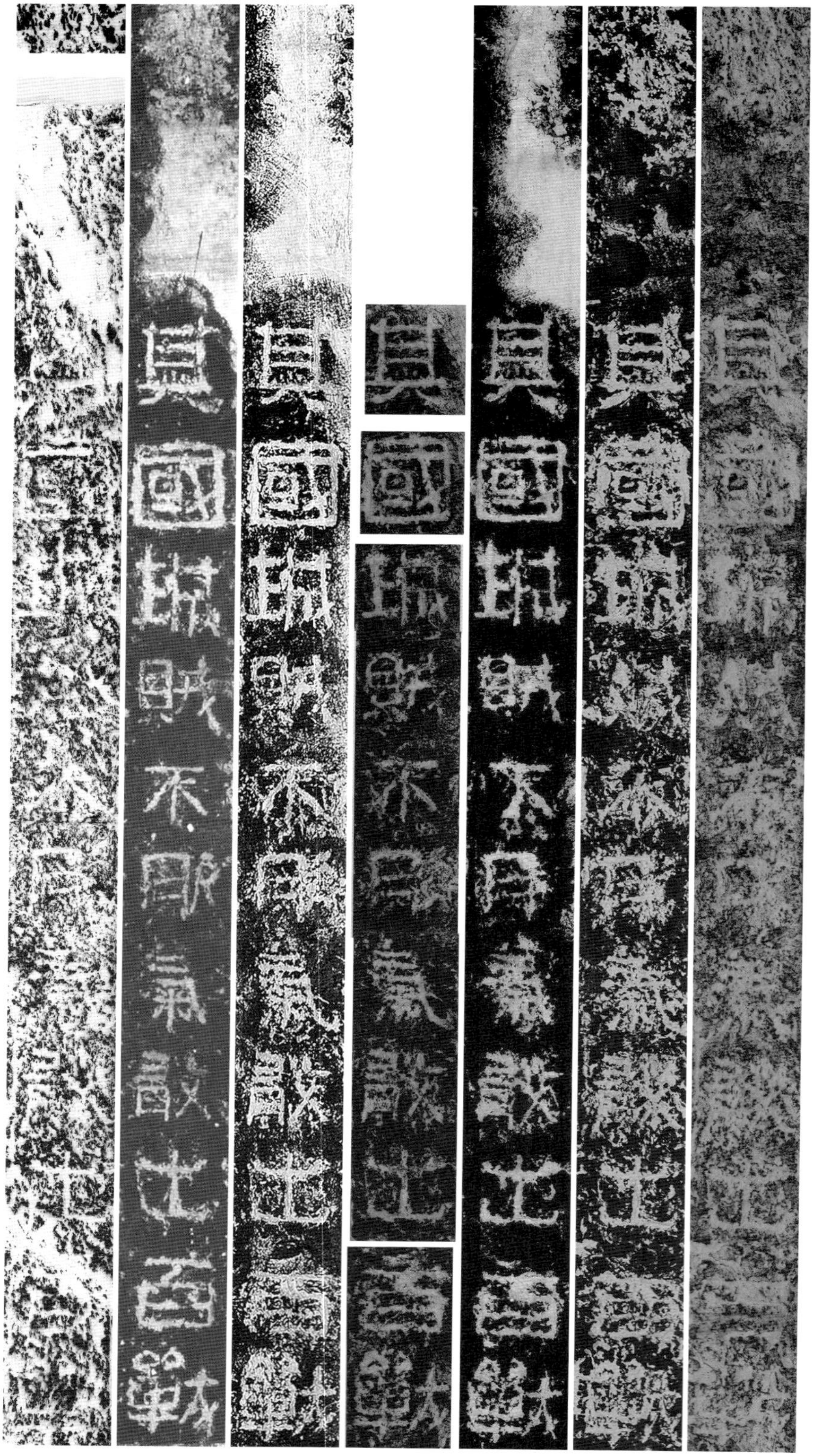

□
□
□
其
國
城
殘
不
丹
義
敢
出
百
戰

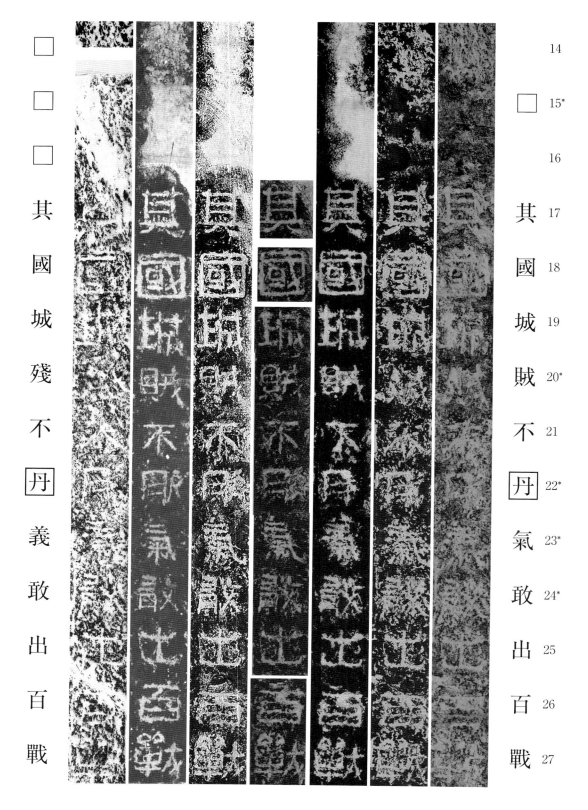

王	王	28
威	威	29
赫	赫	30
怒	怒	31
渡	渡	32
阿	阿	33
利	利	34
水	水	35
遣	遣	36
刺	刺	37
迫	迫	38
城	城	39
□	横	40*
□		41

第Ⅱ面第4行

A 歴博水谷拓本 / C1−1 内藤湖南本 / C1−2 今西龍本 / C1−3 明治大学剪装本 / C1−3 明治大学整紙本 / C2 梶本益一本 / C3 関戸力松本

原石拓本釈文	明治大学本釈文	
□	□	1*
□	□	2*
□	□	3*
便（枠囲み）	□	4*
圍	國（枠囲み）	5*
城	城	6
而	而	7
殘	殘	8
主	王	9*
困	困	10
逼	逼	11
献	献	12
□	出	13*

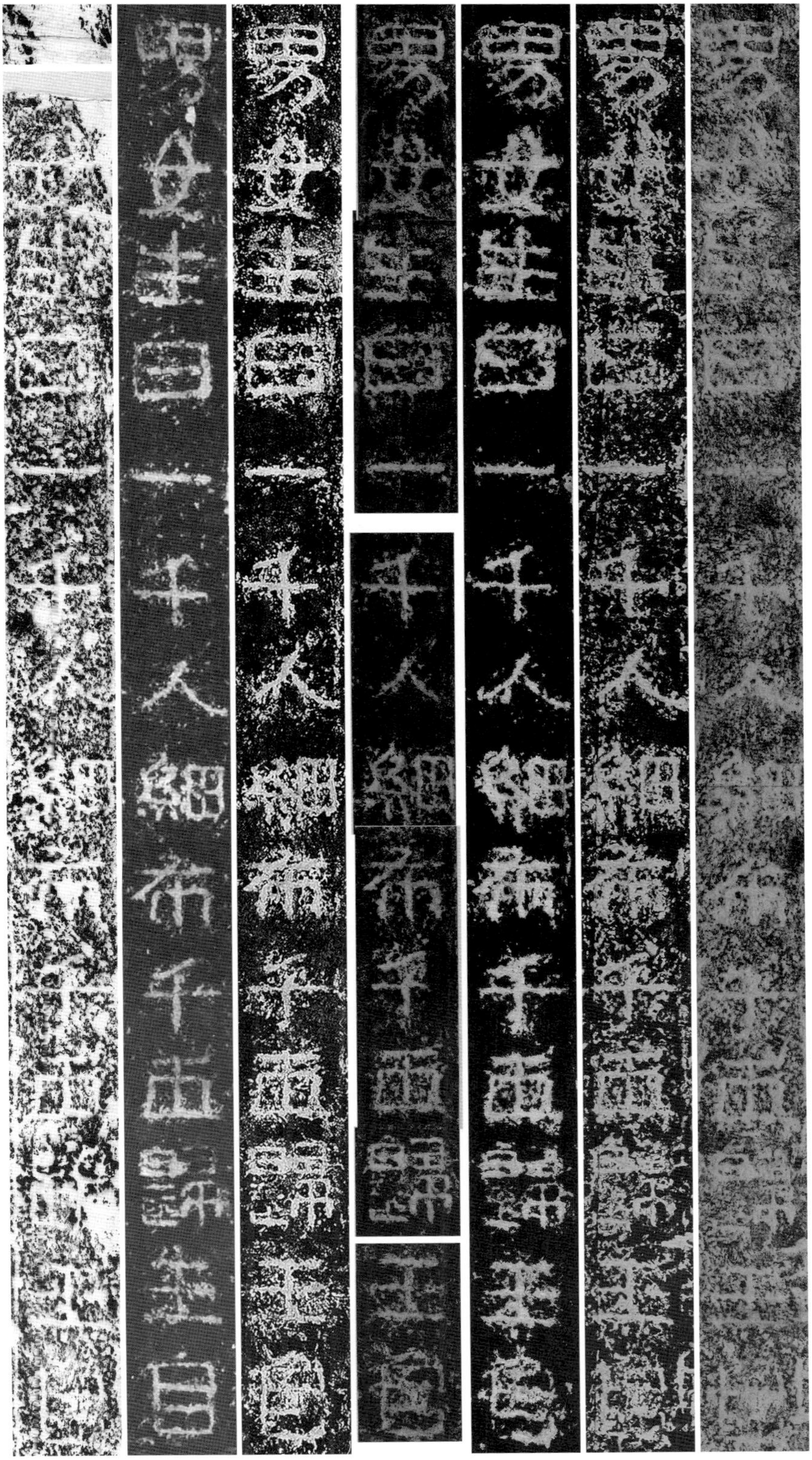

男	男	14
女	女	15
生	生	16
口	白	17*
一	一	18
千	千	19
人	人	20
細	細	21
布	布	22
千	千	23
匹	匹	24
跪	歸	25*
王	王	26
自	自	27

誓 28
従 29
今 30
以 31
後 32
永 33
為 34
奴 35
客 36
太 37
王 38
恩 39
赦 40
□ 41*

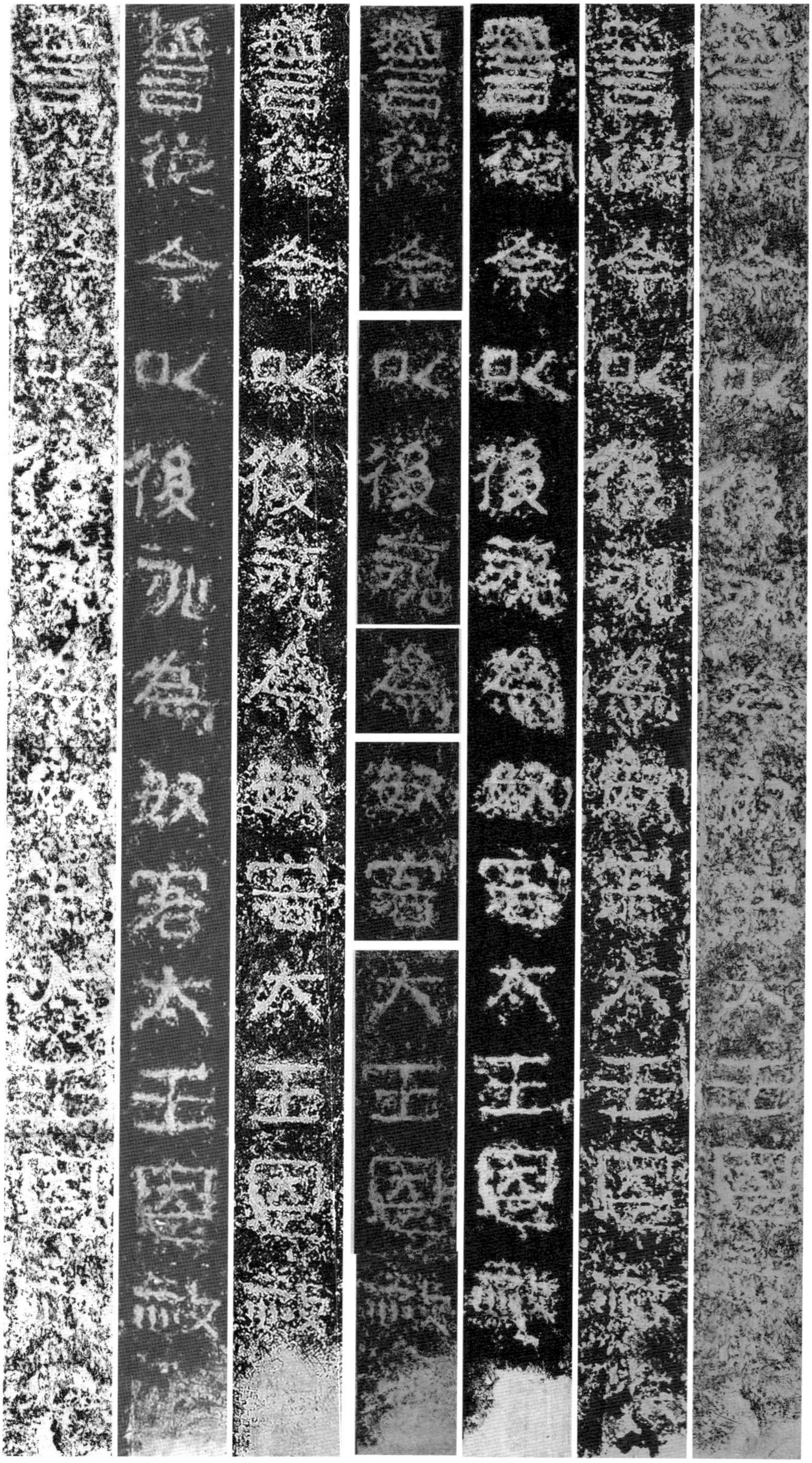

誓従今以後永為奴客太王恩赦□

第Ⅱ面第5行

原石拓本釈文	A 歴博水谷拓本	C1−1 内藤湖南本	C1−2 今西龍本	C1−3 明治大学剪装本	C1−3 明治大学整紙本	C2 梶本益一本	C3 関戸力松本	明治大学本釈文	

原石拓本釈文	明治大学本釈文	
迷	迷	1
之	之	2
愆	愆	3*
録	録	4
其	其	5
後	後	6
順	順	7
之	之	8
誠	誠	9
於	於	10
是	是	11
□		12*
五	五	13

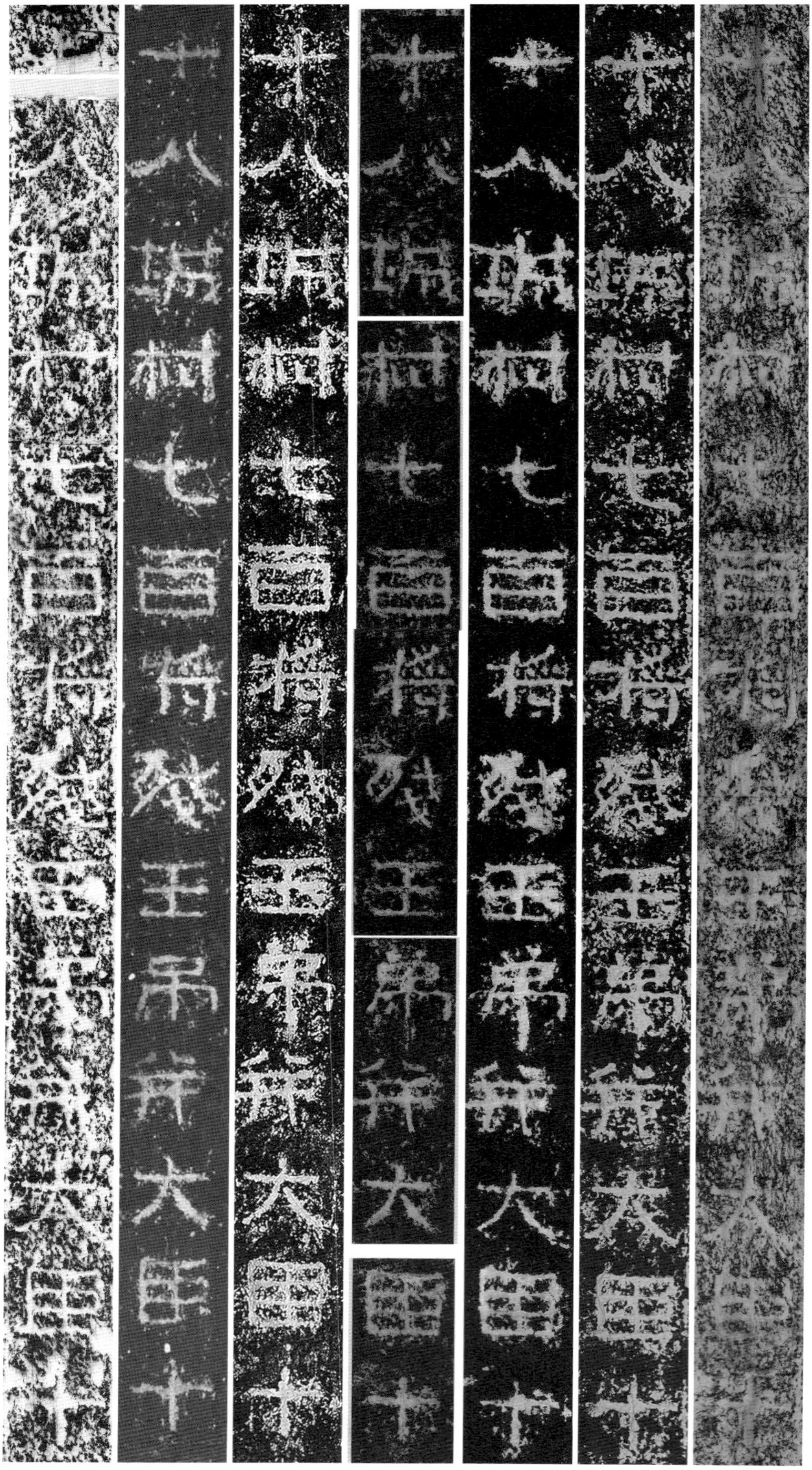

十 14
八 15
城 16
村 17
七 18
百 19
将 20
残 21
王 22*
弟 23*
并 24
大 25
臣 26
十 27

十

八城村七百将残主弟并大臣十

人旋師還都八年戊戌教遣偏師觀

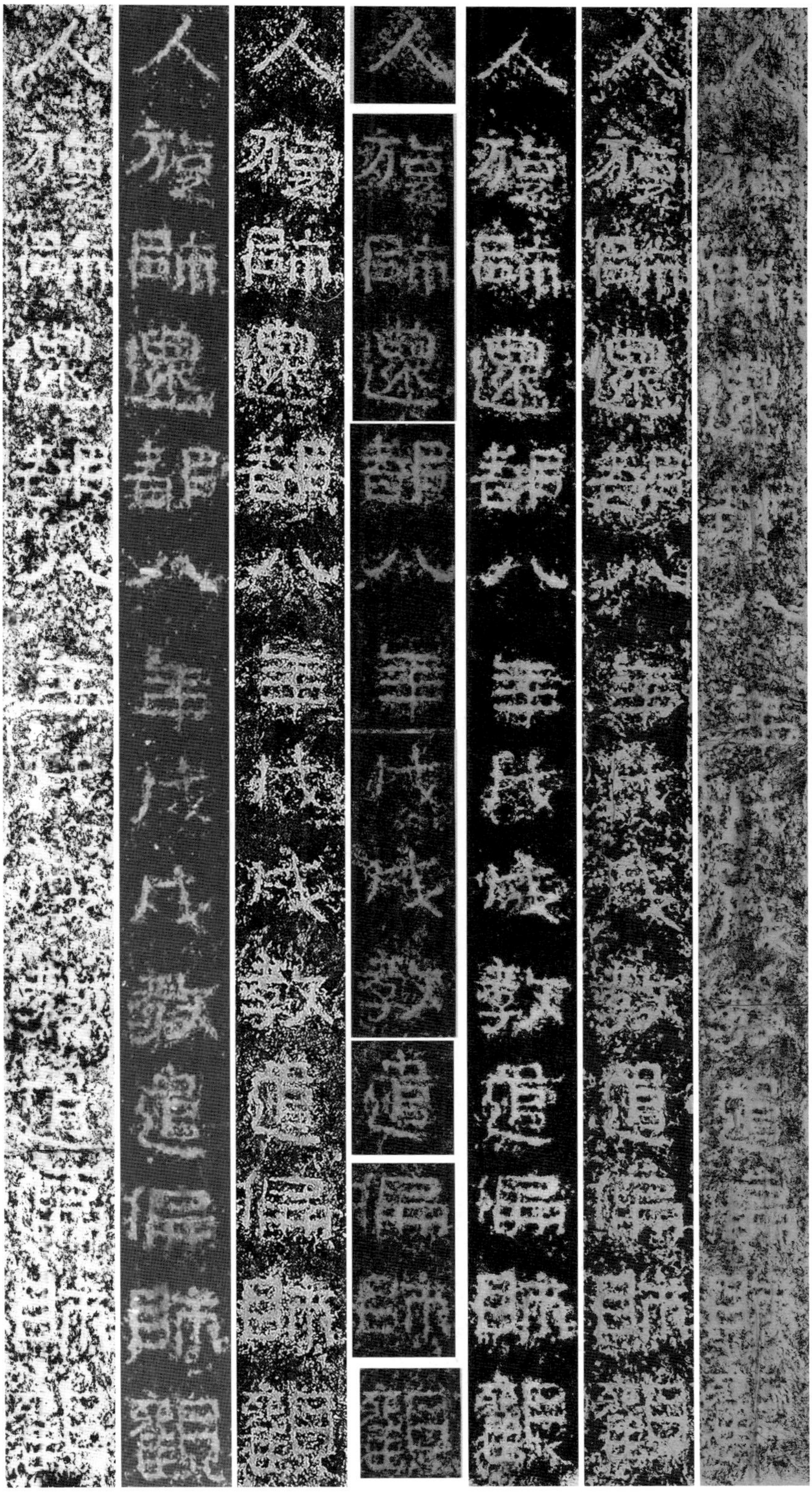

人 28
旋 29
師 30
還 31
都 32
八 33
年 34
戊 35
戌 36
教 37
遣 38
偏 39
師 40
觀 41

第Ⅱ面第6行

原石拓本釈文	A 歴博水谷拓本	C1－1 内藤湖南本	C1－2 今西龍本	C1－3 明治大学剪装本	C1－3 明治大学整紙本	C2 梶本益一本	C3 関戸力松本	明治大学本釈文	

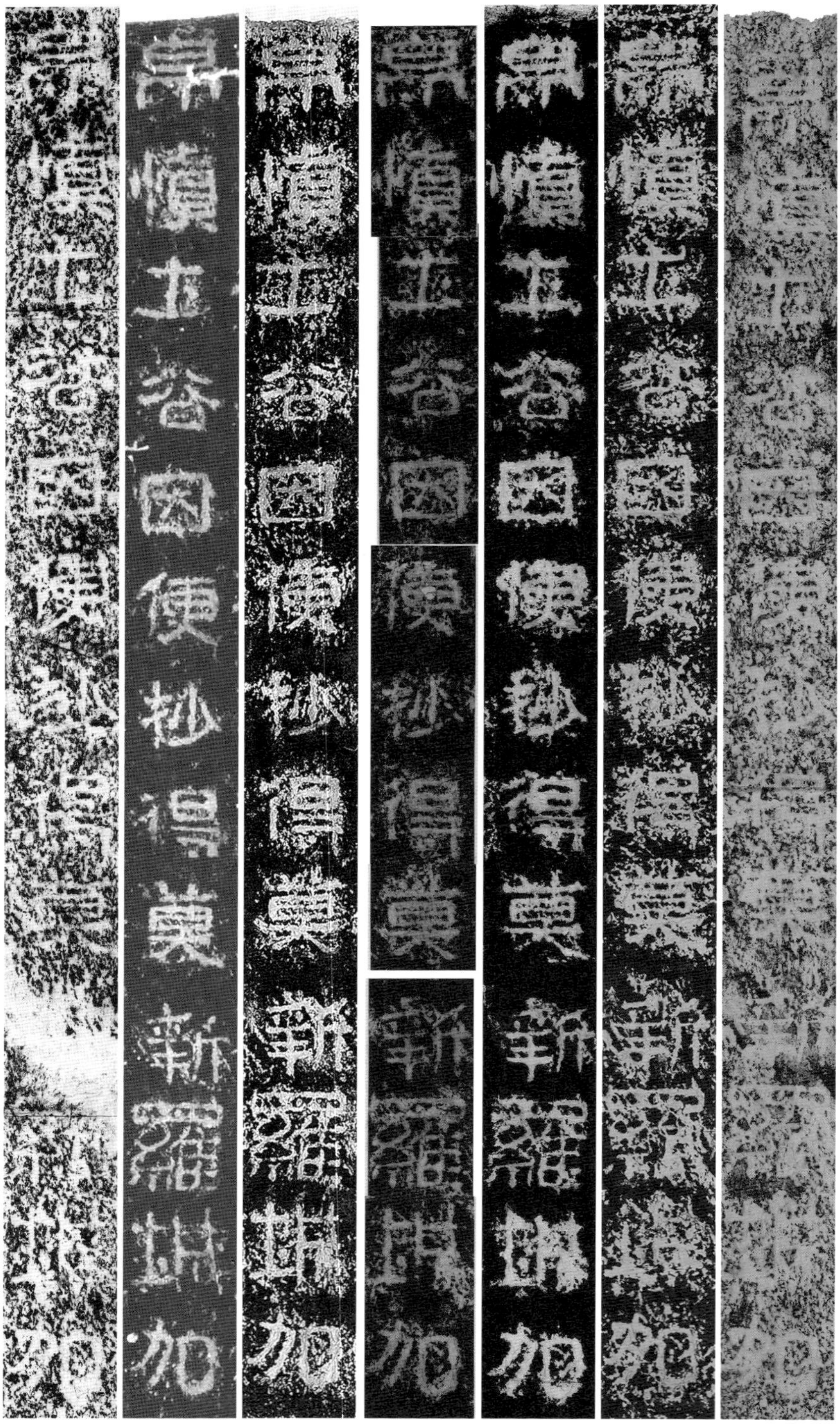

原石拓本釈文	明治大学本釈文	
粛	帛	1*
慎	慎	2
圡	圡	3
谷	谷	4
因	因	5
便	便	6
抄	抄	7
得	得	8
莫	莫	9
□	新	10*
羅	羅	11
城	城	12
加	加	13

太
羅
谷
男
女
三
百
餘
人
自
此
以
来
朝

太 14*
羅 15
谷 16
男 17
女 18
三 19
百 20
餘 21
人 22
自 23
此 24
以 25
来 26
朝 27

貢 28
論 29
事 30
九 31
年 32
己 33
亥 34
百 35
殘 36
違 37
誓 38
与 39
倭 40
和 41

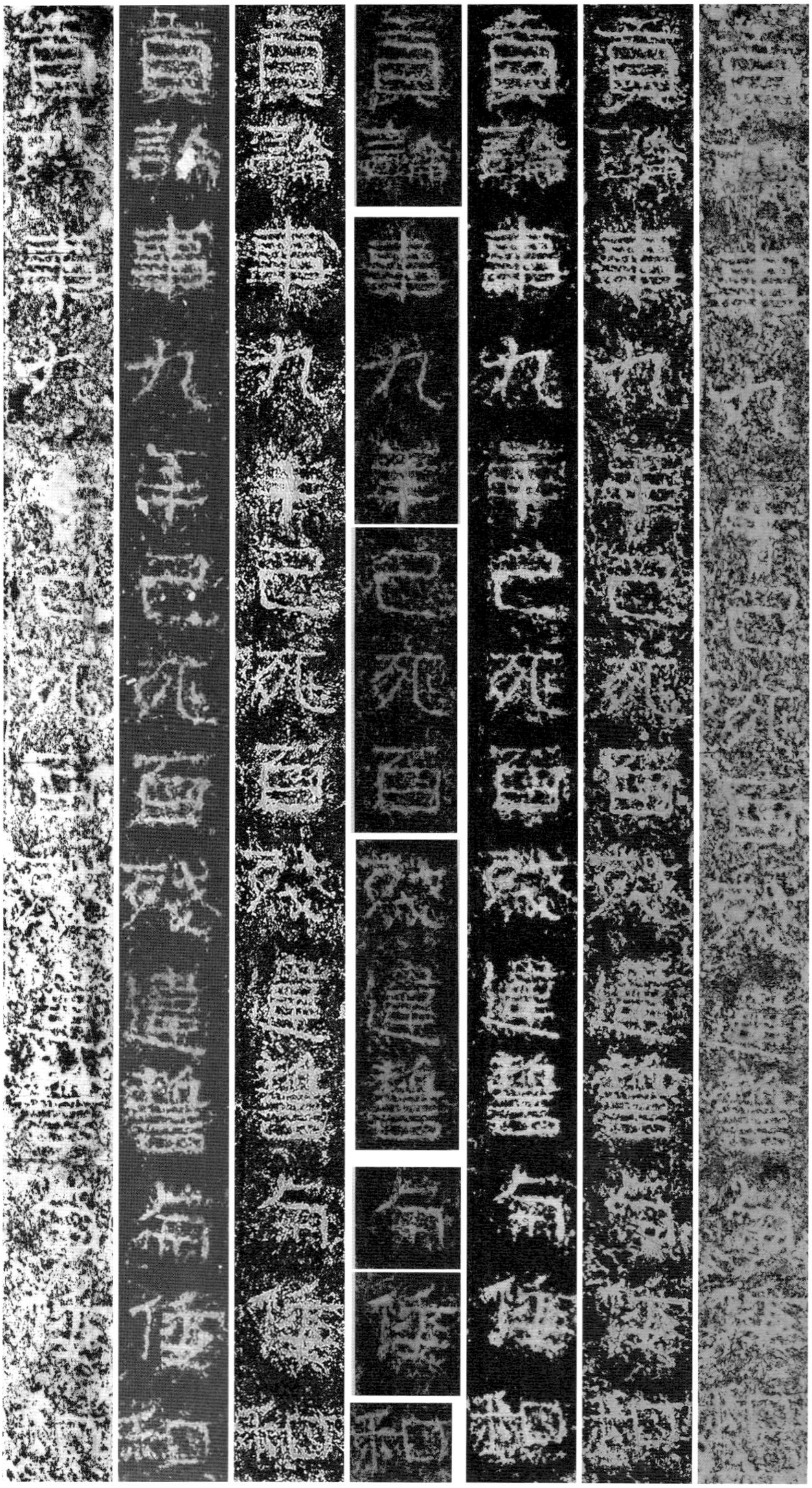

貢論事九年己亥百殘違誓与倭和

第Ⅱ面第７行

A　歴博水谷拓本
Ｃ１－１　内藤湖南本
Ｃ１－２　今西龍本
Ｃ１－３　明治大学剪装本
Ｃ１－３　明治大学整紙本
C2　梶本益一本
C3　関戸力松本

原石拓本釈文	明治大学本釈文	
通	通	1
王	王	2
巡	巡	3
下	下	4
平	平	5
穰	穰	6
而	而	7
新	新	8
羅	羅	9
遣	遣	10
使	使	11
白	白	12
王	王	13

云 14
倭 15
人 16
滿 17
其 18
國 19
境 20
潰 21
破 22
城 23
池 24
以 25
奴 26
客 27

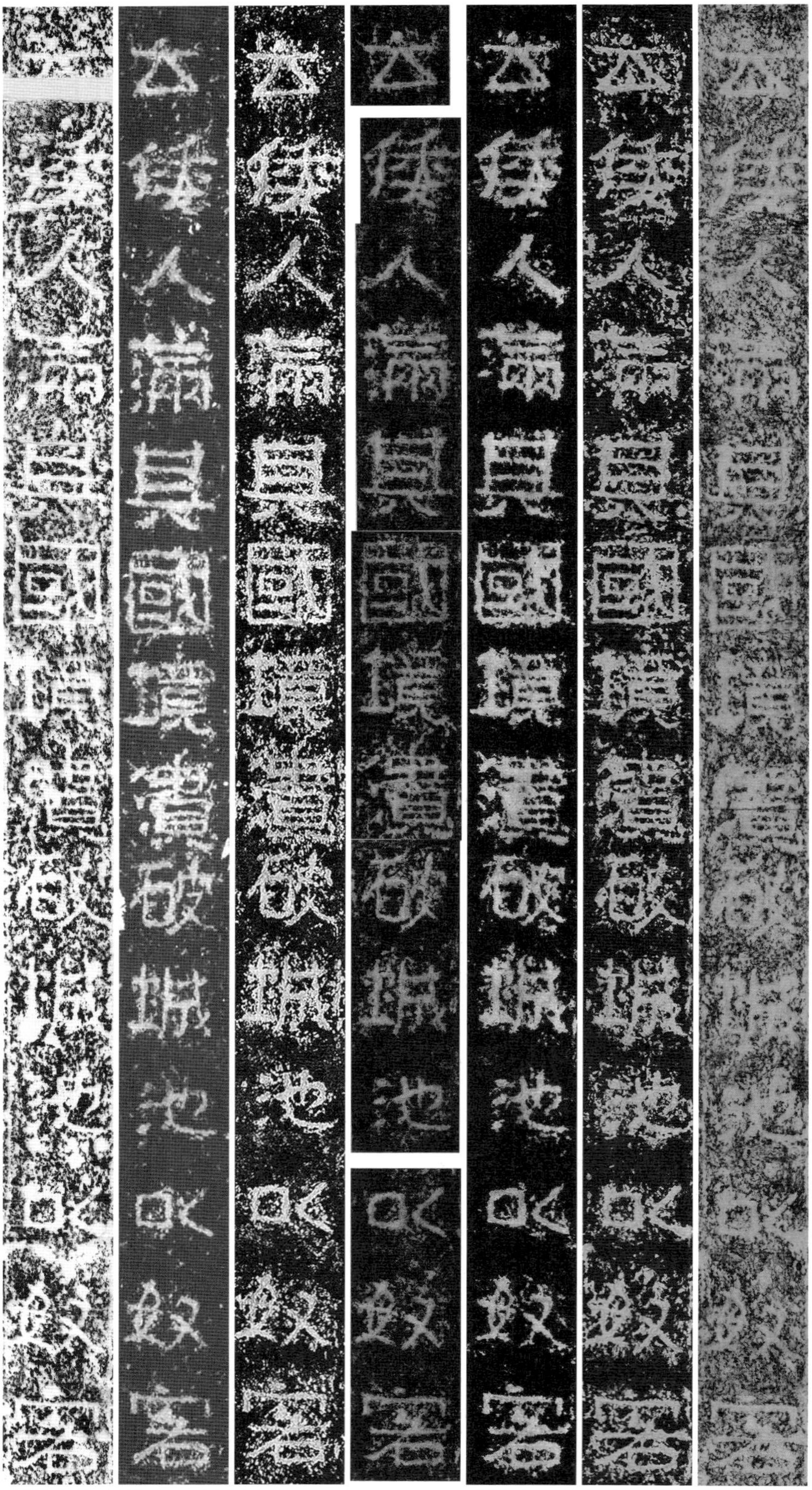

云倭人滿其國境潰破城池以奴客

為 28
民 29
歸 30
王 31
請 32
命 33
太 34
王 35
恩 36
後 37*
稱 38*
其 39
忠 40
□ 41*

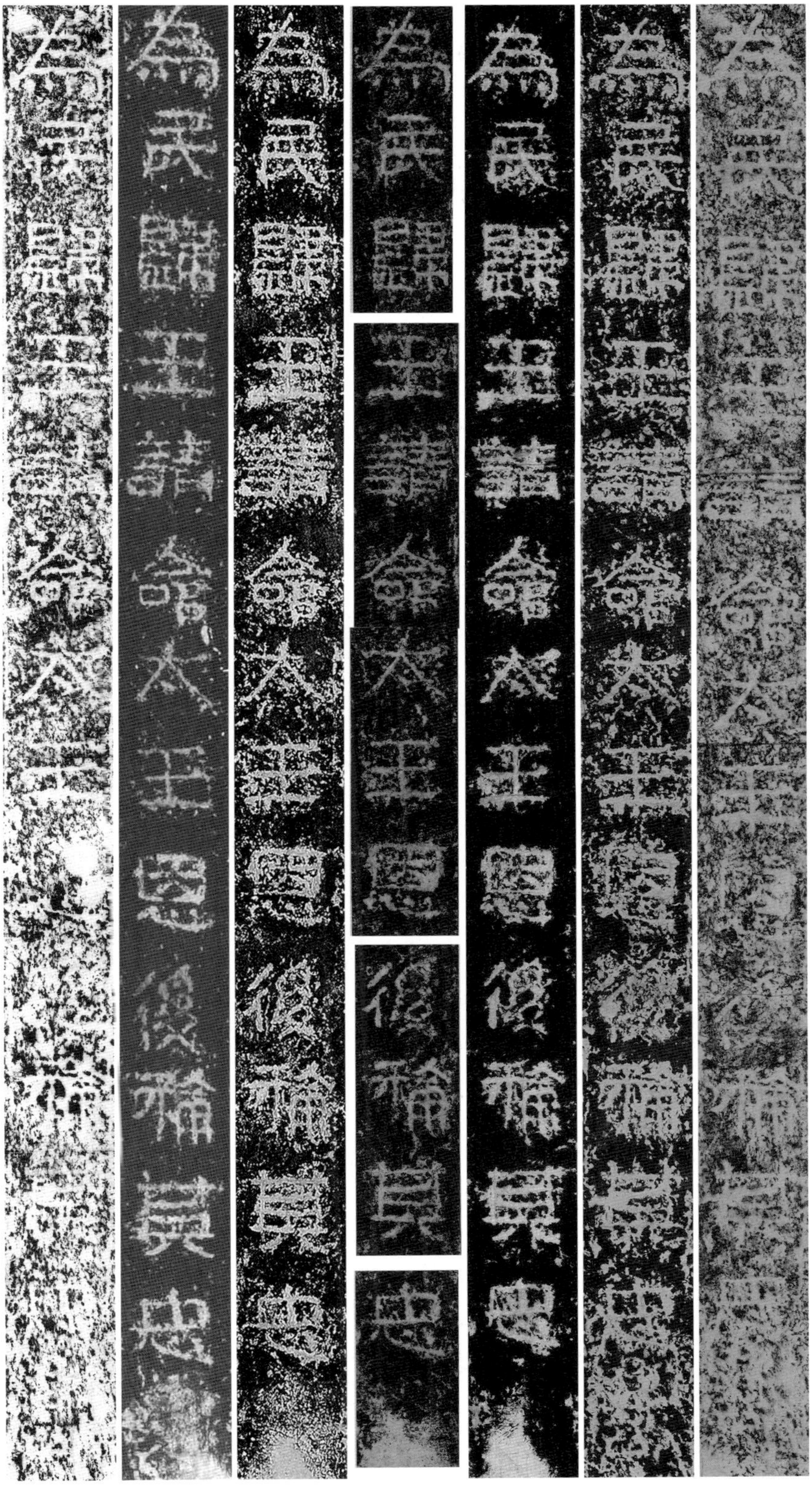

為民歸王請命太王恩慈稱其忠□

第Ⅱ面第８行

原石拓本釈文 | A 歴博水谷拓本 | C１－１ 内藤湖南本 | C１－２ 今西龍本 | C１－３ 明治大学剪装本 | C１－３ 明治大学整紙本 | C2 梶本益一本 | C3 関戸力松本 | 明治大学本釈文

原石拓本釈文	明治大学本釈文	
□	□	1*
遣	遣	2
使	使	3
還	還	4
告	告	5
以	以	6
□		7*
計	□	8
十	十	9
年	年	10
庚	庚	11
子	子	12
教	教	13

遣 14*
歩 15
騎 16
五 17
萬 18
住 19*
救 20
新 21
羅 22
従 23
男 24
居 25
城 26
至 27

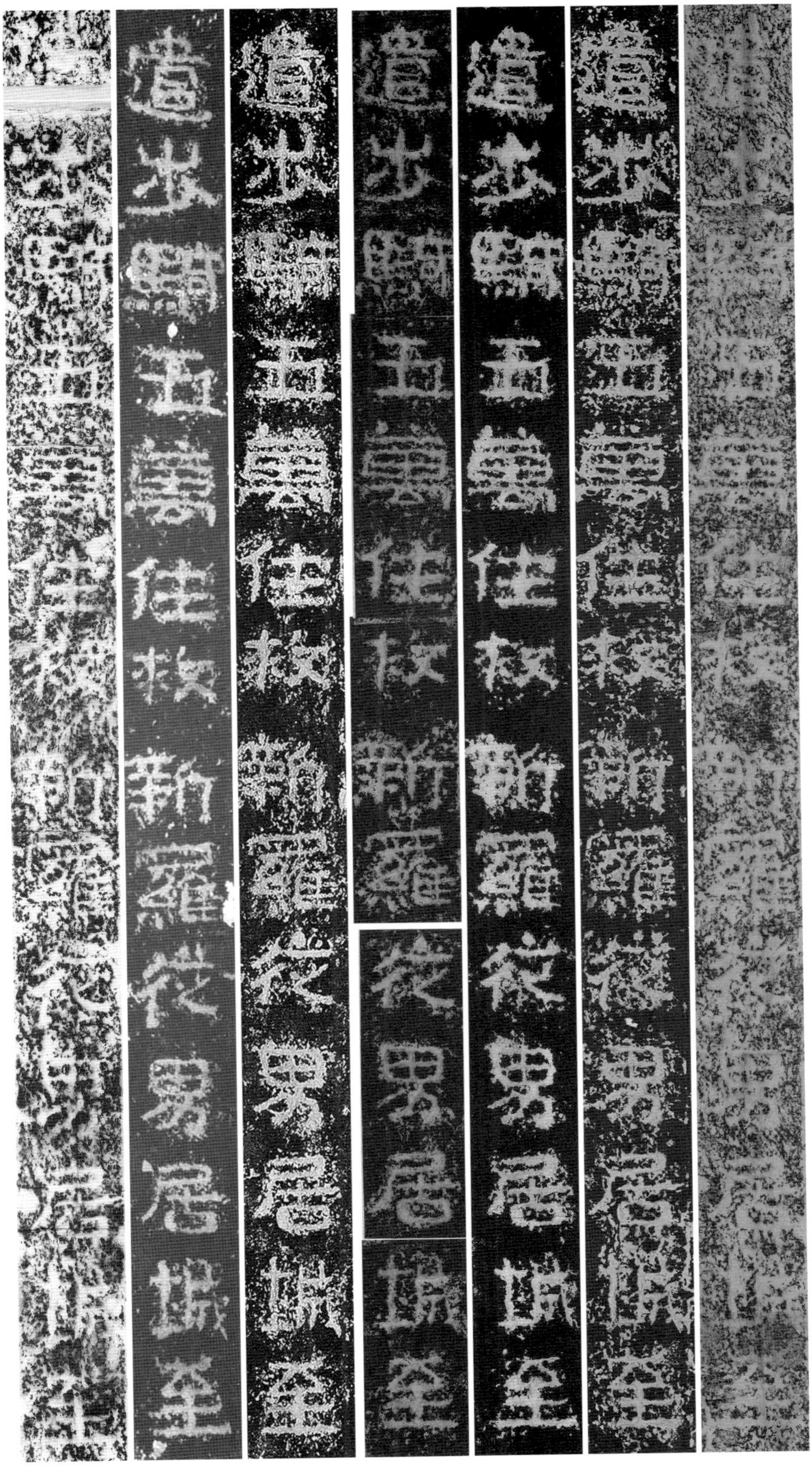

[遣]
歩
騎
五
萬
住
救
新
羅
従
男
居
城
至

新 28
羅 29
城 30
倭 31
満 32
其 33
中 34
官 35
兵 36*
方 37
至 38
倭 39
賊 40
退 41

新羅城倭満其中官軍方至倭賊退

第Ⅱ面第9行

原石拓本釈文 ／ A 歴博水谷拓本 ／ C 1－1 内藤湖南本 ／ C 1－2 今西龍本 ／ C 1－3 明治大学剪装本 ／ C 1－3 明治大学整紙本 ／ C2 梶本益一本 ／ C3 関戸力松本 ／ 明治大学本釈文

原石拓本釈文	明治大学本釈文	
		1
		2
		3
		4
		5
		6
		7
□		8
□	来	9*
背	背	10
急	急	11
追	追	12
至	至	13

任 14
那 15
加 16
羅 17
従 18
抜 19
城 20
城 21
卽 22
歸 23
服 24
安 25
羅 26
人 27

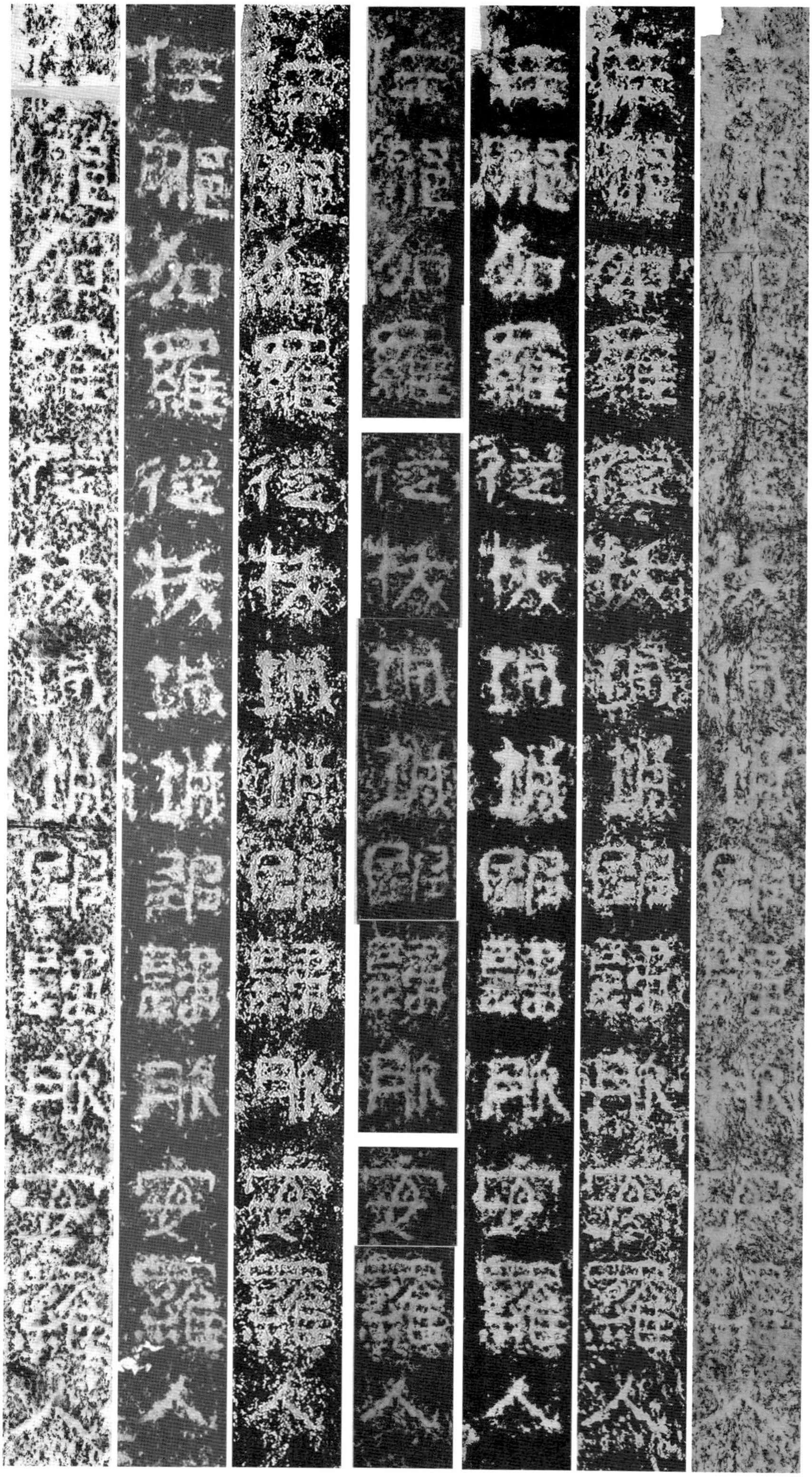

任那加羅従抜城城卽歸服安羅人

戍兵□新羅城□城倭□□潰城六

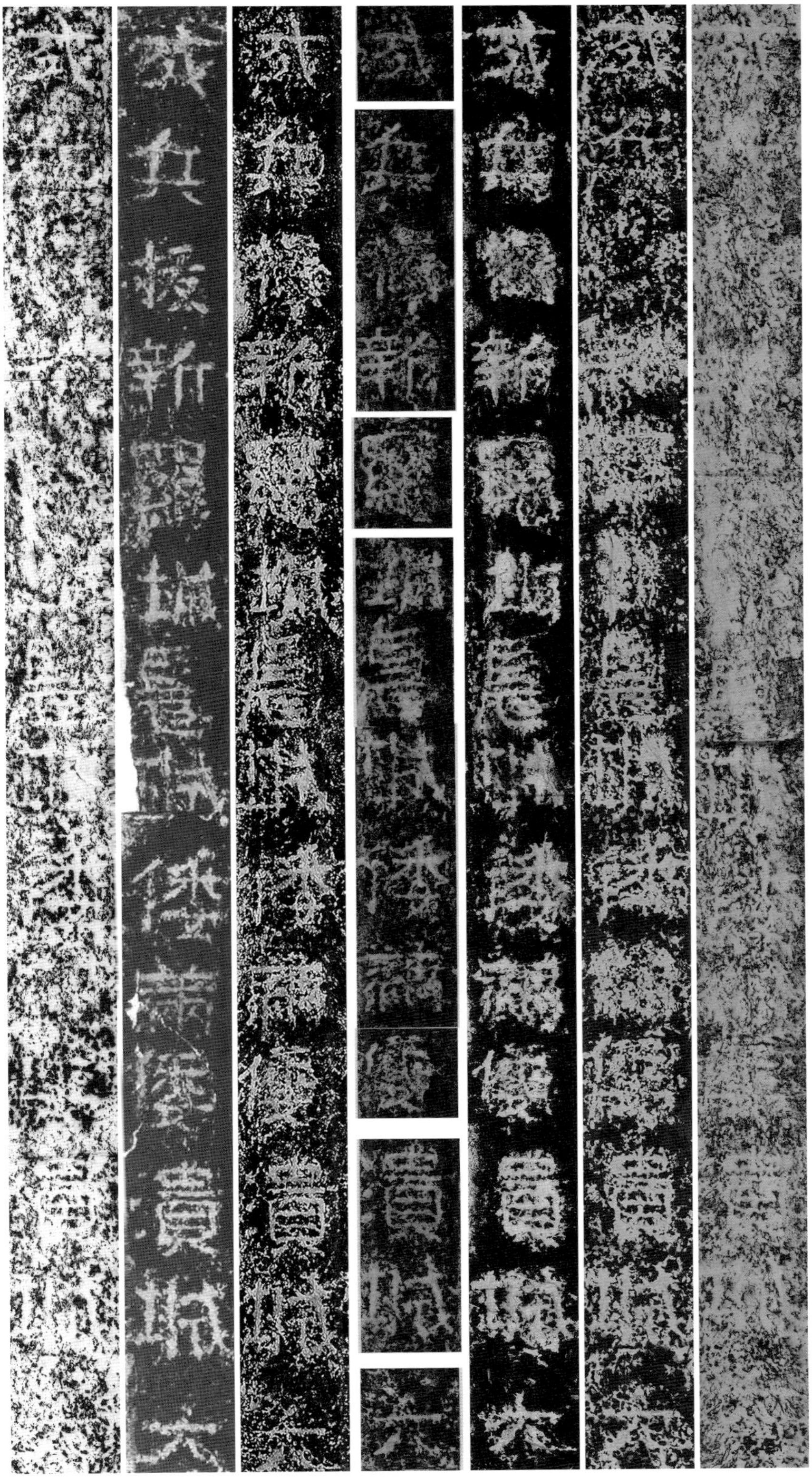

戍 28
兵 29
□ 30*
新 31
羅 32
城 33
□ 34*
城 35
倭 36
□ 37*
倭 38*
潰 39
城 40
六 41*

第Ⅱ面第10行

原石拓本釈文	A 歴博水谷拓本	C1－1 内藤湖南本	C1－2 今西龍本	C1－3 明治大学剪装本	C1－3 明治大学整紙本	C2 梶本益一本	C3 関戸力松本	明治大学本釈文	
									1
									2
									3
									4
									5
									6
									7
									8
									9
									10
									11
									12
									13

14
15
16
十 17
九 18
盡 19
拒 20
□ 21*
□ 22
安 23
羅 24
人 25
戍 26
兵 27

十九盡拒□□安羅人戍兵

滿 28*
29
30
31
32*
33
34
35
36
37
38
39
40
41*

満
□
□
□
□
其
□
□
□
□
□
□
□
言

第Ⅲ面第１行

原石拓本釈文	A 歴博水谷拓本	C１−１ 内藤湖南本	C１−２ 今西龍本	C１−３ 明治大学剪装本	C１−３ 明治大学整紙本	C2 梶本益一本	C3 関戸力松本	明治大学本釈文
								1*
								2*
								3*
								4*
								5*
								6*
								7*
								8*
								9*
								10*
								11*
								12*
								13*

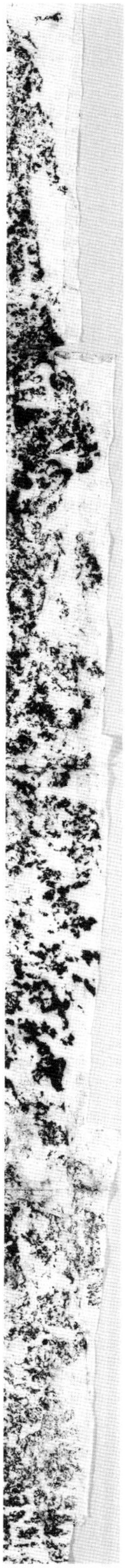

14*
15*
興 16*
□ 17
□ 18
19*
20*
21*
22*
23*
24*
□ 25
□ 26
辞 27

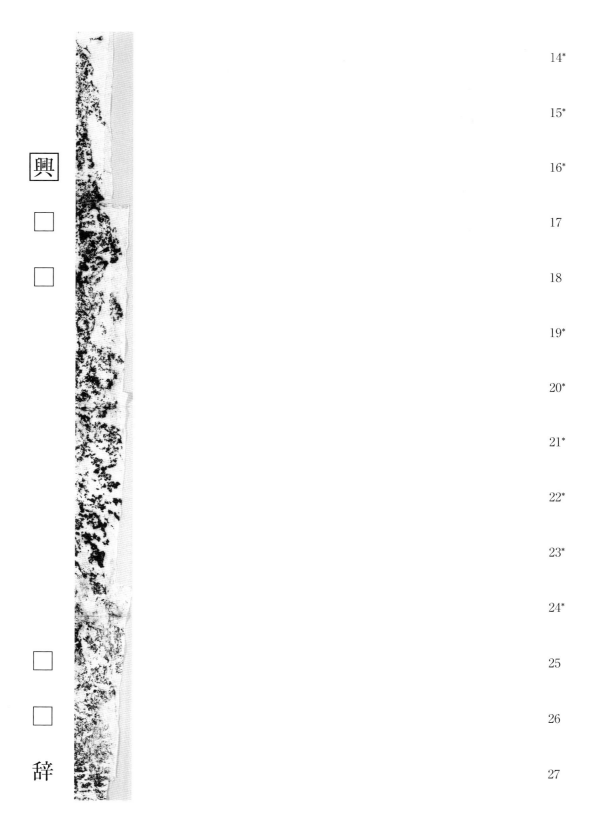

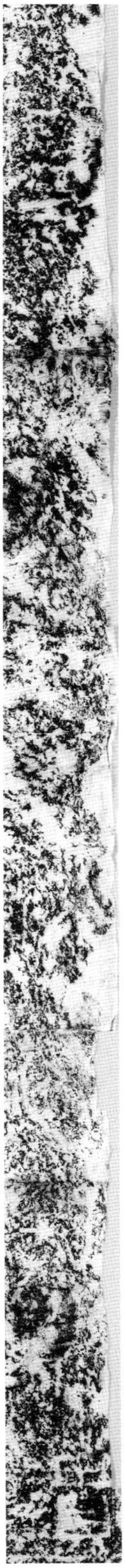

28*

□ 29

□ 30

31*

32*

33*

34*

35*

36*

37*

38*

□ 39*

□ 40

潰 41

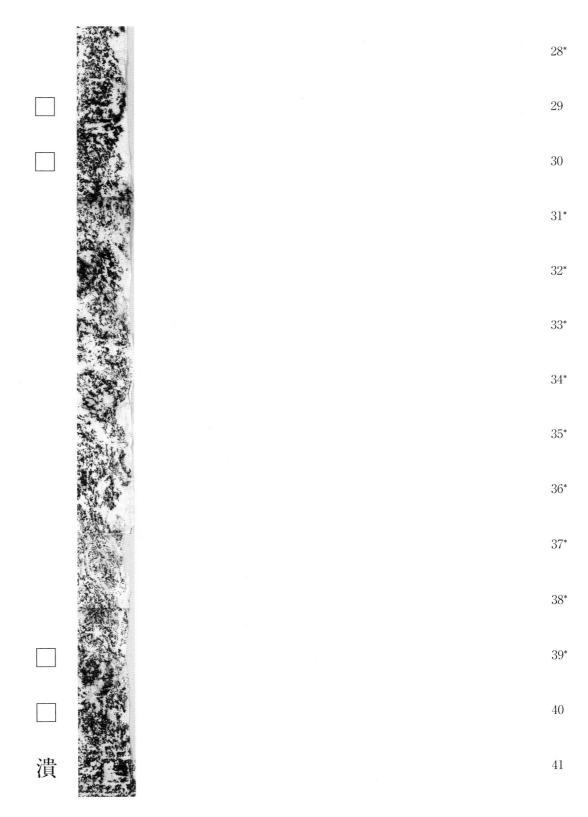

第Ⅲ面第2行

原石拓本釈文 / A 歴博水谷拓本 / C1−1 内藤湖南本 / C1−2 今西龍本 / C1−3 明治大学剪装本 / C1−3 明治大学整紙本 / C2 梶本益一本 / C3 関戸力松本 / 明治大学本釈文

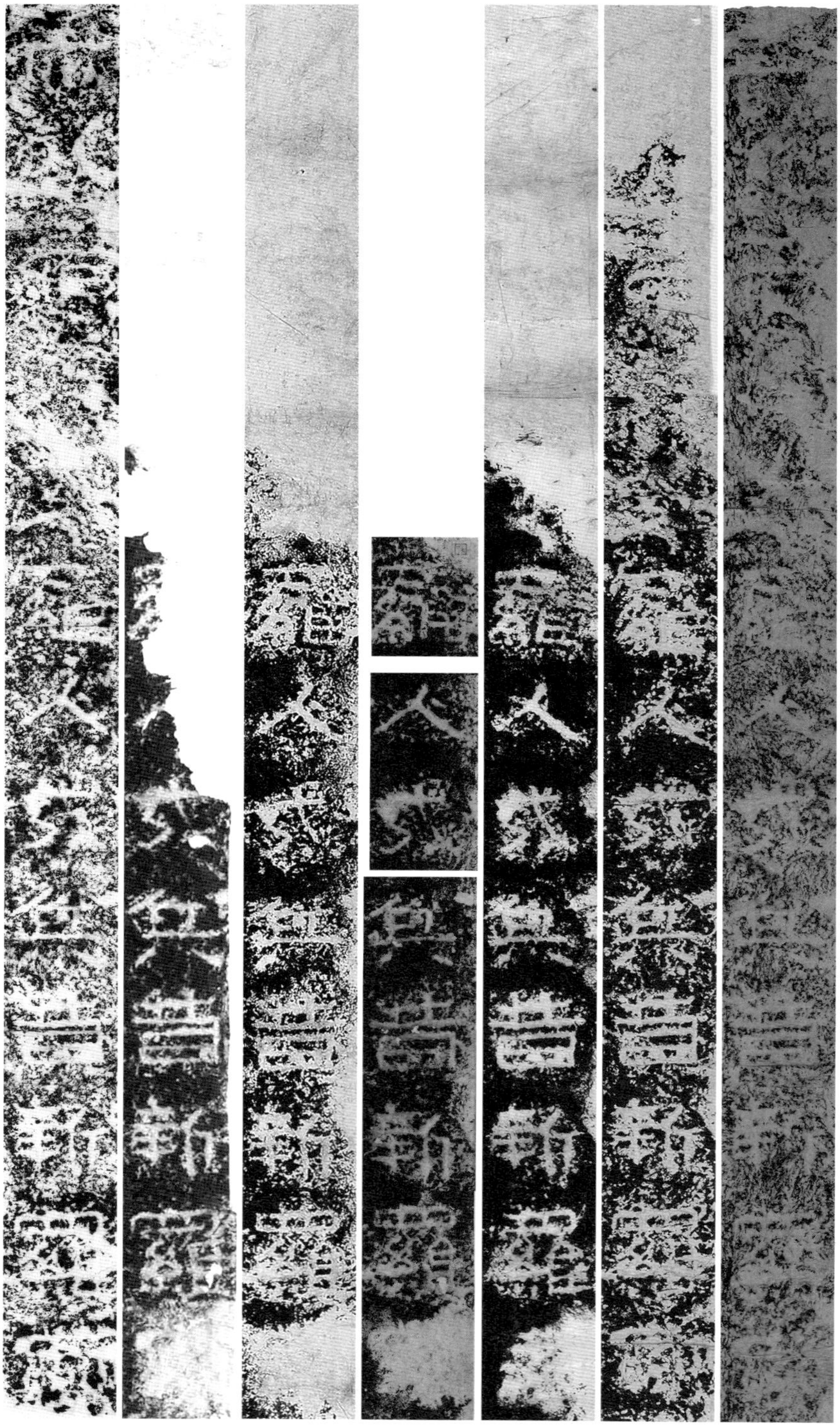

原石拓本釈文	明治大学本釈文	
□		1
□		2
□		3*
□		4
□	□	5*
羅	羅	6
人	人	7
戍	戍	8
兵	兵	9
昔	昔	10
新	新	11
羅	羅	12
[寐]	□	13*

錦
末
有
身
来
論
[事]
開
圡

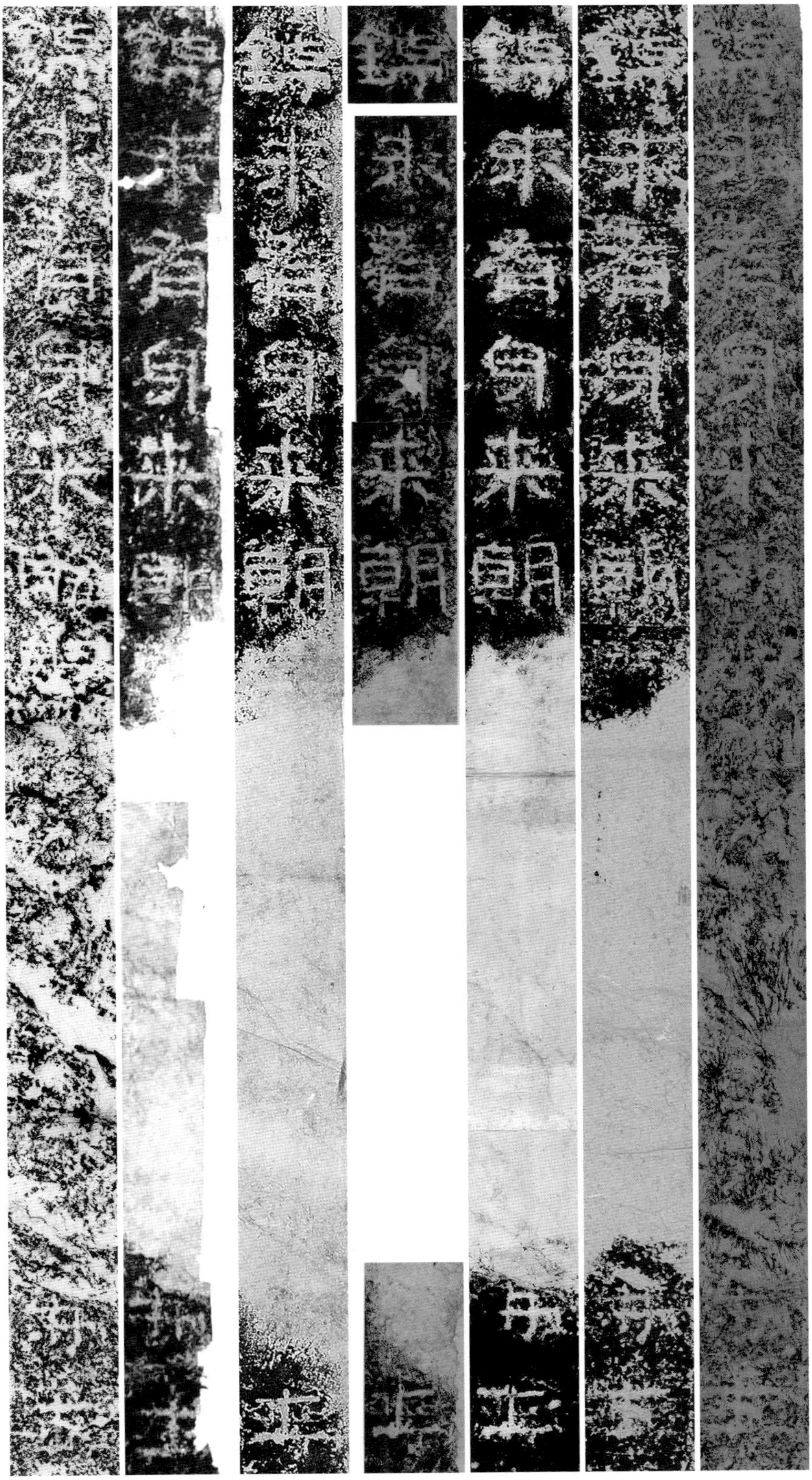

錦 14
末 15
有 16
身 17
来 18
朝 19*
20*
21*
22*
23*
24*
25*
開 26
圡 27

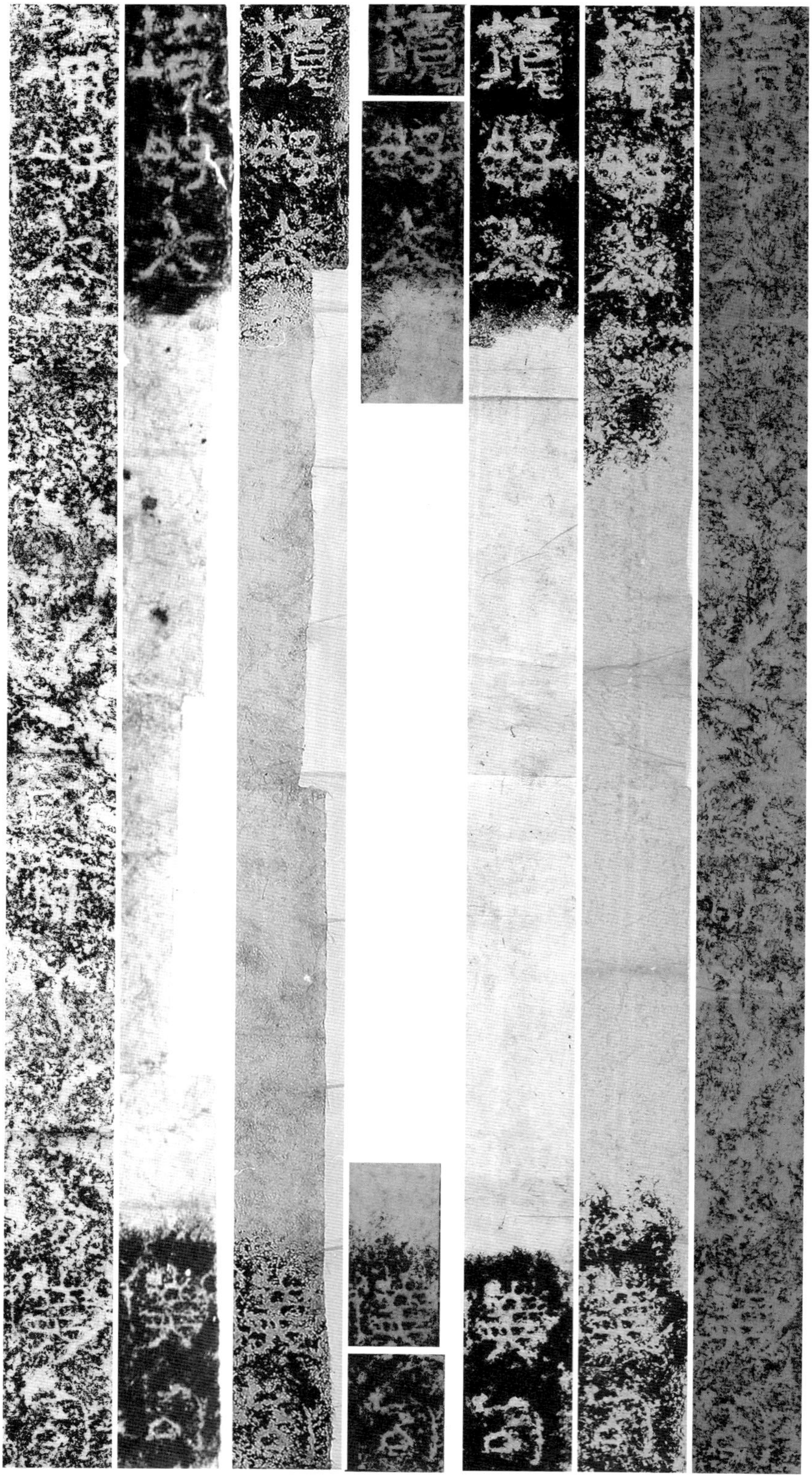

境	境	28
好	好	29
太	太	30
□		31*
		32*
		33*
		34*
□		35
寐		36
□		37*
□		38
□		39
僕	[僕]	40*
勾	勾	41

第Ⅲ面第３行

原石拓本釈文 ／ A 歴博水谷拓本 ／ C１－１ 内藤湖南本 ／ C１－２ 今西龍本 ／ C１－３ 明治大学剪装本 ／ C１－３ 明治大学整紙本 ／ C2 梶本益一本 ／ C3 関戸力松本 ／ 明治大学本釈文

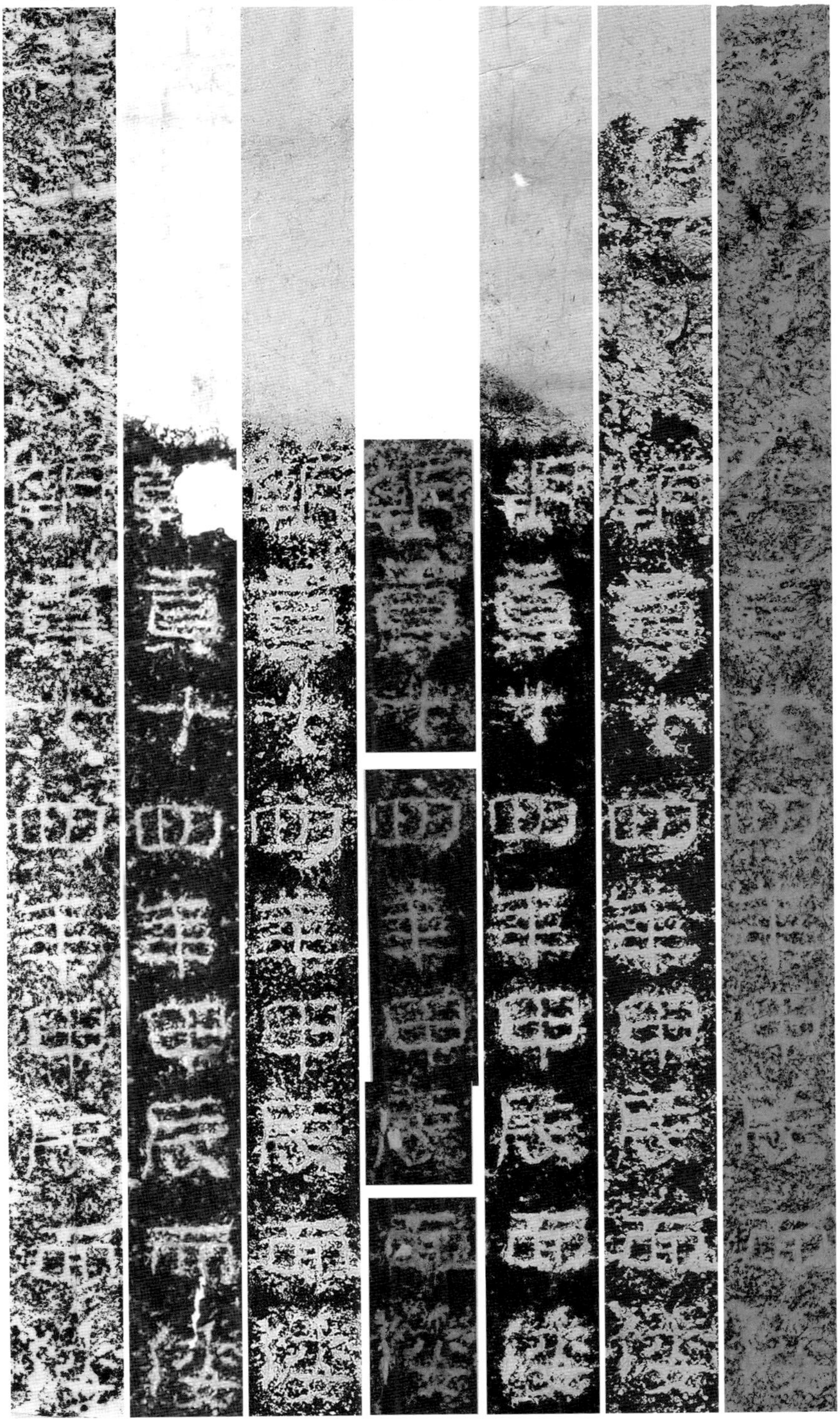

	原石拓本釈文	明治大学本釈文
1	□	
2	□	
3	□	
4	□	□
5	朝	朝
6	貢	貢
7	十	十
8	四	四
9	年	年
10	甲	甲
11	辰	辰
12	而	而
13	倭	倭

不 14
軌 15
侵 16
入 17
帯 18
方 19
界 20
21
22
23
24
□ 25
石 26
城 27*

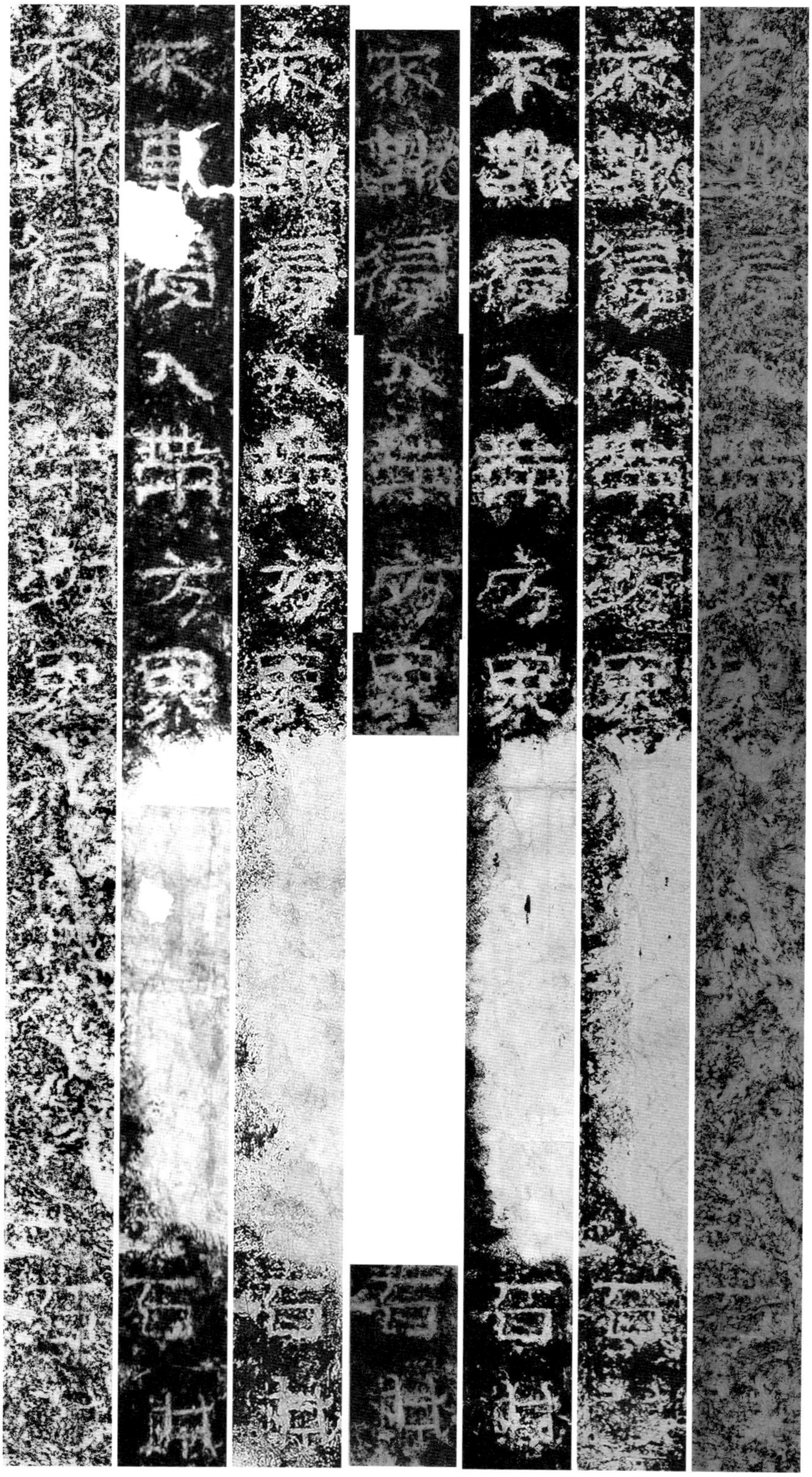

不軌侵入帯方界□□□□□石城

□
連
舩
[率]
□
平
穰

□ 28
連 29
舩 30
31*
32*
33*
34*
35*
36*
37*
38*
39*
平 40
穰 41

第Ⅲ面第４行

原石拓本釈文	明治大学本釈文	
		1*
		2*
		3*
鋒	□	4
相	相	5
遇	遇	6
王	王	7
幢	幢	8
要	要	9
截	截	10
盪	盪	11
刺	刺	12
倭	倭	13

寇潰敗斬煞無數十七年丁未教遺

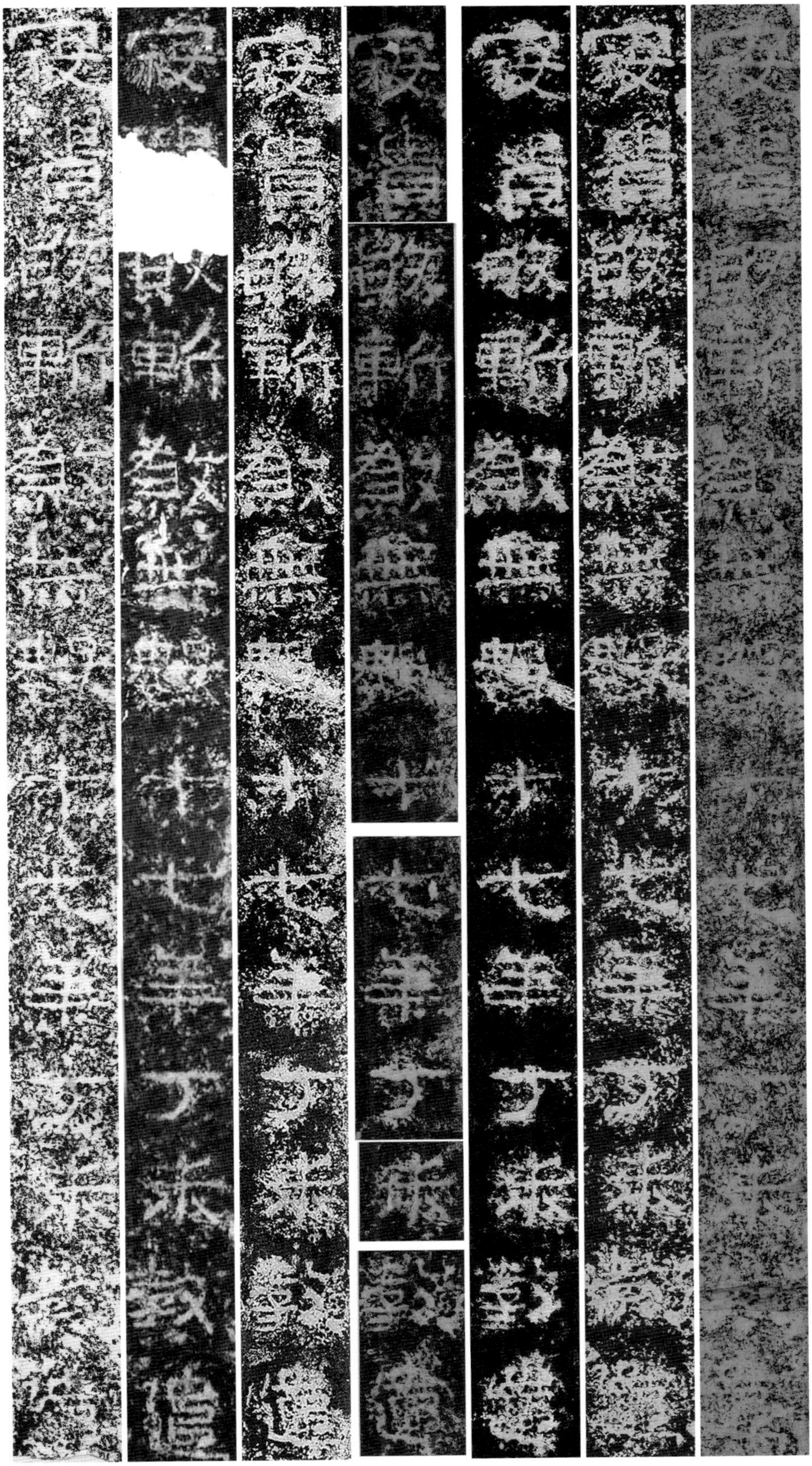

寇 14
潰 15
敗 16
斬 17
煞 18
無 19
數 20
十 21
七 22
年 23
丁 24
未 25
教 26
遺 27

歩
騎
五
萬
□
□
□
師

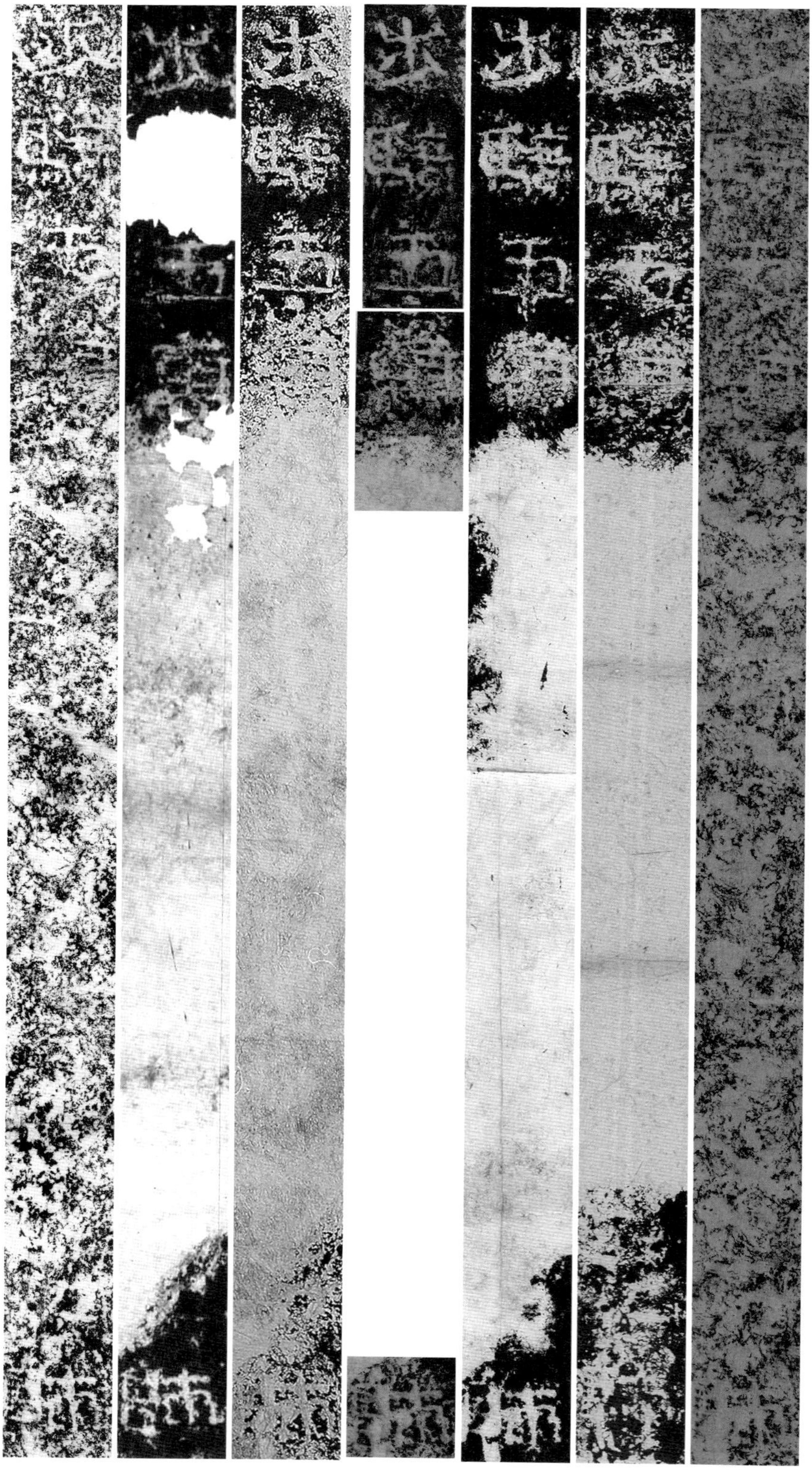

歩 28
騎 29
五 30
萬 31*
32*
33*
34*
35*
36*
37*
38
39
□ 40
師 41

第Ⅲ面第５行

A 歴博水谷拓本　C１−１ 内藤湖南本　C１−２ 今西龍本　C１−３ 明治大学剪装本　C１−３ 明治大学整紙本　C2 梶本益一本　C3 関戸力松本

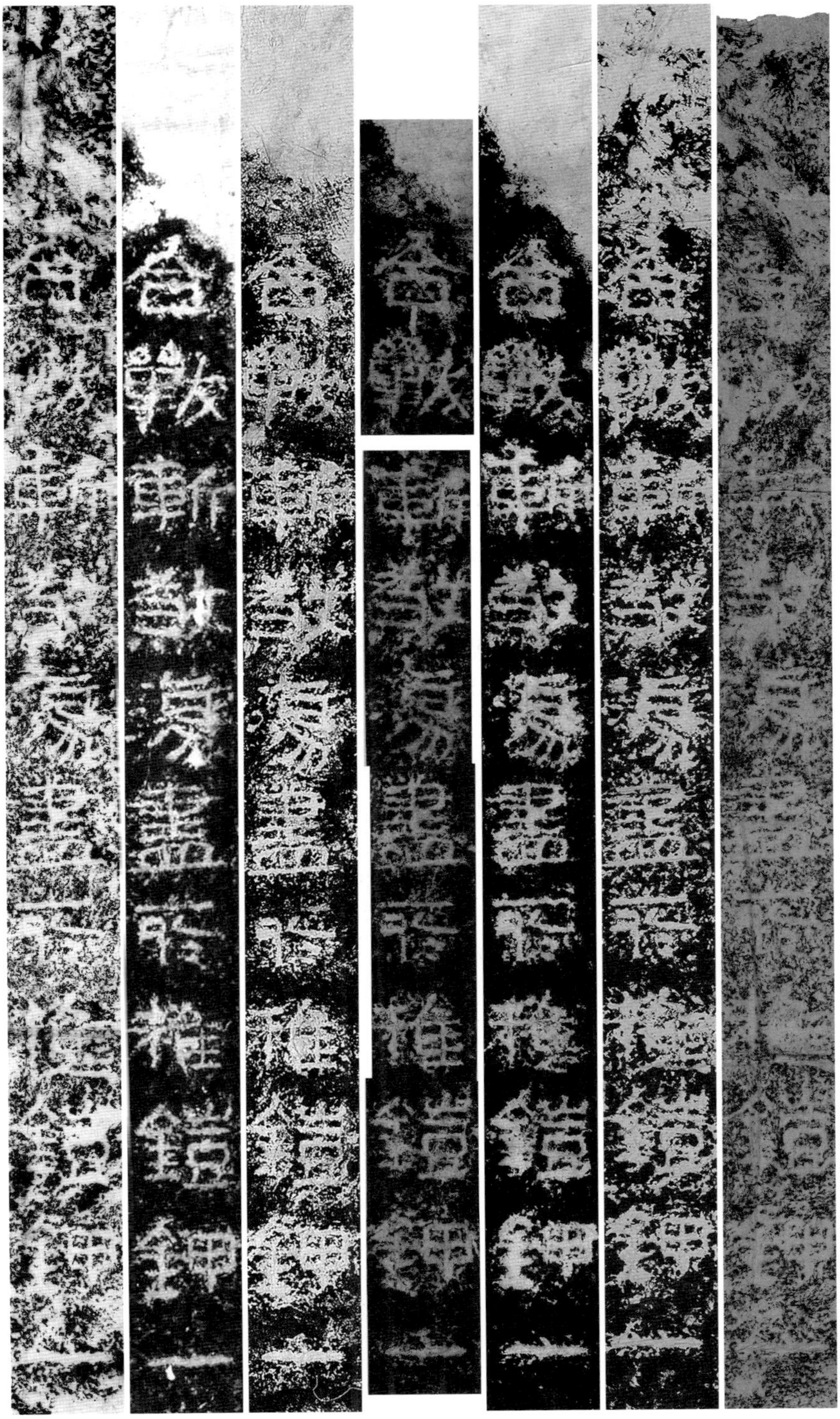

原石拓本釈文	明治大学本釈文	
		1*
		2*
合	合	3
戰	戰	4
斬	斬	5
煞	煞	6
蕩	蕩	7
盡	盡	8
所	所	9
獲	穫	10*
鎧	鎧	11
鉀	鉀	12
一	一	13

萬 14
餘 15
領 16
軍 17
資 18
器 19
械 20
不 21
可 22
稱 23
數 24
還 25
破 26
沙 27

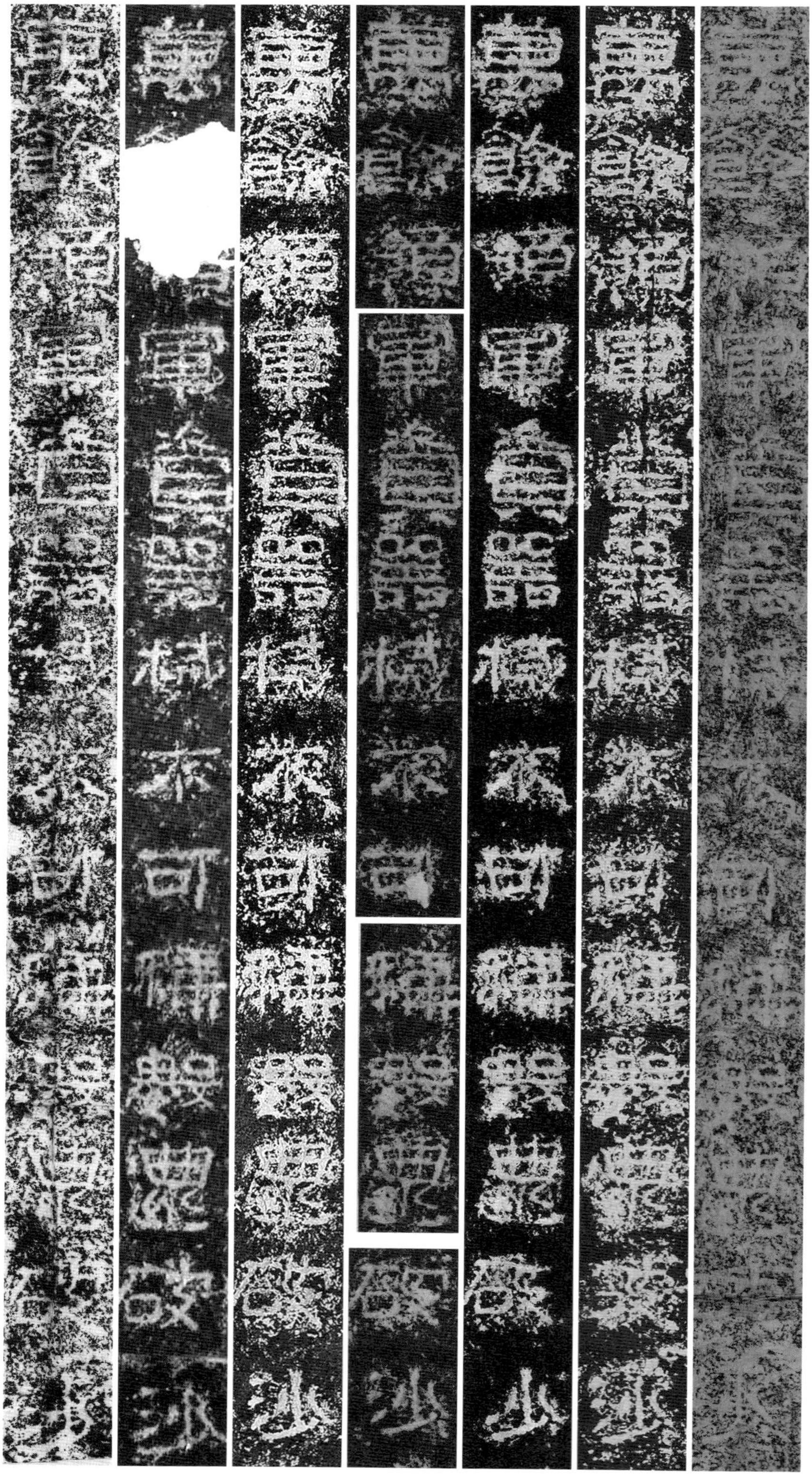

萬餘領軍資器械不可稱數還破沙

溝 28
城 29
婁 30*
城 31
□ 32
住 33
城 34
35*
36*
37*
38*
39*
40*
41*

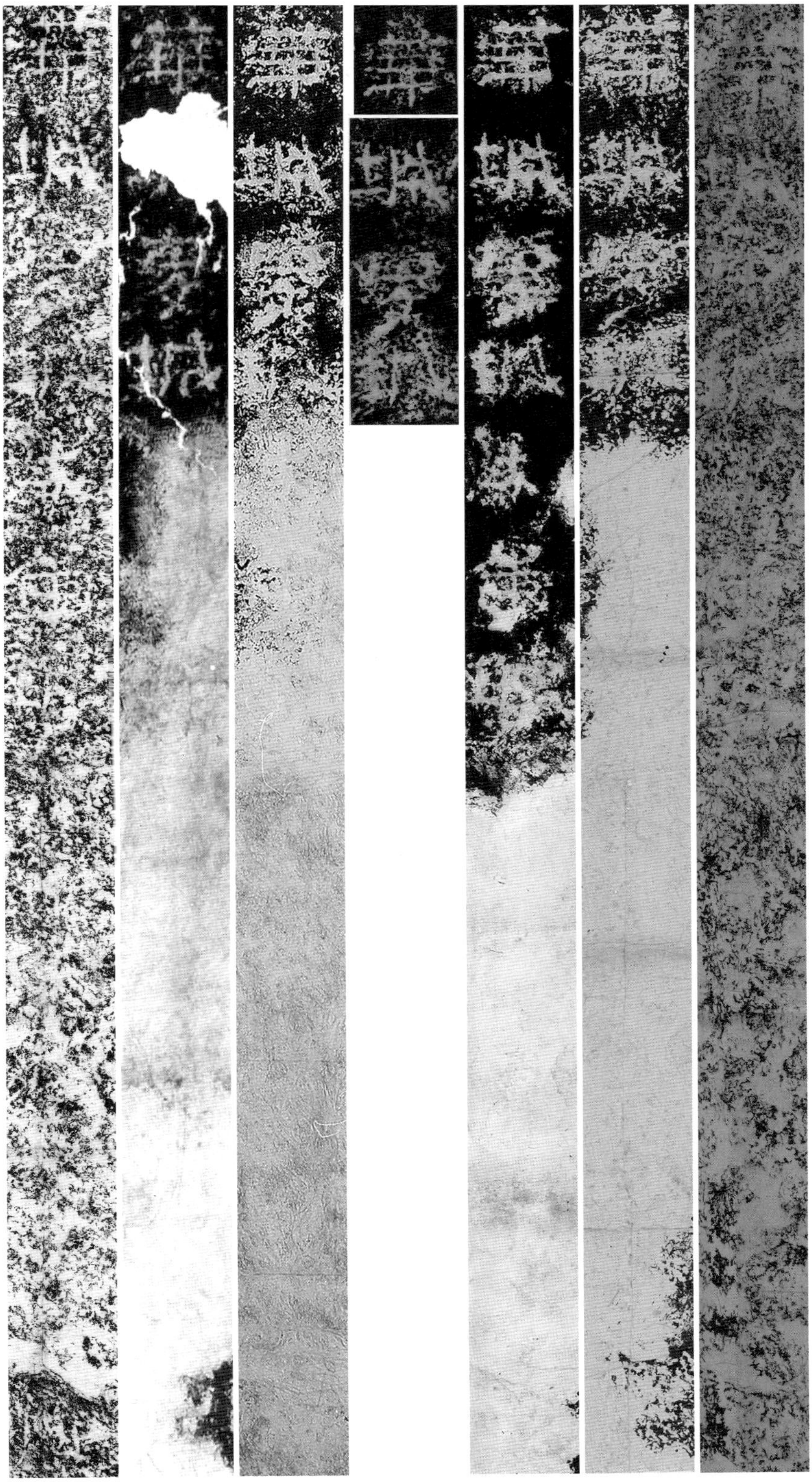

溝
城
□
城
□
住
城
那

第Ⅲ面第6行

原石拓本釈文 | A 歴博水谷拓本 | C1−1 内藤湖南本 | C1−2 今西龍本 | C1−3 明治大学剪装本 | C1−3 明治大学整紙本 | C2 梶本益一本 | C3 関戸力松本 | 明治大学本釈文

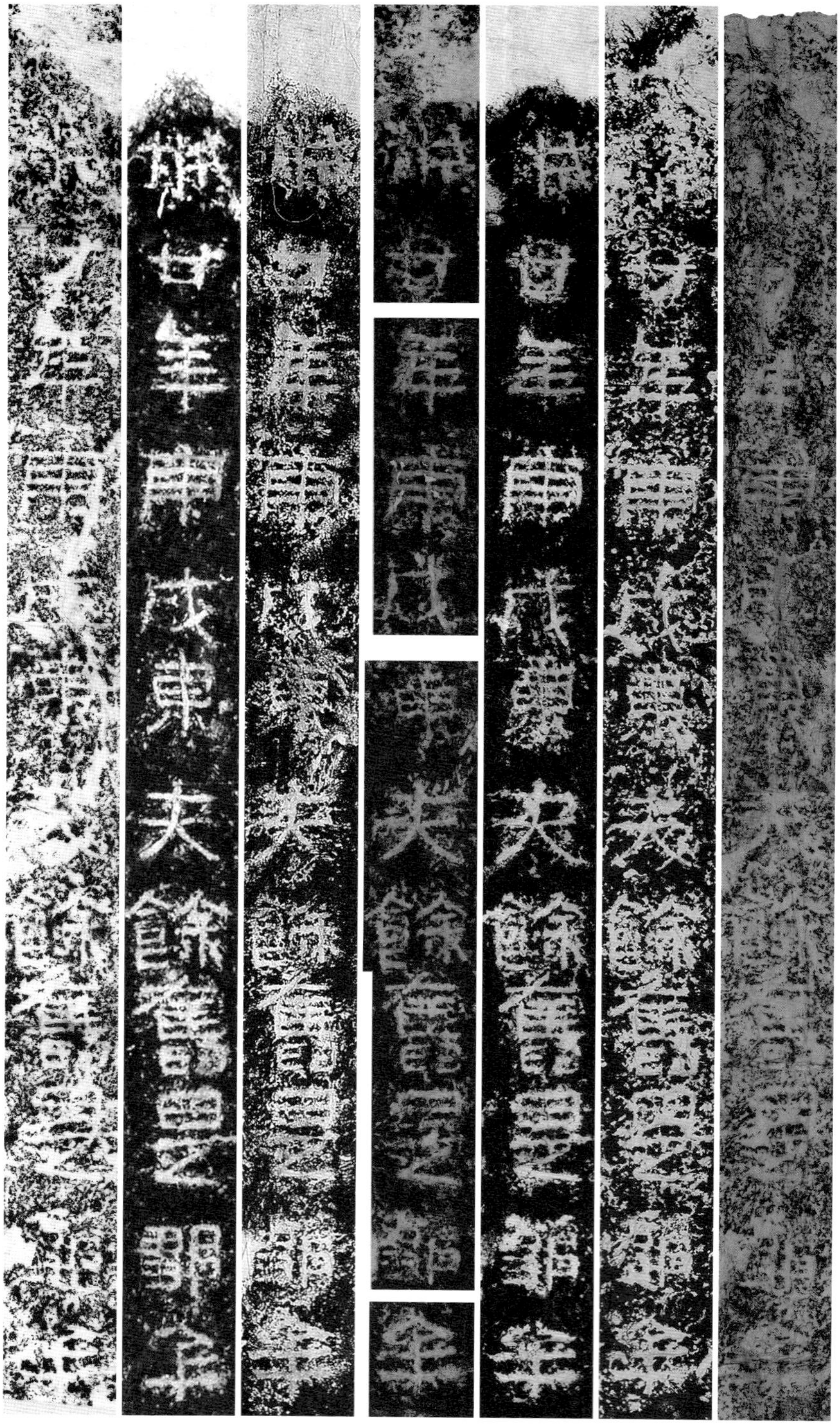

原石拓本釈文	明治大学本釈文	
		1*
城	城	2*
廿	廿	3
年	年	4
庚	庚	5
戌	戌	6
東	東	7
夫	夫	8
餘	餘	9
舊	舊	10
是	是	11
鄒	鄒	12
牟	牟	13

王 14
屬 15
民 16
中 17
叛 18
不 19
貢 20
王 21
躬 22
率 23
住 24*
討 25
軍 26
到 27

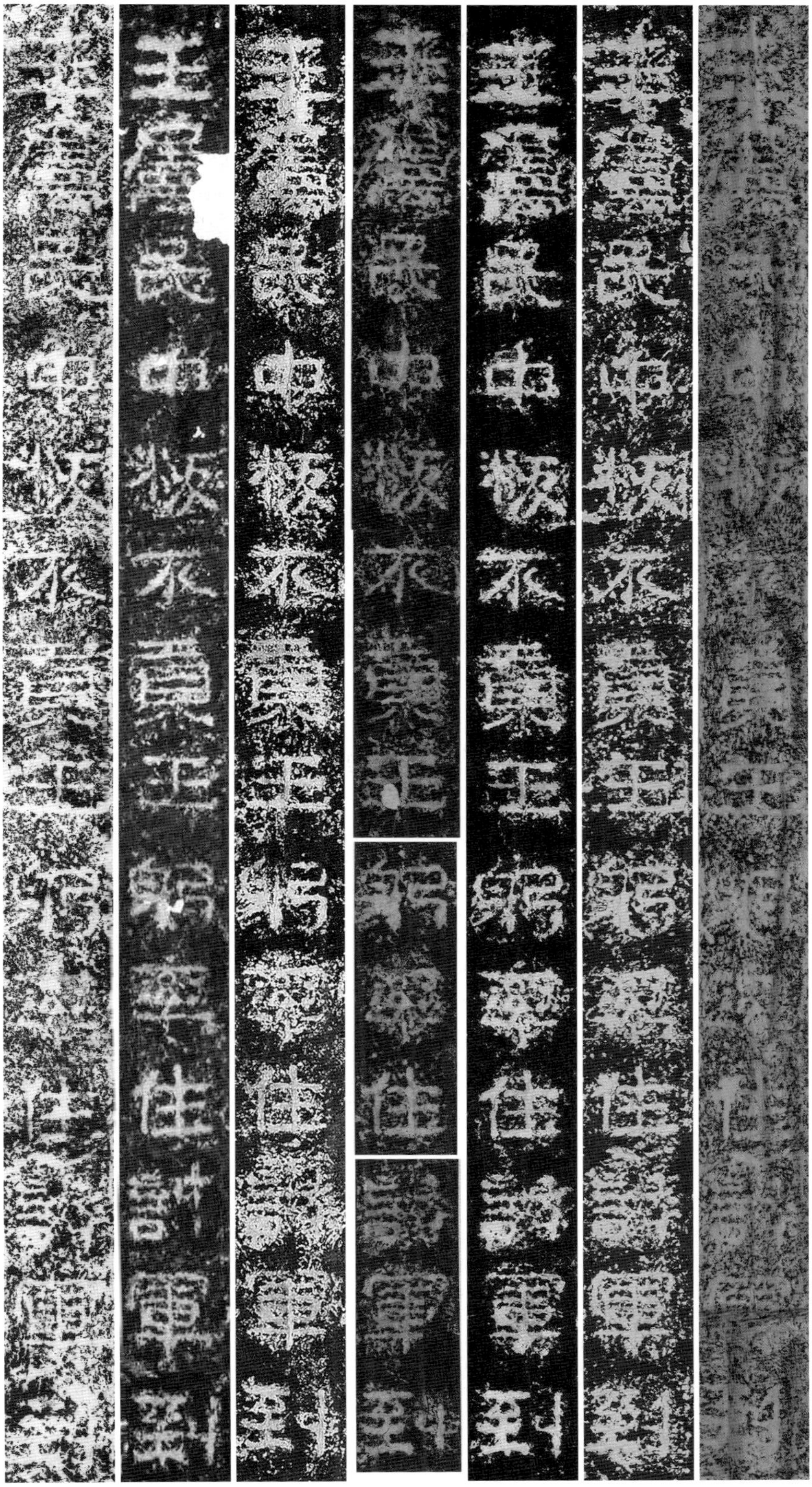

王
屬
民
中
叛
不
貢
王
躬
率
住
討
軍
到

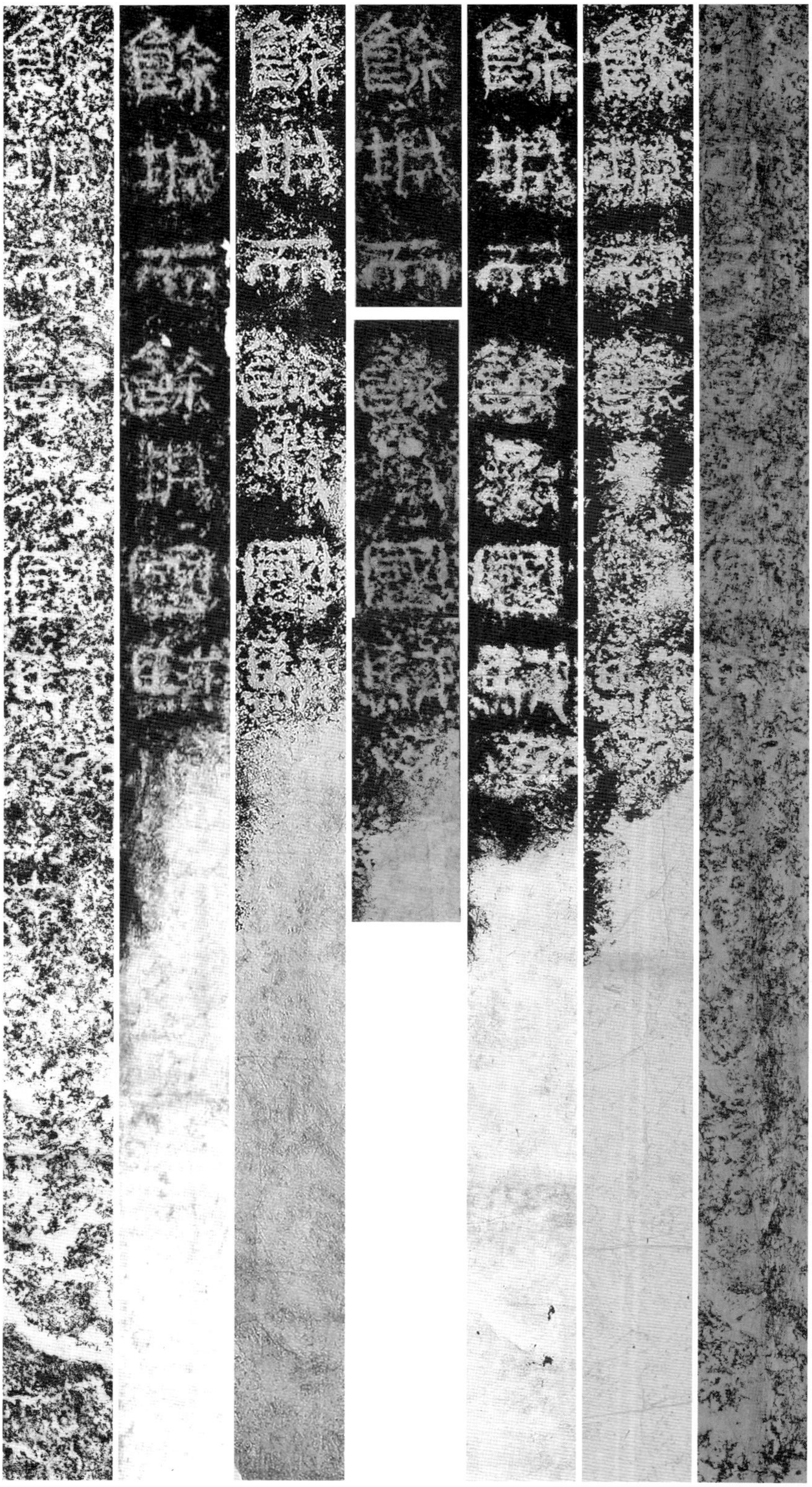

餘	餘	28
城	城	29
而	而	30
餘	[餘]	31
□	[城]	32*
國	國	33
駭	駭	34
□	□	35
□		36
		37*
		38*
		39*
		40*
□		41

第Ⅲ面第７行

原石拓本釈文 / A 歴博水谷拓本 / C 1－1 内藤湖南本 / C 1－2 今西龍本 / C 1－3 明治大学剪装本 / C 1－3 明治大学整紙本 / C2 梶本益一本 / C3 関戸力松本 / 明治大学本釈文

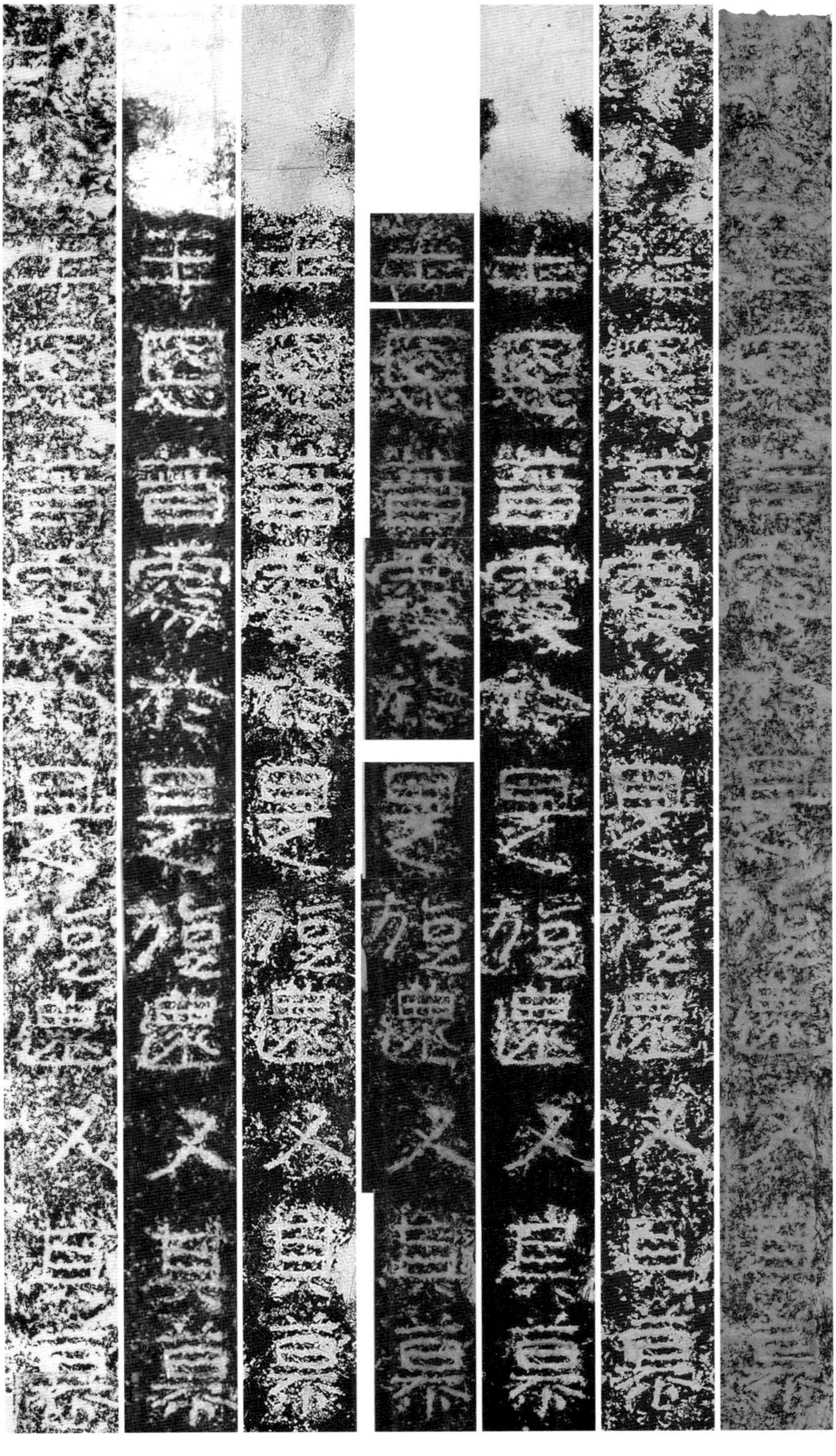

原石拓本釈文	明治大学本釈文	
□		1*
□		2
王	王	3*
恩	恩	4
普	普	5
覆	覆	6
於	於	7
是	是	8
旋	旋	9
還	還	10
又	又	11
其	其	12
慕	慕	13

化 14
随 15*
官 16
来 17
者 18
味 19
仇 20
婁 21
鴨 22
盧 23
卑 24
斯 25
麻 26
鴨 27

化
随
官
来
者
味
仇
婁
鴨
盧
卑
斯
麻
鴨

盧		盧	28
端		端	29*
□		立	30*
婁		婁	31
鴨		鴨	32
盧		盧	33
肅		肅	34
斯		斯	35
舍		舍	36
□			37*
□			38*
			39*
			40*
□			41

第Ⅲ面第8行

原石拓本釈文 ／ A 歴博水谷拓本 ／ C1−1 内藤湖南本 ／ C1−2 今西龍本 ／ C1−3 明治大学剪装本 ／ C1−3 明治大学整紙本 ／ C2 梶本益一本 ／ C3 関戸力松本 ／ 明治大学本釈文

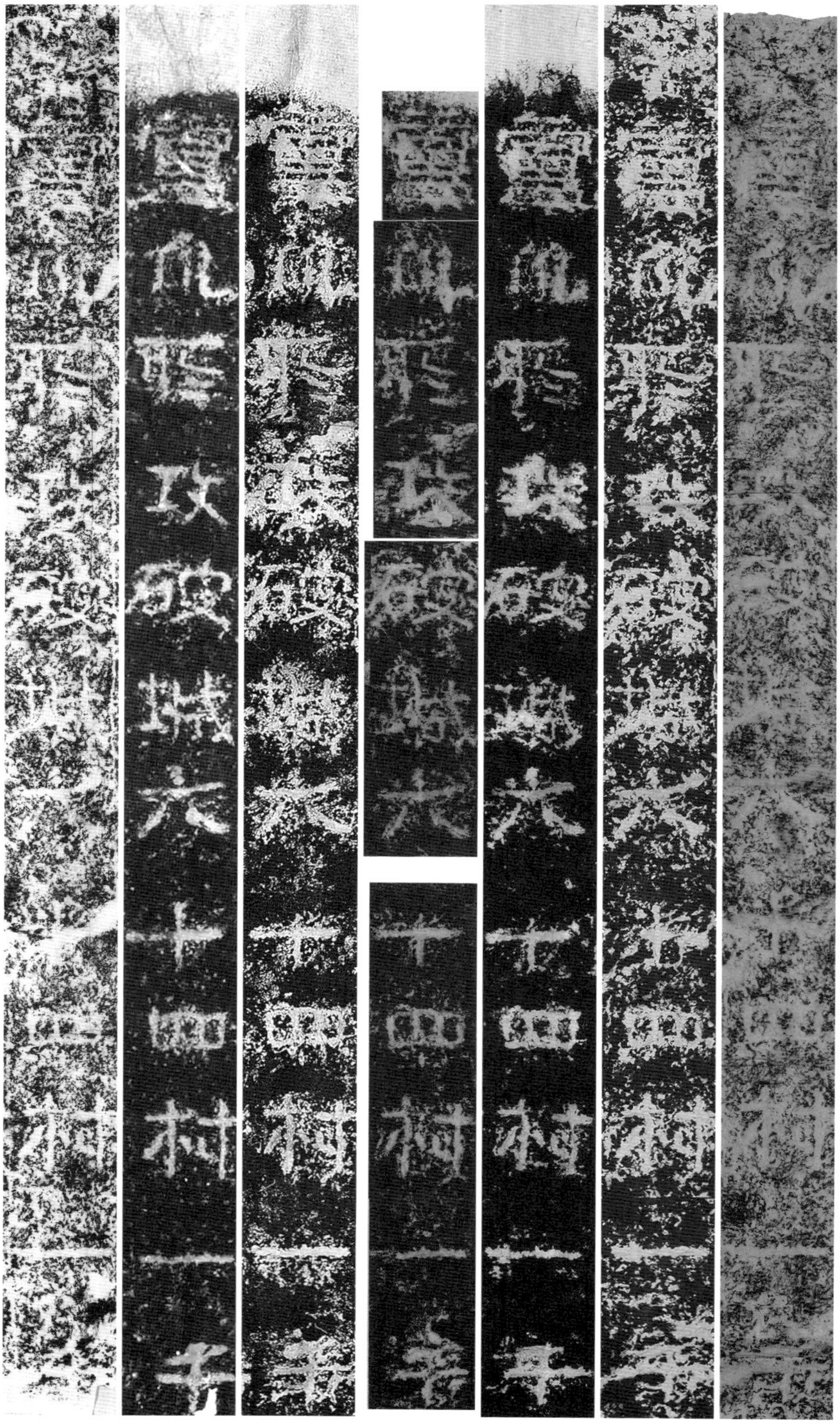

原石拓本釈文	明治大学本釈文	
鴨		1*
盧	盧	2
凡	凡	3
所	所	4
攻	攻	5
破	破	6
城	城	7
六	六	8
十	十	9
四	四	10
村	村	11
一	一	12
千	千	13

四 14
百 15
守 16
墓 17
人 18
烟 19
戸 20
賣 21
勾 22*
余 23
民 24
國 25
烟 26
二 27

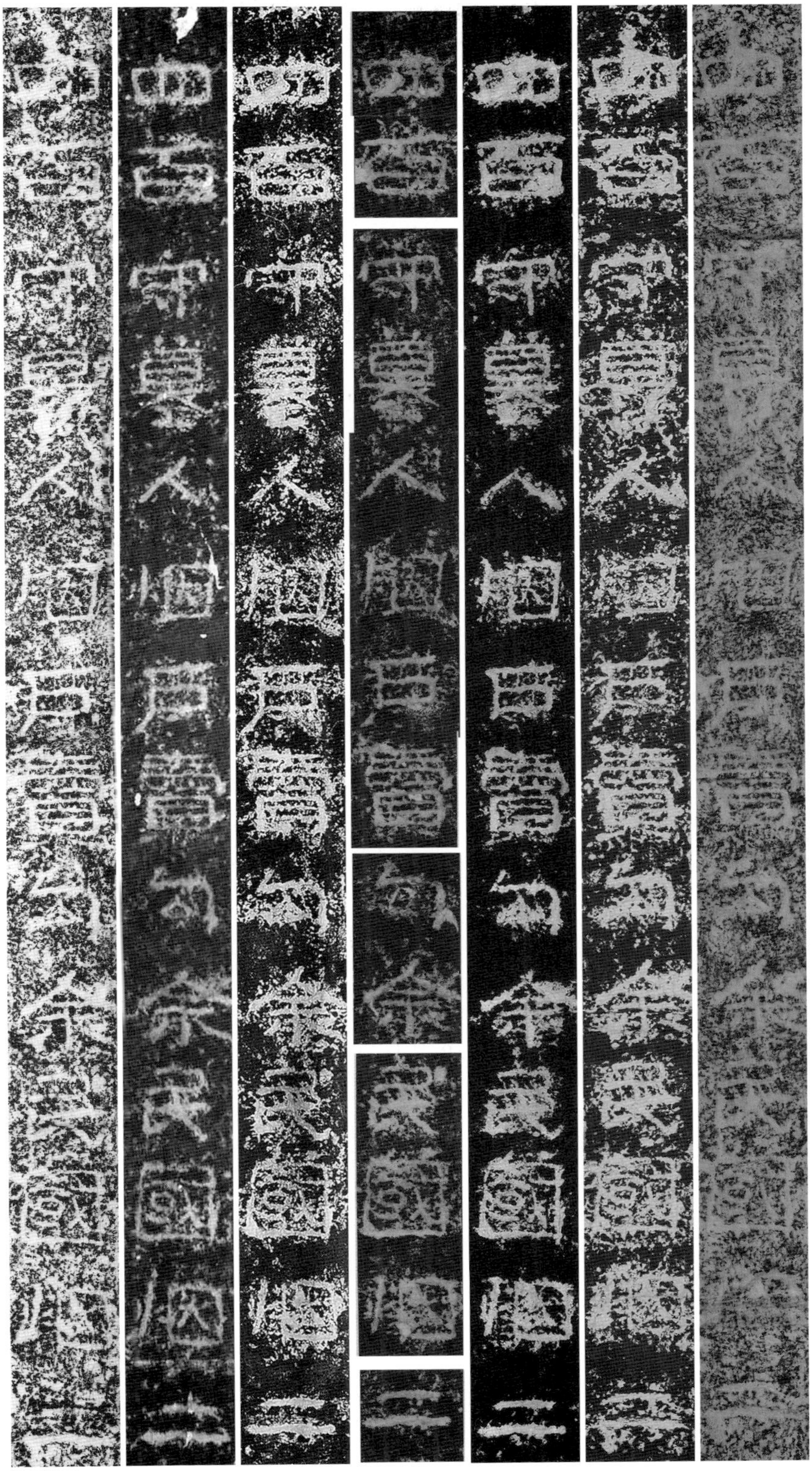

四百守墓人烟戸賣勾余民國烟二

看 28
烟 29
三 30
東 31
海 32
賈 33
國 34
烟 35
三 36
看 37
烟 38
五 39
敦 40
城 41

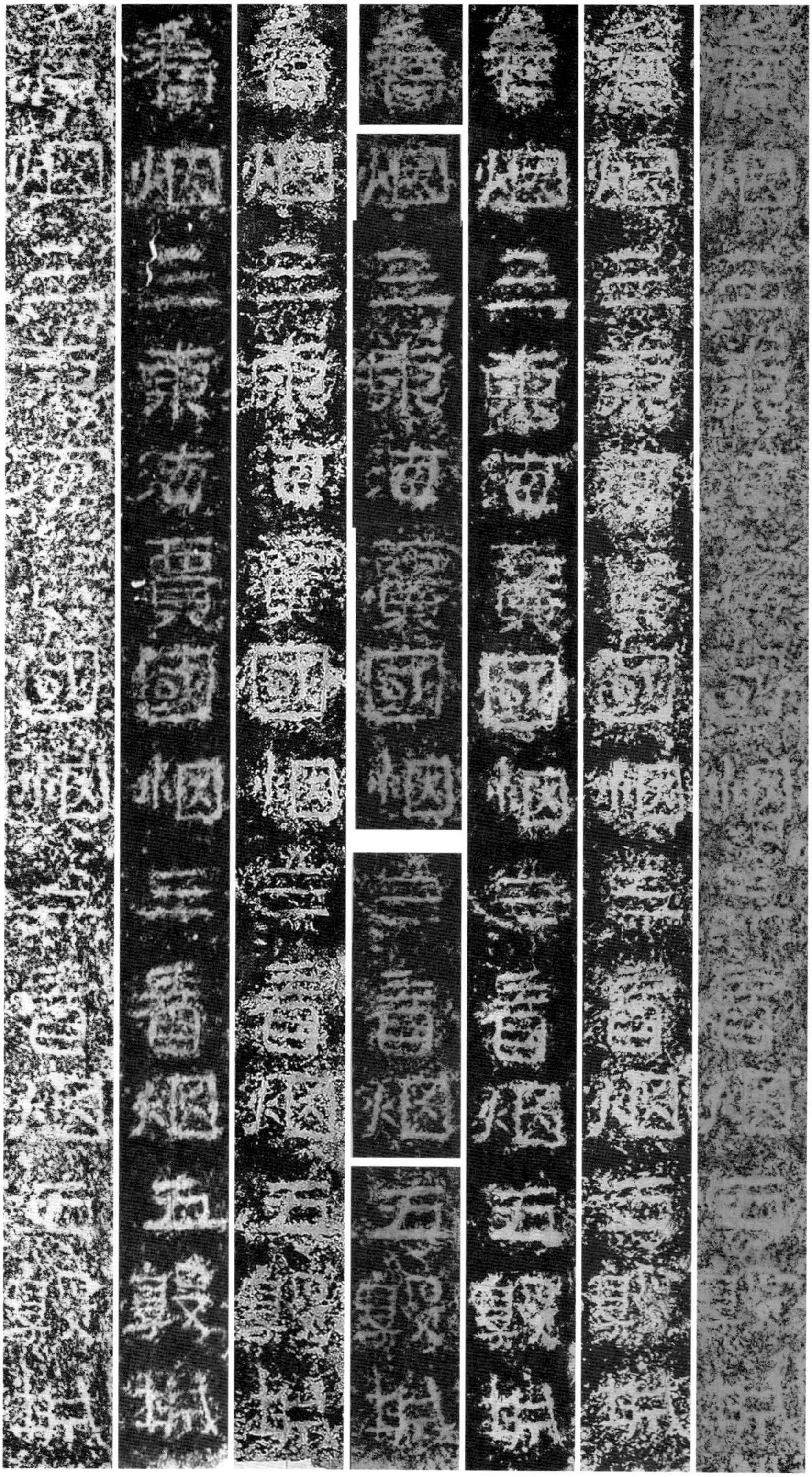

看烟三東海賈國烟三看烟五敦城

第Ⅲ面第９行

原石拓本釈文 | A 歴博水谷拓本 | C１−１ 内藤湖南本 | C１−２ 今西龍本 | C１−３ 明治大学剪装本 | C１−３ 明治大学整紙本 | C2 梶本益一本 | C3 関戸力松本 | 明治大学本釈文

原石拓本釈文	明治大学本釈文	
□		1*
四	四	2
家	家	3
盡	盡	4
為	為	5
看	看	6
烟	烟	7
于	于	8
城	城	9
一	一	10
家	家	11
為	為	12
看	看	13

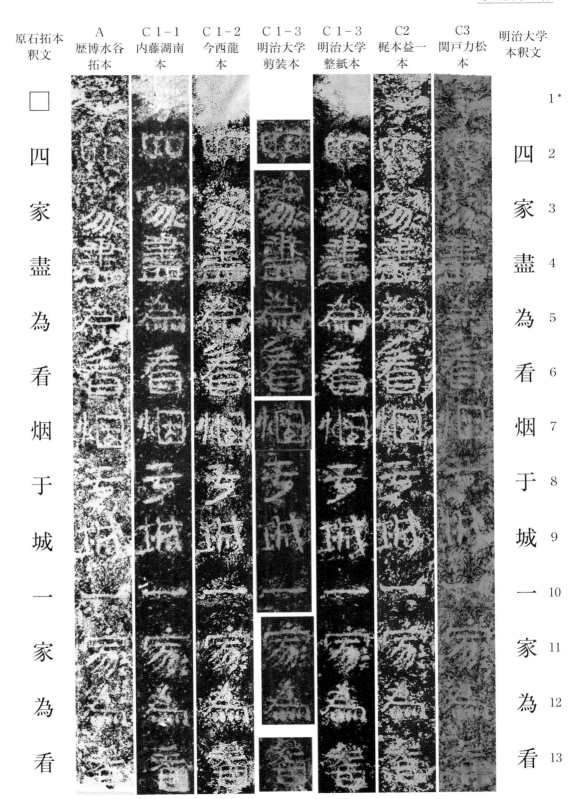

烟 14
碑 15
利 16
城 17
二 18
家 19
為 20
國 21
烟 22
平 23
穰 24
城 25
民 26
國 27

烟碑利城二家為國烟平穰城民國

烟一看烟十訾連二家為看烟俳婁

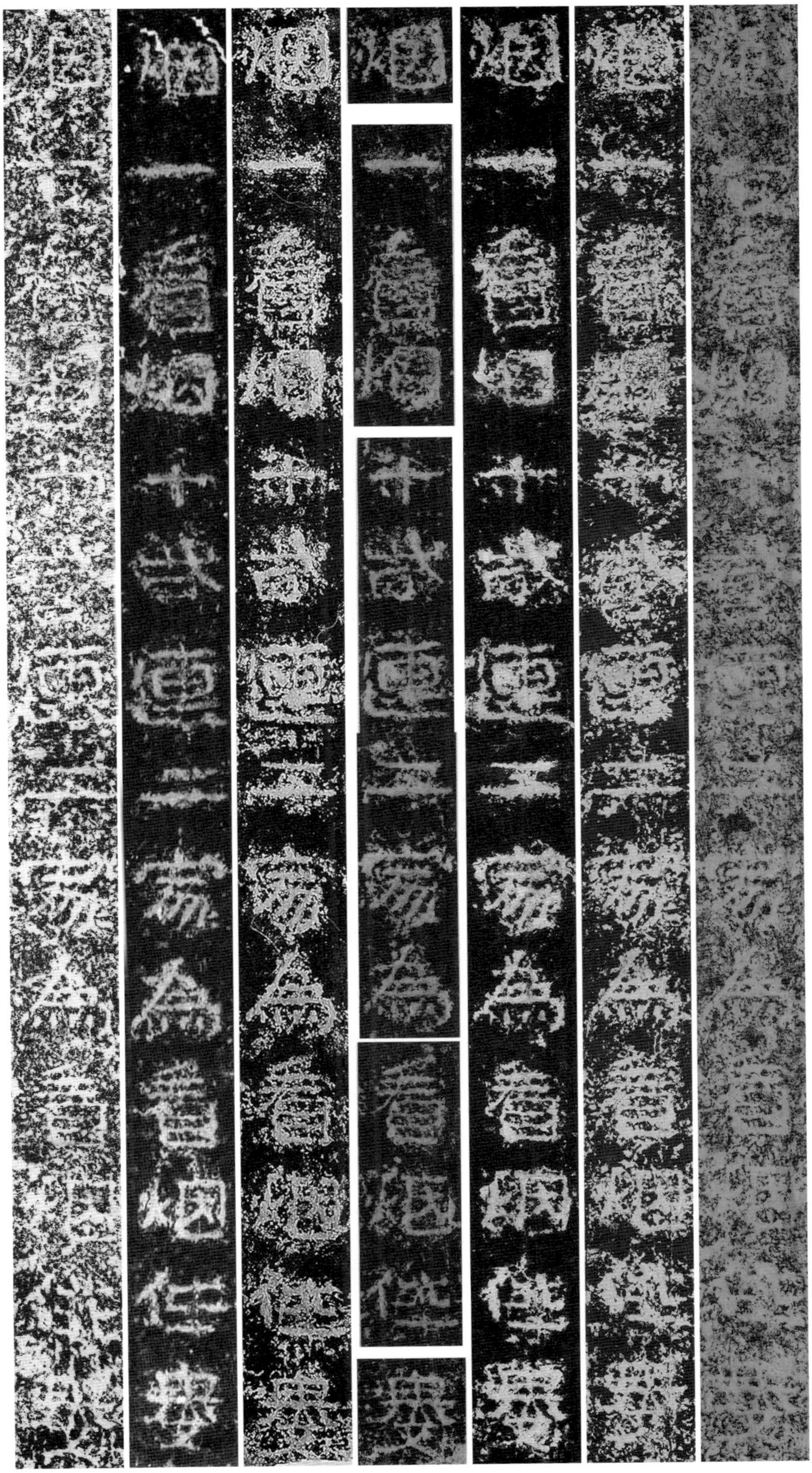

烟 28
一 29
看 30
烟 31
十 32
訾 33*
連 34
二 35
家 36
為 37
看 38
烟 39
俳 40*
婁 41

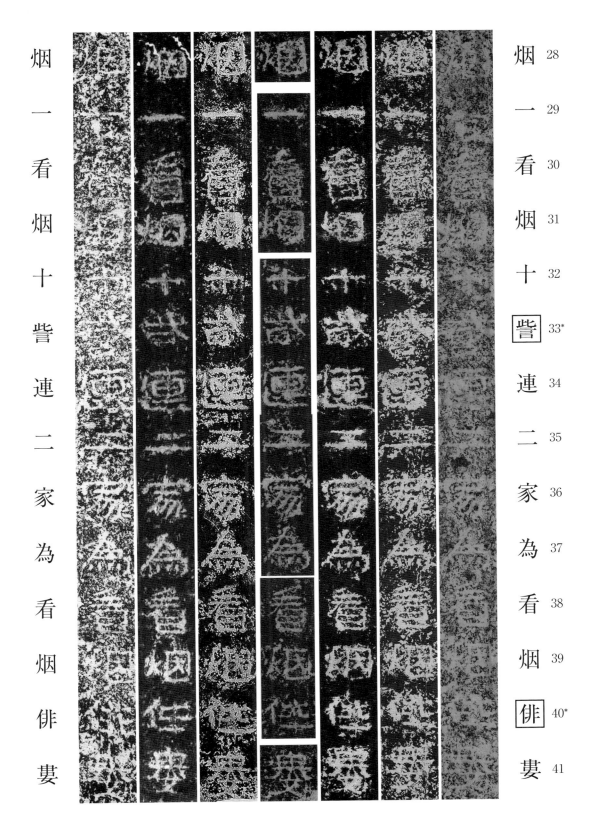

第Ⅲ面第10行

A 歴博水谷拓本　C1-1 内藤湖南本　C1-2 今西龍本　C1-3 明治大学剪装本　C1-3 明治大学整紙本　C2 梶本益一本　C3 関戸力松本

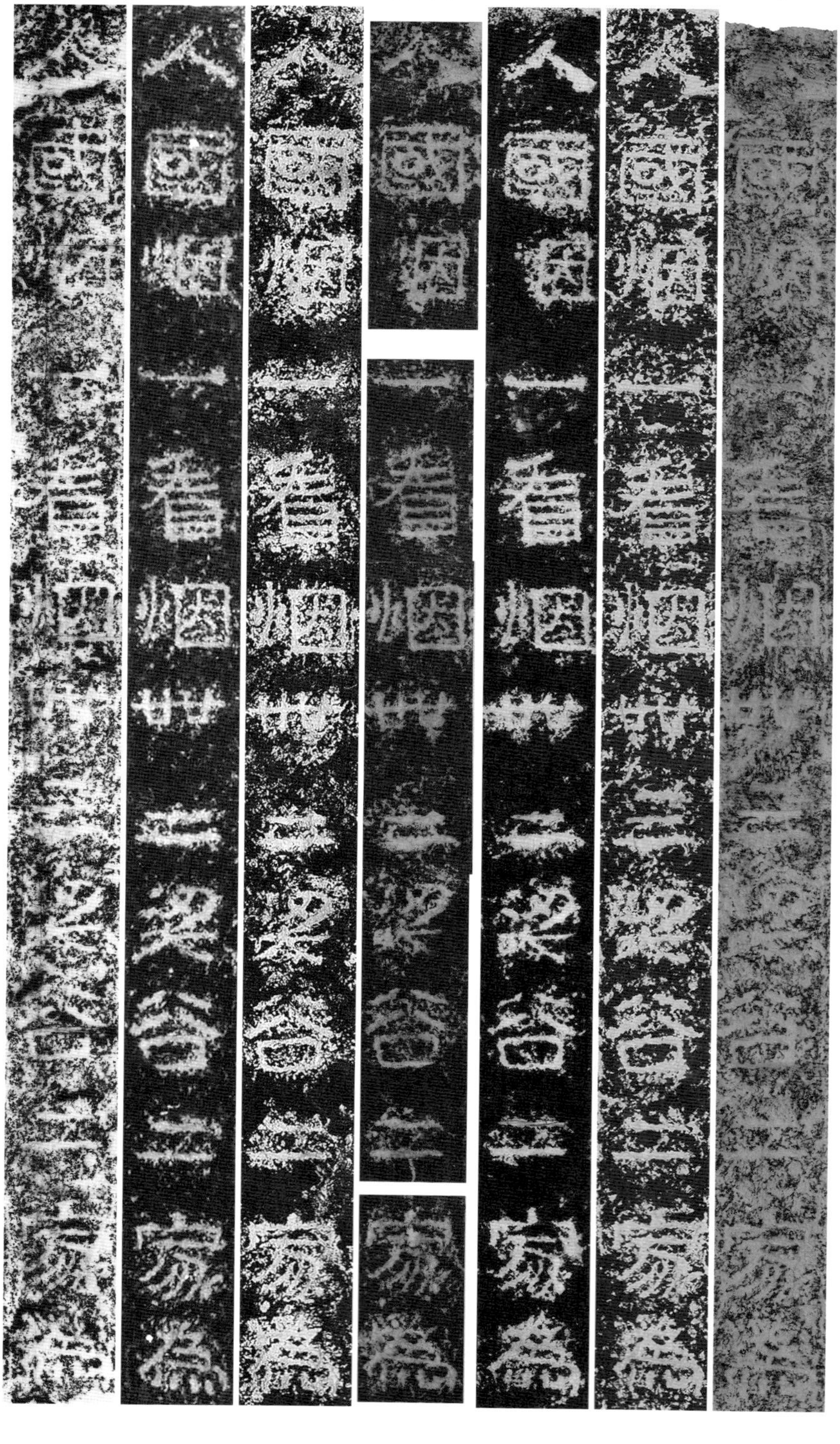

原石拓本釈文	明治大学本釈文	
人	人	1
國	國	2
烟	烟	3
一	一	4
看	看	5
烟	烟	6
卌	卌	7
三	二	8*
溞	溞	9
谷	谷	10
二	二	11
家	家	12
為	為	13

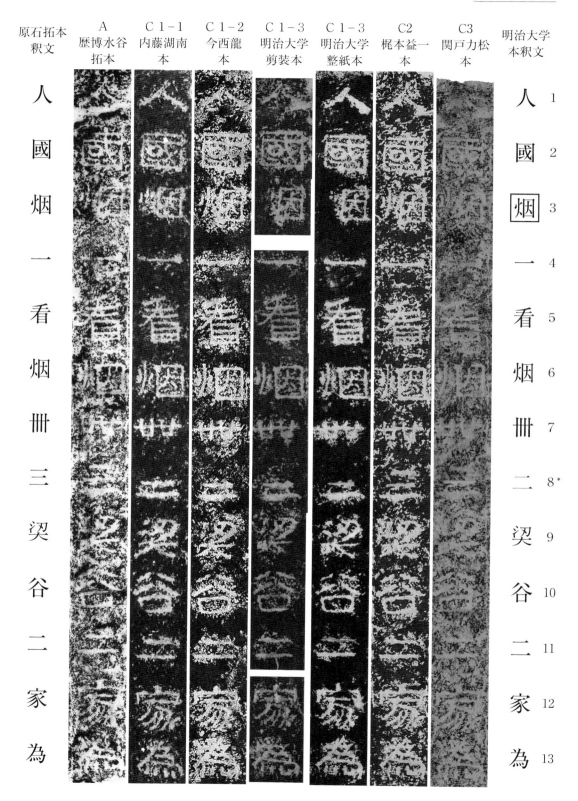

看
烟
㴱
城
二
家
為
看
烟
安
夫
連
廿
二

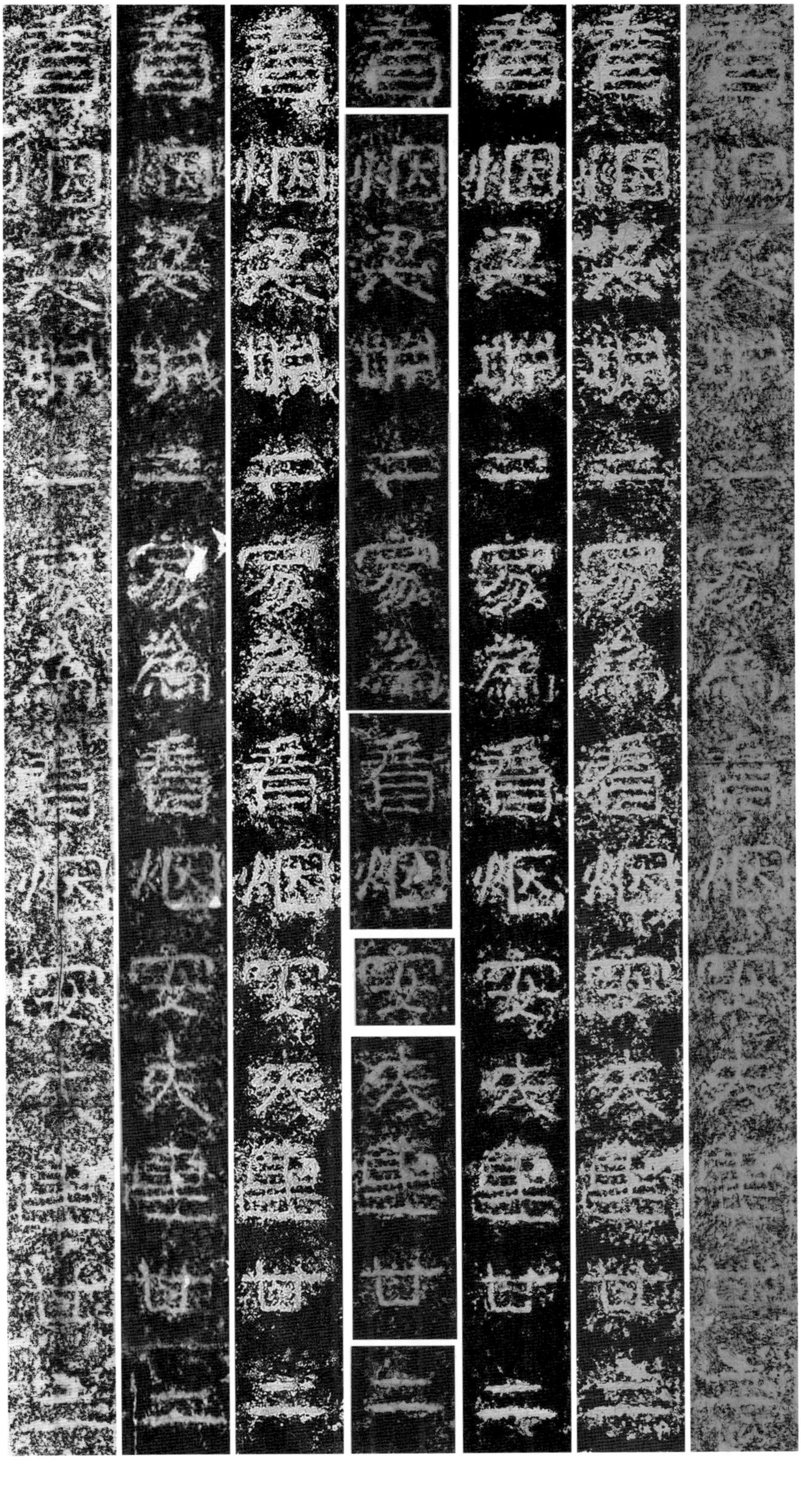

看 14
烟 15
㴱 16
城 17
二 18
家 19
為 20
看 21
烟 22
安 23
夫 24
連 25
廿 26
二 27

家 28
為 29
看 30
烟 31
□ 32*
谷 33
三 34
家 35
為 36
看 37
烟 38
新 39
城 40
三 41

家為看烟□谷三家為看烟新城三

第Ⅲ面第11行

A 歴博水谷拓本｜C1−1 内藤湖南本｜C1−2 今西龍本｜C1−3 明治大学剪装本｜C1−3 明治大学整紙本｜C2 梶本益一本｜C3 関戸力松本

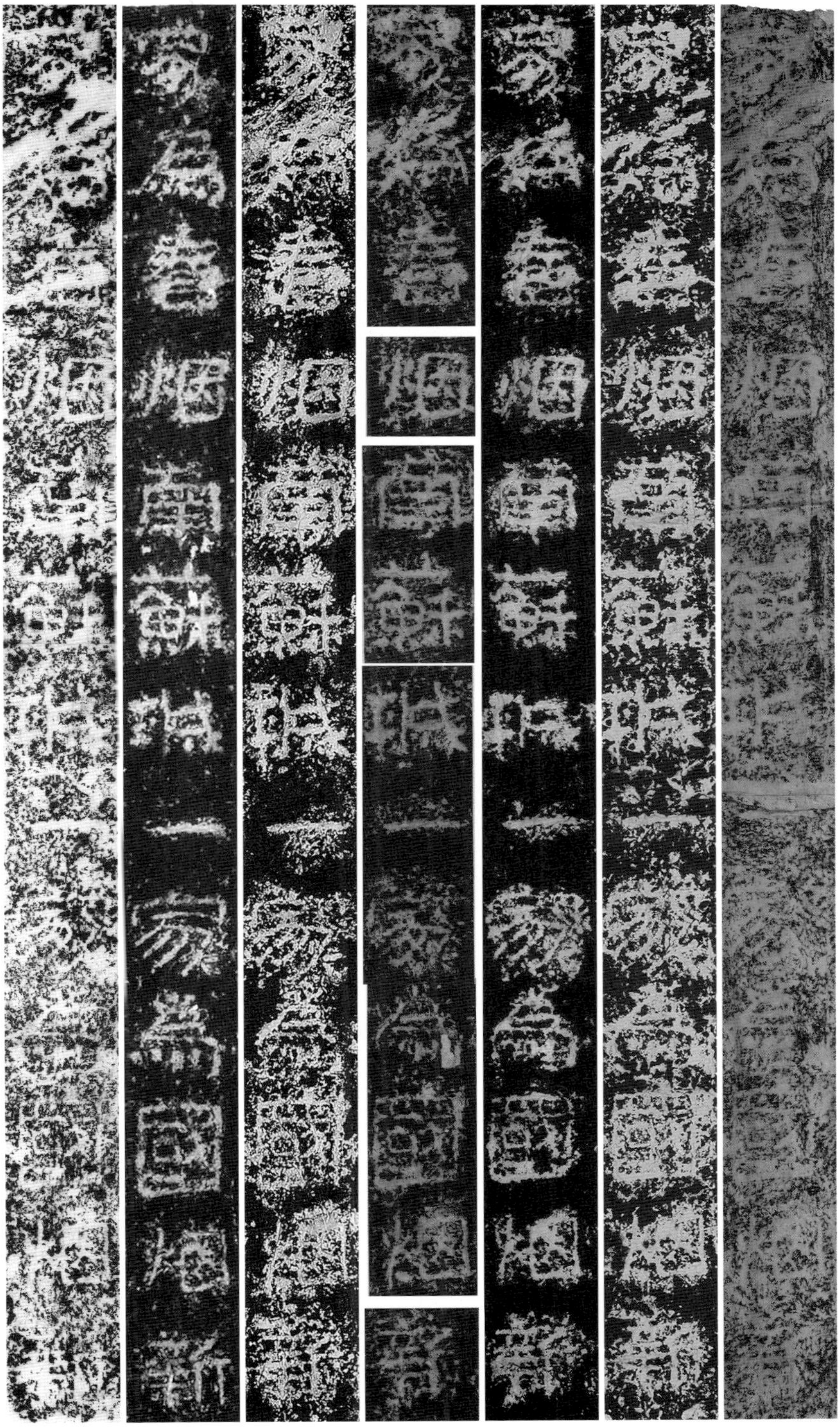

原石拓本釈文	明治大学本釈文	
家	家	1
為	為	2
看	看	3
烟	烟	4
南	南	5
蘇	蘇	6
城	城	7
一	一	8
家	家	9
為	為	10
國	國	11
烟	烟	12
新	新	13

来 14
韓 15
穢 16
沙 17
水 18
城 19
國 20
烟 21
一 22
看 23
烟 24
一 25
牟 26
婁 27

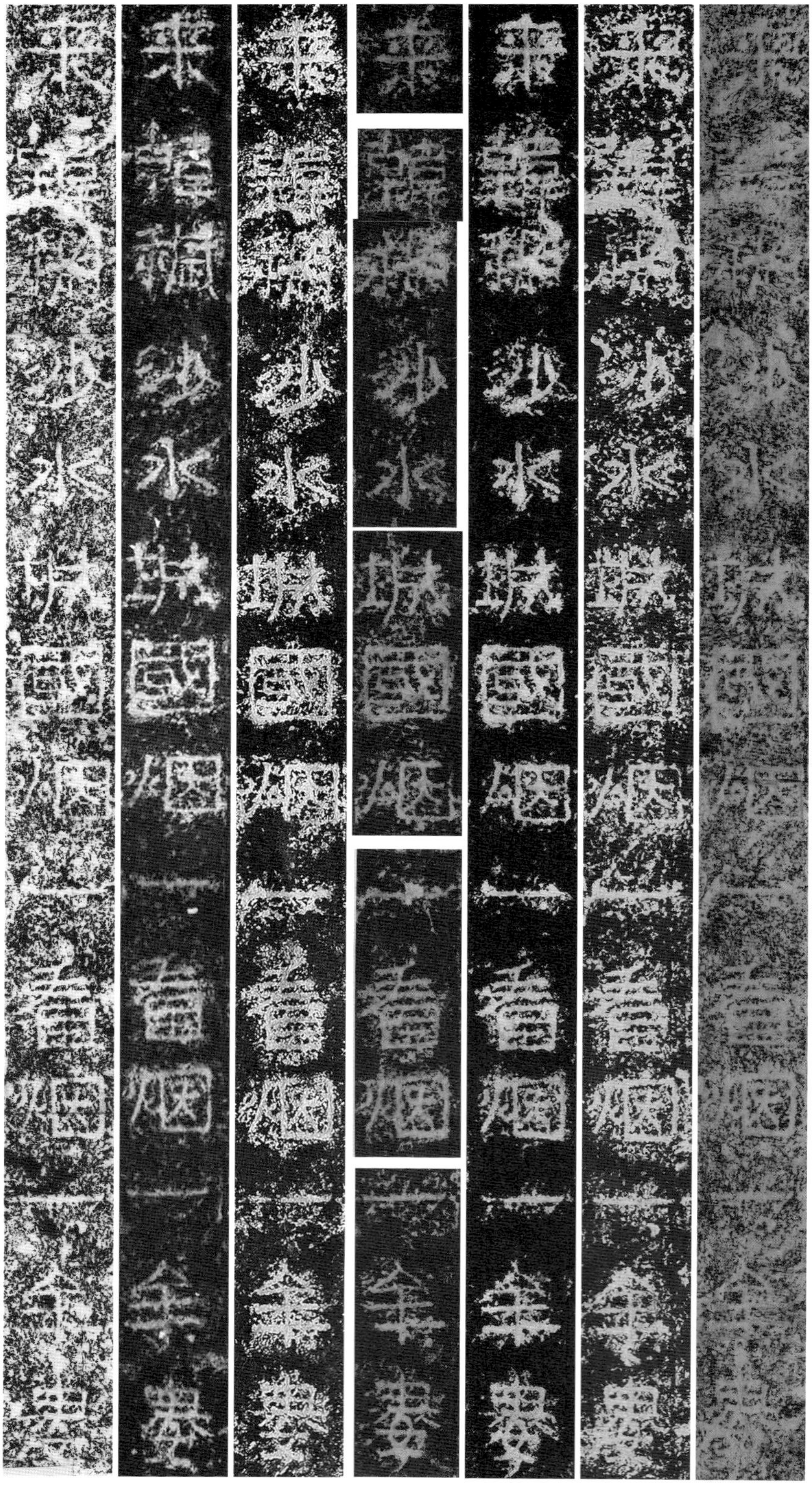

来韓穢沙水城國烟一看烟一牟婁

城
二
家
為
看
烟
豆
比
鴨
岑
韓
五
家
為

城 28
二 29
家 30
為 31
看 32
烟 33*
豆 34*
比 35
鴨 36
岑 37
韓 38
五 39
家 40
為 41

第Ⅲ面第12行

原石拓本釈文	A 歴博水谷拓本	C1－1 内藤湖南本	C1－2 今西龍本	C1－3 明治大学剪装本	C1－3 明治大学整紙本	C2 梶本益一本	C3 関戸力松本	明治大学本釈文	
看								看	1
烟								烟	2
勾								勾	3*
牟								牟	4
客								客	5
頭								頭	6
二								二	7
家								家	8
為								為	9
看								看	10
烟								烟	11
求								求	12*
底								底	13

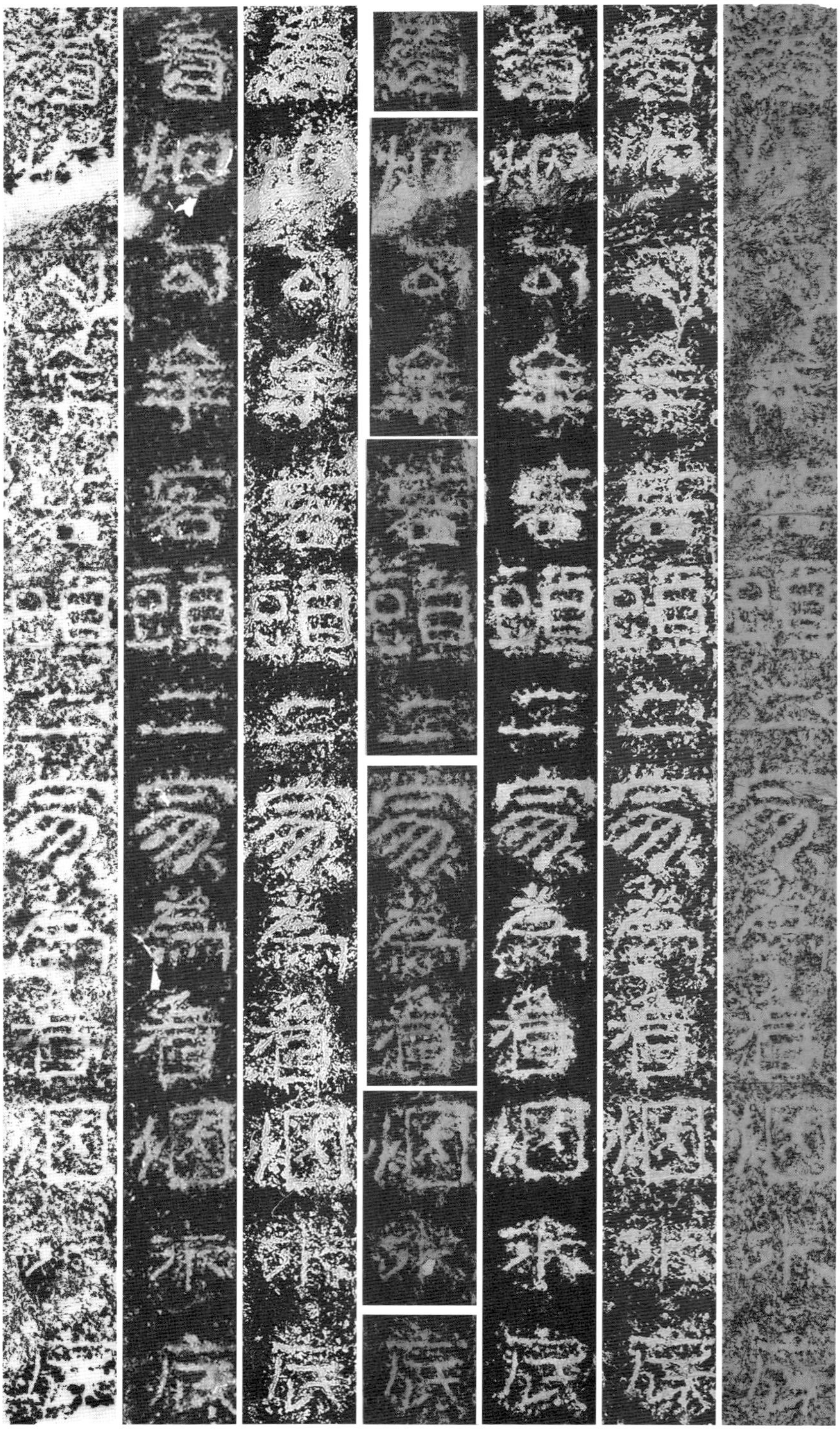

韓 14
一 15
家 16
為 17
看 18
烟 19
舍 20
蔦 21
城 22
韓 23
穢 24
國 25
烟 26
三 27

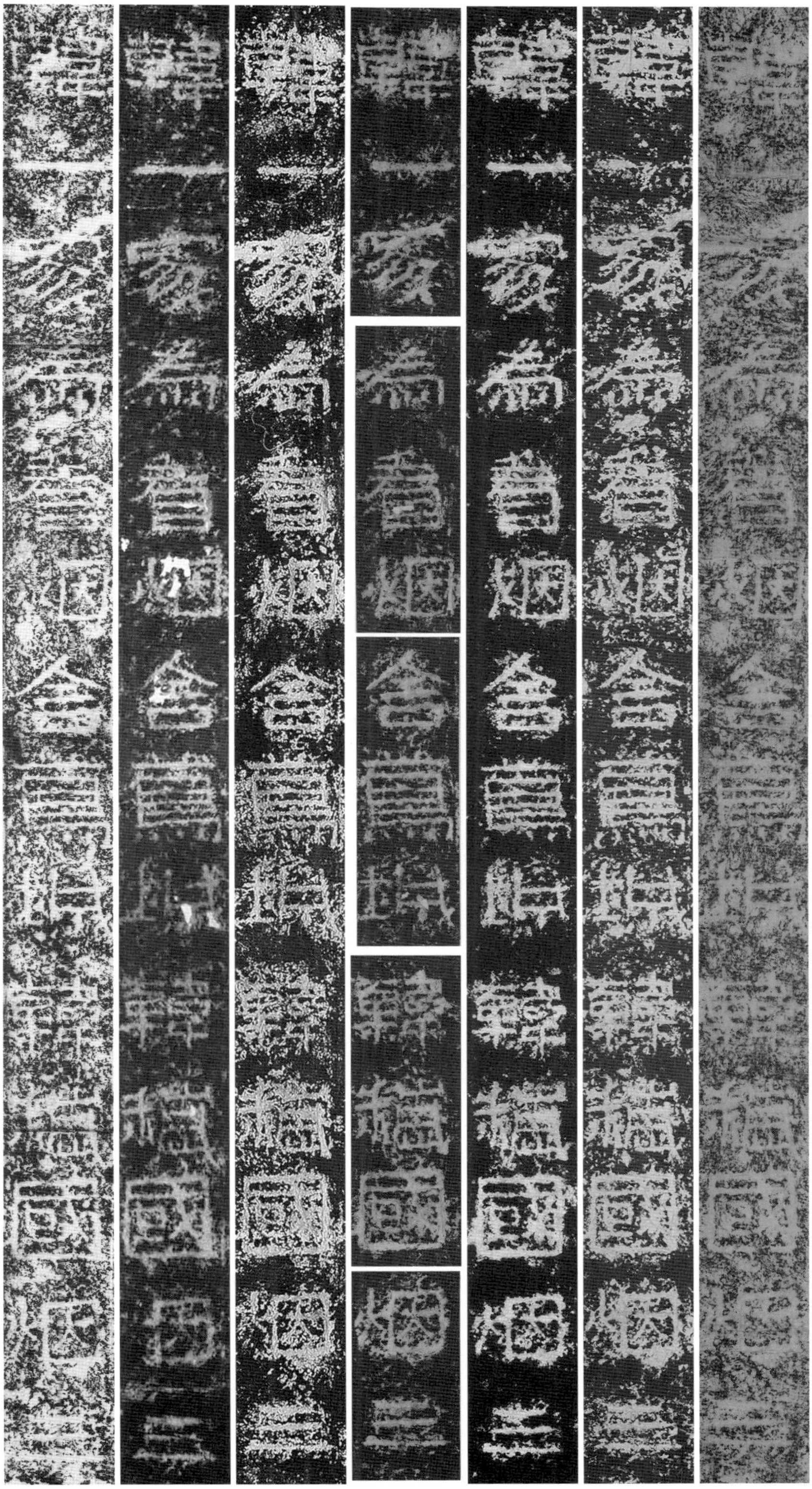

韓一家為看烟舍蔦城韓穢國烟三

看 28
烟 29
廿 30
一 31
古 32
家 33*
耶 34
羅 35
城 36
一 37
家 38
為 39
看 40
烟 41

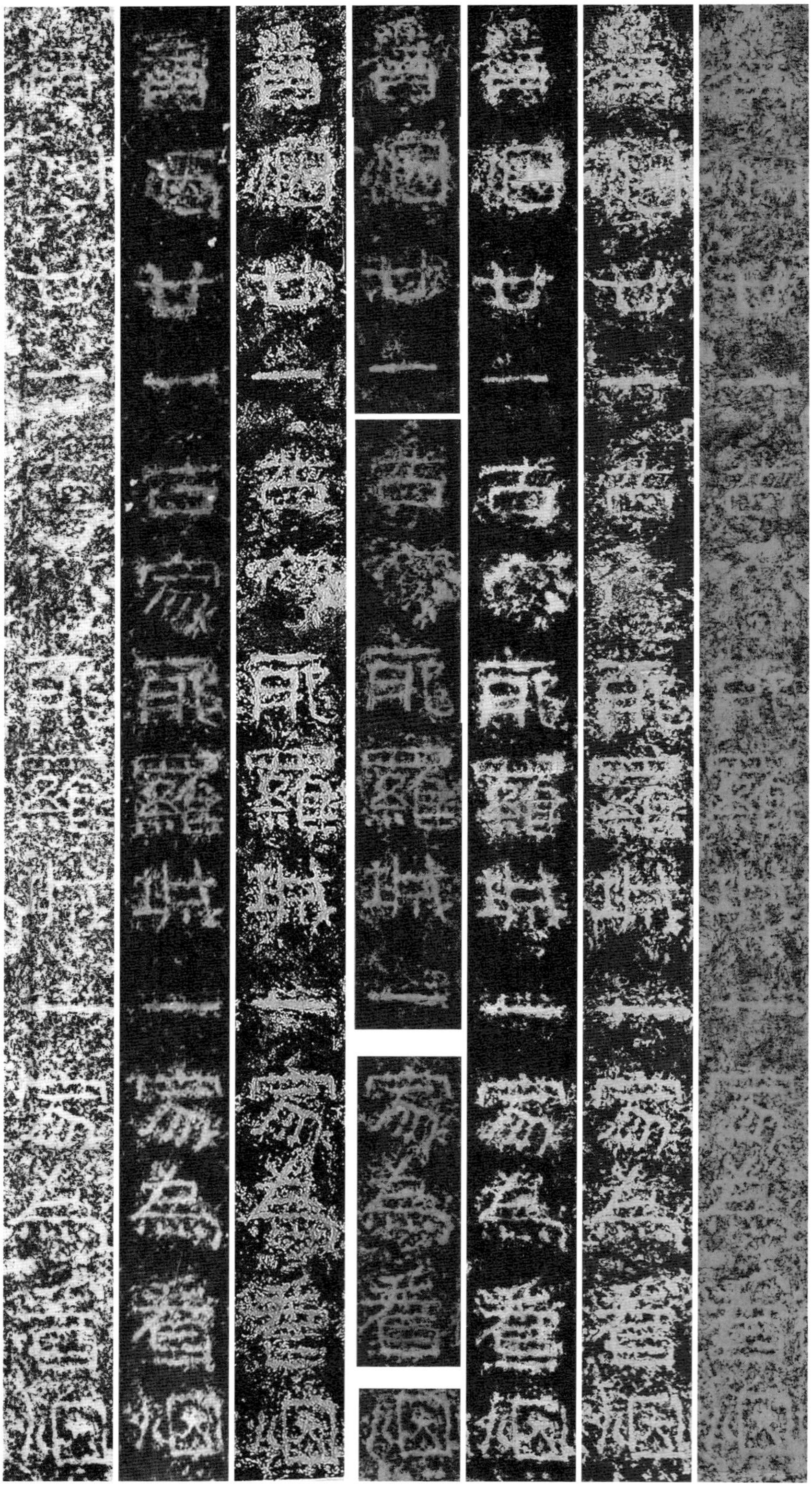

看烟廿一古□耶羅城一家為看烟

第Ⅲ面第13行

原石拓本釈文 | A 歴博水谷拓本 | C1−1 内藤湖南本 | C1−2 今西龍本 | C1−3 明治大学剪装本 | C1−3 明治大学整紙本 | C2 梶本益一本 | C3 関戸力松本 | 明治大学本釈文

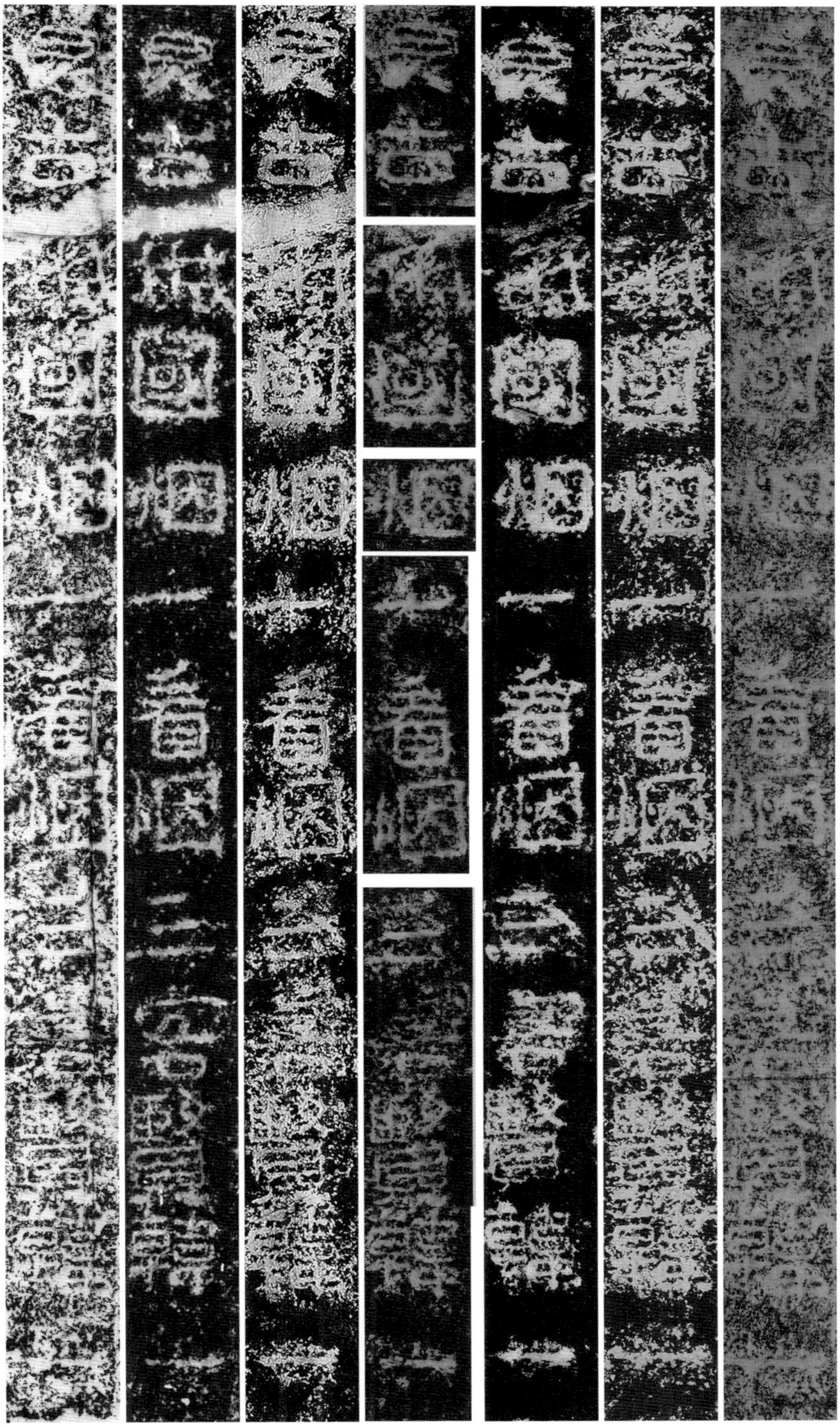

原石拓本釈文	明治大学本釈文	
炅	炅	1
古	古	2
城	城	3
國	國	4
烟	烟	5
一	一	6
看	看	7
烟	烟	8
三	三	9
客	客	10
賢	賢	11
韓	韓	12
一	一	13

家 14
為 15
看 16
烟 17
阿 18
旦 19
城 20
雜 21
珎 22
城 23
合 24
十 25
家 26
為 27

家為看烟阿旦城雜珎城合十家為

看
烟
巴
奴
城
韓
九
家
為
看
烟
□
模
盧

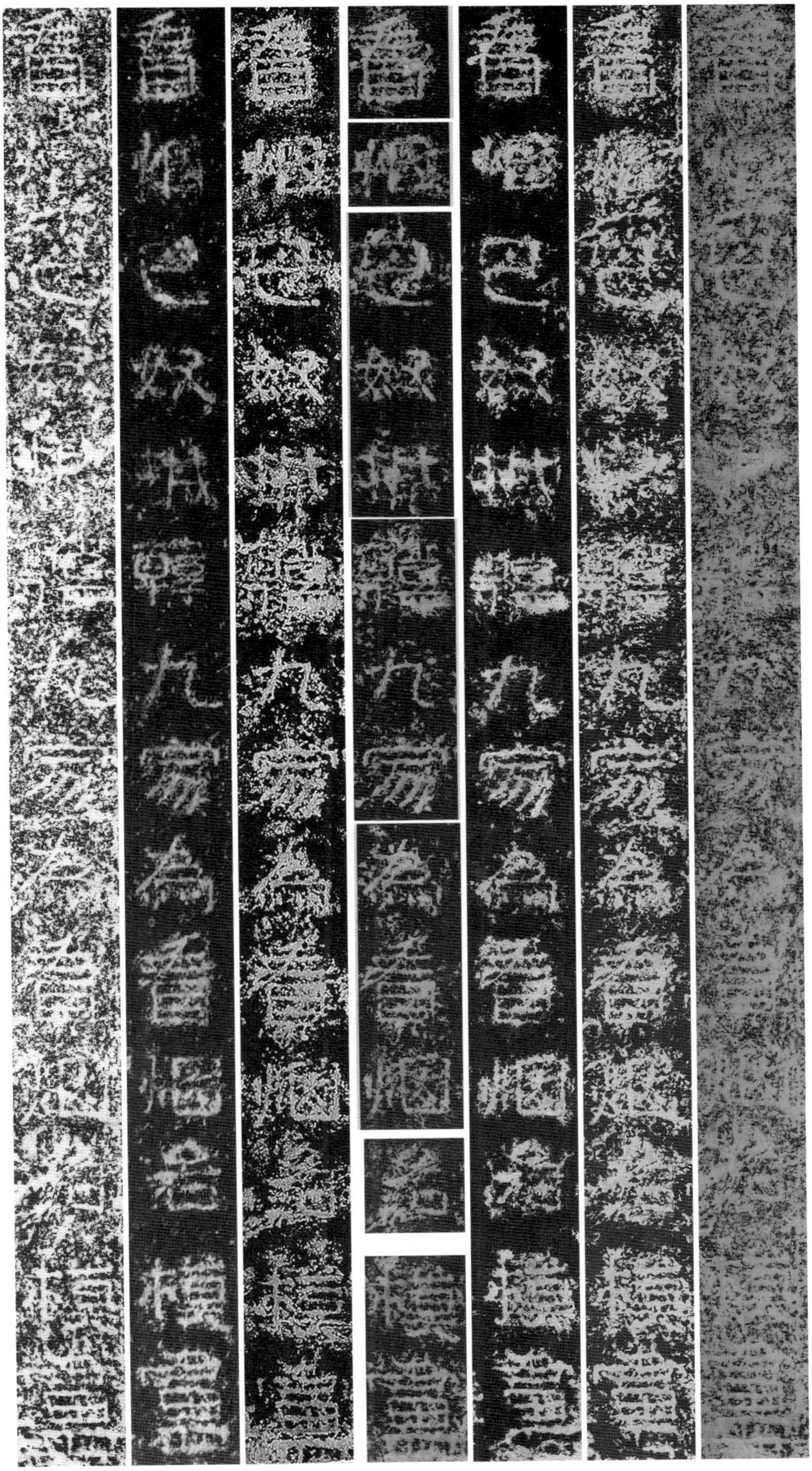

看 28
烟 29
巴 30
奴 31
城 32
韓 33
九 34
家 35
為 36
看 37
烟 38
各 39*
模 40
盧 41

第Ⅲ面第14行

原石拓本釈文 ｜ A 歴博水谷拓本 ｜ C1-1 内藤湖南本 ｜ C1-2 今西龍本 ｜ C1-3 明治大学剪装本 ｜ C1-3 明治大学整紙本 ｜ C2 梶本益一本 ｜ C3 関戸力松本 ｜ 明治大学本釈文

原石拓本釈文	明治大学本釈文	
城	城	1
四	四	2
家	家	3
為	為	4
看	看	5
烟	烟	6
各	各	7
模	模	8
盧	盧	9
城	城	10
二	二	11
家	家	12
為	為	13

看 14
烟 15
牟 16
水 17
城 18
三 19
家 20
為 21
看 22
烟 23
幹 24
弓 25
利 26
城 27

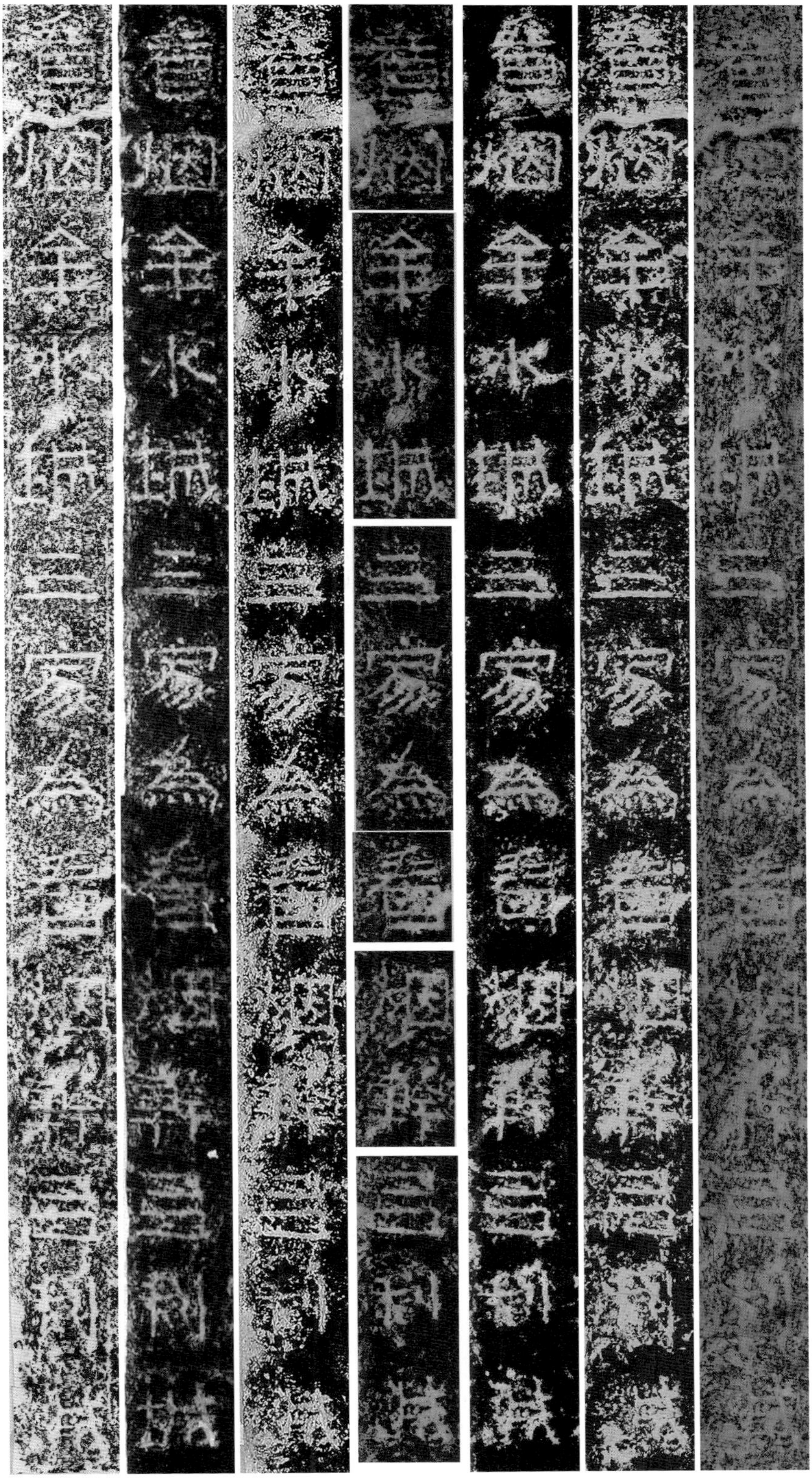

看烟牟水城三家為看烟幹弓利城

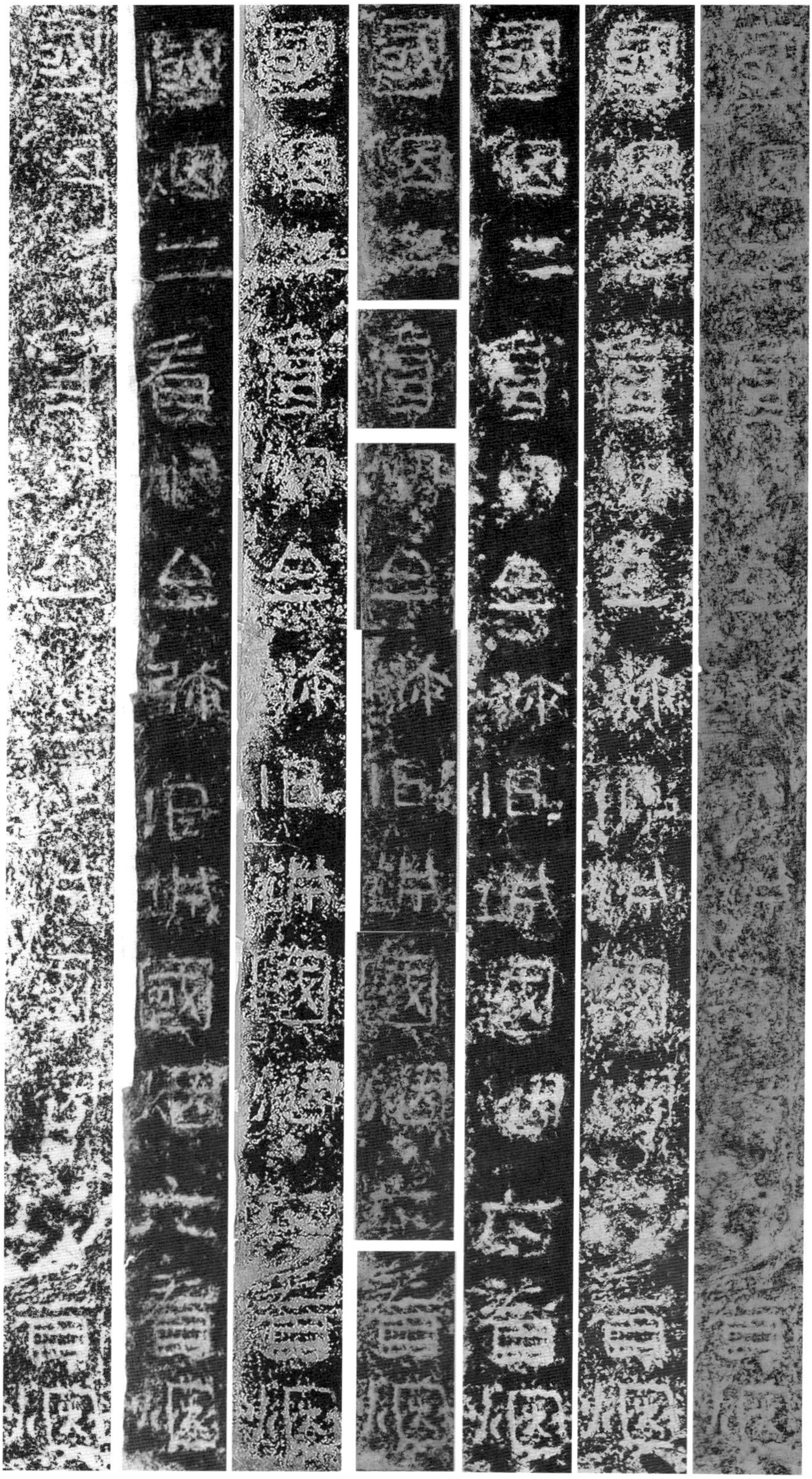

國	國	28
烟	烟	29
	二	30*
看	看	31
烟	烟	32
□	□	33*
弥	弥	34
鄒	□	35*
城	城	36
國	国	37
烟	烟	38
□	六	39*
看	看	40
烟	烟	41

第Ⅳ面第１行

原石拓本釈文	明治大学整紙本釈文	
		1
		2
		3
		4
七		5
也		6*
利		7
城		8
三	三	9
家	家	10
為	為	11
看	看	12
烟	烟	13

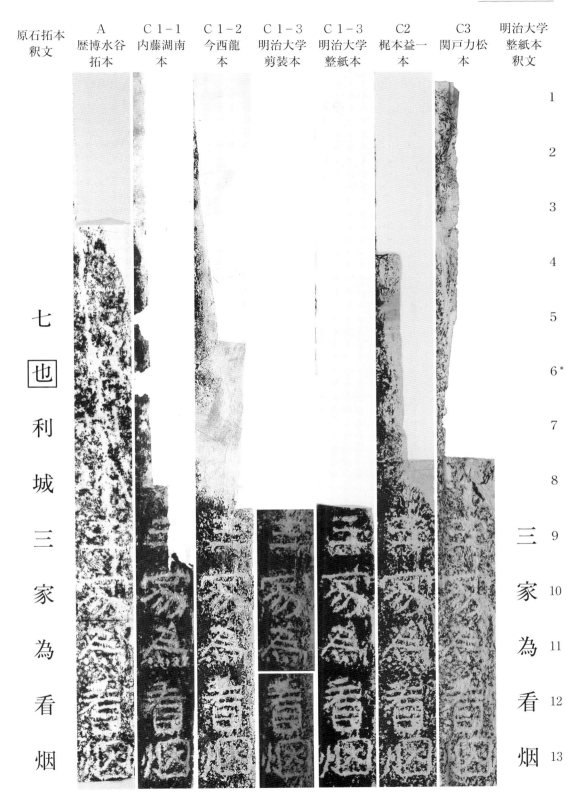

豆 14
奴 15
城 16
國 17
烟 18
一 19
看 20
烟 21
二 22
奥 23
利 24
城 25
國 26
烟 27

豆
奴
城
國
烟
一
看
烟
二
奥
利
城
國
烟

二看烟八須鄒城國烟二看烟五百

二 28
看 29
烟 30
八 31
須 32
鄒 33
城 34
國 35
烟 36
二 37
看 38
烟 39
五 40
百 41

第Ⅳ面第2行

A 歴博水谷拓本　C1−1 内藤湖南本　C1−2 今西龍本　C1−3 明治大学剪装本　C1−3 明治大学整紙本　C2 梶本益一本　C3 関戸力松本

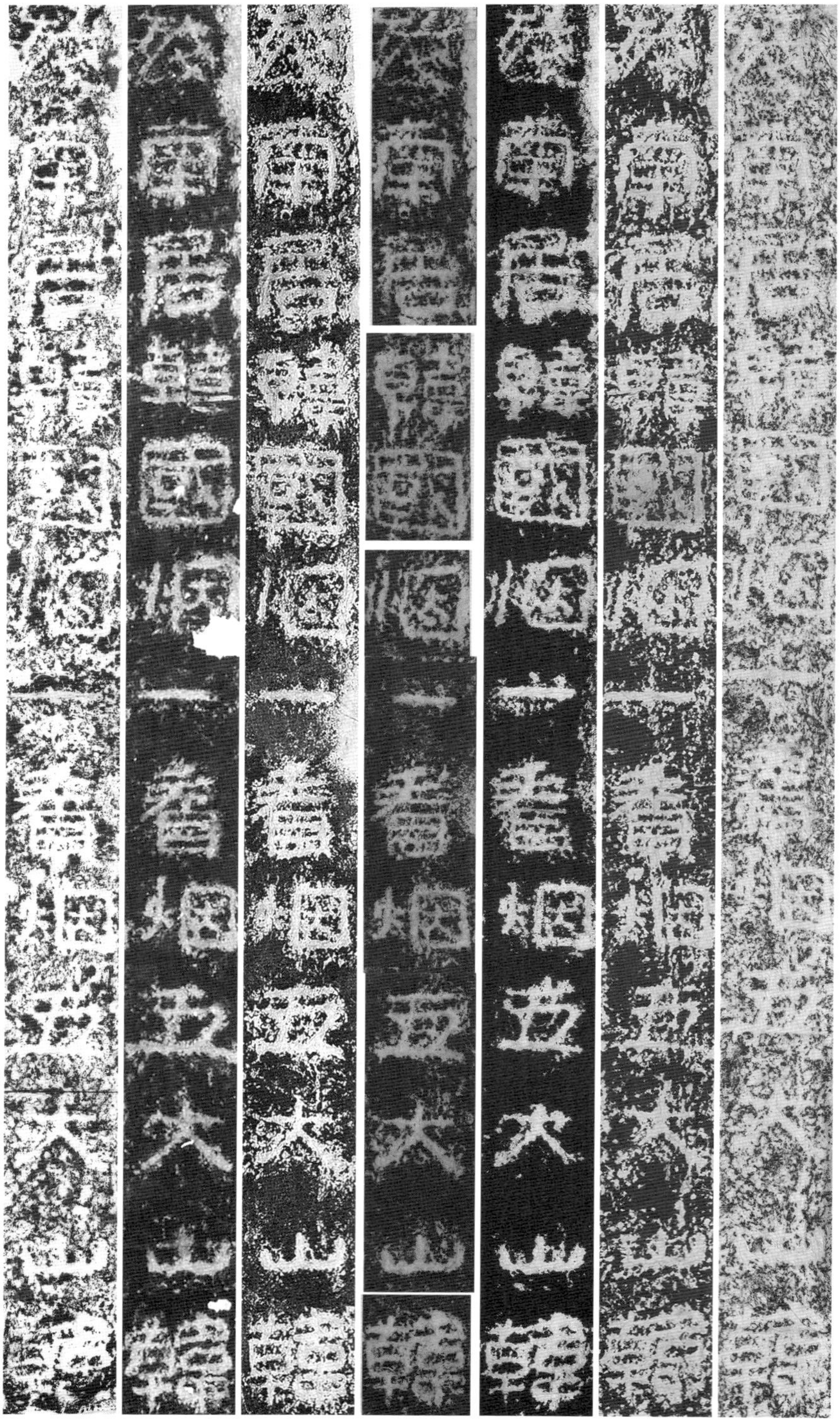

原石拓本釈文	明治大学整紙本釈文	
殘	殘	1
南	南	2
居	居	3
韓	韓	4
國	國	5
烟	烟	6
一	一	7
看	看	8
烟	烟	9
五	五	10
大	大	11*
山	山	12
韓	韓	13

城六家為看烟農賣城國烟一看烟

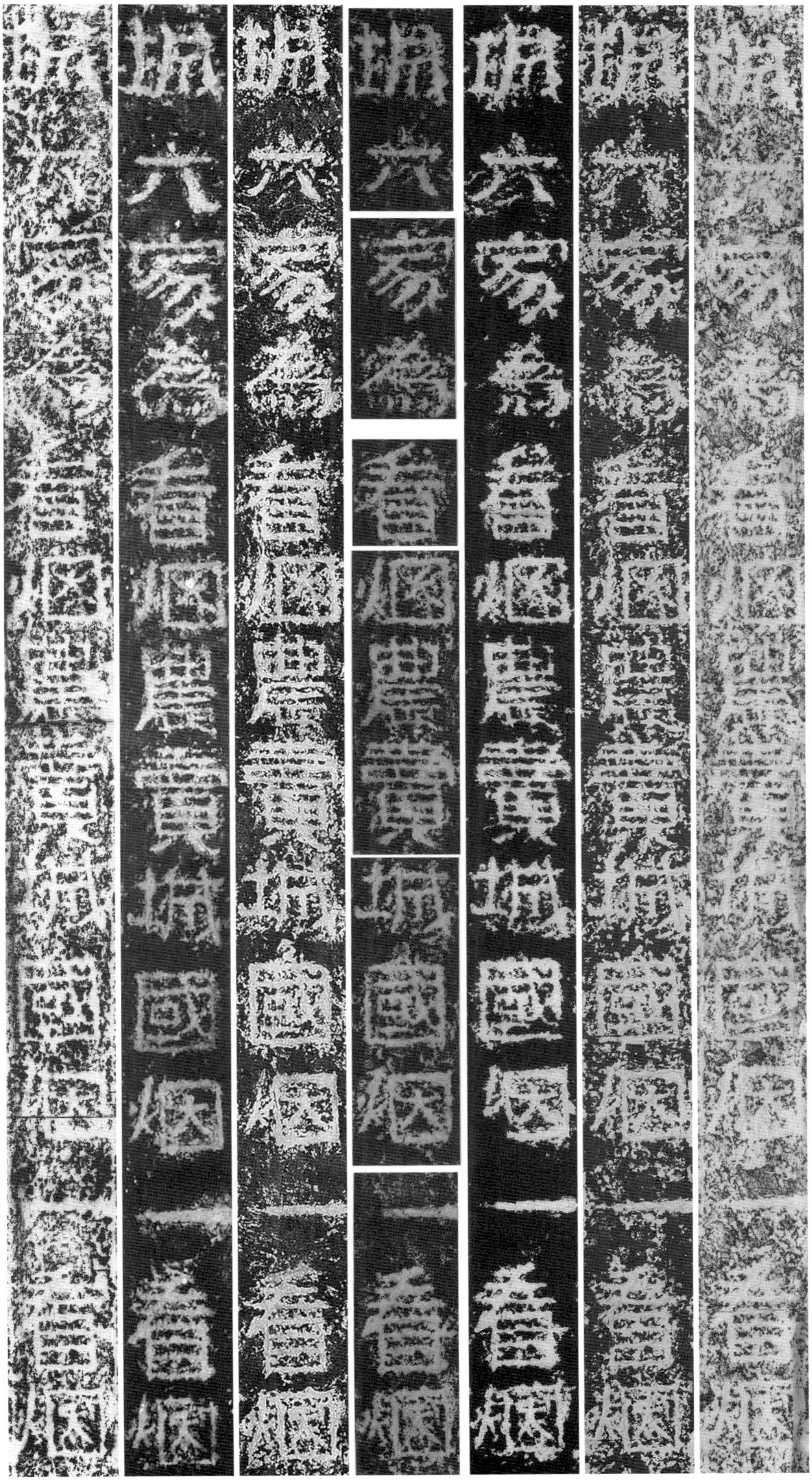

城 14
六 15
家 16
為 17
看 18
烟 19
農 20
賣 21
城 22
國 23
烟 24
一 25
看 26
烟 27

一 28*
閏 29
奴 30
城 31
國 32
烟 33
二 34
都 35*
烟 36
廿 37
二 38
古 39
牟 40
婁 41

七閏奴城國烟二看烟廿二古牟婁

第Ⅳ面第３行

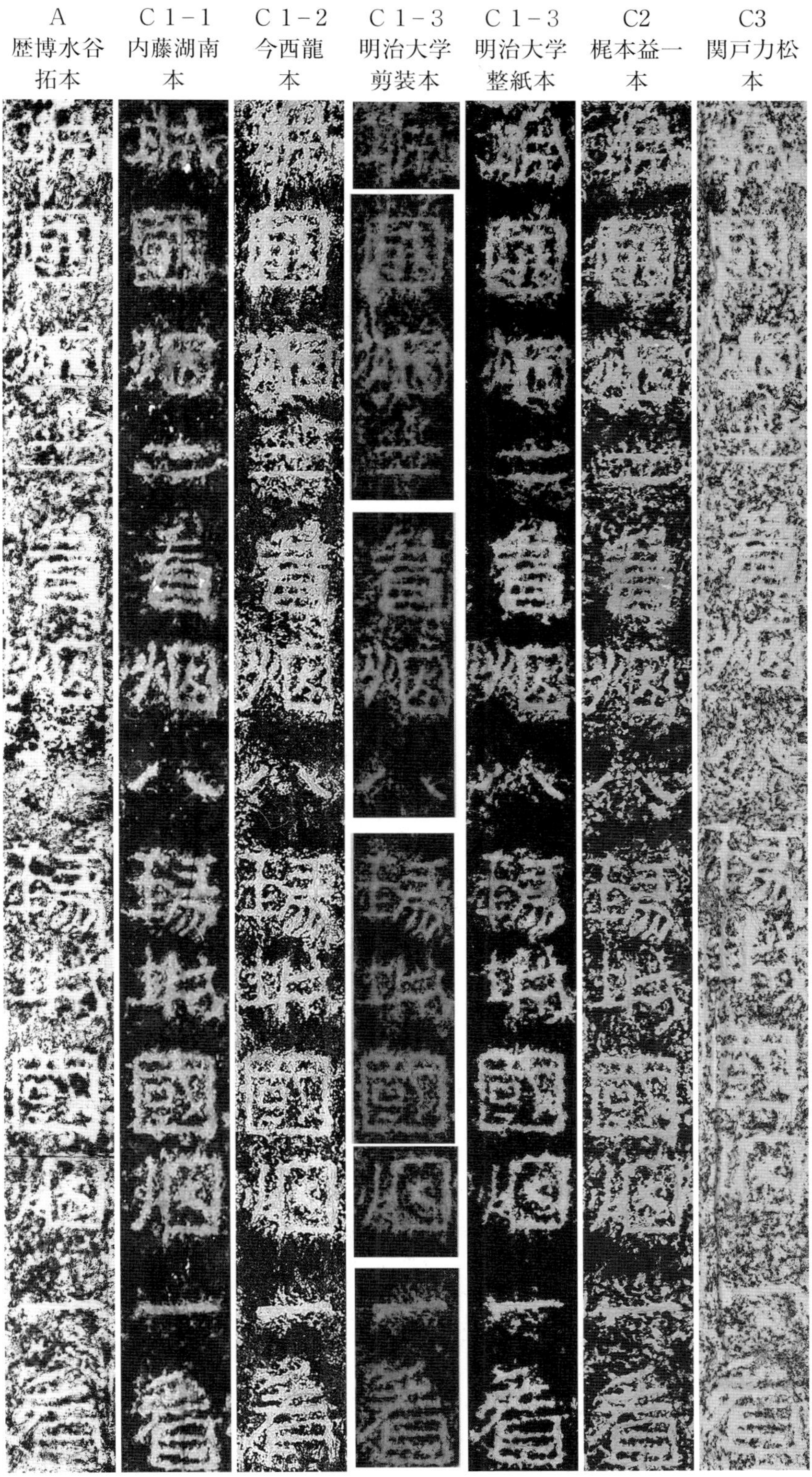

原石拓本釈文	明治大学整紙本釈文	
城	城	1
國	國	2
烟	烟	3
二	二	4
看	看	5
烟	烟	6
八	八	7
瑑	瑑	8
城	城	9
國	國	10
烟	烟	11
一	一	12
看	看	13

烟 14
八 15
味 16
城 17
六 18
家 19
為 20
看 21
烟 22
就 23
咨 24
城 25
五 26
家 27

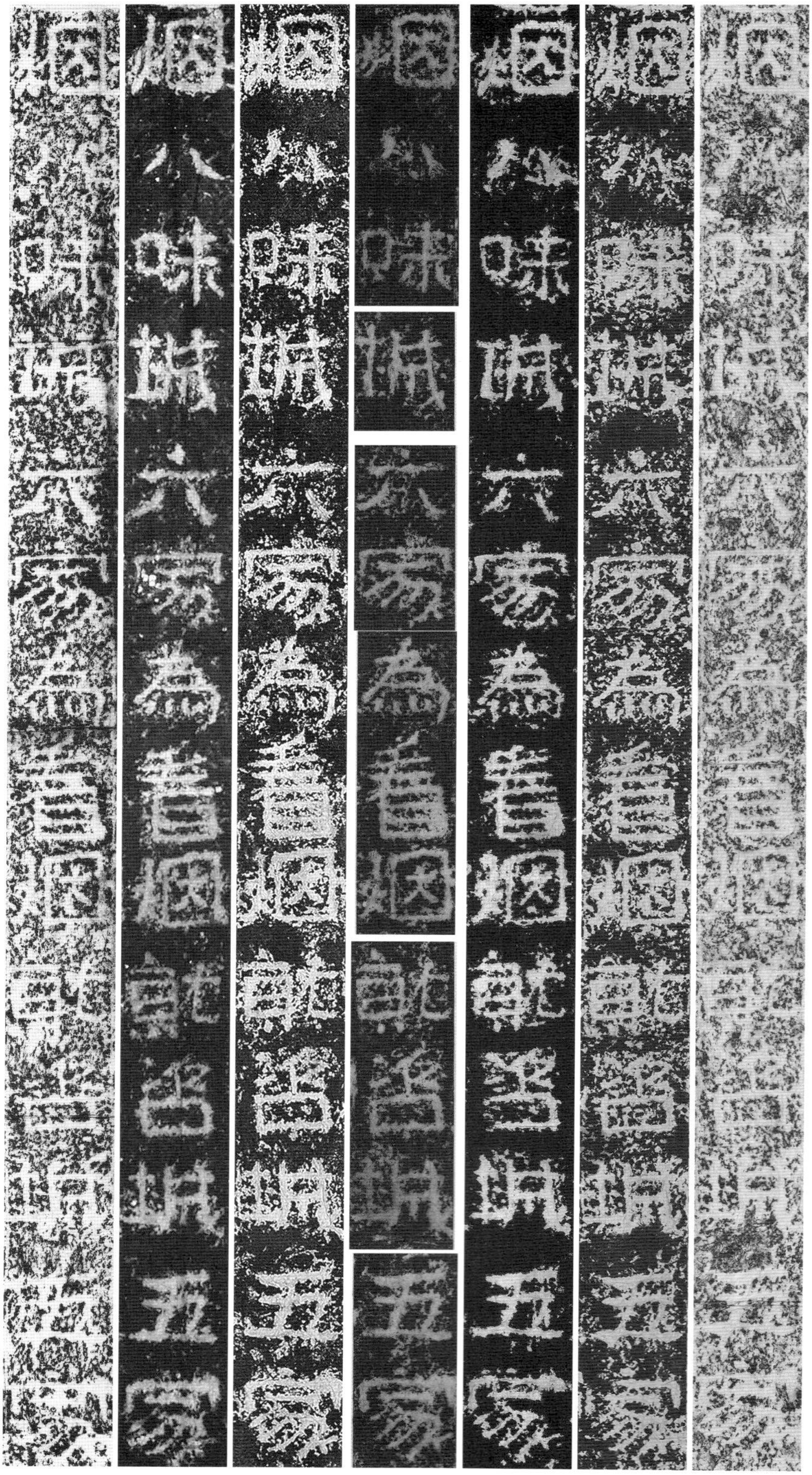

烟八味城六家為看烟就咨城五家

為看烟彡穰城廿四家為看烟散那

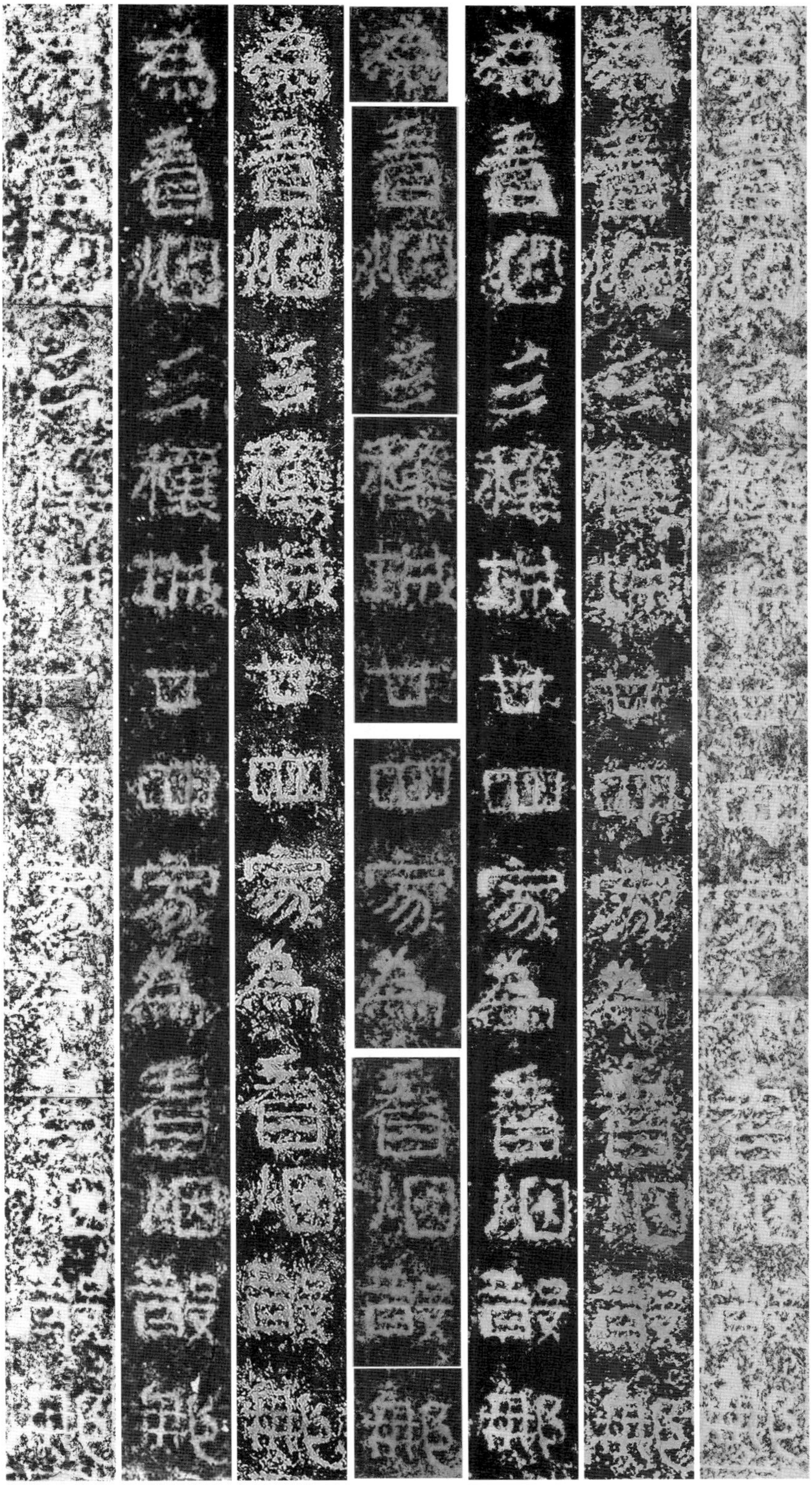

為 28
看 29
烟 30
彡 31
穰 32
城 33
廿 34
四 35
家 36
為 37
看 38
烟 39
散 40
那 41

第Ⅳ面第4行

A 歴博水谷拓本　C1−1 内藤湖南本　C1−2 今西龍本　C1−3 明治大学剪装本　C1−3 明治大学整紙本　C2 梶本益一本　C3 関戸力松本

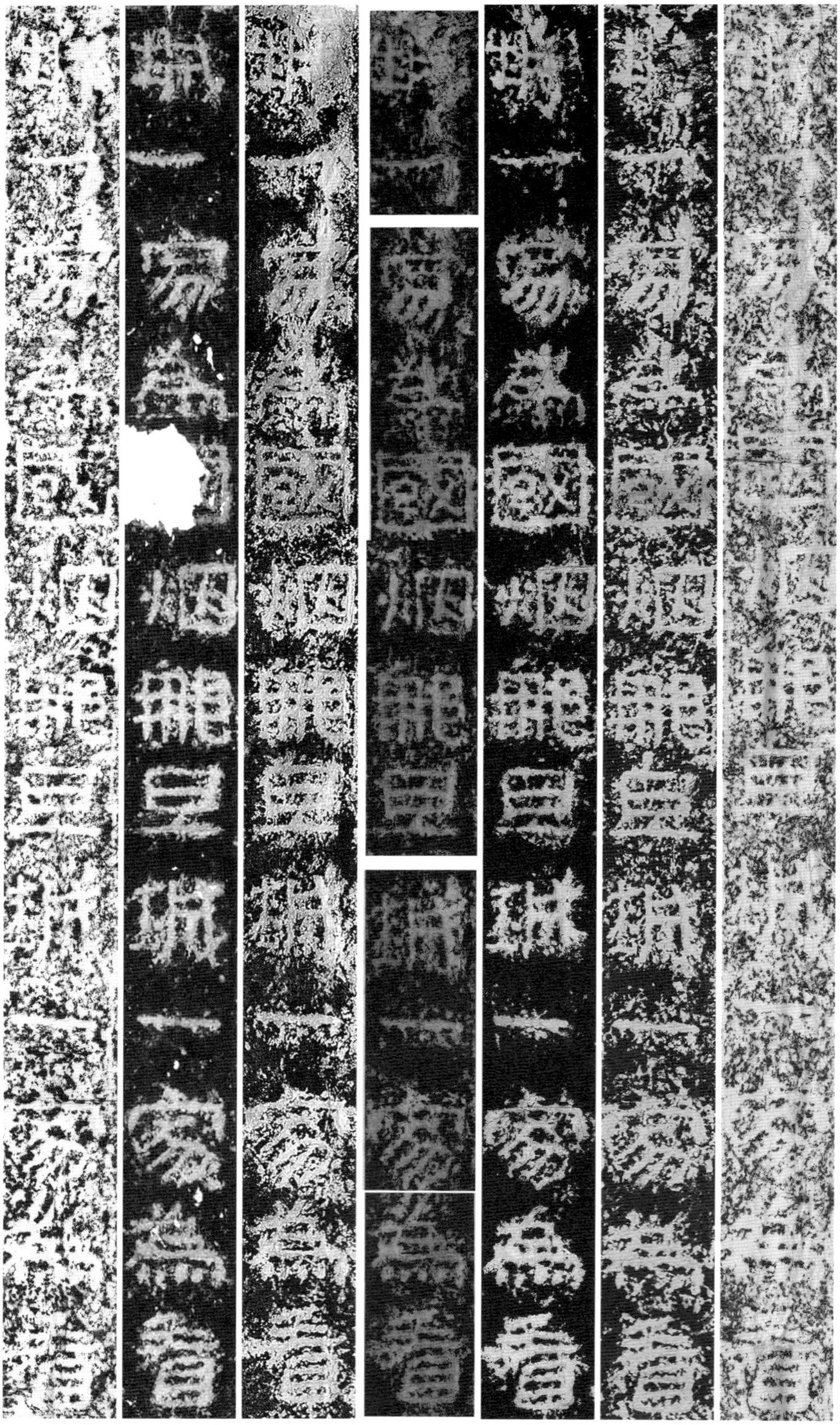

原石拓本釈文	明治大学整紙本釈文	
城	城	1*
一	一	2
家	家	3
為	為	4
國	國	5
烟	烟	6
那	那	7
旦	旦	8
城	城	9
一	一	10
家	家	11
為	為	12
看	看	13

烟勾牟城一家為看烟於利城八家

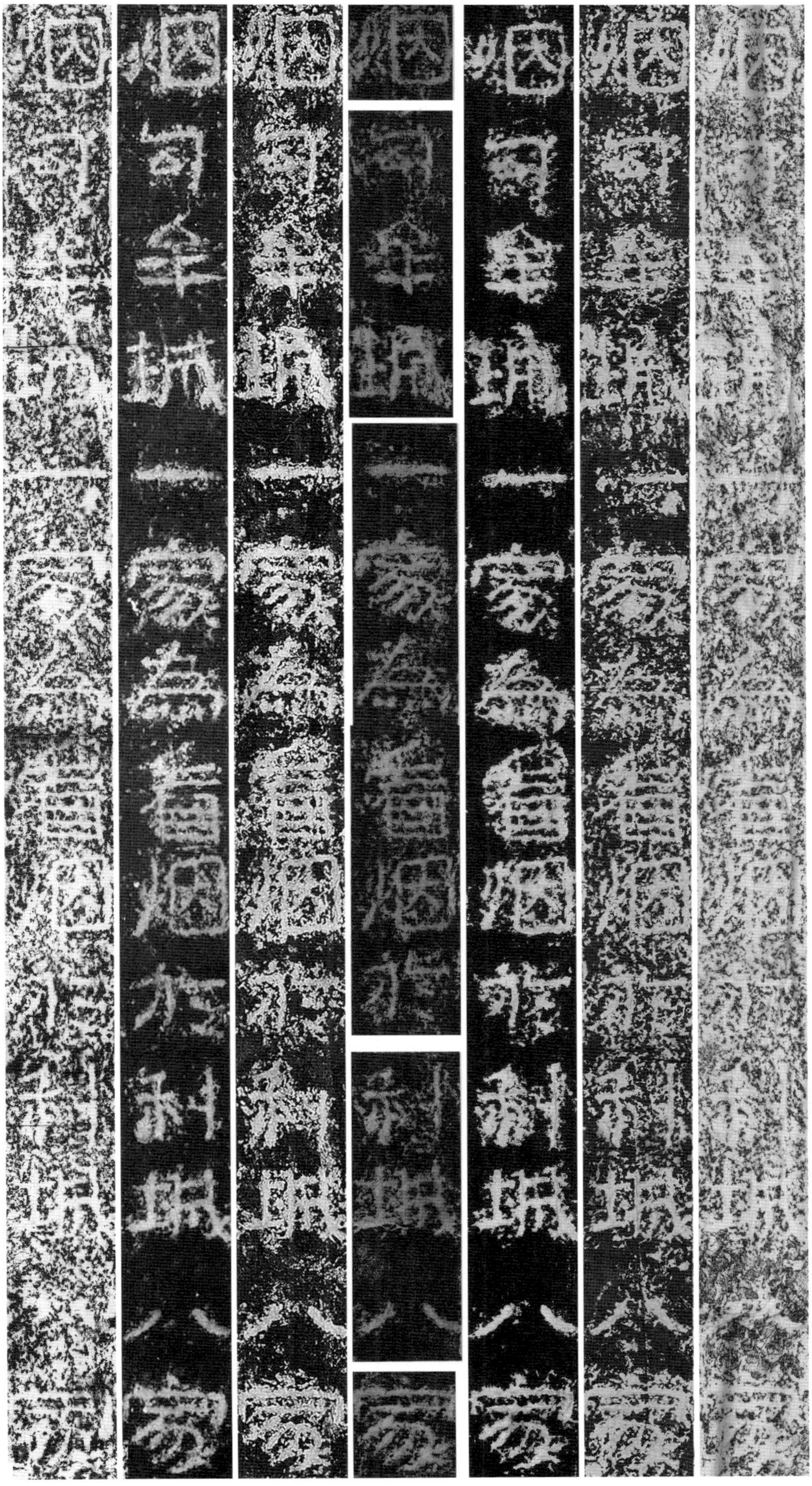

烟 14
勾 15*
牟 16
城 17
一 18
家 19
為 20
看 21
烟 22
於 23
利 24
城 25
八 26
家 27

為 28
看 29
烟 30
比 31
利 32
城 33
三 34
家 35
為 36
看 37
烟 38
細 39
城 40
三 41

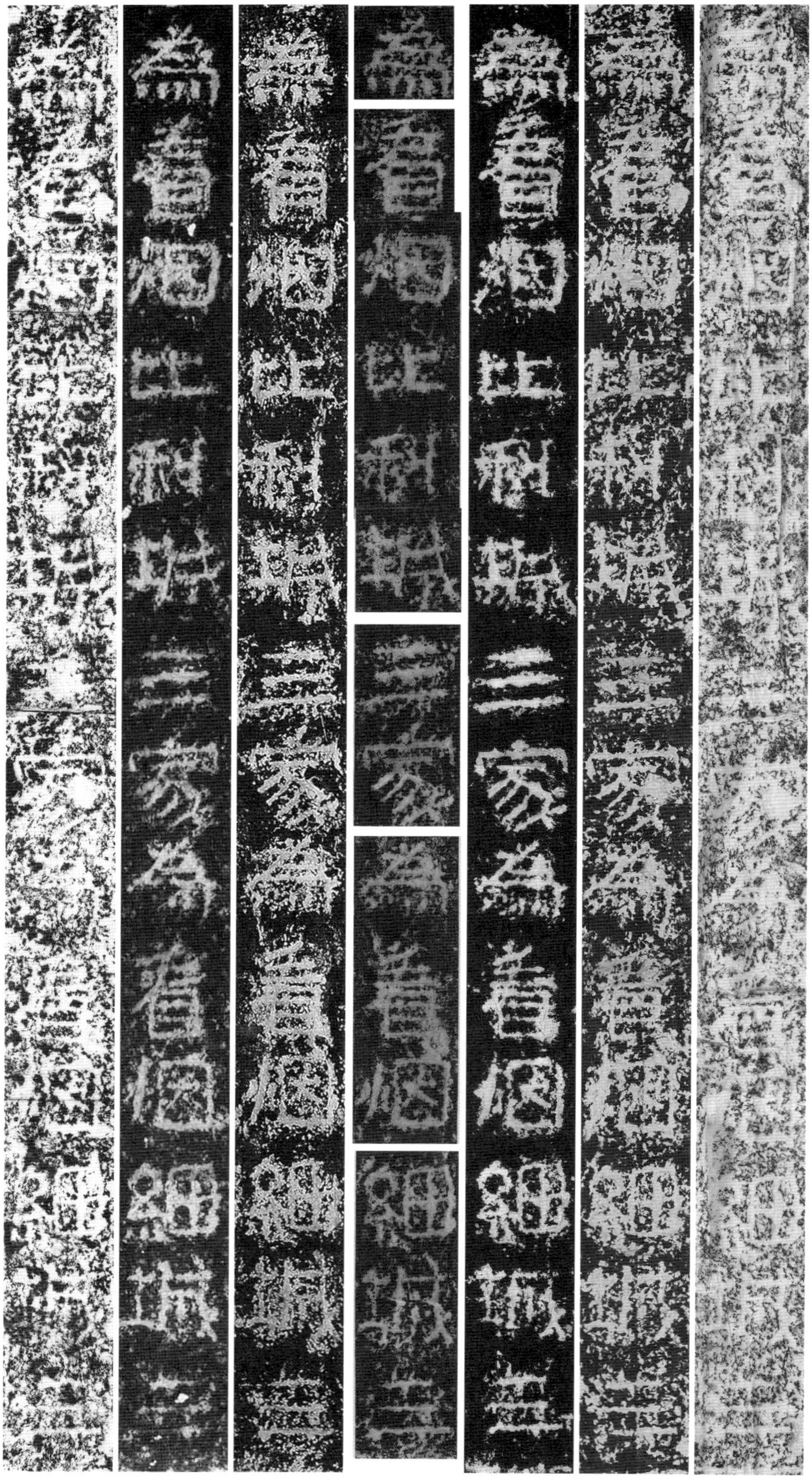

為
看
烟
比
利
城
三
家
為
看
烟
細
城
三

第Ⅳ面第５行

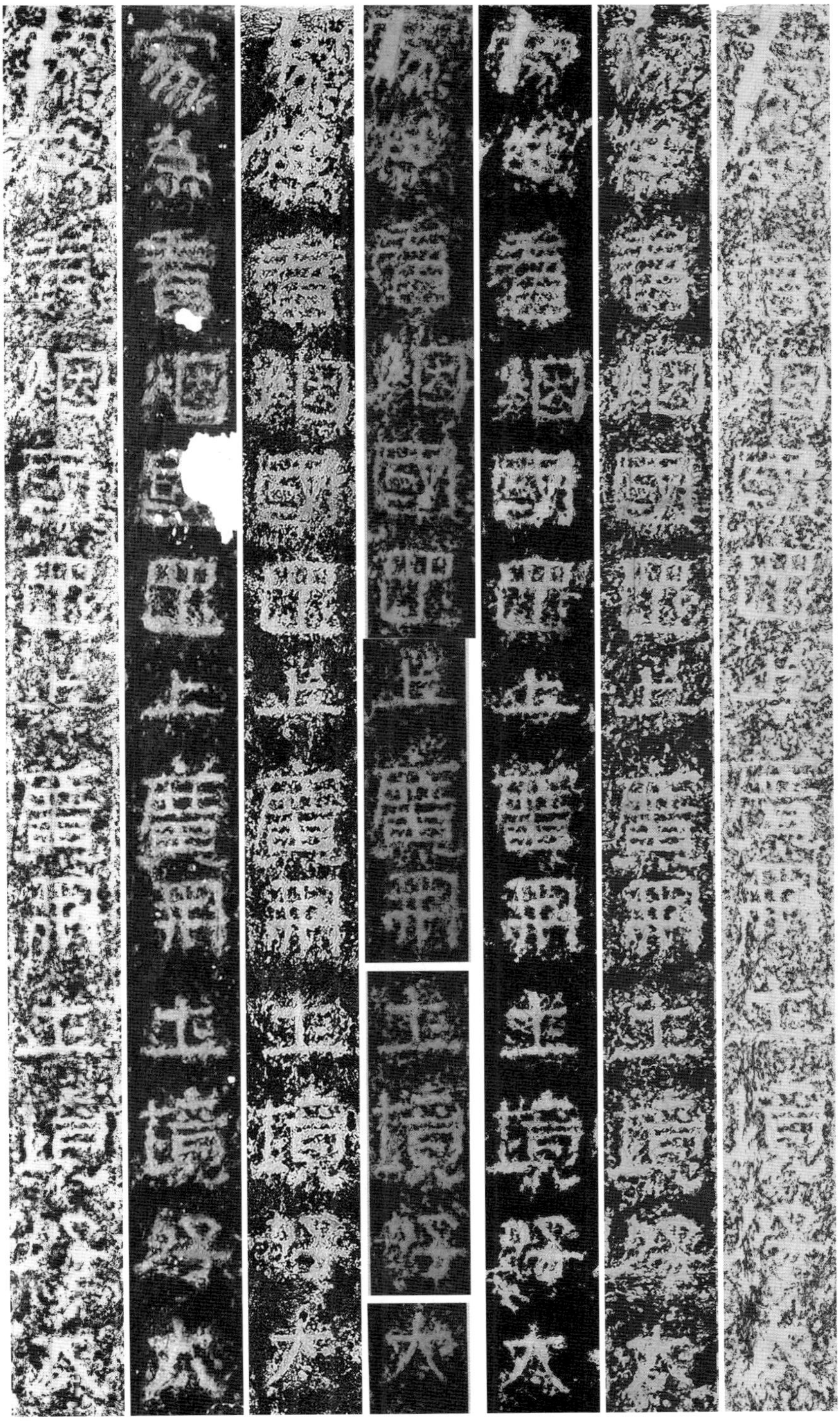

原石拓本釈文	明治大学整紙本釈文	
家	家	1
為	為	2
看	看	3
烟	烟	4
國	國	5
罡	罡	6
上	上	7
廣	廣	8
開	開	9
土	土	10
境	境	11
好	好	12
太	太	13

王 14
存 15
時 16
教 17*
言 18
祖 19*
王 20
先 21
王 22
但 23
教 24
取 25
遠 26*
近 27

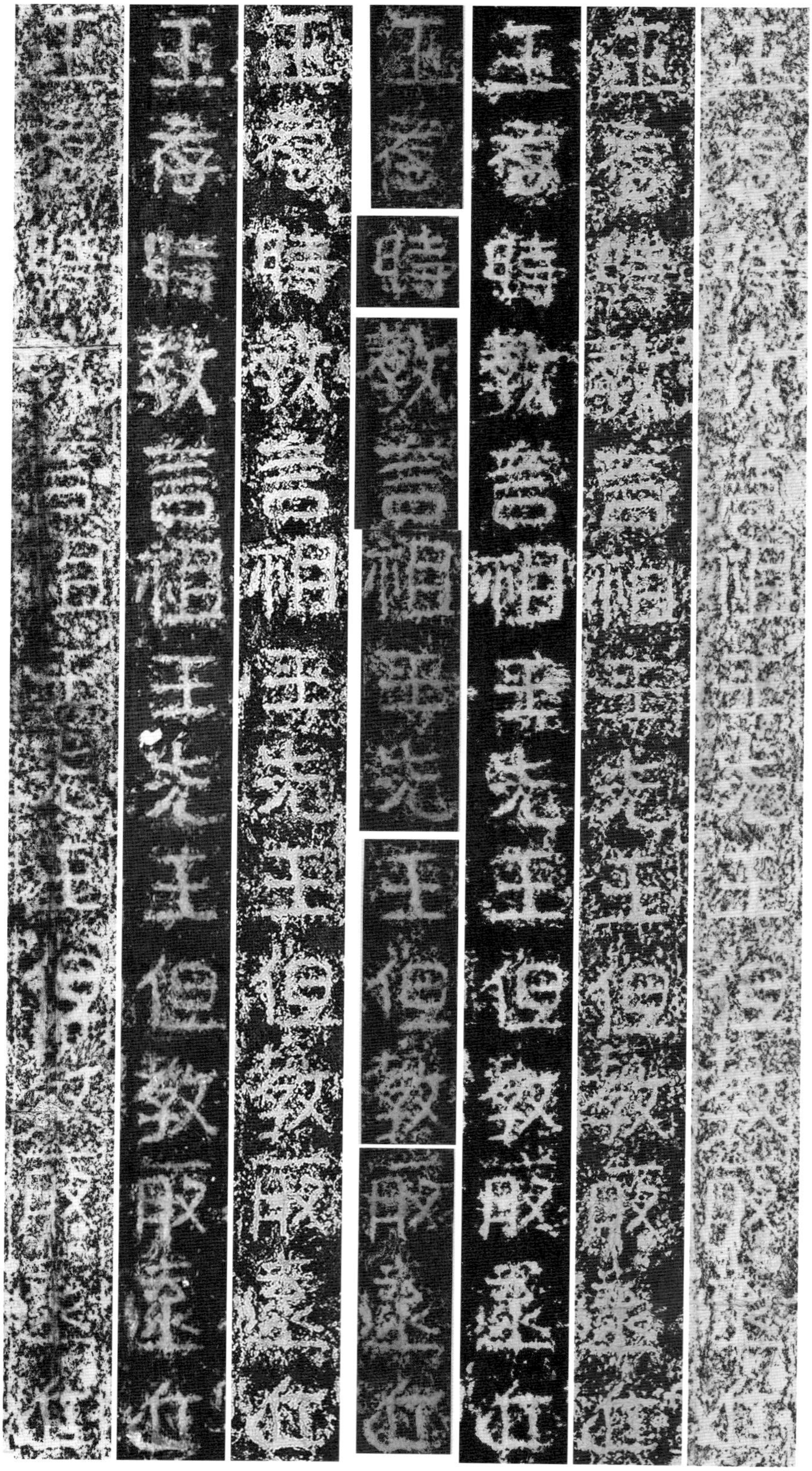

王存時教言祖王先王但教取遠近

舊 28
民 29
守 30
墓 31
洒 32
掃 33
吾 34*
慮 35
舊 36
民 37
轉 38
當 39
□ 40*
劣 41

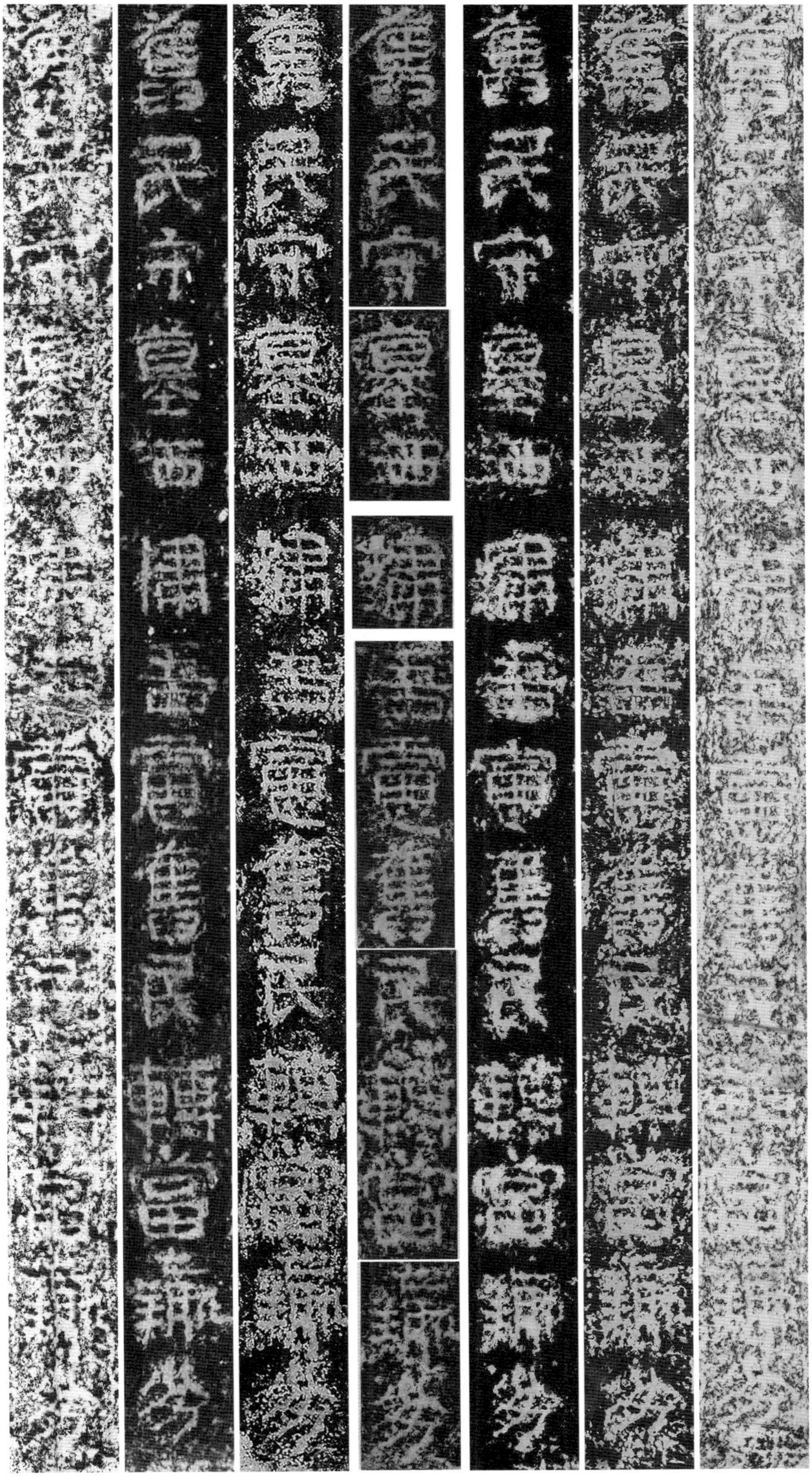

舊
民
守
墓
洒
掃
吾
慮
舊
民
轉
當
羸
劣

第Ⅳ面第6行

原石拓本釈文	A 歴博水谷拓本	C1－1 内藤湖南本	C1－2 今西龍本	C1－3 明治大学剪装本	C1－3 明治大学整紙本	C2 梶本益一本	C3 関戸力松本	明治大学整紙本釈文	

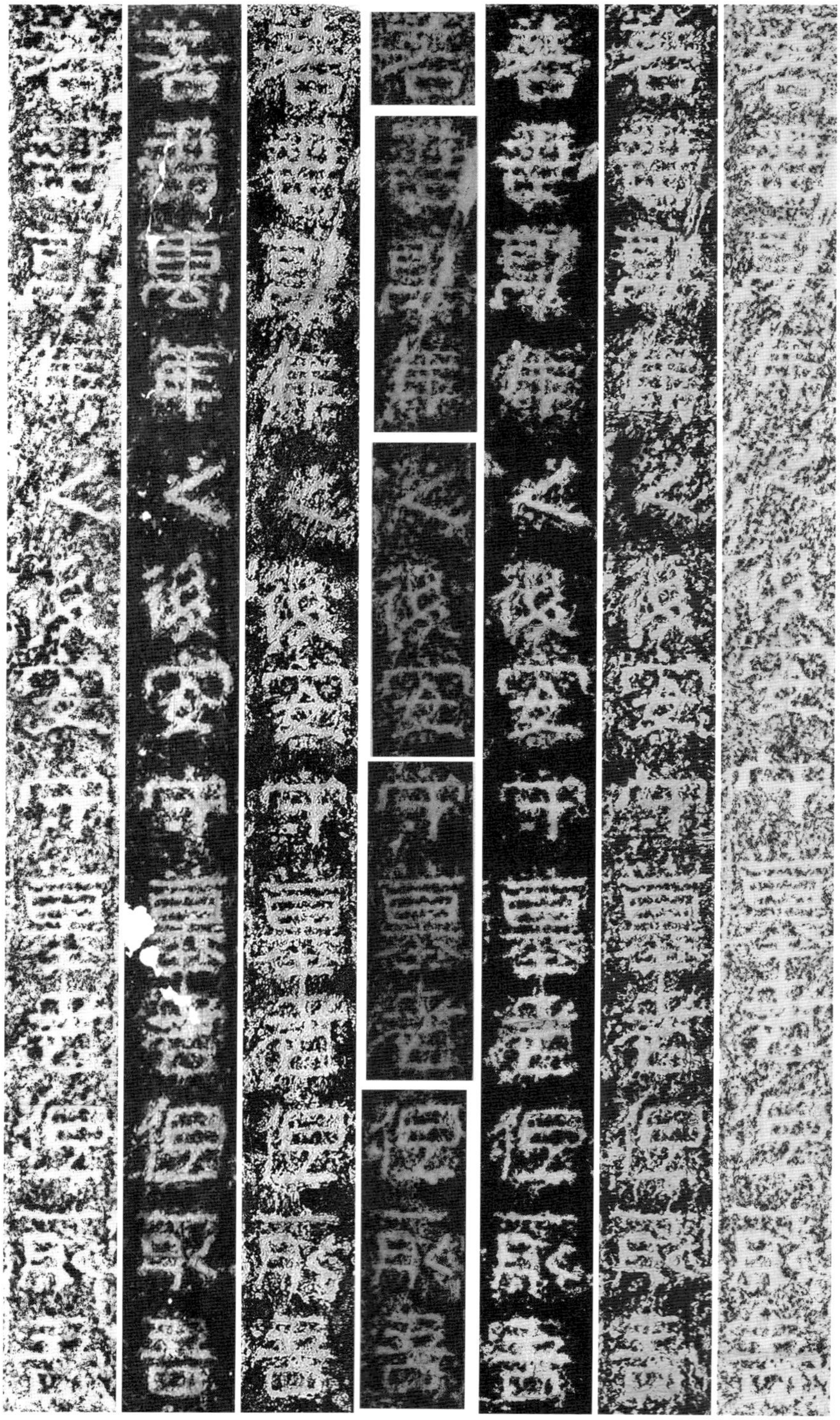

原石拓本釈文	明治大学整紙本釈文	
若	若	1
吾	吾	2
萬	萬	3
年	年	4
之	之	5
後	後	6
安	安	7
守	守	8
墓	墓	9
者	者	10
但	但	11
取	取	12
吾	吾	13

躬巡所略来韓穢令備洒掃言教如

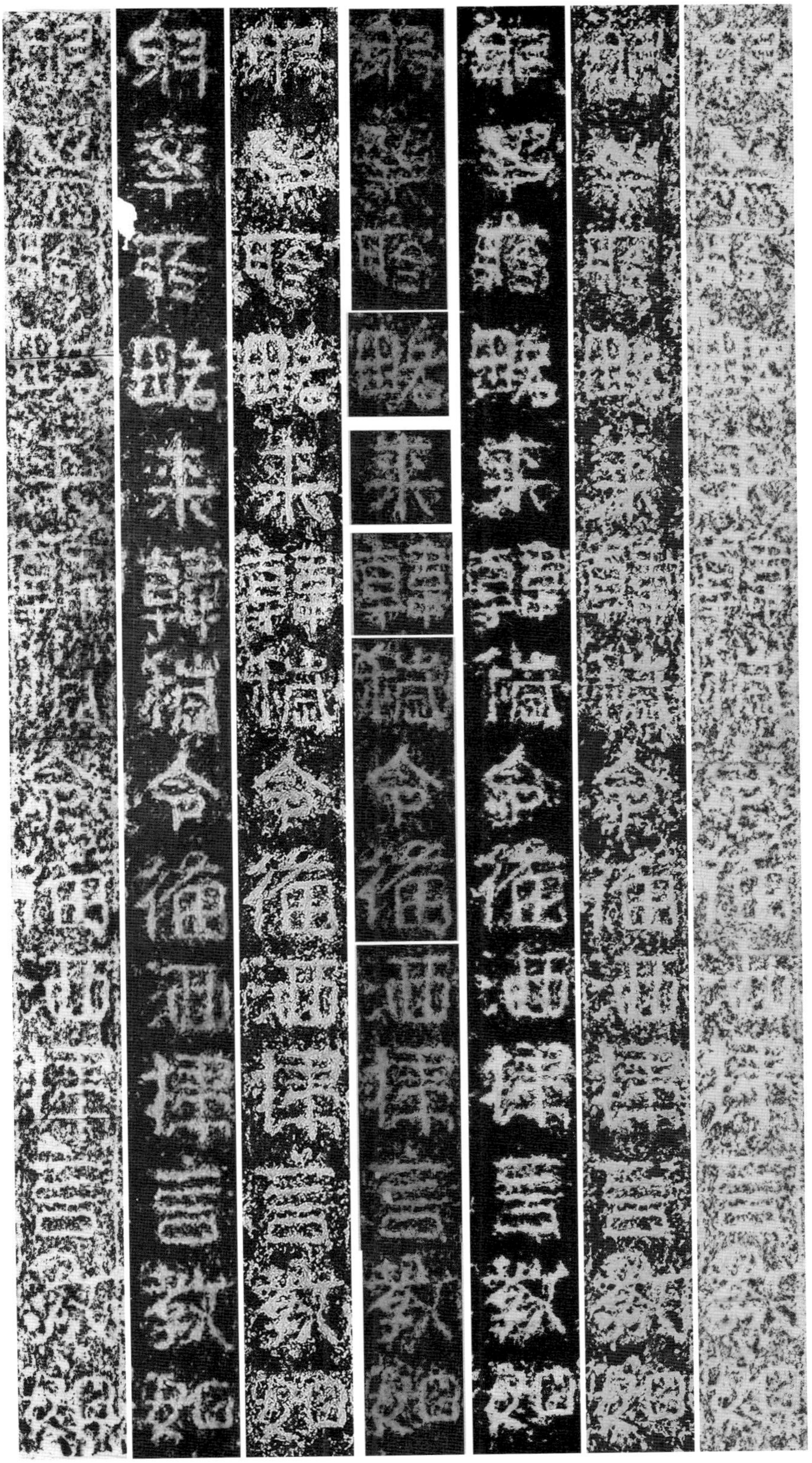

躬 14
率 15*
所 16
略 17
来 18
韓 19
穢 20
令 21
備 22
洒 23
掃 24
言 25
教 26
如 27

此 28
是 29
以 30
如 31
教 32
令 33
取 34
韓 35
穢 36
二 37
百 38
廿 39
家 40
慮 41*

此
是
以
如
教
令
取
韓
穢
二
百
廿
家
慮

第Ⅳ面第7行

原石拓本釈文 ／ A 歴博水谷拓本 ／ C1－1 内藤湖南本 ／ C1－2 今西龍本 ／ C1－3 明治大学剪装本 ／ C1－3 明治大学整紙本 ／ C2 梶本益一本 ／ C3 関戸力松本 ／ 明治大学整紙本釈文

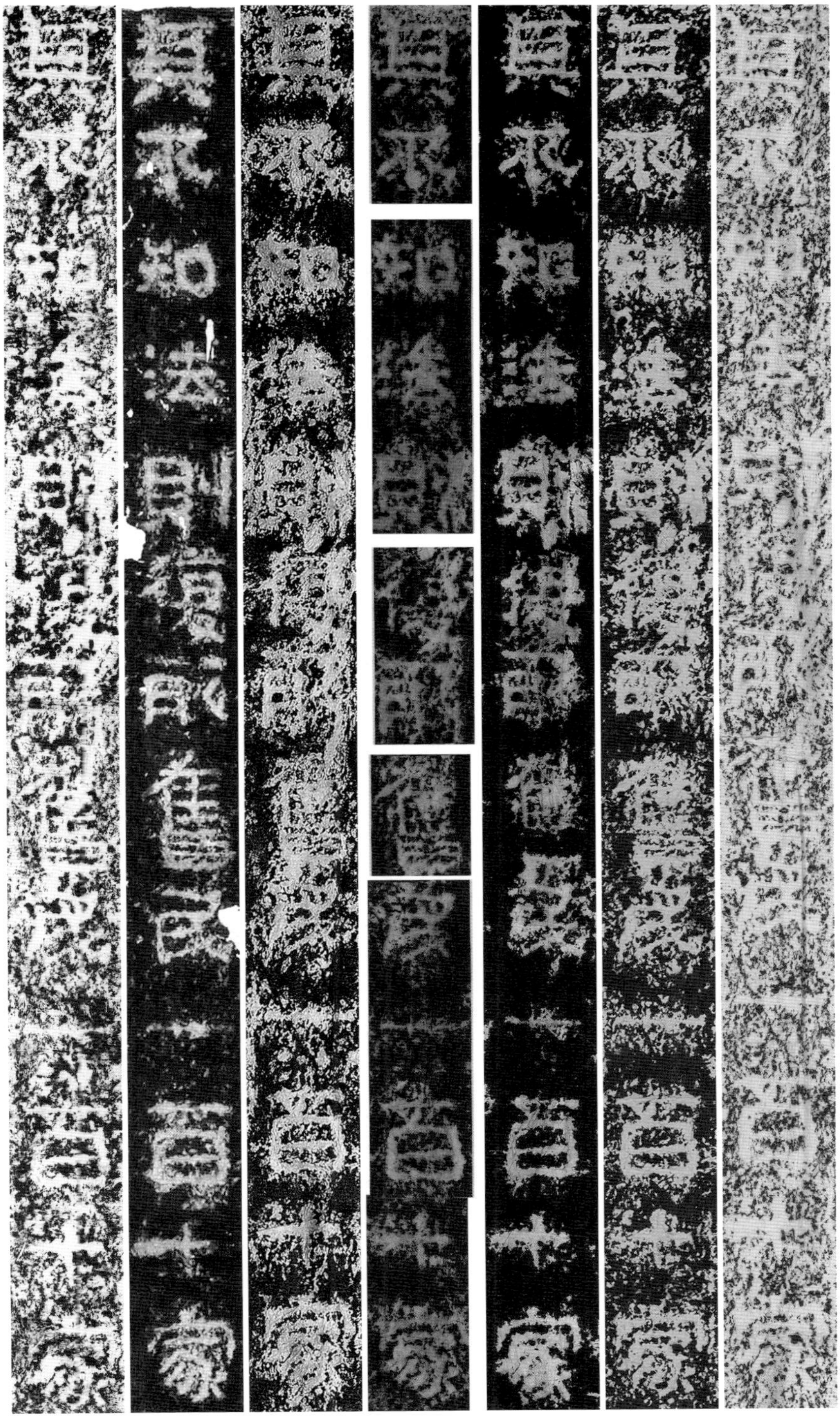

原石拓本釈文	明治大学整紙本釈文	
其	其	1
不	不	2
知	知	3
法	法	4
則	則	5
復	復	6
取	取	7
舊	舊	8
民	民	9
一	一	10
百	百	11
十	十	12
家	家	13

合 14
新 15
舊 16
守 17
墓 18
戸 19
國 20
烟 21
卅 22
看 23
烟 24
三 25
百 26
都 27

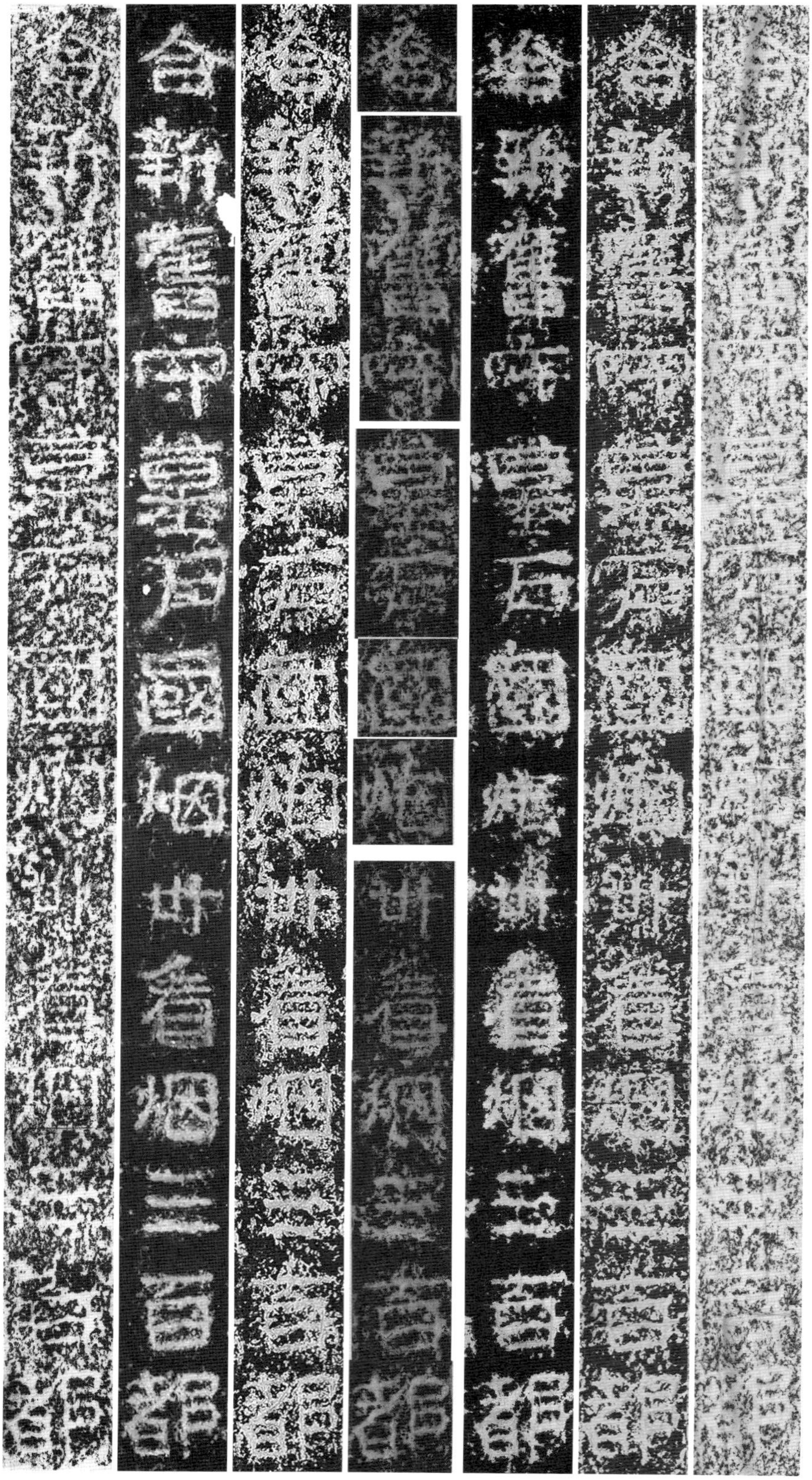

合新舊守墓戸國烟卅看烟三百都

合三百卅家自上祖先王以来墓上

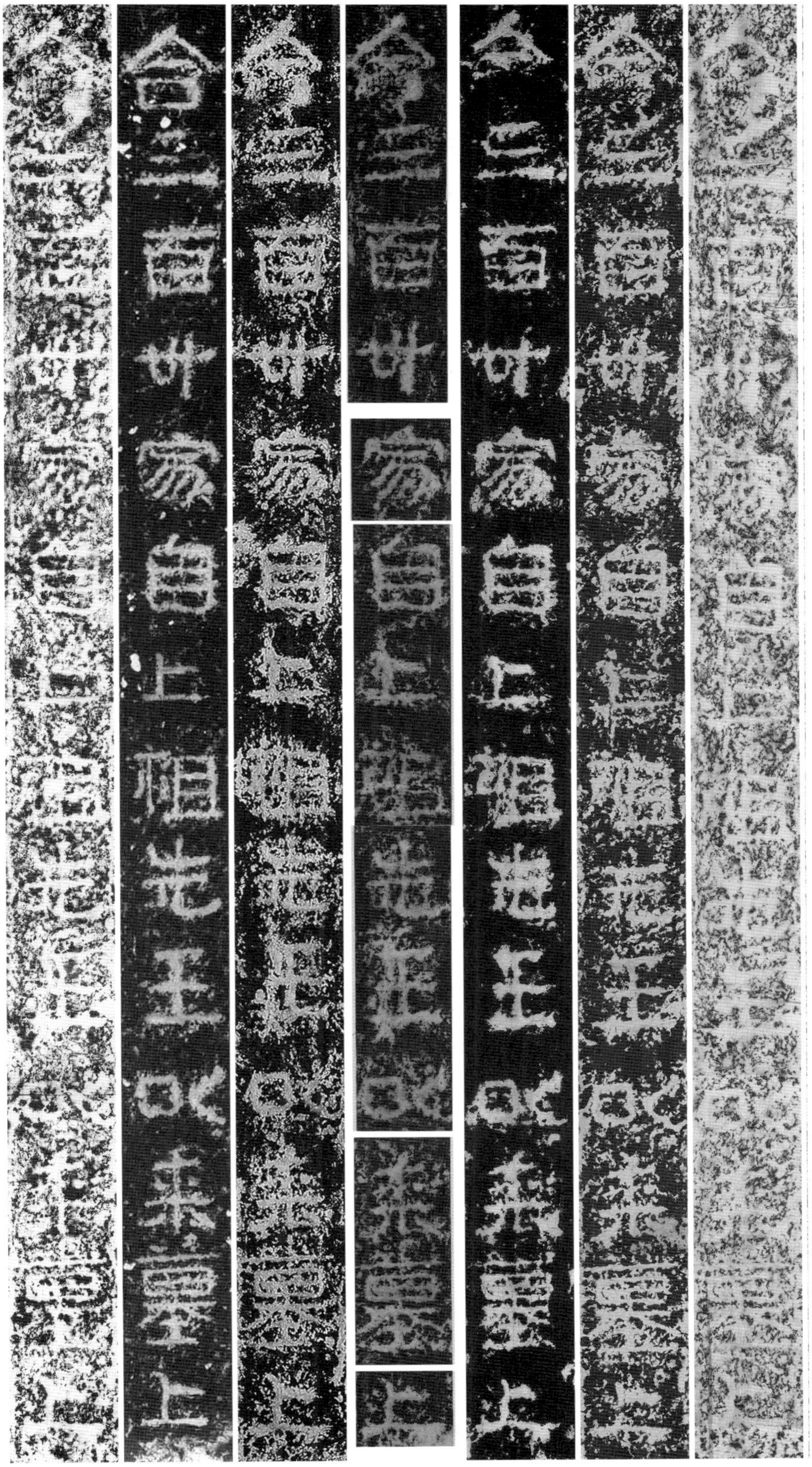

合 28
三 29
百 30
卅 31
家 32
自 33
上 34
祖 35
先 36
王 37
以 38
来 39
墓 40
上 41

第Ⅳ面第８行

原石拓本釈文 ／ A 歴博水谷拓本 ／ C 1－1 内藤湖南本 ／ C 1－2 今西龍本 ／ C 1－3 明治大学剪装本 ／ C 1－3 明治大学整紙本 ／ C2 梶本益一本 ／ C3 関戸力松本 ／ 明治大学整紙本釈文

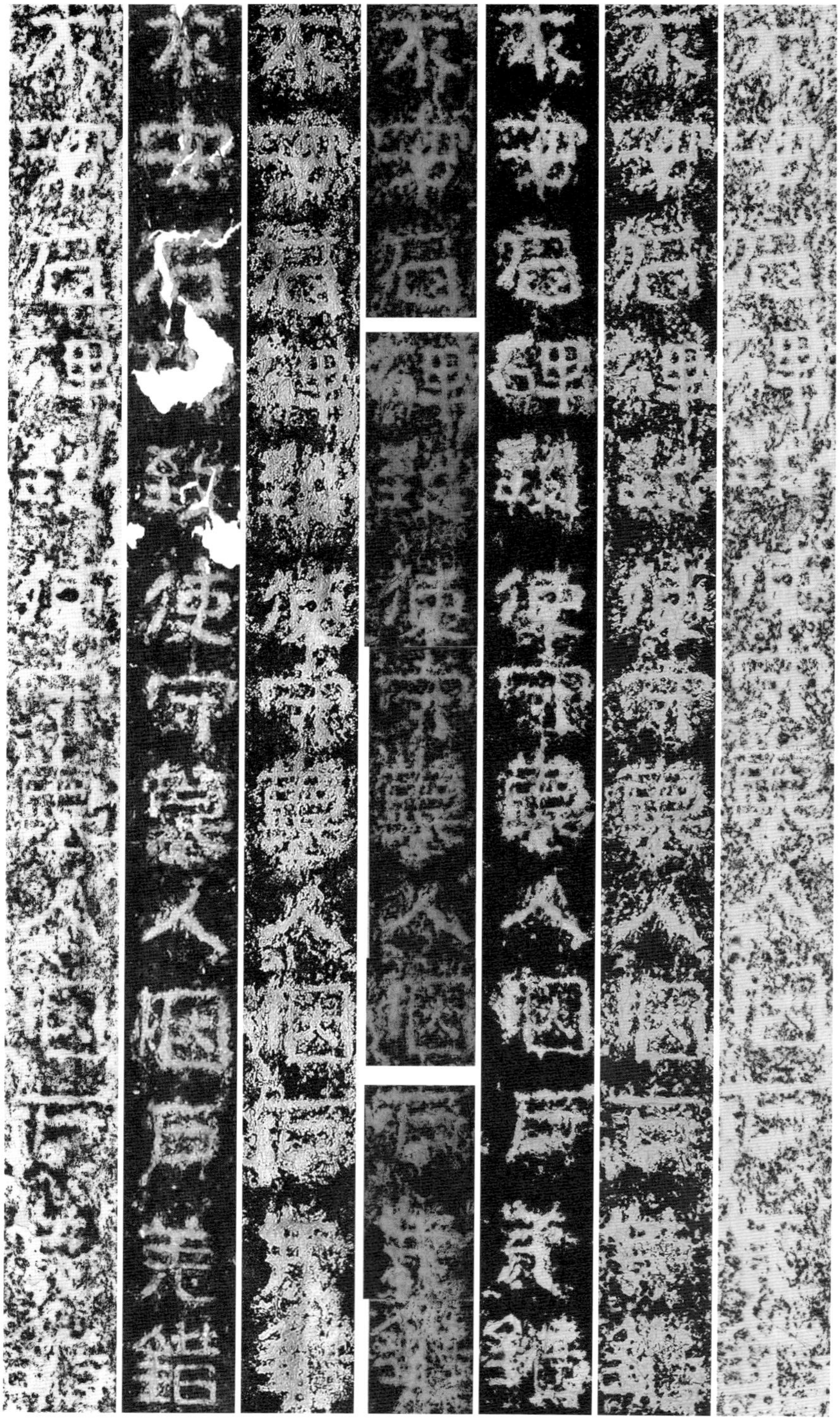

原石拓本釈文	明治大学整紙本釈文	
不	不	1
安	安	2
石	石	3
碑	碑	4
致	致	5
使	使	6
守	守	7
墓	墓	8
人	人	9
烟	烟	10
戸	戸	11
□	□	12*
錯	錯	13

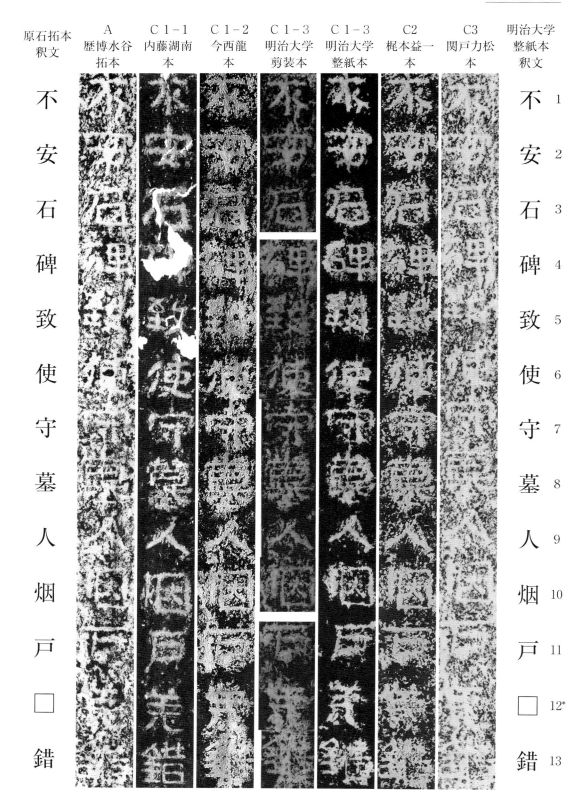

惟 14*
國 15
罡 16
上 17
廣 18
開 19
土 20
境 21
好 22
太 23
王 24
盡 25
為 26
祖 27

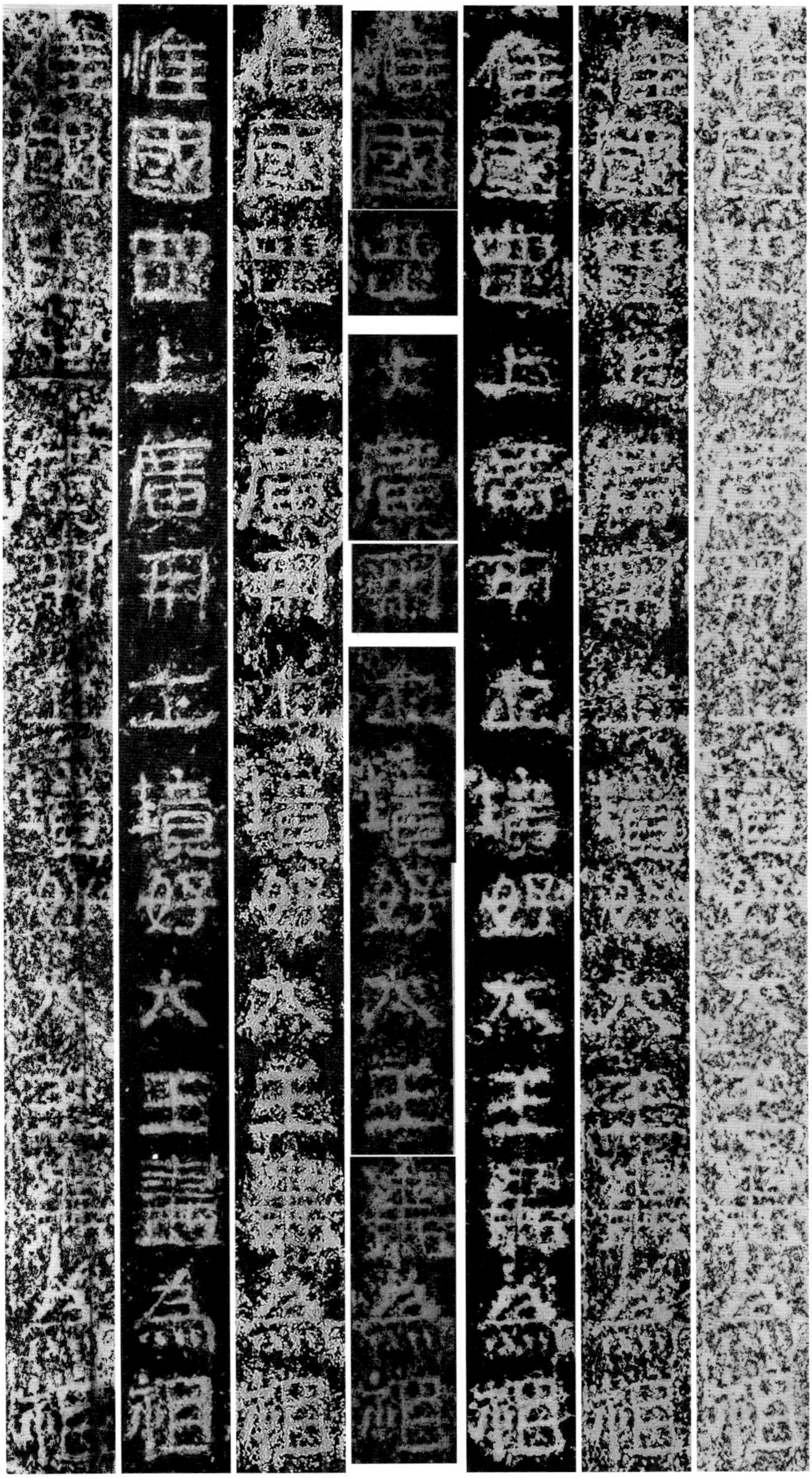

唯國罡上廣開土境好太王盡為祖

先 28
王 29
墓 30
上 31
立 32
碑 33
銘 34
其 35
烟 36
戸 37
不 38
令 39
羌 40*
錯 41

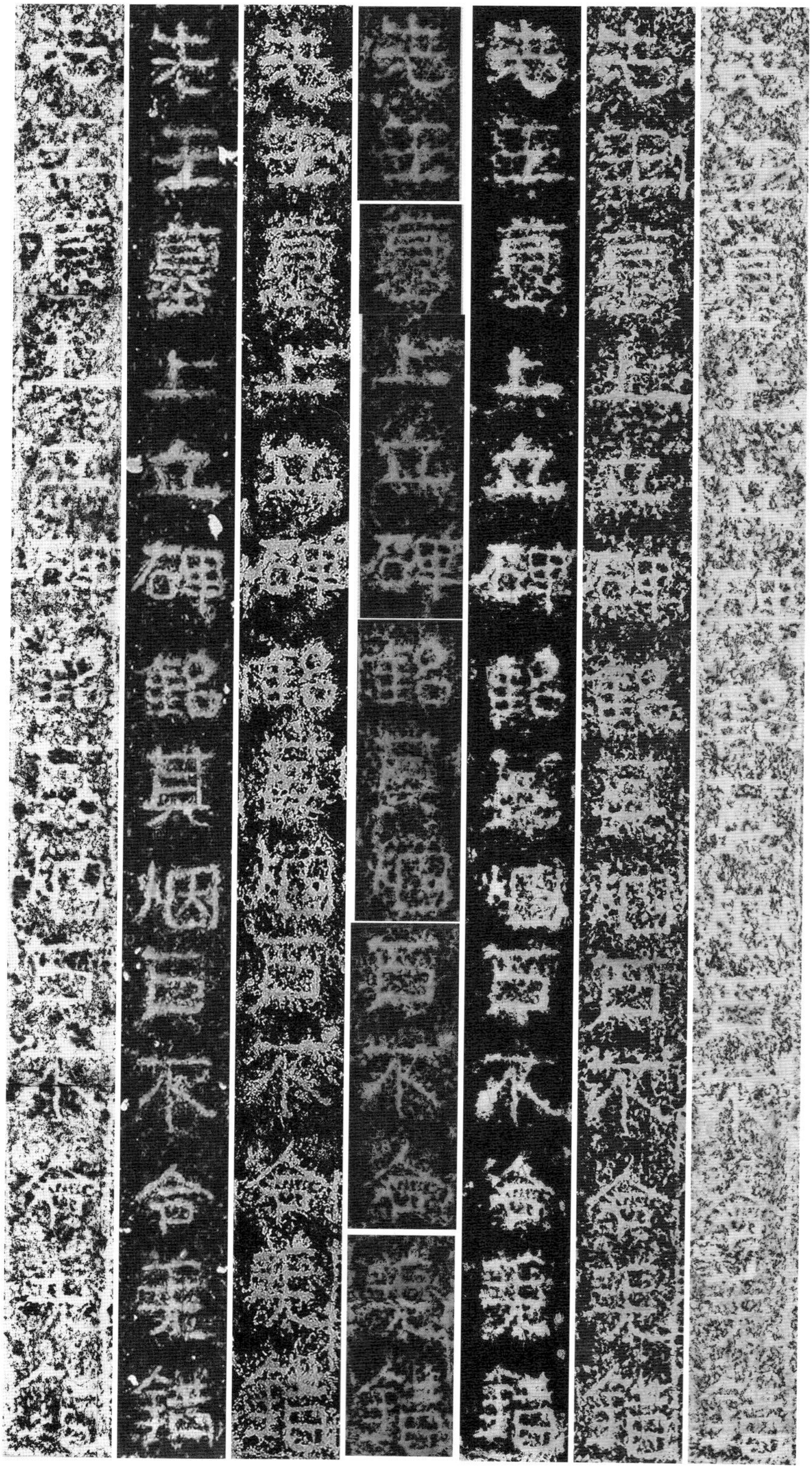

先王墓上立碑銘其烟戸不令羌錯

第Ⅳ面第９行

原石拓本釈文	A 歴博水谷拓本	Ｃ１−１ 内藤湖南本	Ｃ１−２ 今西龍本	Ｃ１−３ 明治大学剪装本	Ｃ１−３ 明治大学整紙本	C2 梶本益一本	C3 関戸力松本	明治大学整紙本釈文	
又						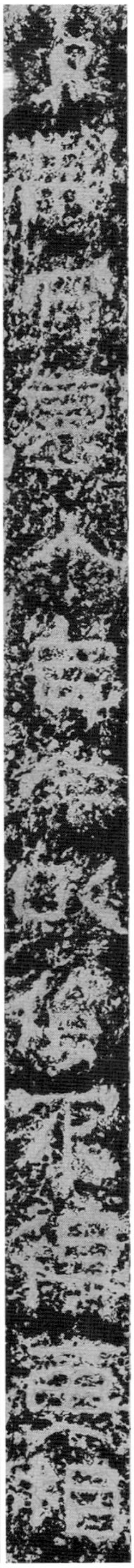	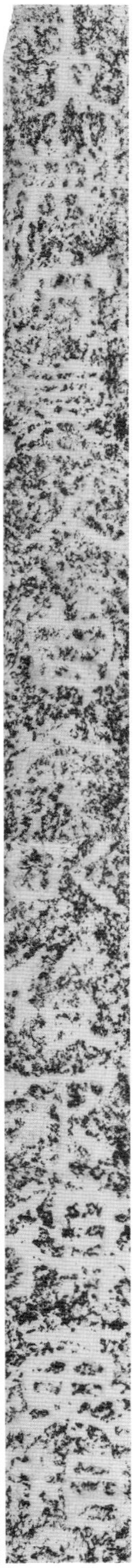	又	1
制								□	2
守								守	3
墓								墓	4
人								人	5
自								自	6
今								今	7
以								以	8
後								後	9
不								不	10
得								得	11
更								更	12
相								相	13

轉 14
賣 15
雖 16
有 17
富 18
足 19
之 20
者 21
亦 22
不 23
得 24
擅 25
買 26
其 27

轉賣雖有富足之者亦不得擅買其

有 28
違 29
令 30
賣 31
者 32
刑 33
之 34
買 35
人 36
制 37
令 38
守 39
墓 40
之 41

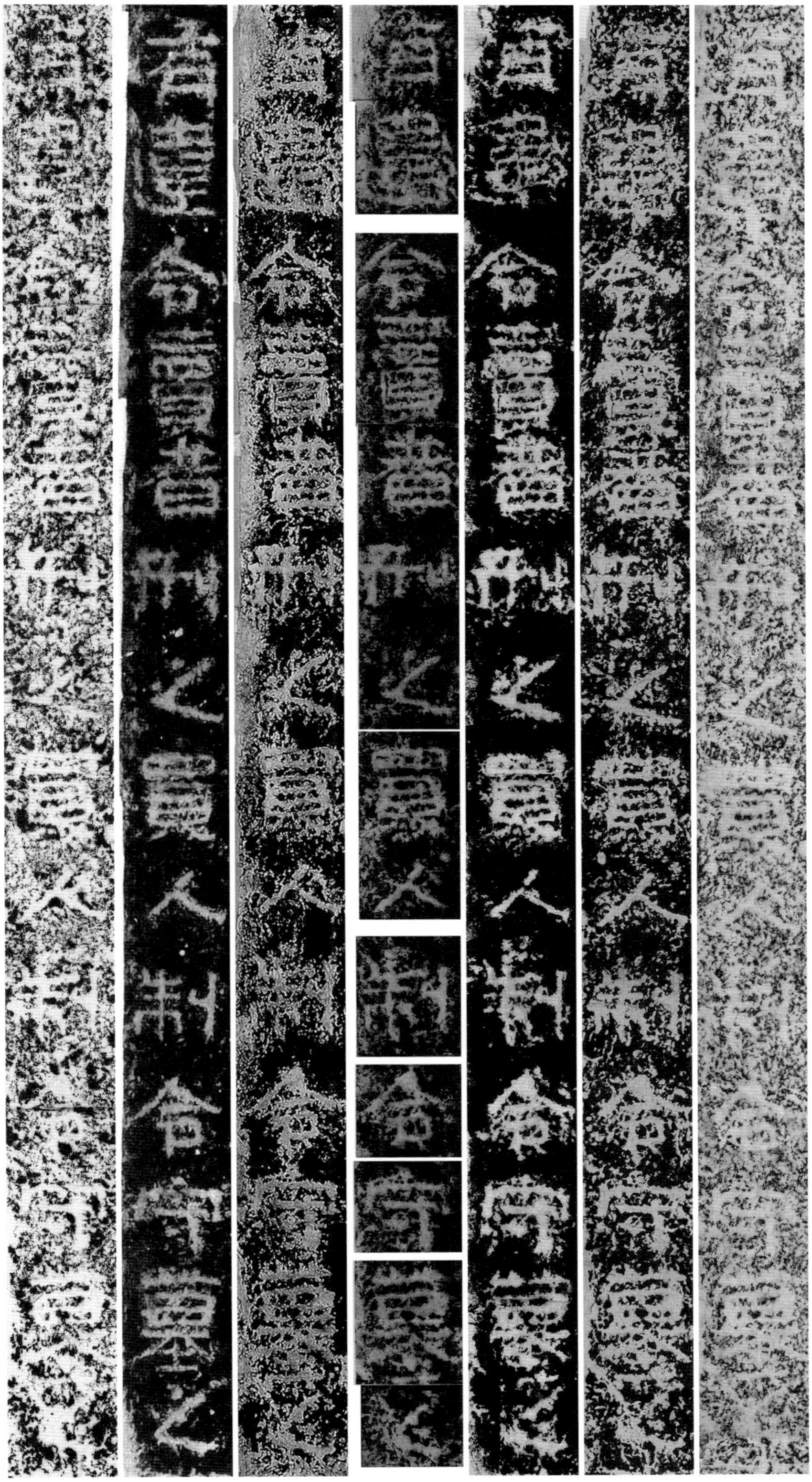

有違令賣者刑之買人制令守墓之

校訂註

【第Ⅰ面】

Ⅰ－1－29　原石拓本は「世」、内藤湖南本以降の石灰拓本はすべて「出」。

Ⅰ－1－31　原石拓本は「而」、内藤湖南本以降の石灰拓本はすべて「子」。

Ⅰ－2－2　内藤湖南本は「車」。

Ⅰ－2－14　明大剪装本は「臨」と判読できる。

Ⅰ－3－11　武田釈文は「流」とする。

Ⅰ－3－27　原石拓本は「天」、内藤湖南本以降の石灰拓本はすべて「因」。

Ⅰ－3－41　武田釈文は「履」、徐釈文は「黄」の一部とする。内藤湖南本以降の石灰拓本はすべて「黄」。

Ⅰ－4－24　武田釈文は「逕」とする。徐釈文は後掲の資料参照。水谷本および今西龍本以降の石灰拓本では「巴」は確認できる。

Ⅰ－5－4　原石拓本は「祚」、内藤湖南本以降の石灰拓本はすべて「祀」。

Ⅰ－5－13　武田釈文は「洽」とする。石灰拓本のうち内藤湖南本のみ「洽」。

Ⅰ－5－20　内藤湖南本は「木」、今西龍本以降は「禾」。

Ⅰ－6－33　武田釈文は「示」、徐釈文は「朩」とする。内藤湖南本以降の石灰拓本はすべて「求」。

Ⅰ－7－11　原石拓本は「稗」、内藤湖南本以降の石灰拓本はすべて「碑」。

Ⅰ－7－14　内藤湖南本は「息」。

Ⅰ－7－16　武田釈文・徐釈文ともに「人」とする。水谷原石拓本・内藤湖南本はともに「又」。

Ⅰ－7－19　徐迹門は「住」とする。内藤湖南本以降の石灰拓本はすべて「住」。

Ⅰ－7－21　原石拓本は「過」、内藤湖南本以降の石灰拓本はすべて「巨」。

Ⅰ－7－24　原石拓本は「貣」、内藤湖南本以降の石灰拓本はすべて「負」。

Ⅰ－7－38　原石拓本は「營」、内藤湖南本以降の石灰拓本はすべて「當」。

Ⅰ－8－12　武田釈文は「襄」とする。徐釈文は後掲の資料参照。内藤湖南本以降の石灰拓本はすべて「智□」。

Ⅰ－8－17　武田釈文は「候」とする。

Ⅰ－9－17　武田釈文は「東」とする。

Ⅰ－9－18　武田釈文・徐釈文ともに「□」とする。

Ⅰ－9－19　武田釈文は「新」とする。

Ⅰ－9－33　徐釈文は「水」とする。内藤湖南本以降の石灰拓本はすべて「水」。

Ⅰ－10－18　武田釈文は「城」とする。

Ⅰ－10－19・20　武田釈文・徐釈文ともに「□」とする。

Ⅰ－10－22　徐釈文は「閣」とする。内藤湖南本以降の石灰拓本はすべて「閣」。

Ⅰ－10－32　武田釈文・徐釈文ともに「舍」とする。

Ⅰ－10－40　武田釈文・徐釈文ともに「城」とする。
Ⅰ－11－4　原石拓本は「珎」、内藤湖南本以降の石灰拓本はすべて「弥」。
Ⅰ－11－18～21　武田釈文・徐釈文ともに「□」とする。
Ⅰ－11－22　武田釈文・徐釈文ともに「城」とする。
Ⅰ－11－27　武田釈文は「城」とする。
Ⅰ－11－28　武田釈文は「瑑」とする。
Ⅰ－11－30　武田釈文は「於」とする。
Ⅰ－11－31　武田釈文は「利」とする。
Ⅰ－11－33　武田釈文は「農」とする。
Ⅰ－11－34　武田釈文は「賣」とする。
Ⅰ－11－35　武田釈文は「城」とする。
Ⅰ－11－40～41　武田釈文・徐釈文ともに「□」とする。

【第Ⅱ面】

Ⅱ－1－9　武田釈文は「太」とする。
Ⅱ－1－14　武田釈文・徐釈文ともに「加」とする。
Ⅱ－1－18　武田釈文・徐釈文ともに「城」とする。
Ⅱ－1－19・20　武田釈文は「□」とする。
Ⅱ－1－21　武田釈文は「城」とする。
Ⅱ－1－27　武田釈文は「那」とする。
Ⅱ－1－30　原石拓本は「旦」、内藤湖南本以降の石灰拓本はすべて「婁」。
Ⅱ－2－11　徐釈文は「至」とする。内藤湖南本以降の石灰拓本はすべて「至」。
Ⅱ－2－13　武田釈文・徐釈文ともに「味」とする。
Ⅱ－2－14　武田釈文・徐釈文ともに「城」とする。
Ⅱ－2－15　徐釈文は「但」とする。
Ⅱ－2－16　徐釈文は「城」とする。
Ⅱ－2－18　武田釈文・徐釈文ともに「□」とする。
Ⅱ－3－4　武田釈文は「城」とする。
Ⅱ－3－5　武田釈文は「儒」とする。
Ⅱ－3－6　徐釈文は後掲の資料参照。
Ⅱ－3－7　武田釈文・徐釈文ともに「盧」とする。内藤湖南本以降の石灰拓本はすべて「羅」。
Ⅱ－3－15　武田釈文は「城」と推定する。
Ⅱ－3－20　原石拓本は「殘」、内藤湖南本以降の石灰拓本はすべて「賊」。
Ⅱ－3－22　武田釈文は「服」、徐釈文は「朋」とする。内藤湖南本・今西龍本は「朋」。
Ⅱ－3－23　原石拓本は「義」、内藤湖南本以降の石灰拓本はすべて「氣」。
Ⅱ－3－24　内藤湖南本のみ作りが「叉」。
Ⅱ－3－40　原石拓本は「□」、内藤湖南本以降の石灰拓本はすべて「横」。
Ⅱ－4－1　武田釈文は「侵」、徐釈文は「歸」の一部とする。
Ⅱ－4－2　武田釈文・徐釈文ともに「穴」とする。
Ⅱ－4－3　徐釈文は後掲の資料参照。

Ⅱ－4－4　武田釈文・徐釈文ともに「便」とする。内藤湖南本・今西龍本は「便」。
Ⅱ－4－5　原石拓本は「圍」、内藤湖南本以降の石灰拓本はすべて「國」。
Ⅱ－4－9　原石拓本は「主」、内藤湖南本以降の石灰拓本はすべて「王」。
Ⅱ－4－13　原石拓本は「□」、内藤湖南本以降の石灰拓本はすべて「出」。
Ⅱ－4－14　武田釈文・徐釈文ともに「男」とする。
Ⅱ－4－17　原石拓本は「□」、内藤湖南本以降の石灰拓本はすべて「白」。
Ⅱ－4－25　原石拓本は「跪」、内藤湖南本以降の石灰拓本はすべて「歸」。
Ⅱ－4－41　武田釈文は「先」とする。
Ⅱ－5－3　内藤湖南本のみ「御」か。
Ⅱ－5－12　武田釈文は「得」とする。
Ⅱ－5－22　原石拓本は「主」、内藤湖南本以降の石灰拓本はすべて「王」。
Ⅱ－5－23　内藤湖南本のみ「吊」。
Ⅱ－6－1　原石拓本は「粛」、内藤湖南本以降の石灰拓本はすべて「吊」。
Ⅱ－6－10　徐釈文は後掲の資料参照。内藤湖南本以降の石灰拓本はすべて「新」。
Ⅱ－6－14　武田釈文・徐釈文ともに「太」とする。
Ⅱ－7－37　原石拓本は「慈」、内藤湖南本以降の石灰拓本はすべて「後」。
Ⅱ－7－38　徐釈文は「矜」とする。
Ⅱ－7－41　武田釈文は「誠」とする。
Ⅱ－8－1　武田釈文は「特」とする。
Ⅱ－8－7　徐釈文は後掲の資料参照。
Ⅱ－8－14　武田釈文・徐釈文ともに「遣」とする。
Ⅱ－8－19　武田釈文は「往」とする。
Ⅱ－8－36　原石拓本は「軍」、内藤湖南本以降の石灰拓本はすべて「兵」。
Ⅱ－9－9　原石拓本は「□」、今西龍本以降の石灰拓本はすべて「来」。
Ⅱ－9－30　内藤湖南本は「抜」。
Ⅱ－9－34　徐釈文は「監」の一部とする。
Ⅱ－9－37　徐釈文は後掲の資料を参照。内藤湖南本は「滿」。
Ⅱ－9－38　徐釈文は「大」とする。原石拓本は「□」、内藤湖南本以降の石灰拓本はすべて「倭」。
Ⅱ－9－41　徐釈文は後掲の資料を参照。
Ⅱ－10－21　徐釈文は後掲の資料を参照。
Ⅱ－10－28　武田釈文は「滿」、徐釈文は「新」の一部とする。
Ⅱ－10－32　徐釈文は「是」の一部とする。
Ⅱ－10－41　武田釈文は「言」とする。

【第Ⅲ面】

Ⅲ－1－1～15　武田釈文・徐釈文ともに「□」とする。

Ⅲ−1−16　武田釈文は「興」とする。
Ⅲ−1−19〜24　武田釈文・徐釈文ともに「□」とする。
Ⅲ−1−28　武田釈文・徐釈文ともに「□」とする。
Ⅲ−1−30　徐釈文は「羅」の一部とする。
Ⅲ−1−31〜38　武田釈文・徐釈文ともに「□」とする。
Ⅲ−1−39　徐釈文は「歹」とする。
Ⅲ−2−3　徐釈文は「遒」とする。
Ⅲ−2−5　武田釈文・徐釈文ともに「安」とする。石灰拓本は梶本益一本以降「安」とよめる。
Ⅲ−2−13　武田釈文は「寐」とする。徐釈文は後掲の資料参照。
Ⅲ−2−19　原石拓本は「論」、内藤湖南本以降の石灰拓本はすべて「朝」。
Ⅲ−2−20　武田釈文は「事」とする。
Ⅲ−2−21　武田釈文・徐釈文ともに「□」とする。
Ⅲ−2−22　武田釈文は「國」、徐釈文は「□」とする。
Ⅲ−2−23　武田釈文は「罡」、徐釈文は「□」とする。
Ⅲ−2−24　武田釈文は「上」、徐釈文は「□」とする。
Ⅲ−2−25　武田釈文は「廣」、徐釈文は「□」とする。
Ⅲ−2−31　武田釈文・徐釈文ともに「王」とする。
Ⅲ−2−32〜34　武田釈文・徐釈文ともに「□」とする。
Ⅲ−2−37　武田釈文は「錦」とする。
Ⅲ−2−40　武田釈文は「□」とする。石灰拓本のうち内藤湖南本は「僕」とよめる。
Ⅲ−3−27　武田釈文は「城」とする。

Ⅲ−3−31〜33　武田釈文・徐釈文ともに「□」とする。
Ⅲ−3−34　武田釈文は「王」、徐釈文は「□」とする。
Ⅲ−3−35　武田釈文は「躬」、徐釈文は「□」とする。
Ⅲ−3−36　武田釈文・徐釈文ともに「率」とする。
Ⅲ−3−37〜38　武田釈文・徐釈文ともに「□」とする。
Ⅲ−3−39　武田釈文は「従」とする。
Ⅲ−4−1〜3　武田釈文・徐釈文ともに「□」とする。
Ⅲ−4−31　武田釈文は「萬」とする。石灰拓本のうち内藤湖南本は「萬」とよめる。
Ⅲ−4−32〜37　武田釈文・徐釈文ともに「□」とする。
Ⅲ−5−1・2　武田釈文・徐釈文ともに「□」とする。
Ⅲ−5−10　石灰拓本のうち内藤湖南本〜明治大学剪装本は「稚」。
Ⅲ−5−30　武田釈文は「婁」とする。石灰拓本のうち内藤湖南本は「婁」とよめる。
Ⅲ−5−35〜40　武田釈文・徐釈文ともに「□」とする。
Ⅲ−5−41　武田釈文は「那」、徐釈文は「□」とする。
Ⅲ−6−1　武田釈文・徐釈文ともに「□」とする。
Ⅲ−6−2　武田釈文・徐釈文ともに「城」とする。
Ⅲ−6−24　武田釈文は「往」とする。
Ⅲ−6−32　武田釈文は「城」と推定する。
Ⅲ−6−37〜40　武田釈文・徐釈文ともに「□」とする。
Ⅲ−7−1　徐釈文は「歸」とする。
Ⅲ−7−3　武田釈文・徐釈文ともに「王」とする。内藤湖南本以降の石灰拓本はすべて「王」。

Ⅲ−7−15　内藤湖南本のみ「陏」。

Ⅲ−7−29　武田釈文は「椯」とする。徐釈文は後掲の資料参照。

Ⅲ−7−30　武田釈文は「社」、徐釈文は「杜」とする。内藤湖南本以降の石灰拓本はすべて「立」。

Ⅲ−7−37　武田釈文は「鴨」とする。

Ⅲ−7−38　武田釈文は「盧」とする。

Ⅲ−7−39〜40　武田釈文・徐釈文ともに「□」とする。

Ⅲ−8−1　徐釈文は「鴨」とする。

Ⅲ−8−22　武田釈文は「句」とする。

Ⅲ−8−33　武田釈文・徐釈文ともに「賈」とする。

Ⅲ−9−1　武田釈文は「民」とする。

Ⅲ−9−33　内藤湖南本のみ「呰」。

Ⅲ−9−40　内藤湖南本のみ「任」。

Ⅲ−10−8　内藤湖南本〜明治大学整紙本は「二」。

Ⅲ−10−32　徐釈文は「改」とする。石灰拓本のうち内藤湖南本は「改」。

Ⅲ−11−33　武田釈文・徐釈文は「烟」とする。

Ⅲ−11−34　徐釈文は「豆」とする。

Ⅲ−12−3　武田釈文は「句」とする。

Ⅲ−12−12　武田釈文は「求」とする。

Ⅲ−12−33　武田釈文は「須」と推定する。石灰拓本のうち内藤湖南本は「家」。

Ⅲ−13−39　武田釈文は「臼」とする。内藤湖南本以降の石灰拓本はすべて「各」。

Ⅲ−14−30　武田釈文・徐釈文ともに「一」とする。

Ⅲ−14−33　武田釈文・徐釈文ともに「三」とする。

Ⅲ−14−35　徐釈文は「鄒」とする。

Ⅲ−14−39　武田釈文・徐釈文ともに「一」とする。内藤湖南本以降の石灰拓本はすべて「六」。

【第Ⅳ面】

Ⅳ−1−6　武田釈文・徐釈文ともに「也」とする。

Ⅳ−2−11　武田釈文は「太」とする。

Ⅳ−2−28　原石拓本は「七」、内藤湖南本以降の石灰拓本はすべて「一」。

Ⅳ−2−35　原石拓本は「看」、内藤湖南本以降の石灰拓本はすべて「都」。

Ⅳ−4−1　武田釈文は「城」とする。

Ⅳ−4−15　武田釈文は「句」とする。

Ⅳ−5−17　武田釈文・徐釈文ともに「教」とする。

Ⅳ−5−19　武田釈文・徐釈文ともに「祖」とする。

Ⅳ−5−26　武田釈文・徐釈文ともに「遠」とする。

Ⅳ−5−34　武田釈文・徐釈文ともに「吾」とする。

Ⅳ−5−40　武田釈文・徐釈文ともに「羸」とする。

Ⅳ−6−15　原石拓本は「巡」、内藤湖南本以降の石灰拓本は「率」。ただし、石灰の剥落により「巡」がみえつつある。

Ⅳ−6−41　武田釈文・徐釈文ともに「慮」とする。

Ⅳ−8−12　武田釈文は「差」、徐釈文は「羌」とする。石灰拓本のうち内藤湖南本は「羌」。

Ⅳ－8－14　原石拓本は「唯」、内藤湖南本以降の石灰拓本はすべて「惟」。

Ⅳ－8－40　武田釈文は「差」とする。

原石拓本に基づいた広開土王碑の録文（徐建新作成）

第Ⅰ面

1 惟昔始祖鄒牟王之創基也出自北夫餘天帝之子母河伯女郎剖卵降世生而有聖犭□□□□□命駕

2 巡幸南下路由夫餘奄利大水王臨津言曰我是皇天之子母河伯女郎鄒牟王為我連葭浮龜應聲卽為

3 連葭浮龜然後造渡於沸流谷忽本西城山上而建都焉不樂世位天遣黃龍來下迎王王於忽本東罡負

4 龍頁昇天顧命世子儒留王以道興治大朱留王紹承基業罒土十七世孫國罡上廣開土境平安好太王

5 二九登祚号為永樂太王恩澤洽于皇天威武振被四海掃除□攵庶寧其業國富民殷五穀豐熟昊天不

6 弔廿有九宴駕棄國以甲寅年九月廿九日乙酉遷就山陵於日立碑銘記勳績以示後世焉其辭曰

7 永樂五年歲在乙未王以稗麗不□□人躬率往討過富山負山至鹽水上破其三部洛六七百營牛馬羣

8 羊不可稱數於是旋駕因過襄平道東牙□城力城北豐五備海遊觀土境田獵而還百殘新羅舊是屬民

9 由來朝貢而倭以來卯年來渡海破百殘二□𠂉羅以為臣民以六年丙申王躬率水軍討伐殘國軍□殘

10 □攻取壹八城臼模盧城各模盧城幹氐利夻□□城閣弥城牟盧城戍弥沙城□舍蔦城阿旦城古利城□

11 利城雜珍城奧利城勾牟城古須耶羅城莫□□□□城分而耶羅城□瑑城□禾城□□□豆奴城沸□□

第Ⅱ面

1 利城弥鄒城也利城大山韓城掃加城敦拔城□□坊□婁賣城散□城那旦城細城牟婁城于婁城蘇灰

2 城燕婁城析支利城巖門至斤味城佢城□□□□□利城就鄒城□拔城古牟婁城閏奴城貫奴城彡穰

3 城□□□□古盧城仇天城□□□□□臾國城殘不服義敢出巨戰王威赫怒渡阿利水遣刺迫城□□

4 訖穴亰便圍城而殘主困逼獻□男女生口一千人細布千匹跪王自誓從今以後永為奴客太王恩赦生

5 迷之愆錄其後順之誠於是□五十八城村七百將殘主弟并大臣十人旋師還都八年戊戌教遣偏師觀

6 歸慎土谷因便抄得莫斤羅城加太羅谷男女三百餘人自此以來朝貢論事九年己亥百殘違誓與倭和

7 通王巡下平穰而新ㄱ遣使白王云倭人滿其國境潰破城池以奴客為民歸王請命太王恩慈矜其忠訃

8 寺遣使還告以宀計十年庚子教遣步騎五萬往救新羅從男居城至新羅城倭滿其中官軍方至倭賊退

9 　　　　　　　□□背急追至任那加羅從拔城城卽歸服安羅人戍兵□新羅城監坓倭冖大潰城内

10 　　　　　　　　　　　　　　　　十九盡巨洧□安羅人戍兵沂□□□昰其□□□□□□□言

第Ⅲ面

1　□□□□□□□□□□□□□□□□□□□□□□□□□□辭□□丟□□□□□□□□歹□潰
2　□□遣□安羅人戍兵昔新羅寐錦未有身來論事□□□□□卌土境好太王□□□示寐□□殘僕句
3　□□□□朝貢十四年甲辰而倭不軌侵入帶方界禾□歹□□石城□連船□□□□率□□之平穰
4　□□□鋒相遇王幢要截盪刺倭寇潰敗斬煞無數十七年丁未教遣步騎五萬□□□□□□□□□師
5　□□合戰斬煞蕩盡所獲鎧鉀一萬餘領軍資器械不可稱數還破沙溝城□城□□□□□□□□□□
6　□城廿年庚戌東夫餘舊是鄒牟王屬民中叛不貢王躬率往討軍到餘城而餘舉國駭□□□□□□□
7　[illegible]□王恩普覆於是旋還又其慕化隨官來者味仇婁鴨盧卑斯麻鴨盧坲社婁鴨盧肅斯舍甲□□□□
8　鴨盧凡所攻破城六十四村一千四百守墓人烟戶賣句余民國烟二看烟三東海賈國烟三看烟五穀城
9　彐四家盡為看烟于城一家為看烟碑利城二家為國烟平穰城民國烟一看烟十訾連二家為看烟俳婁
10　人國烟一看烟卅三梁谷二家為看烟梁城二家為看烟安夫連廿二家為看烟改谷三家為看烟新城三
11　家為看烟南蘇城一家為國烟新來韓穢沙水城國烟一看烟一牟婁城二家為看烟豆比鴨岑韓五家為
12　看烟句牟客頭二家為看烟求底韓一家為看烟舍蔦城韓穢國烟三看烟廿一古□耶羅城一家為看烟
13　旦古城國烟一看烟三客賢韓一家為看烟阿旦城雜珍城合十家為看烟巴奴城韓九家為看烟臼模盧
14　城四家為看烟各模盧城二家為看烟牟水城三家為看烟幹弖利城國烟一看烟三弥鄒城國烟一看烟

第Ⅳ面

1　七也利城三家為看烟豆奴城國烟一看烟二奥利城國烟二看烟八須鄒城國烟二看烟五百
2　殘南居韓國烟一看烟五大山韓城六家為看烟農賣城國烟一看烟七閏奴城國烟二看烟廿二古牟婁
3　城國烟二看烟八瑑城國烟一看烟八味城六家為看烟就咨城五家為看烟彡穰城廿四家為看烟散那
4　城一家為國烟那旦城一家為看烟句牟城一家為看烟於利城八家為看烟比利城三家為看烟細城三
5　家為看烟國罡上廣開土境好太王存時教言祖王先王但教取遠近舊民守墓洒掃吾慮舊民轉當羸劣
6　若吾萬年之後安守墓者但取吾躬巡所略來韓穢令備洒掃言教如此是以如教令取韓穢二百廿家慮
7　其不知法則復取舊民一百十家合新舊守墓戶國烟卅看烟三百都合三百卅家自上祖先王以來墓上
8　不安石碑致使守墓人烟戶差錯唯國罡上廣開土境好太王盡為祖先王墓上立碑銘其烟戶不令差錯
9　又制守墓人自今以後不得更相轉賣雖有富足之者亦不得擅買其有違令賣者刑之買人制令守墓之

附　関係史料「集安高句麗碑」翻刻本文・解説

徐建新

一　概要

集安高句麗碑は、二〇一二年における中国吉林省考古学の重要発見の一つである。集安高句麗碑は二〇一二年七月二九日に、集安現地の農民、馬紹彬が集安市麻線村の麻線河の右岸で、農作業に使う石を探していた時に偶然発見したものである。発見後、集安現地の文物（文化財）担当者と考古関係者により、適切に保護されている。同年一一月、集安市政府は中国政府と吉林省文物担当部門の意見に基づき、集安現地で専門家による検討会を開催し、碑石の性質や年代、碑文の内容について初歩的な鑑定を行った。筆者もその検討会に参加する幸運を得て、新出の碑石を実見した。二〇一三年一月四日の『中国文物報』に掲載された集文による署名記事（以下「『文物報』記事」とする）では、集安高句麗碑の発見を詳しく紹介し、碑文の釈文も初めて公表された[1]。続いて同月には集安と通化地区の研究者による『集安高句麗碑』と題された研究報告書も出版され[2]、豊富な関係資料や明瞭な拓本、碑文の釈文が提示され、碑文の内容とその意義についても詳細な考証が行われている。

集安高句麗碑は、一三〇〇年前の高句麗広開土王（好太王）碑の発見以来、中国国内で発見された二つ目の高句麗の時代の石碑であり、韓国で発見された中原高句麗碑を加えると、これまでに知られている中では、第三の高句麗碑となる。高句麗の七〇〇年余の歴史において、伝世する文字史料は少なく、集安高句麗碑の出土はその点においても貴重なものである。この発見は古代高句麗の政治や経済、文化芸術の研究に重要な価値をもつものである。

集安高句麗碑は集安市麻線高句麗墓区で発見されたが、碑石の石材は花崗岩の一種で、薄い黄糵色をしている。石材はこの地で産出されたものである。碑体は細長い長方形で、上部は狭く下部は幅広くなっていて、正面と裏面、左右両側は平らに加工されている。碑の先端部は圭形であり、後漢以降に中国中原地域で流行した「圭首碑」の形状と似ている。碑先端部の右上角には欠損がある。底部の両端は丸みを帯びていて、中央には枘《ほぞ》がある。碑石表面の色と碑字が刻まれた部分の色、碑石右上の破損箇所が呈する色は一致する。集安高句麗碑は長期間河床に置かれていたことから摩耗しており、損傷は特に碑石の上半分でひどく、碑文の数十字が判読困難となっている。この摩耗状態は、碑石のおかれていた自然状態とその古さを示すものである。集安高句麗碑に残された碑文は、広開土王碑文と密接な関係にあり、その文体や字句はよく似ている。集安高句麗碑の隷書の書体と字体筆画の特徴は、いずれも漢代から南北朝期の漢字の特徴に近い。このことは石碑の製作年代を暗示するだけでなく、別の面から集安高句麗碑の信憑性を裏付けるものでもある。また、このような碑石の現存状態は、集安高句麗碑が古代高句麗時代の遺物であり、近年に製作されたものではないことを示している。

二　集安高句麗碑文の部分的な考証と解釈

集安高句麗碑は、麻線河畔で長年にわたり雨水と自然による風化を受けたことによって、ひどく摩耗している。そのため、集安の現地の学者が苦心のすえ百字余を釈読したことは、実に容易ならざることであった。碑文に残る数十字は不鮮明で、釈読は困難である。

集安市博物館編著『集安高句麗碑』が出版され、これに拓本の写真と碑文の摸写が提示された。ここで公表された摸写と釈文の字数は『文物報』記事に掲載されたものより多く、碑文のうち一五六字が釈読されている。

研究が深まるにつれ、この二つの釈文にさらなる推敲と補充を加えることができるようになった。上記二つの釈文について、私は二つの問題を考えてみたい。一つは、筆者の知るところによると、今回発見された集安高句麗碑には表裏両面にいずれも文字があり、碑石の両側面には文字が刻まれていない。後漢以来、中国中原地区で作成される碑石の多くは、碑文の本文は碑正面（碑陽）に刻まれ、碑の裏面（碑陰）は通例、碑の題名もしくは立碑時に寄付した者の姓名や金額等が記されている。碑によっては碑正面に入りきらなかった内容が裏面に続いて記されている場合もある。集安高句麗碑には二一八字の碑文があるのが正面であり、その裏側が裏面となる。『文物報』記事に掲載された釈文は碑正面のものだけであり、裏面の現状については記事中に「裏面は全体の摩耗がはげしく、人為的に破損された形跡がある」と指摘されているのみである。この「人為的に破損された形跡」という状況がどのような事実から判断されたのか、なお詳細な説明が待たれるところである。また同記事は「裏面の碑文は破損がきわめてひどく、中央部の一行に数カ所の筆画が残っているだけで、文字を識別することはできない」とも述べている。

その後、『集安高句麗碑』に裏面の写真と拓本が初めて掲載されたが、裏面の文字については「裏面には縦一行の碑文があるだけだが、摩耗が激しいため文字を認識することは難しく、左側には人為的に削られた痕跡がある。かすかに文字の筆画は見えるが、字形を識別することは難しい」と述べるだけである。

吉林省文史館の張福有氏が筆者へ提示したところによると、裏面中央には碑文一行があるという。張福有氏および孫仁傑氏の観察と研究によれば、今のところその一行には「□□國烟□□守墓烟戸合廿家石工四烟戸頭六人」等の文字が見え、このほか、この行の左下方に「国六人」の三字を識別している(3)。

集安高句麗碑の正裏両面がどのように関係しているのかについては、さらなる検討が必要である。『文物報』記事にある「人為的に破損された形跡」が何者によって行われたのか、どのような動機と目的によるものであったのか、非常に興味深いものがある。

もう一つの問題は、碑正面の一部の釈文である。石刻の釈読は客観的な実物に基づく主観的判断である。このため異なる調査者による碑文の認識が同じとは限らない。以下は、『集安高句麗碑』に公表された碑石および拓本の写真、さらに張福有氏が筆者に提供した精拓本の写真により、さきの二つの釈文を基礎として集安高句麗碑の釈文を改めて考えてみたものである。

精拓本への仔細な調査を基礎に、まず精拓本による碑文の摸写を行い、

図１　集安高句麗碑文（筆者模写）

碑に残されている筆画を極力描写し、次のような摸写文を作成した（図1参照）。

紙幅の都合もあり、ここではいくつかの碑字について説明を加えるにとどめる。

1　第二行一～四字「□□□子」四字

原碑に欠損があるため、最初の三字は見ることはできないが、後文の「河伯之孫」に続けると、「河伯之孫」の前の四字は王の祖先の出自や身分の描写であると推測される。広開土王碑文には「天帝之子母河伯女郎」（『広開土王碑文』第一面第一行参照）とあり、集安出土の『冉牟墓墨書題記』（『牟頭婁墓志』とも）にも「河泊（伯）之孫日月之子鄒牟王」（『冉牟墓墨書題記』第一～二行）と表されていて、これらはいずれも古代高句麗人が王権の神聖さを強調する時の常套句である。この欠損部分の復原には、前者によって「天帝之子」としても、後者によって「日月之子」としても碑文の本来の意図を誤ることにはならないと考える。

2　第五行第七～一一字「國罡上太王」五字

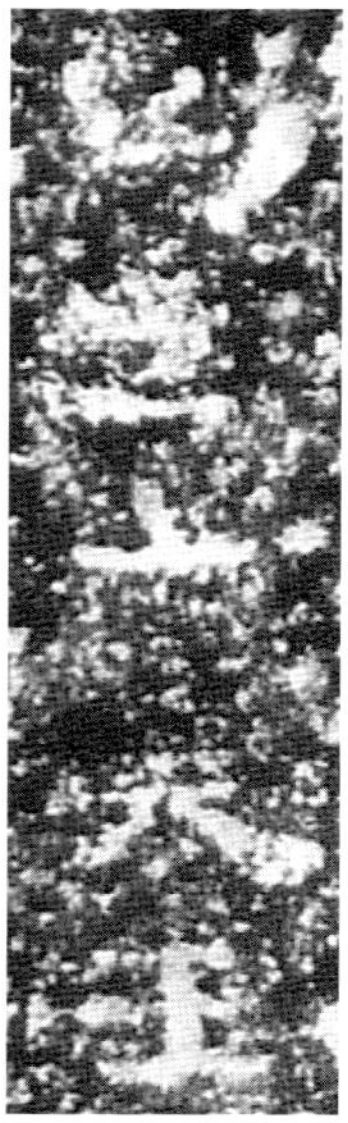

この五字は『文物報』記事に掲載された釈文では「太」の一字（第一〇字）しか釈読されていない。『集安高句麗碑』の釈文では「□罡□太王」と釈読され、「罡」字と「王」字が増えている。私はこれを「國罡上太王」と釈読できると考える。第一字の「國」字は石が割れているが、「國」字のくにがまえ「囗」はぼんやりと見え、くにがまえの中の「戈」字の筆画も残存している。第八字「岡（罡）」字の構造は上に「罒」、下に「止」で「罡」となっていて、この「罡」字は広開土王碑文第一面と第四面に多く見える「罡」字の書き方と同じである。第九字「上」字は碑面での位置がやや上に偏っていて、『文物報』記事掲載の釈文と『集安高句麗碑』の釈文はあるいは慎重を期して、この字を釈読していないのかもしれない。この「上」字の筆画は明瞭であることと、碑面のその下には他の筆画が見えないことから、「上」と解釈できるだろう。第一〇字は『文物報』記事と『集安高句麗碑』の釈文ではいずれも「太」字に釈読していて、本論でも異存はない。第一一字「王」字の下の二本の横線は明らかであり、上の第一画の横線は下の線ほどはっきりはしないが、識別できる。この字を「王」と釈読することに全く疑問はない。以上の五字は「國罡上太王」と釈読すべきであり、筆者はこれを高句麗第十九代王談徳、すなわち高句麗広開土境王平安好太王を指すものと考えている。

3　第七行第四～八字「□□□□石」五字

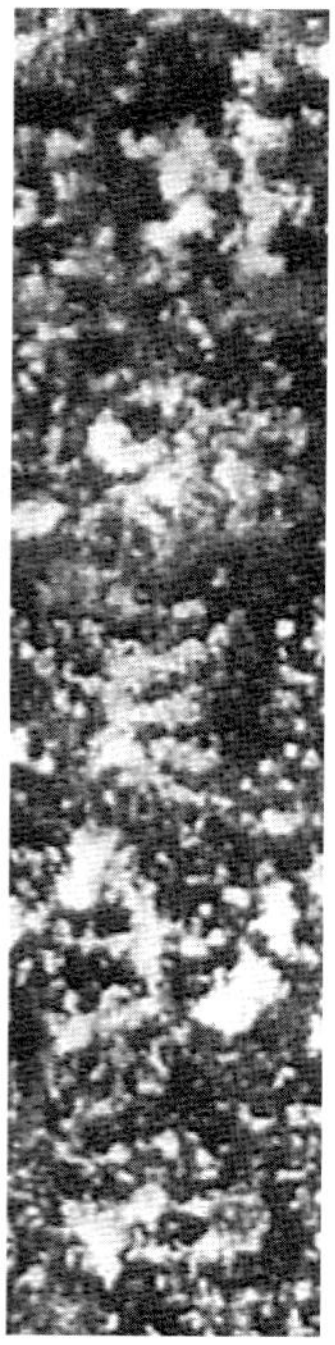

第七行第四～八字は『文物報』記事釈文も『集安高句麗碑』釈文も釈読していない。この数字を釈読したのは張福有氏が最初で、その釈文は「丁卯年刊石」だったが、その後「丁卯歳刊石」と訂正している。筆者は精拓本と対照してみたが、「石」字以外の四字はいずれも筆画の残存はあるが、不明瞭であると考える。手元の金石文資料を見る限り、「丁卯年刊」の四字については南北朝以前の隷書の書法との比較検討をさらに進める必要があると判断する。ここから筆者は張福有氏の「石」字の釈文は受け入れるが、その他四字はひとまず不明の文字として釈読しない。

4　第七行第一〇～一一字「戊申」二字

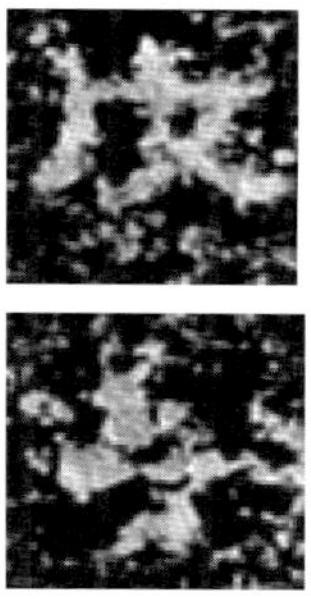

この二文字は『文物報』釈文、『集安高句麗碑』釈文ともに「戊□」としている。「戊□」の二字は干支による紀年を指すものである。「戊」字の釈文について、筆者は異議はない。「戊」字の下の字を張福有氏は「申」とする。筆者が見たいくつかの精拓本では、この字は摩耗がひどく、残画から「申」字を連想することは困難であった。そのため筆者は当初この字を不明として釈読しなかった。その後、張福有氏が撮影した高画質写真の提供を受け、碑字の筆画が浮かびあがるように、ネガ反転させ、色の調整を行ってみた。その結果、「戊」字の下にははっきりとした筆画が確かに残存し、その字形は「申」字に近いことが確認できた。その上の「戊」字とあわせて、筆者はこの字は「申」字と解釈すべきと考える（図2参照）。このことからわかるように、精拓本の碑字と原碑の高画質写真による碑字は全てが一致するわけではないのである。このような不一致の原因は、碑石が長年河水に浸食され、碑面がひどく摩耗したため文字の刻みが浅くなり、さらに拓本の墨が紙ににじむことで、碑字の微細な部分の実際の形状が拓本ではわかりにくくなる。これに対して、高画質写真では正確に碑字の本来の姿を反映することができる。そのため不一致となったということであろう。「戊申」が具体的に何年なのかについては後述する。

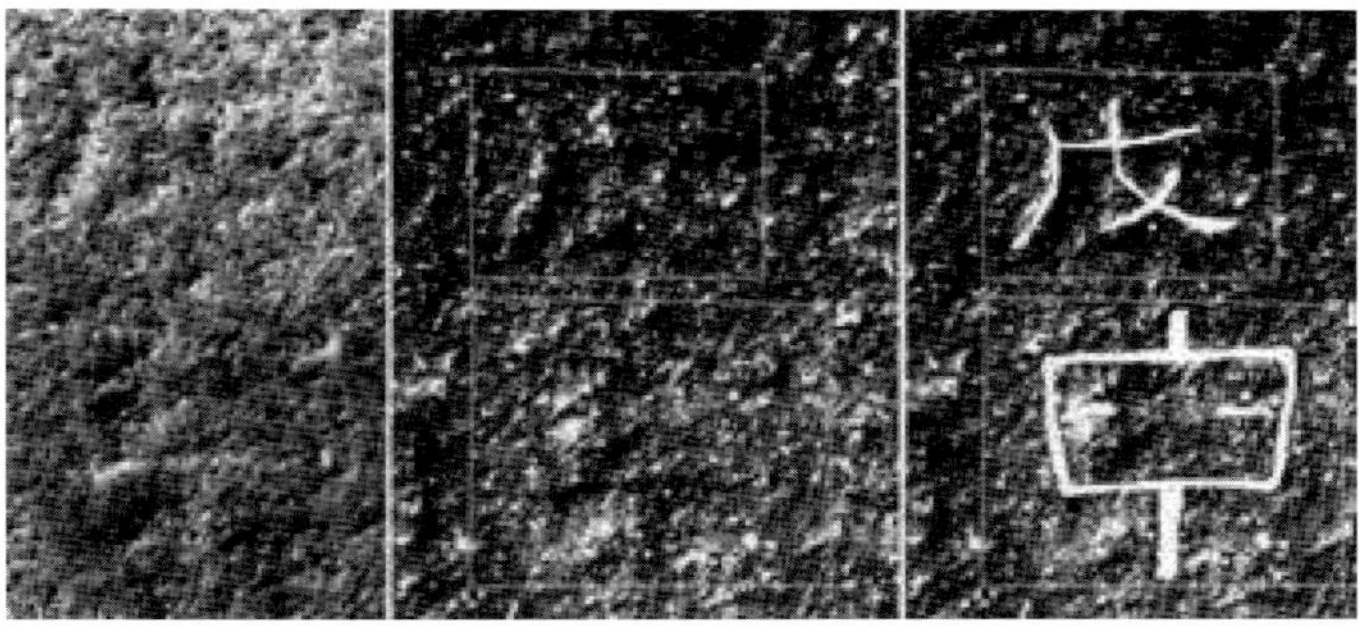

図2　左：原碑写真、中：ネガ反転させたもの、
右：字形をなぞったもの

5　第七行第一三字「律」字

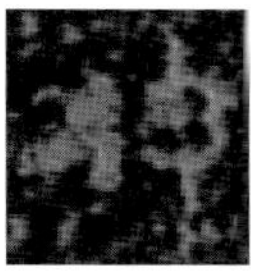

この字は『文物報』釈文、『集安高句麗碑』釈文ともに「律」とする。筆者はこの字を「律」とすることには、やや躊躇している。この字の左

側は「亻」偏とすべきだが、右側の字形は中央左側は口が閉じず、縦棒の下端近くに横棒の筆画の残画があるので、釈読は「律」となる。しかし、右側の中央部分の横棒は飛び出しておらず、漢から南北朝期の金石文に見える「律」の筆画とは異なる。そのため、推測を表す□で囲み「律」とする。

筆者が改めて釈読した結果、碑字一六〇字が確認できるが、そこには推測による一二字も含まれている。そして中国国内外の学界がこの原碑への更なる調査を進めることによって、新たな碑字の釈出や既出の釈文へのさらなる訂正があることは間違いないだろう。上述した釈読から、筆者は『文物報』釈文と『集安高句麗碑』釈文を基礎に、まだ未熟なものではあるが、以下に改めて釈文全体を示してみたい。

1　□□□□世必授天道自承元王始祖鄒牟王之創基也
2　□□□子河伯之孫神□□□假蔭開國辟土継胤相承
3　□□□□各家烟戸以此河流四時祭祀然□世悠長烟
4　□□□□烟戸□□□□富□□轉賣□□守墓者以銘
5　□□□□□□國罡上太王□平□□王神□□與東西
6　□□□□□國追述先聖功勳弥高□烈継古人之慷慨
7　□□□□□□□石自戊申定律教内發令其脩復各於
8　□□□□立碑銘其烟戸頭廿人名以示後世自今以後
9　守墓之民不得擅買更相擅賣雖富足之者亦不得其買
10　賣□若違令者後世□嗣之□看其碑文与其罪過

三　集安高句麗碑の立碑年代

集安新出の石碑における「鄒牟王」「國罡上太王」「烟戸」等の碑字から議論の余地もなく明らかなように、この碑の内容は古代高句麗王国の歴史に関わるものである。高句麗王国の歴史は紀元前三七年に始まり、紀元六六八年に終わる。この碑は高句麗七〇五年間の歴史のうちどの時期に立てられたものであろうか。このことは集安高句麗碑を研究するにあたり、まずはっきりとさせておかなければならない問題である。

碑文には中国古代の干支による紀年が提示されている。それが碑文第七行第一〇～一一字の「戊申」である。この「戊申」が集安高句麗碑の立碑の年代を示すのであろうか。筆者はそうではないと考えている。集安高句麗碑の「戊申」二字は、その前にあるのが起点を示す前置詞の「自」字であり、その後ろには「定律」二字がある。集安高句麗碑の「自戊申定律」は「戊申年より制定された律法」の意味であり、ここでの「戊申」年とこの後の「……立碑、銘其烟戸頭廿人名、以示後世」とは因果関係であって、時間や方位の境界を示すものではない。

碑文の「戊申」年のある文全体の内容は「自戊申定律、教内發令其脩復、各於□□□□立碑、銘其烟戸頭廿人名、以示後世」である。この文の前とこの文の中途には欠損が多く、碑文の文意ははっきりとしないが、筆者はおおよその意味として「戊申の年より（守墓制度に関する）律法が制定されており、そこで（王陵関連施設の）修復の命を公布し、あわせてそれぞれの（王陵の近くに）碑を立て、碑には守墓人烟戸頭二〇人の名前を刻して後世の人々に知らしめよ」と推測する。このほか、集安高句麗碑の裏面の「□□國烟□□守墓烟戸合廿家石工四烟戸頭六人」（張福有釈文）等の文字もまた碑石に烟戸の名が刻まれた事実を暗示するものである。上述の解釈はひとつの推測にすぎないが、明らかなのは戊申の年に制定された律法の内容は高句麗王陵の守墓制度と密接な関係にあることである。その後、諸王陵に碑が立てられ、烟戸の名が刻まれたことはこの戊申年に制定された法律の具体的な措置と考えるべきである。「戊申定律」によって定められた守墓烟戸制度に関わる措置と行動は、どのような出来事を指すのだろうか。これは広開土王碑文の中にその答えを見つけることができる。広開土王碑文の記載は次のようになっている。広開土王即位前に、高句麗にはすでに烟戸を置き、祖先の王墓で守墓や清掃を行う制度があった（「祖王、先王、但教取遠近旧民守墓洒掃」）。だが広開土王以前には、高句麗はこの制度のために立碑するという規定はなかった（「自上祖先王以来、墓上不安石碑」）。広開土王が即位（三九一年）した後、守墓烟戸に間違いが生じるのを防ぐため、石碑に烟戸の姓名や人数を刻み、それを全ての祖先王墓の近くに立てたのである（「惟國罡上廣開土境好太王、尽爲祖先王墓上立碑、銘其烟戸、不令差錯」）。この法規定は広開土王生前には「教」（王の命令）の形式で口頭で公布されていた（「廣開土境好太王存時教言。祖王、先王、但教取遠近舊民守墓洒掃。吾慮舊民転当羸劣、若吾萬年之後、安守墓者、但取吾躬巡所略来韓穢、令備洒掃」）。以上の内容からも、祖先の王陵に碑を立て、守墓烟戸の姓名や人数を刻むという法規定は広開土王治世期間（西暦三九一～四一二）に制定され、実施に付されたことがわかる。このように考えると、集安高句麗碑の戊申年定律とその後の立碑および烟戸の姓名等の刻字は広開土王即位以降に行われたとすべきであり、やはり戊申年の具体的な年次は広開土王治世期間、すなわち三九一年から四一二年の間のことと判断される。三九一年から四一二年の間の「戊申」は一度のみで、それは四〇八年である。これによって集安高句麗碑文の「戊申」年は四〇八年を示すとすべきである。

しかし、以上の分析は、集安高句麗碑の碑文にみえる「戊申」年が碑の立碑年であることを証明するものではない。筆者は集安高句麗碑の立碑年の問題は、別の角度から見るべきと考える。実際のところ、碑文に用いられている王の諡号は集安高句麗碑の立碑年代を確定するのに重要な情報である。先に述べたように、集安高句麗碑第五行第七～一一字の「國罡上太王」は広開土王碑文の広開土王と同一人物、すなわち高句麗第十九代王談徳を指すものである。広開土王碑文によると、談徳の生前の尊号は「永楽太王」であり、逝去後の正式な諡号は「國罡上廣開土境平安好太王」である。高句麗の金石文には広開土王逝去後の称謂としては、ほかに「國罡上聖太王」（集安下解放墓区で発見された『冉牟墓墨書題記』第八～九行）、「國罡上廣開土地好太聖王」（『冉牟墓墨書題記』第四二～四三行、朴時亨氏の釈文による。耿鉄華氏の最新の釈文では「國罡上太王聖地好太聖王」である）[4]、さらに「國罡上廣開土地好太王」（韓国慶州出土の「好太王壺杅」銘文）、「廣開土境好太王」（広開土王碑文第三面二行）、「國罡上廣開土境好太王」（広開土王碑文第四面第五行、第八行）もある。おそらく「國罡上廣開土境平安好太王」が広開土王の正式な諡号であり、「國罡上太王」「國罡上聖太王」「國罡上太王聖地好太聖王」「廣開土境好太王」「國罡上廣開土境好太王」等はいずれも広開土王の諡号の略称または諡号に基づいた尊称や別称であろう。

古代人の諡号とは死後に贈られる称号である。このため集安高句麗碑文にみえる「國罡上太王」の諡号から、立碑年代は高句麗第十九代広開土王の逝去の年、すなわち四一二年以降となる。この年が集安高句麗碑が立てられた時期の上限であり、集安高句麗碑の立碑年代が四一二年より早くなることはない。

　広開土王碑文の記載から、広開土王は在世中、祖先王陵の祭祀と清掃を行う守墓制度に大きな関心をよせ、また自らの死後、自分の陵墓の守墓烟戸を誰に行わせるかという問題についても明確な命令を下している（「若吾萬年之後、安守墓者、但取吾躬巡所略来韓穢、令備洒掃」）。広開土王碑文から証明されるように、広開土王の跡を継いだ長寿王は先王の守墓人烟戸に関する制度と規定を忠実に継承している（「言教如此、是以如教。[5]今取韓穢二百廿家、慮其不知法則、復取舊民一百十家、合新舊守墓戸國烟卅、看烟三百、都合三百卅家」）。四二七年、長寿王は高句麗の都を国内城（今の集安市）から平壌に遷す。遷都前、長寿王が祖先祭祀や王陵守護を適切に手配し、改めて守墓人烟戸の売買を禁止する法令を刻した石碑を王陵区に立て、守墓制度の実施を確かなものとしようとしたことは、想像に難くない。

　以上の理解により、筆者は集安高句麗碑の立碑年代が四一二年（広開土王逝去後）から四二七年（長寿王遷都前）の間である可能性が極めて高いと考えている。

四　集安高句麗碑の内容と性質及び広開土王碑文との関連

　集安高句麗碑は全文二一八字であり、この字数は広開土王碑文のおよそ八分の一である。だが碑文が欠損しているため、碑文の内容とその意味を把握し、釈読するのは広開土王碑よりも難しい。前述した釈文によってもわかるように、現状の集安高句麗碑で完全に文字が残るのは第九行目のみであり、他の行にはいずれも上部に未釈の碑字がある。このように欠損部分を多く含む碑文ながらも、碑文の内容はおよそ三つの部分に分けることができる。理解の一助とするため、碑文についての初歩的な区分を行ってみたい。もちろん、碑文に欠損があることから、ここでの区分は必ずしも絶対的なものではない。

　碑文の第一部分は第一行第一字から第三行第一六字までであり、その釈文は以下の通りである。「□□□□世、必授天道。自承元王始祖鄒牟王之創基也。□□□子、河伯之孫。神□□□假蔭開國辟土、継胤相承。□□□□各家烟戸、以此河流、四時祭祀。」

　第一部分は五七字あり、そのうち欠損は一四字である。この部分の碑文は広開土王碑と同様に高句麗王権の形成、王権と祖先神（天帝・河伯）との血縁関係を述べる。さらに先王が天道の手引きと神の加護を得て、開疆闢土の偉業を実現し、世代継承してきたことを強調する。ここから国の基礎を創立した先王が逝去した後は守墓烟戸を安置し、河の流れを利用して一年のそれぞれの季節に祭祀と清掃を行う必要がある。碑文から理解されることは、当時の高句麗の社会制度とイデオロギーにおいては、天神と河神・国家の基礎・王と祖先神の血縁関係・王権の強化と維持・守墓烟戸・王陵の清掃と祭祀儀式を行う人と制度は全てが内在的、必然的に関係を持つものであった。立碑者は王権の由来と先王の事跡を述べることから、高句麗王権の神聖性と正統性、合法性を強調している。王陵の守墓制度の形成と、河水を利用した河伯や祖先および諸先王の王陵に対する祭祀や清掃もまた、上記の神聖性と正統性、合法性を宣揚し、高句麗社会制度を強固なものとする重要な内容なのである。この部分は高句麗の建国と守墓烟戸制度を維持する理由について必要なことを陳述した部分といえるだろう。

碑文の第二部分は第三行第一七字から第八行第一八字までで、その釈文は以下の通りである。「然□世悠長、烟□□□烟戸□□□富□□轉賣□□守墓者以銘□□□□□國罡上太王□平□□王神□□與東西□□□□□國。追述先聖功勳、弥高□烈、継古人之慷慨□□□□□□石。自戊申定律、教內發令其脩復。各於□□□立碑、銘其烟戸頭廿人名、以示後世。」

第二部分の碑文には欠損が多く、詳細な内容を把握するのは難しい。例えば「以銘」「與東西」「教內」等の字が述べていることはわからない。この部分の冒頭の文字「然」は転換の接続詞であり、その前の段とは異なる事柄が現れることを示している。残存する碑字から見て、ここでは時間の経過にともない、「富」者が守墓人烟戸を転売する事態が発生し、烟戸の数に錯誤が生じたこと、そして王陵関連施設も何らかの損壊を受けるなどの社会現象までもが発生していたことを示している。守墓人烟戸を転売するような行為や王陵施設の維持が行き届かない情況は先王に対する不敬であり、また王権の正統性・神聖性を無視するものでもある。このため、これらの行為は阻止し是正しなければならない。碑文は「國罡上太王」から始まり、転換して「國罡上太王」(好太王)時期の烟戸制度を述べるところとなる。前述の守墓制度が日を追って緩んできていることを背景として、王陵の守墓制度を強化し完全なものとするために、広開土王は戊申の年(四〇八年)に律法を制定し、破損した王陵の施設を修復するように命令を下し、さらに王陵の近くに碑を立て、守墓烟戸頭二〇人の名を刻んだのである。この立碑の目的は先王の偉大な勲功を後世の人の心に刻みつけ、古人(祖先)の慷慨なる業績を継承することである。

以上の分析からわかることは、第二部分の碑文はおおよそのところ、因果関係のある二段階の意味を含んでいる。第一段の内容は高句麗社会に現れた守墓制度を維持するのに不利な現象を指摘し、第二段では広開土王の在世期間に守墓制度を強化し完全なものとするために実施された様々な措置を述べたものである。ここで説明しておきたいことは、以上の第二部分の分析は筆者の現在の釈文のみに基づくものであり、今後新たに碑字が釈読された場合には、この部分の解説にも変化が生じる可能性もある点である。

碑文の第三部分は第八行第一九字から第一〇行第二〇字までであり、その釈文は以下の通りである。「自今以後、守墓之民不得擅買、更相擅賣。雖富足之者、亦不得其買賣。□若違令者、後世□嗣之□、看其碑文、与其罪過。」

この部分の碑文は守墓人烟戸制度の懲罰にかかわる法規定であり、その内容は随意に王陵の守墓烟戸を売買してはならないことを規定する。高句麗社会の統治階級に属する富裕階層であっても烟戸を売買してはならず、これを守らなければ、命令に背いた者とその子孫は全員、処罰を受けることになる。この内容と似た懲罰についての法規定が広開土王碑文にもある。

以上に述べたことをまとめると、碑文の第一部分は守墓制度を確立した理由とその必要性について説明したものであり、第二部分は広開土王が守墓烟戸制度を維持強化するために法律の形でさらなる具体的な統制措置を示したこと、碑文の第三部分は立碑者が広開土王碑文で強調されている懲罰についての法規定を改めて繰り返し、高句麗社会の各階層の成員に訓戒を与え、特に守墓烟戸を使用・管理することに関わる人々には、王陵の守墓制度に関わる法規定に違反してはならず、それを守らなければ懲罰を受けなければならないとする。碑文の中心的な内容は守墓烟戸制度を説明することで、その目的は違法なことを企てる人物に訓戒を与えることである。ここから、筆者は集安高句麗碑の性質は訓戒を与えるための一種の告誡碑と考える。

集安高句麗碑が発見されてから、その碑文に見える守墓烟戸制度に関わる内容と広開土王碑文との関係が広く注目を集めている。その学説を要約すると次のようになる。

一、碑文の「以此河流、四時祭祀」という記載から古代高句麗の守墓制度には河川の水を利用して先王の陵墓に四時の祭祀を行うことが含まれていたことがわかる。これと類似する内容は広開土王碑文には見えない。古代高句麗の祭祀は中国・朝鮮の古代の文献史料に多くの記載があるが、この集安高句麗碑の出土は高句麗の守墓烟戸制度の宗教祭祀活動を研究するための新たな資料となるものである。

二、高句麗の守墓烟戸制度には「烟戸頭」と呼ばれる身分集団が存在し、それは守墓烟戸制度の末端の管理者であると同時に、日常の祭祀や清掃活動を組織するものでもある。この烟戸頭はおそらく、守墓制度の法規を理解した高句麗人、すなわち広開土王碑文に言う「遠近旧民」から生じたものであろう。

三、高句麗社会における法律違反や守墓烟戸を売買する現象について、高句麗国家は厳格な懲罰措置を制定していた。広開土王碑文に記載された懲罰措置は「売者刑之、買人制令守墓之」である。集安高句麗碑文では、この懲罰は更に強められているようである。懲罰の対象は烟戸の売買に従事した当事者だけではなく、その子孫も含まれている（「□若違令者、後世□嗣之□、看其碑文、与其罪過」）。

総じていえば、集安高句麗碑の出現によって、古代中国・朝鮮の文献史料と広開土王碑文に記載されている古代高句麗の守墓烟戸制度を検討する、新たな実物資料と証拠が加わったのである。

資　料

一『文物報』掲載の集安高句麗碑の釈文、一四〇字（簡体字）

1 □□□□世必□天道自承元王始祖邹牟王之创基也
2 □□□子河伯之孙神□□□□荫开国辟土继胤相承
3 □□□□□□烟户以□河流四时祭祀然□□俻长烟
4 □□□□烟□□□□□富足□转卖□□守墓者以铭
5 □□□□□□□□□太□□□□□王神□□与东西
6 □□□□□□追述先圣功勋弥高悠烈继古人之慷慨
7 □□□□□□□□自戊□定律教□发令□修复各于
8 □□□□立碑铭其烟户头廿人名□示后世自今以后
9 守墓之民不得□□更相转卖虽富足之者亦不得其买
10 卖□□违令者后世□嗣□□看其碑文与其罪过

二『集安高句麗碑』掲載の釈文、一五六字

1 □□□□世必授天道自承元王始祖鄒牟王之創基也
2 □□□子河伯之孫神靈祐護蔽蔭開国辟土繼胤相承

3 □□□□□烟戸以此河流四時祭祀然而□備長烟
4 □□□□烟戸□□□□富足□轉賣□□守墓者以銘
5 □□□□□□罡□太王□□□□王神□□輿東西
6 □□□□□□追述先聖功勛彌高悠烈繼古人之慷慨
7 □□□□□□□自戊□定律教□發令其修復各於
8 □□□□立碑銘其烟戸頭廿人名以示後世自今以後
9 守墓之民不得擅自更相轉賣雖富足之者亦不得其買
10 賣如有違令者後世□嗣□□看其碑文與其罪過

註

（1）集文「村民発現並報告文物部門　吉林集安新見高句麗石碑」（『中国文物報』二〇一三年一月四日）。
（2）集安市博物館編著『集安高句麗碑』（吉林大学出版社、二〇一三年）。
（3）碑陰（裏面）中央一行の文字の釈読について、筆者は張福有氏提供の写真と釈文に依っている。張氏釈文の「四烟戸頭六人」等の文字について筆者はなお検討の余地のあるものと考えている。
（4）耿鉄華『好太王碑一千五百八十年祭』（中国社会科学出版社、二〇〇三年）、三六三～三六六頁。
（5）この「今」字は、王健群氏ら多くの学者の釈文では「令」字であり、全文では「言教如此、是以如教令。」となる。このほか『奉天省輯安古跡』と『韓国金石全文』の釈文では「今」字になっている。筆者は広開土王碑文に見える「令」字と「今」字の書き方の特徴と比較し、碑文の文脈とも合わせて、この字は「今」字に釈すべきと考える。

（翻訳　石黒ひさ子）

第二部　論考編

第一章　明治大学本の書誌と採拓年代

矢越葉子

一　整紙本と剪装本の書誌

明治大学図書館は二種の広開土王碑拓本、整紙本と剪装本を所蔵している。ここではその書誌を紹介し、併せて採拓年代を検討する。

まず、基本的な書誌であるが、整紙本は裁断されずに未表装の状態で、第Ⅰ面から第Ⅳ面の全四面分がすべてのこる（これ以降、先学にしたがい、各面は「第Ⅰ面」のように表す）。拓紙は単層である。碑面に石灰が塗布され始めてから採拓されたいわゆる石灰拓本で、広げた際に石灰の小さな固まりが剥落することもある。各面の法量は、第Ⅰ面が全長五四一・二×上端幅一四六・〇、下端幅一四四・〇cm、第Ⅱ面が全長五三一・四×上端幅一〇〇・〇、下端幅一〇八・四cm、第Ⅲ面が全長五四〇・五×上端幅一八一・〇、下端幅一七八・〇cm、第Ⅳ面が全長五三四・五×上端幅一〇四・五、下端幅一二一・二cmである。第Ⅱ面から第Ⅳ面の背面上部には、「二」「三」「四」の附箋（図1、「二」「三」は天地逆、「四」は正位）、および「2」「3」「4」のラベルが貼られる。ラベルは比較的新しいが、附箋は古いもののようで、法量は第Ⅱ面が縦五・一×横四・八cm、第Ⅲ面が縦五・一×横四・八cm、第Ⅳ面が縦四・八×横四・五cmである。蔵書印はみえない。

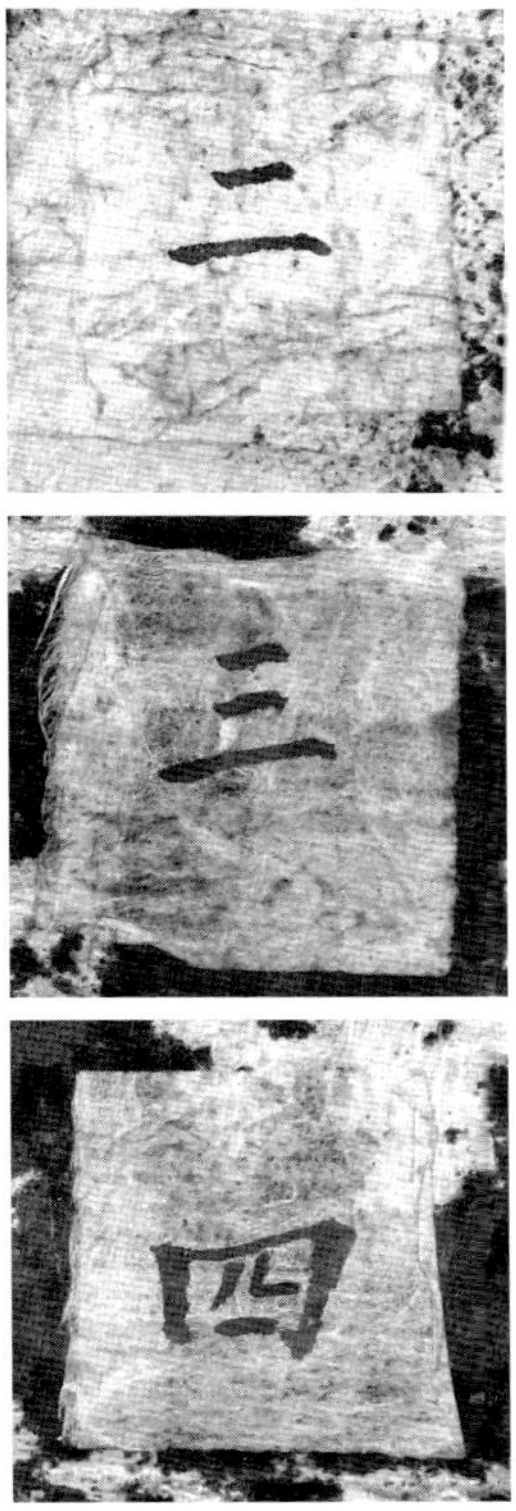

図1　整紙本背面の附箋

次に剪装本であるが、剪装本とは大型の資料を裁断して文字部分を貼り込んで装丁した形態の資料のことをいい、書道の手本用として作られることが多い（図2）。明治大学図書館所蔵の剪装本は、各張の片面に縦三字・横二字分の拓紙を貼り、一面分を一冊として製本している。拓本は単層の石灰拓本で、四面分が揃う。表紙および裏表紙の表は青色で、表紙および本紙（台紙）の法量は縦四三・八×横三〇・六cmである。表紙に題箋は貼られていない。各冊の表紙の右上部に封蠟、第Ⅰ面から第Ⅲ面の第一張表の拓紙右上部（裁断前の状態で各面の右上部）に「伯愚」と読める蔵書印がある（図3）。この剪装本は徐建新氏が著書『好太王碑拓本の研究』の中で紹介している「北京某本」に相当する。本紙はすべて袋綴じ装で、第Ⅰ面は三六張（第三六張の裏は拓紙なし）、第Ⅱ面は三〇張（第三〇張の裏は拓紙なし）、第Ⅲ面は三九張、第Ⅳ面に三一張（第三一張の裏は拓紙なし）から成る。

この剪装本は、図4に示したように、拓本を縦一行ごとに切断、さらに三字分で横方向に裁断し、これを縦三字×横二字で貼り合わせ、窓を開けた台紙に背面から貼り付けて製作している。したがって、表側から

図 3　剪装本蔵書印
（第Ⅰ面）

図 2　剪装本概観

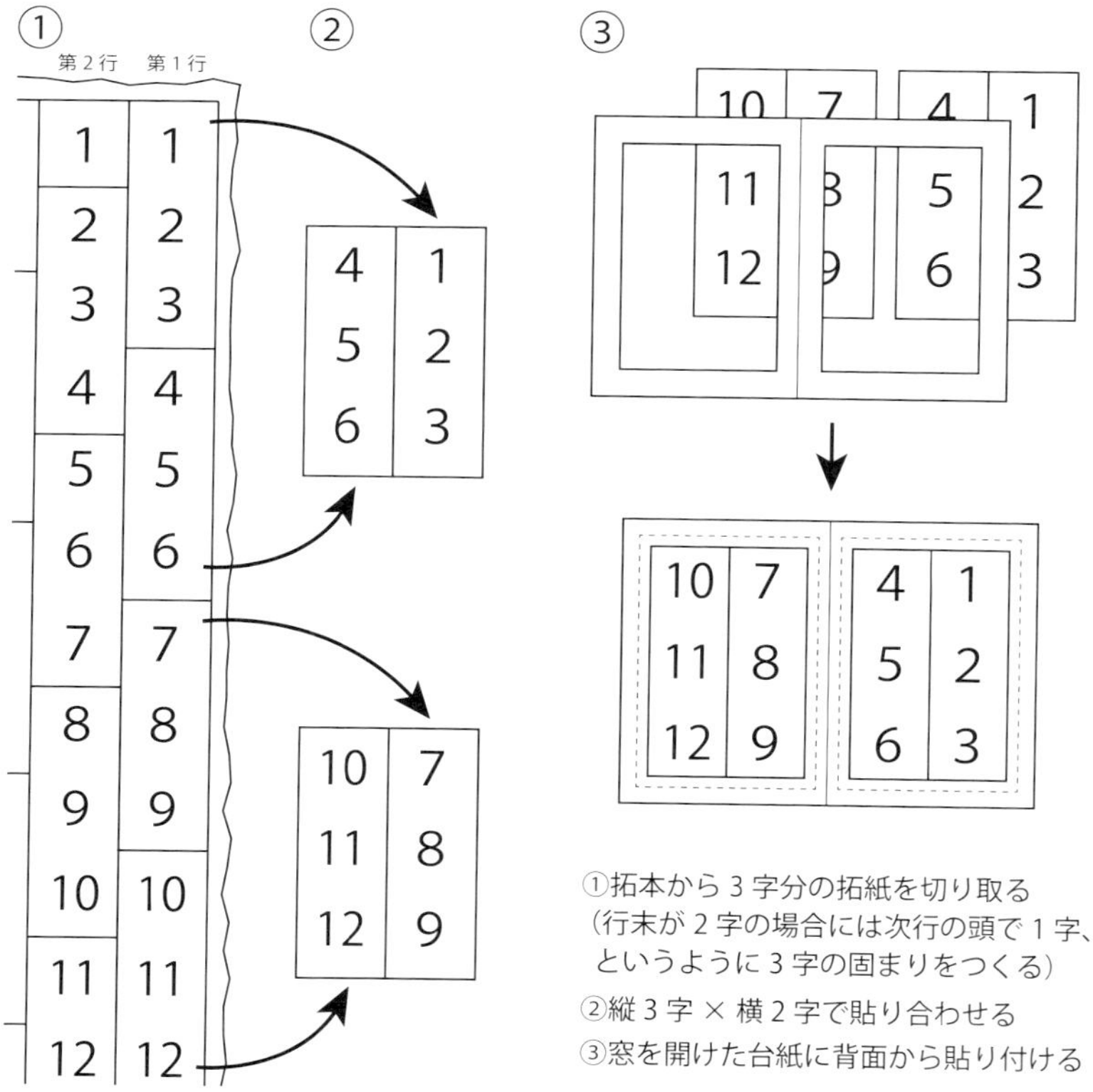
①
②
③
第 2 行　第 1 行
①拓本から 3 字分の拓紙を切り取る
（行末が 2 字の場合には次行の頭で 1 字、
というように 3 字の固まりをつくる）
②縦 3 字 × 横 2 字で貼り合わせる
③窓を開けた台紙に背面から貼り付ける

図 4　剪装本の製作方法

見た場合に、拓紙同士を貼り合わせた部分では左右どちらかの紙端は貼り合わされた拓紙の下に隠れ、また台紙に貼り付けた外周部分の紙端はその下に隠れているため目にすることはできない。ただし、糊代は一㎜程度と非常に狭い。また第一部第二章「剪装本〔写真版〕」の剪装本復原図（本書52・53頁）、もしくは第三章「校訂本文」の剪装本の図版で確認できるように、裁断は三字単位を基本としつつも、恐らく台紙の窓の大きさに収めることを目的に、文字間の余白が大きい場合はその部分を切除している。同様に行間の余白が広い部分も切除されている。これは広開土王碑が自然石にそのまま文字を刻み、かつ風化していることから、碑面が平滑ではなく文字間や行間が一定でない点に起因している。なお、切断後の拓紙を貼り合わせる際に文字の向きを誤ることがあり、第Ⅱ面の第一九張裏の右列の三字（裁断前の拓本では七行目一～三字。これ以降、Ⅱ－7－1～3のように表す）は天地逆で、第Ⅲ面の第三二張裏の左列一字目（Ⅲ－12－41）は右に九〇度傾いて貼られている。

この二種の拓本はいずれも研究用の資料として、整紙本は京都の竹岡書店から、剪装本は中国北京の瑠璃廠の書店から購入したものである。それぞれ「〇九二・六／四〇／／H」「〇九二・六／三七／／H」の番号で明治大学図書館に架蔵されている。

二　広開土王碑拓本の分類法と明治大学本の年代

次に採拓年代の検討に移るが、まず広開土王碑拓本の分類について説明する。広開土王碑は清朝末期の一八八〇年に発見され、まもなくして拓本が採られ始める。初期は碑面をそのまま採拓していたが（原石拓本）、自然石の碑面からは明瞭な碑字が得られないことから、碑面に石灰を塗布し、石灰上に字形を再現することで採拓しやすくした。これ以降、石灰を塗布した碑面から採拓した拓本は「石灰拓本」と呼ばれ、経年変化や採拓にともなって石灰が剝落し碑面が変化する様子をそのままに写し出すことから、この石灰拓本は採拓年代を推定することが可能である。この採拓年代を検討する手法として、着墨パターン法、碑字字形比較法、小拓紙法が提唱されている。

着墨パターン法

着墨パターン法は武田幸男氏によって提唱されているもので、第Ⅰ面から第Ⅲ面の次の六ヵ所に墨がどのような形で着いているかで型式分類を行う。これらはいずれも原石の亀裂および碑面の損傷に起因するもので、碑字がうまく拓出できないことから着墨されなかった箇所である。

ポイント①　第Ⅰ面　左端中央から右上にのびる亀裂にともなう空白
ポイント②　第Ⅱ面　右端中央から左上にのびる亀裂にともなう空白
ポイント③　第Ⅱ面　上部の中央やや右側にひろがる空白
ポイント④　第Ⅲ面　上部右側の逆三角形型の空白
ポイント⑤　第Ⅲ面　右端中央の台形様の空白
ポイント⑥　第Ⅲ面　右端下部の大きな空白

これらの未着墨部分がひろがる行数・字数によって拓本を分類し、編年を示したのが着墨パターン法である。石灰拓本は大きく「C1－1型」「C1－2型」「C1－3型」「C2型」「C3型」の五つに分類される。

碑字字形比較法

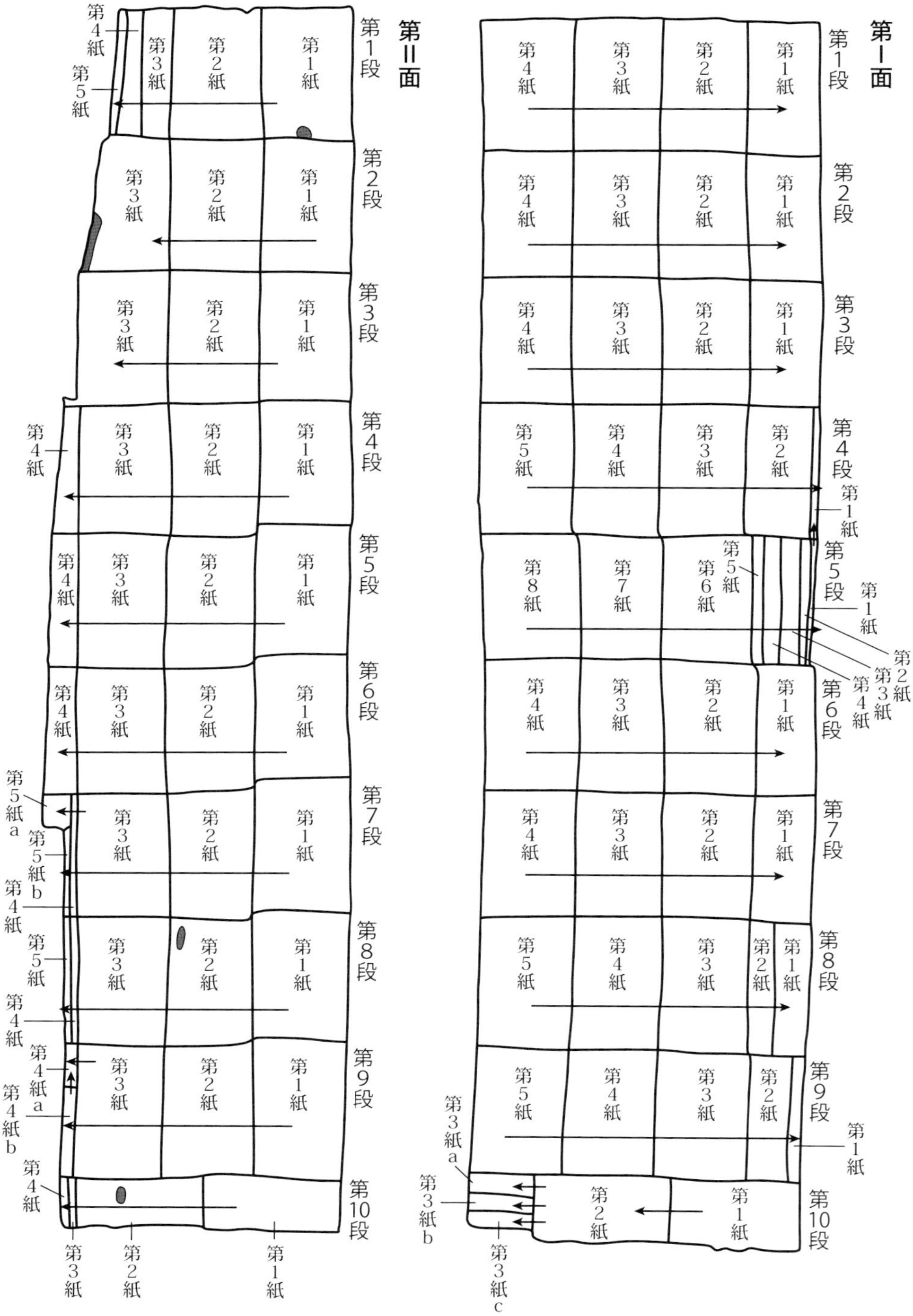

図5　明治大学整紙本拓紙貼り合わせ模式図（矢印は貼り合わせの方向を示す。赤羽目匡由氏作成の図を改変した）

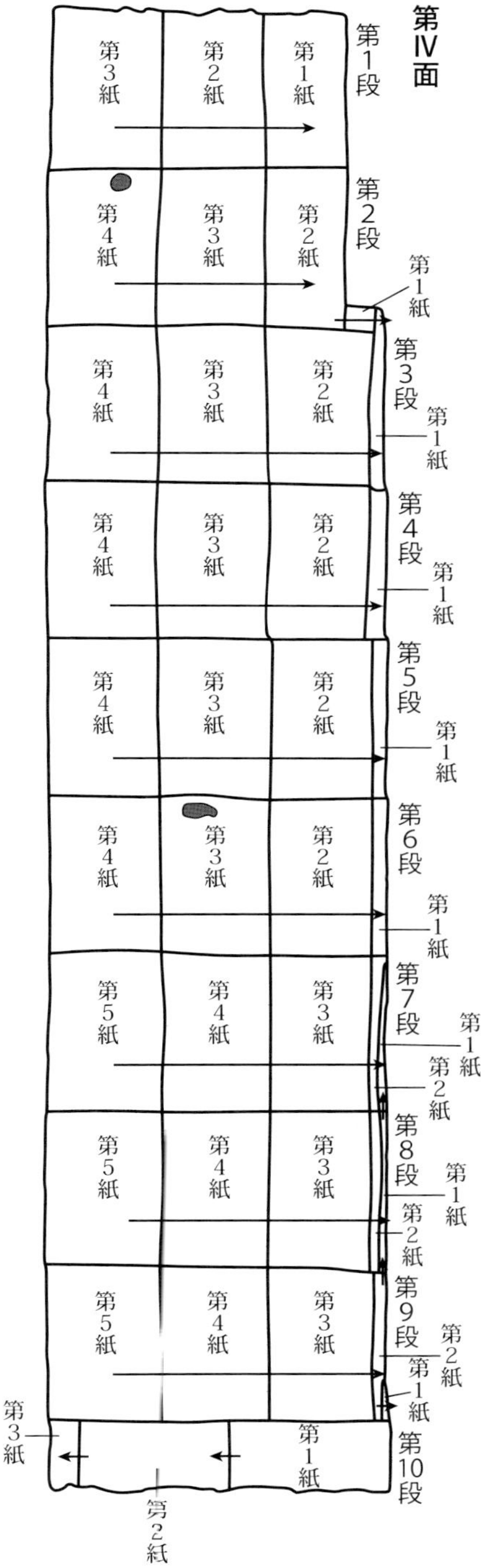
第Ⅳ面
第1段
第3紙 第2紙 第1紙
第2段
第4紙 第3紙 第2紙 第1紙
第3段
第4紙 第3紙 第2紙 第1紙
第4段
第4紙 第3紙 第2紙 第1紙
第5段
第4紙 第3紙 第2紙 第1紙
第6段
第4紙 第3紙 第2紙 第1紙
第7段
第5紙 第4紙 第3紙 第2紙 第1紙
第8段
第5紙 第4紙 第3紙 第2紙 第1紙
第9段
第5紙 第4紙 第3紙 第2紙 第1紙
第10段
第3紙 第2紙 第1紙

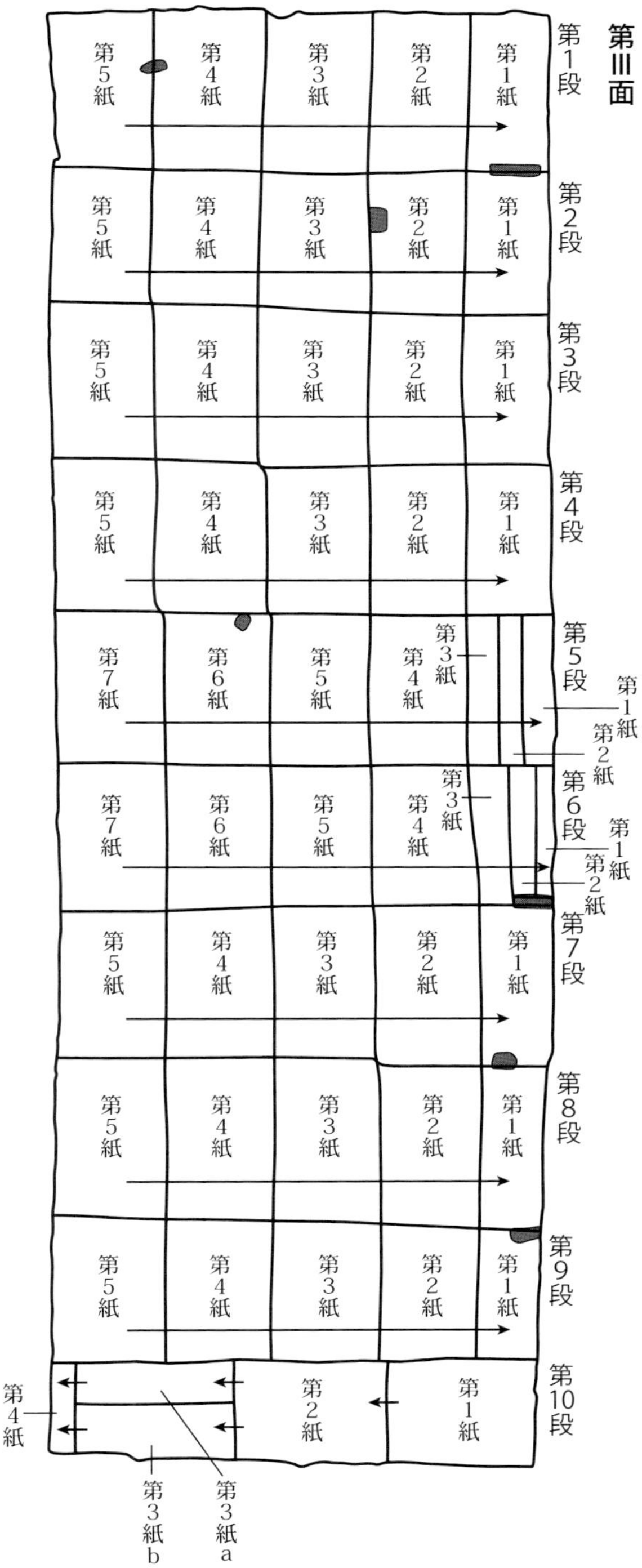
第Ⅲ面
第1段
第5紙 第4紙 第3紙 第2紙 第1紙
第2段
第5紙 第4紙 第3紙 第2紙 第1紙
第3段
第5紙 第4紙 第3紙 第2紙 第1紙
第4段
第5紙 第4紙 第3紙 第2紙 第1紙
第5段
第7紙 第6紙 第5紙 第4紙 第3紙 第2紙 第1紙
第6段
第7紙 第6紙 第5紙 第4紙 第3紙 第2紙 第1紙
第7段
第5紙 第4紙 第3紙 第2紙 第1紙
第8段
第5紙 第4紙 第3紙 第2紙 第1紙
第9段
第5紙 第4紙 第3紙 第2紙 第1紙
第10段
第4紙 第3紙b 第3紙a 第2紙 第1紙

碑字字形比較法は徐建新氏が提唱するもので、著書の中で全四面の中から字形の変化を追うことができる三二ヵ所・四八字、また四八種の拓本の採拓年代および前後関係が示されている。また、字形は石灰拓本が制作された期間に実施された四回の補修によって徐々に変化するもの の、劇的に変化させるものではないという。

小拓紙法

早乙女雅博氏が提唱する小拓紙法は、採拓に用いられた拓紙の大きさによって拓本を分類し、編年を行う手法である。着墨パターン法による類型とよく対応し、石灰拓本のうち「C1-2型」「C2型」はさらに細かく分けることができるという。

これら三つの方法を用いて明治大学本を検討する。

明治大学本の検討

まず、着墨パターン法では、整紙本は、①連続七行分、②連続三行×一一字分、③連続二行×六字分、④連続九行分、⑤連続三行分、⑥連続七行×一一字分に着墨されていない。武田氏の分類にしたがえば「C1-3型」となる。剪装本は碑字が拓出できない箇所については貼られていないため、剪装本の画像を合成した復原図（本書53・54頁）で確認すると、①連続七行分、②連続三行×一一字分、③連続二行×六字分、④連続九行分、⑤連続三行分、⑥連続七行×一一字分が未着墨と推定される。したがって、この剪装本も「C1-3型」に当てはまる。この「C1-3型」拓本には一九一二年ごろ以降、一九一〇年代に採拓された拓本が属する。

続いて碑字字形比較法である。着目するポイントにもよるが、整紙本は上田正昭本・中野政一本・朝鮮総督府本に字形が近く、剪装本は傅斯年丙本・上田正昭本・中野政一本・朝鮮総督府本の字形と共通点が多い。各拓本の年代は、傅斯年丙本と上田正昭本はいずれも不詳、中野政一本は一九一二年三月入手、朝鮮総督府本は一九一三年一〇月入手なので、この年代が目安となる。着墨パターン法では、傅斯年丙本・中野政一本は「C1-3型」、朝鮮総督府本は「C1-2型」に分類され、先の着墨パターン法による分析と概ね一致する。

最後の小拓紙法は、剪装本は拓紙の法量の復原が困難なので、整紙本のみ検討を行う。整紙本の拓紙の貼り合わせは図5に示した通りである。図の矢印は貼り合わせの方向を示しているが、第Ⅰ面・第Ⅲ面・第Ⅳ面は碑面の左端に合わせて拓紙を貼り始め、右方向に向かって貼り継いでいき、右端に到達したところで次の段の左端に戻りまた貼り継ぐ。これを上から順に繰り返し、第一〇段に至って残りの碑面が拓紙の縦幅よりも短くなると、拓紙を横に使って右端から左方向に向かって貼り継いでいる。第一～九段の右端の拓紙は碑字にかからない部分を切除されているが、この切除された拓紙が活用されるのが、まさに他の段の右端と最下段である。このように現地では拓紙をなるべく節約しながら、効率的に採拓を行っていた。これに対して、第Ⅱ面は拓紙を右端に合わせ、左方向に向かって貼り継いでいる。この第Ⅱ面の貼り継ぎ方向は石灰拓本に共通するという早乙女氏の指摘がある。これは碑面のうち第Ⅱ面の左側・第Ⅲ面の右側がちょうど南を向き、太陽光の影響で崩れが大きい箇所であることに起因するとみられる。第Ⅱ面は左側の崩れが大きいため、右端に合わせて拓紙を貼り始めた方が作業が楽に進み、また拓紙を節約できるのであろう。

拓紙（完形紙）の法量は、第Ⅰ面は五八×四〇cm、第Ⅱ面は五九×四〇cm、第Ⅲ面は五八×四〇cm、第Ⅳ面は五八×四〇cmで、五八〜五九×四〇cmのものを使用している。早乙女氏が計測データを示している拓本のいずれとも共通しない。ただし、早乙女氏の分類のうち、一類と二類は「C1-2型」、三類と四類は「C2-3型」、五類は「C3型」に相当するので、整紙本はこれらの類型に属していないものと判断される。したがって、着墨パターン法および碑字字形比較法の分析結果と矛盾しない。

三　「C1-3型」内での位置付け

二での検討により、明治大学の整紙本と剪装本は着墨パターン法の「C1-3型」に分類され、また一九一〇年代の前半に採拓された拓本と共通点を持つことが明らかになった。それでは、この整紙本と剪装本はどちらが先に採拓されたのであろうか。この点を明らかにするため、「C1-3型」内での位置付けを検討する。

武田氏によれば、「C1-3型」には次の六本の拓本が属する。

中野政一本　中野政一氏（陸軍歩兵少佐）が朝鮮駐剳中の一九一二年三月に入手。拓本の入手および広開土王碑訪問については、政一氏の日記『鴨緑行』に詳しい。子息の政弘氏（元明治大学教授）から武田幸男氏に譲られる。

金沢大学本　梅津忠清氏（陸軍歩兵第七聯隊聯隊長、大佐）が一九一六年一一月に第四高等学校に寄贈。同聯隊の朝鮮駐剳期間、一九一四年四月から一九一六年五月に入手したものとみられる。金沢大学附属図書館所蔵。

宮崎神宮本　勝浦鞆雄氏（東京府立尋常中学校校長を経て関東都督府中学校長、朝鮮半島には一九〇八〜一九二〇年に滞在）が将来し、一九二一年二月に宮崎神宮に奉納。宮崎県総合博物館に寄託。

書道博物館本　中村不折旧蔵本。来歴未詳。

（台湾）国立中央研究院歴史言語研究所傅斯年図書館丙本　来歴未詳。

（韓国）国立中央図書館甲本　来歴未詳。

このうち、来歴が判明する三本について、碑字字形比較法にしたがって編年を試みた。その結果をまとめたのが図6である。徐氏が前掲著書の中で指摘する字形の変化が分かりやすい三二ヵ所・四八字に、武田氏が字形の比較で使用する文字を加えて、計五〇字で字形を比較している。入手の順序にしたがって中野政一本・金沢大学本・宮崎神宮本と左から列べたが、この順で碑字の崩れが広がるので、採拓順も中野政一本→金沢大学本→宮崎神宮本の順であったと判断される。碑字の崩れはⅠ-1-31、Ⅰ-2-2、Ⅰ-3-27、Ⅰ-3-41、Ⅱ-3-7、Ⅱ-4-7、Ⅱ-4-25、Ⅱ-3-39、Ⅱ-9-36、Ⅳ-2-35あたりで顕著であろう。

この結果と明治大学本の二種を比較すると、剪装本は金沢大学本と、整紙本は宮崎神宮本と近いようにみえる。したがって、明治大学本を含めた「C1-3型」拓本の採拓順は、中野政一本→金沢大学本・明治大学剪装本→宮崎神宮本・明治大学整紙本となる。第一部第三章の「校訂本文」を確認すると分かるように、剪装本は「C1-2型」と、整紙本は「C2型」の字形と似ることがある点からも、この採拓順は追認され

	中野政一本	金沢大学本	宮崎神宮本	明治大学本（剪装本）	明治大学本（整紙本）
Ⅰ-5-13 □					
Ⅰ-5-14 于					
Ⅰ-5-18 武					
Ⅰ-7-41 羣					
Ⅰ-8-15 東					
Ⅰ-8-16 来					
Ⅰ-9-6 倭					
Ⅰ-9-8 辛					
Ⅰ-9-13 海					
Ⅰ-10-25 牟					
Ⅰ-10-26 盧					
Ⅰ-10-27 城					
Ⅰ-10-28 弥					
Ⅱ-3-7 □					
Ⅱ-4-7 而					
Ⅱ-4-25 跪					
Ⅱ-5-35 戊					
Ⅱ-5-36 戌					

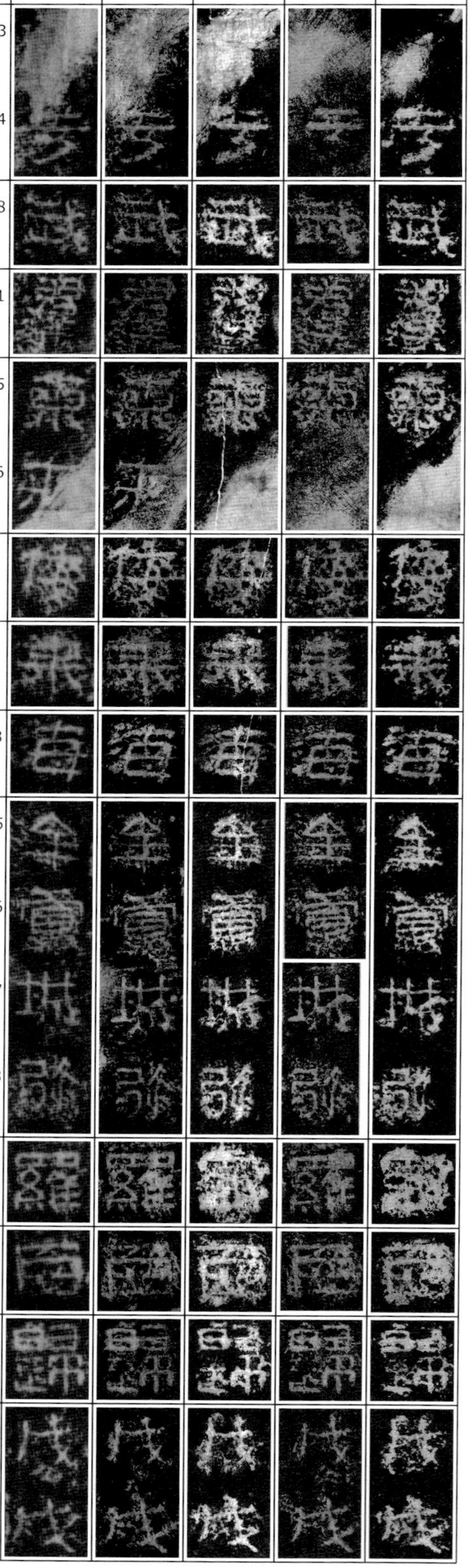

	中野政一本	金沢大学本	宮崎神宮本	明治大学本（剪装本）	明治大学本（整紙本）
Ⅰ-1-29 世					
Ⅰ-1-31 而					
Ⅰ-1-32 有					
Ⅰ-2-2 幸					
Ⅰ-2-14 臨					
Ⅰ-2-33 我					
Ⅰ-2-36 浮					
Ⅰ-3-5 然					
Ⅰ-3-10 沸					
Ⅰ-3-11 流					
Ⅰ-3-12 谷					
Ⅰ-3-27 天					
Ⅰ-3-41 □					
Ⅰ-4-34 開					
Ⅰ-5-7 永					
Ⅰ-5-8 樂					
Ⅰ-5-9 太					
Ⅰ-5-10 王					

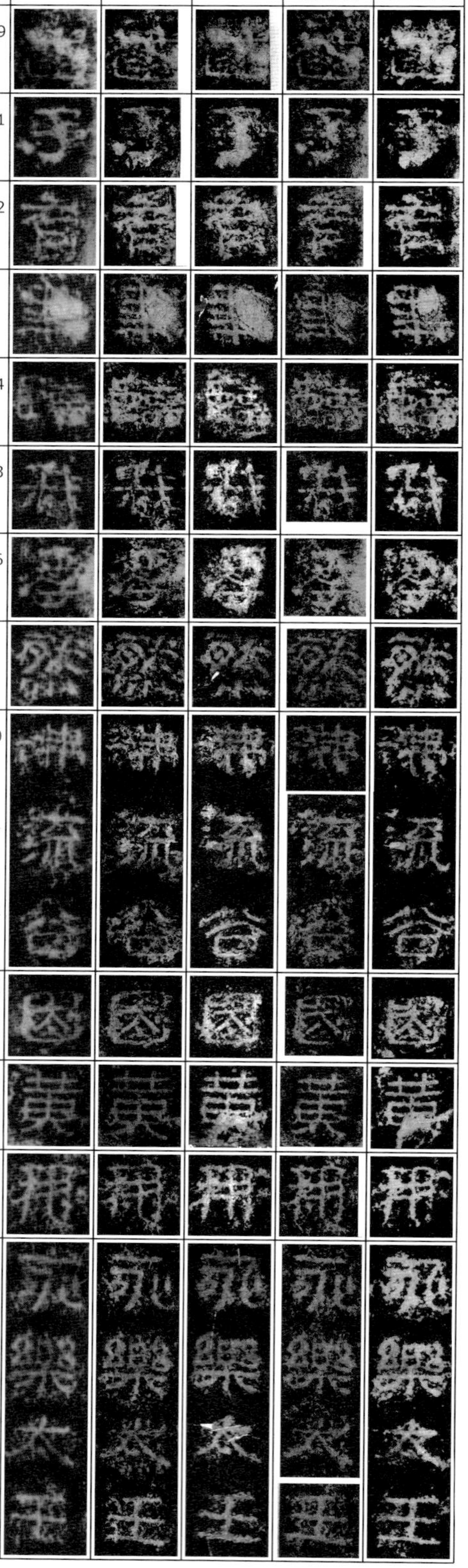

るであろう。

四　「校訂本文」対校で用いた拓本について

本書では第一部第一章・第二章に明治大学本二種の写真を掲載するとともに、同第三章に未表装かつ完形でのこる整紙本の翻刻を収めた。この翻刻に当たって、他の型式の拓本と文字の異同を確認したが、字形の変化が追いやすいことから対校本の図版も併せて掲載することとした。

対校に用いた拓本の来歴は次の通りである。なお、対校本には入手年代および来歴が明らかな、標識的意義を持つとされるものを選んだ。

A型（原石拓本）　水谷悌二郎本（国立歴史民俗博物館蔵）　全四面・一二幅。一八八九年、李雲従氏手拓本。一九四二年ごろ江田文雅堂が奉天もしくは北京で取得、四五年に水谷氏が入手。

C型（石灰拓本）

C1-1型　内藤湖南本（京都大学人文科学研究所蔵）　全四面・四枚。一九〇九年の受贈記録が残る。

C1-2型　今西龍本（天理大学図書館甲本）　全四面・四枚。一九一三年一〇月、今西氏が関野貞氏とともに現地で購入。

C2型　梶本益一本（九州大学図書館蔵、九州国立博物館寄託）　全四面・四枚。梶本氏が一九四三年に九州大学に寄贈。梶本氏は一九二七～三一

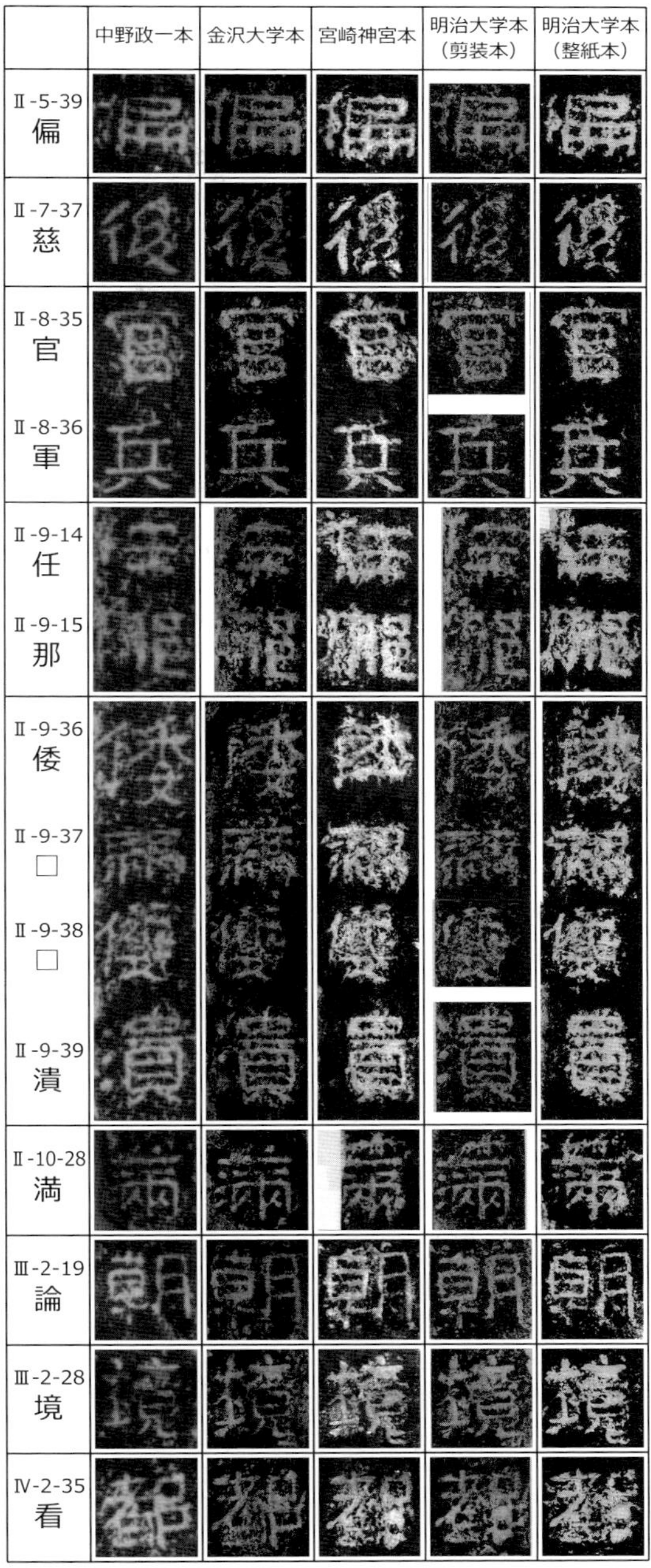

図6　C1-3型拓本の碑字字形比較

一番左の欄には拓本内での位置および原石拓本の釈文を示した。
なお、以下の文字については、石灰拓本では文字が変化している。

Ⅰ-1-29	出	Ⅰ-1-31	子	Ⅰ-3-27	因	Ⅰ-3-41	黄
Ⅱ-3-7	羅	Ⅱ-4-25	歸	Ⅱ-7-37	後	Ⅱ-8-36	兵
Ⅱ-9-38	倭	Ⅲ-2-19	朝	Ⅳ-2-35	都		

年に朝鮮平壌郵便局長であったことから、この期間に現地で入手したとみられる。

C3型　関戸力松本（個人蔵、大阪歴史博物館寄託）全四面・四枚。一九三五年拓出。関戸氏は、一九三八年に満州国安東公署教育庁視学官の伊藤伊八氏を通じて入手。

参考文献

武田幸男『広開土王碑墨本の研究』（吉川弘文館、二〇〇九年）
武田幸男「中野政一『鴨緑行』」（『朝鮮学報』第一三一輯、一九八九年）
武田幸男「広開土王碑の真意をたずねて」「「石灰拓本」着墨パターン法と「お茶の水女子大学本」」（古瀬奈津子編『広開土王碑拓本の新研究』同成社、二〇一三年）
武田幸男「広開土王碑「宮崎県総合博物館本」の研究」（『宮崎県地域史研究』第二九号、二〇一四年）
徐　建　新『好太王碑拓本の研究』（東京堂出版、二〇〇六年）
早乙女雅博「小拓紙から見た広開土王碑拓本の分類と年代」（古瀬奈津子編『広開土王碑拓本の新研究』同成社、二〇一三年）
早乙女雅博・橋本繁「お茶の水女子大学本の調査と小拓紙貼り合わせから見た年代」（古瀬奈津子編『広開土王碑拓本の新研究』同成社、二〇一三年）
古畑　徹「金沢大学附属図書館所蔵（旧制第四高等学校旧蔵）広開土王碑拓本について」（『金沢大学資料館だより』二六、二〇〇五年）

第二章　解　説

吉村武彦

一　広開土王と広開土王碑の特徴

高句麗の「広開土王」の正式な諡号は、「国岡上広開土境平安好太王」である。「国岡上」は、王陵と碑が立っている土地が「国岡」の意で、「上」は「ほとり」の意味である。「広開土境」とは、「広く土境〈土地。国土を意味〉を開くこと」で「広開土地」ともいう。つまり、国王が国土を拡大した功績を示す修飾語である。「安」は、中国の後燕（三八四～四〇九）・晋（三一七～四二〇）時代の広開土王の中国名で、「平安」はそれに基づく名称となる。

広開土王以外に使われる「好太王」は、この時期に使われた「好王」などと同じように、国王を讃美した尊称。日本では、好太王が一般的呼称なので、広開土王と呼ぶことが多い。中国では、好太王の名で親しまれている。朝鮮の歴史書『三国史記』（金富軾ら編纂。一一四五年成立）によると、広開土王は第一九代の高句麗王である。

広開土王の諱（実名）は、談徳（『三国史記』）。即位後の号は永楽太王（碑文）である。没後の諡号を、広開土王と略称する（『三国史記』）。三七四年の生まれで、父の故国壌王の三年目（三八六）に太子となり、辛卯年（三九一年）に即位した。碑文に「二九（二×九で、一八歳のこと）で登祚（即位）し、号して永楽太王と為す」と書かれているように、一八歳で即位して、永楽太王を名のった。そして、壬子年（四一二年）に死去した。『三国史記』では、即位年を三九二年、死去年に四一三年とし、一年の差がある。

王陵の比定は、太王陵ないし将軍塚の二説がある。中国では太王陵説が強いが、まだ確定したわけではない。碑は、甲寅年（四一四年）に、子の長寿王によって高句麗の首都・国内城の地に立てられた。碑文に「碑を立て、勲績を銘記し、以て後世に示す」と記されているように、広開土王の勲績を示したものである。

首都の国内城は平地の城であるが、その北方に山城の子山城（丸都城か）が存在する。碑は、国内城の故地に設置されたが、現在は中国の吉林省集安市に所在する。「高句麗前期の都城と古墳」として世界遺産に認定されており、見学が可能である。

石碑は四面体で、角礫凝灰石で造られており、碑の下に台座がある。碑の高さは、約六・三九m。底辺の幅は、第一面が一・四八、第二面が一・三五、第三面が二・〇〇、第四面は一・四六mを数え、不整形のかたちである。台座は花崗岩で、一片が三・三五mと二・七〇mの長方形をしている。そして石碑には、四面に約一八〇〇字の文字が刻まれている。劣化が進んでいて、正確な字数は不明である。

二　碑文の性格と構成

三区分説

次に碑文は、どのような内容が書かれているのか、その性格について

図　現在の高句麗広開土王碑（中国の吉林省集安市に所在）

説明したい。碑文の構成については、研究史を振りかえれば大きく二つに分かれる。第一案は記事内容の差異から機械的に三区分する手法である。第二案は立碑の意図を重視し、その目的の形式から区分する方法といえるだろう。

第一案の三区分説を、最近の研究成果に照らして述べれば、

（1）始祖伝承から始め、好太王の功徳と立碑の目的を記す第一段

（2）広開土王が国土を拡張した戦績を、永楽五年（三九五）から同二〇年（四一〇）までを編年体で記載している第二段

（3）王墓の守護策（守墓人・烟戸制による維持策）と広開土王の遺訓を示す第三段

である。全体としては、広開土王の勲績を讃える頌徳碑ということになる。

この三区分説が広く使われているように思われる。広開土王碑研究に影響を与えた論文をあげれば、一八九三年（明治二六）刊行の那珂通世「高句麗古碑考」[1]、一九一五年（大正四）の今西龍「広開土境好太王陵碑に就て」[2]などが主張し、戦後には一九五九年（昭和三四）に出された末松保和「上代史研究の外国史料の解説」[3]に受け継がれた。最近でも、二〇〇五年（平成一七）の『日本史史料』[4]に採用されている。

二区分説

第二案は、碑文の立碑目的から内容を重視して区分する方法で、序論（ないし前文）と本論（本文）とに二分する説である。[5]

（1）序論（前文）

＊高句麗王統の由来と後世への維持を表明した部分で、第一案の

（1）にあたる。

（2）本論（本文）

＊広開土王の編年的な勲績の記述と、守墓人・烟戸制と高句麗帝国の継続を述べる部分に二分する。第一案の（2）を第一部、（3）を第二部（3）に分ける。(6)

この二区分説も、重要な区分案である。広開土王の勲績を明示することは第一段に記されており、それらを具体的に述べるのが、本論（本文）であるからである。

第一段に立碑の目的として「勲績を銘記し、以て後世に示す」と記されている。この「勲績」は「武」に限らず「文武」が対象になるだろう。広開土王の名称から考えると、国土の拡張を伴う戦績の明示にも独自の意味があると思われる。これを強調すると、第二段にも独自の性格があるので、第二段と第三段とに区分できないこともない。第一案にも存在意義はあるだろう。

武田幸男氏は、「第一段／序論」「第二段／本論・紀年記事」「第三段／本論・守墓人記事」とする区分案を出しているが（『広開土王碑との対話』）、現段階では理解しやすい設定と考えられる。

なお、第三段については、つとに一九三八年に池内宏氏が「この碑は竪立の目的並に銘文の内容の上から広開土王陵守墓人烟戸碑と称すべきもの」（『通溝』巻上）というように、立碑の目的として守墓人・烟戸制を強調し、石碑を守る態勢作りを評価していた。(7)

守墓人・烟戸制

さて、碑文の守墓人・烟戸制の設定が、広開土王だけに限られていたかどうかは明確ではなく、複数の高句麗王に関連しているとも考えられる。新しく出現した「集安高句麗碑」（本書第一部附を参照のこと）とともに、守墓人・烟戸制については、今後の研究の進展を待ちたい。

ところで、碑文の「拓本」（酒匂景信本。厳密にいえば、拓本ではなく、拓本類から作成された墨水廓填本である）が陸軍参謀本部の中尉・酒匂景信によって日本に持ち込まれたこともあり、碑文および碑文解釈に、参謀本部の意向が反映しているのではないかという、「改竄説」が提起された。長らく論争も行なわれたが、日本の武田幸男氏と中国の徐建新氏ら国内外での精緻な拓本研究によって、文字の改竄はなく、参謀本部の影響は特にみられないことが明白になっている。また、酒匂本と同様の「拓本」が中国でも発見されている。

なお、墨水廓填本・原石拓本・石灰拓本などの拓本については、本書第二部第三章の「広開土王碑拓本の残存数と保存方法」で説明することになっている。

三　広開土王の勲績記事から読み取れる倭国

王が親征する「王躬」型と将軍派遣の「教遣」型

最初に、広開土王の勲績を編年記事から考えてみたい。広開土王碑は、高句麗の国土拡大という勲績を明示する碑文であるから、広開土王がどのような行動をとったのか、年ごとに記されている。碑文には、広開土王自らが出かける「王躬」型とよばれる文章タイプと、将軍らを派遣して行なう「教遣」型のタイプの二種類がある。これらの文章タイプを合わせて年表にする（高句麗王を「王」と表記）。

表

西暦	年号	記事	タイプ
395	永楽5	王が稗麗に親征する	王躬
396	6	王が百済に親征して討伐する。百済王が大敗し、奴客となる	王躬
398	8	偏師（軍）を派遣して粛慎を討ち、朝貢させる	教遣
399	9	百済が倭と和通。新羅、倭の侵攻を恐れて王に帰し、救援を求める	
400	10	歩騎を派遣して新羅を救援し、倭人を討つ。加羅の城等が帰服する	教遣
404	14	倭が帯方界に侵入したので、親征して倭を破る	王躬
407	17	歩騎を派遣して、滅ぼす	教遣
410	20	王が親征して、東扶余を往討する	王躬

　このように広開土王の軍事行動には二タイプがあるが、「王躬」型の親征には、必ずその理由を示す前置き文が書かれているのが特徴である。

　さて、この勲績のなかで（a）永楽六年条の前置き文、（b）九年条の本文、（c）一〇年条の本文、（d）一四年条の本文の四か所に、倭・倭人に対する記述がある。この時期の倭国には同時代史料がないので、倭国に関するきわめて貴重な史料になる。

広開土王親征の理由
―永楽六年条

　（a）は永楽六年（三九六）に広開土王が自ら百済に赴き百済と戦って勝利するが、なぜ親征したかの理由を説明した前置き文である。記述には、「辛卯年」（三九一年）という干支があり、年時が明確である。これまで四世紀末の倭国を説明する際に、必ず引用される史料となっている。

　百残新羅旧是属民由来朝貢而倭以辛卯年来渡海破百残□□□羅以爲臣民

　これまでは読み方自体が問題になっているが、漢文としては「百残・新羅、旧より是れ属民にして、由来朝貢す。而るに倭、辛卯年を以て来り、海を渡りて百残（を破り）□□□羅、以て臣民と爲す」というように読むのが妥当だろう。

　文章のポイントは、広開土王の親征の理由である。「百残（百済の蔑称）と新羅、旧より是れ（高句麗の）属民にして、由来、朝貢」とあるように、高句麗と百済・新羅との関係は「属民」の関係として、朝貢していた。その関係が壊れたことが、前置き文に書かれている。それが倭の行動であり、少なくとも辛卯年に渡海して、百済を破ったことはまちがいない（おそらく新羅も）。そして倭が百済と新羅の民を「臣民」としたので、広開土王は百済を討伐する行動に出た。前置き文の内容は、文章構造と文法からみて、広開土王が百済を征討することにより、倭が壊した高句麗と百済との関係を、元の関係に戻したとしか読めないだろう。

　高句麗の百済征討は大勝利に終わったので、百済王は男女生口千人や細布千匹を献上して、広開土王に跪いて「奴客」となることを誓った。「奴客」とは「王に従属するしもべ」の意味であろうか。広開土王は五十八城と村七百を得たほか、百済王の弟や大臣十人を率いて凱旋したのである。

　碑文に書かれた「属民」や「臣民」がどのような政治的実態なのか、さらなる研究に待たなければならない。しかし、文章構造からはこのように読むのが適切である。少なくとも倭が、辛卯年に半島に軍事行動を進めたことはまちがいない。

百済と倭の関係―永楽九年条

（b）の永楽九年（三九九）には「百残、誓いに違き、倭と和通せり」とある。百済がふたたび高句麗に背き、倭との友好的関係を復活したという。百済と倭との関係は、『三国史記』百済本紀の阿莘王六年（三九七）条にも「王、倭国と好を結ぶ。太子腆支を以て質とす」とある。『三国史記』では、百済が太子を「人質」として提供したと記されており、「好を結ぶ」と書かれているものの従属的な外交姿勢をとっていたのである。

また、『日本書紀』が引用する「百済記」（『書紀』編纂時に利用された百済系の歴史書）にも、「阿花王、立ちて貴国（倭国のこと）に礼无し。故に我が枕弥多礼（済州島の古名）、及び峴南・支侵・谷那・東韓の地を奪はれぬ。是を以て、王子直支を天朝（倭国の朝廷）に遣して、先王の好を脩む」（応神八年三月条）とみえる。「太子腆支」と「王子直支」とは同じ人物であり、人質の提供は事実であろう。

このように朝鮮側にも関係する史料があり、百済が倭国に従属的外交関係を結んでいたことは否定できない。新羅との関係を示す別の史料はないが、文意からは倭国が百済の民を「臣民」にしたことはまちがいなかろう。

さらに、永楽九年条には「倭人は其の（新羅の）国境に満ち、城池を潰破し、奴客を以て民と為す」とある。

高句麗と倭との戦い―永楽一〇、一四年条

このほか、（c）永楽一〇年（四〇〇）に「（新羅の）男居城より新羅城に至るまで、倭は其の中に満つ」、（d）一四年（四〇四）には「倭は不軌にして、帯方の界に侵入」すというような記述がでてくる。これらは、倭が日本列島から朝鮮半島へ進出した事実として記載されている。

こうした倭の軍事的行動に対して、広開土王は、親征する場合と将軍らを遣わして倭軍と戦うことがあり、広開土王側が勝利した。いずれも高句麗の領土を拡大することにつながっている。こうした碑文において、広開土王の勲績を過大に評価して、倭軍の実状を過大に記載する傾向は生じるかもしれない。ただし、広開土王が行なった行為は否定することはできず、倭の軍事的進出があったことは事実であろう。

なお、このようなヤマト王権の半島進出は、鉄資源の輸入など、列島の文明化と深く関わっていたと思われる。古くは『魏志』弁辰条に「国は鉄を出し、韓・濊・倭皆従いて之を取る」とあるように、倭は朝鮮半島から鉄製品を入手していた。

四　広開土王碑文と関連する史・資料

最後に、広開土王碑文に関係する史・資料について述べておきたい。広開土王については、文献では『三国史記』高句麗本紀第六に「第一九代広開土王」がある。

碑文と関係する金石文としては、「集安高句麗碑」がもっとも重要である。この碑文は、高句麗王の守墓人・烟戸制と密接な関係がある。碑は摩滅しているので、欠損文字が少なくない。

広開土王碑文と関連する語句として、「始祖鄒牟王之創基也」（第一行）、「河伯」（第二行）、「烟戸」（第三行ほか）、「守墓」「転売」（第四行ほか）、「国

岡上」「平□《〔安カ〕》」（第五行）、「勲」（第六行）、「立碑銘」「以示後世」「自今以後」（第八行）、「買」「売」「富足」（第九行）、「有違令」（第一〇行）などがある（行は、集安高句麗碑の行を示す）。当時の用語のうえでも密接に関連する。また、守墓人・烟戸制以外にも、河伯と四時祭祀など興味ある事項が含まれている。

また、太王陵出土の銅鈴銘文に「辛卯年／好太王／□造鈴／九十六」（／は改行、□は不明文字）とある。[8] さらに、韓国慶州の壺杅《こう》塚出土「好太王壺杅銘（高句麗好太王壺杅銘とも）」の銘文には「乙卯年国／岡上広開／土地好太／王壺杅十」とみえる。[9]

武田幸男氏は、「乙卯年」（四一五年）の銘文がある壺杅（銅盌）が葬送儀礼にともなった下賜品と捉えている。一方、「辛卯年」（三九一年）銘がある銅鈴は、故国壌王の死去に伴う下賜品であり、広開土王の即位記念の下賜品とは限らないと推測している。[10]

このほか広開土王の時代に生存した牟頭婁の墓誌がある。牟頭婁塚出土の「牟頭婁墓誌」である。墓誌には「国岡上広開土地好太聖王」の名前があり、墓誌は子の長寿王の時代に作られたと思われる。墓誌の写真と釈文（池内宏釈文）が『通溝』上巻、池内釈文を補訂した釈文が佐伯有清『古代史演習　七支刀と広開土王碑』に掲載されている。

五　古代史料のなかの広開土王碑文―碑文の前後

日本列島の古代史料

最後に、古代史において広開土王碑文がもつ意味を考えてみたい。日本列島における古い時代の文字史料は、きわめて限られている。歴史書としては、『古事記』（和銅五年、七一二）、『日本書紀』（養老四年、七二〇）が残されている。両書とも神話の時空である「神代」から始まり、「天皇の歴史」が続く。『古事記』は神武天皇から推古天皇、『書紀』では神武から持統天皇までを記している。

ただし、両書とも奈良時代の初めに撰上された編纂物であり、必ずしも事実を記録した歴史書ではない。ヤマト王権の始原から、その由来と伝承を記した書である。とりわけ推古朝以前の古い時期は、事実かどうかを厳密に検討する「史料批判」という作業が必要になっている。

最近では、地中から木簡などの文字史料が多く出土する。七世紀半ばの孝徳朝以降になると、同時代の木簡が発見され、明らかになる事実もある。しかし、まだ全体を見渡せるような文字史料が、出土しているわけではない。

七世紀以前となると、三世紀の邪馬台国を記した『魏志』倭人伝（正確には、『三国志　魏書』の「烏丸鮮卑東夷伝倭人条」）、五世紀では「倭の五王」が記載されている『宋書』倭国伝、七世紀になると「日出処天子」が出てくる『隋書』倭国伝というように、中国正史が主要な文献史料となる。

文献史料以外には金石文があり、大陸や半島からもたらされた。弥生時代には前漢鏡や後漢鏡、古墳時代には三角縁神獣鏡などが出土している。また、奈良県天理市の東大寺山古墳出土の大刀や、同市の石上神宮所蔵の七支刀があり、それぞれに銘文がある。

日本列島で製作された金石文となると、五世紀における千葉県市原市の稲荷台一号墳出土の「王賜」銘鉄剣、そして「獲加多支鹵」（雄略天皇）の名が刻まれた埼玉県行田市の稲荷山古墳出土の金錯銘鉄剣、熊本県和水町の江田船山古墳出土の銀錯銘大刀がある。さらに、和歌山県橋本市の隅田八幡神社所蔵の人物画像鏡にも銘文があるが、こうした史料はきわめて少ない。

そのなかで高句麗広開土王碑文には、四世紀末から五世紀初頭における倭国の対外行動が記されている。碑文のもつ歴史的意義は、大きいものがある。

倭国と半島との関係

次に、広開土王碑文以降における倭国と半島との関係は、どのように展開するのだろうか、五世紀の中国正史から追ってみたい。まずは、讃・珍・済・興・武という「倭の五王」の名前が出てくる『宋書』倭国伝である。倭国は宋との外交交渉によって、即位の代替わりごとに、宋皇帝から倭国王に冊封されていた。冊封とは、中国皇帝からの冊書で倭国王に封じられること。その際の称号が、倭国と半島との関係を示している。たとえば珍は、「使持節都督倭・百済・新羅・任那・秦韓・慕韓六国諸軍事、安東大将軍、倭国王」を自称して、宋からその称号を除正（任命）されることを求めた。倭国以外に、半島の百済・新羅・任那と秦韓（辰韓）・慕韓（馬韓）に対する軍事的支配を、宋に認めさせる将軍号を要請していた。ところが、倭国の要請に対して、宋は讃・珍の時期には倭国の要請を承認しなかった。

済の時代になると、ようやく百済を除いた「使持節都督倭・新羅・任那・加羅・秦韓・慕韓六国諸軍事、安東将軍、倭国王」の称号を認められた。半島南部の新羅・任那等に対する軍事的支配権が、承認されたのである。百済は、宋とはすでに冊封関係を結んでおり、百済への軍事的支配権は認めなかった。新羅は、宋との冊封関係がないため、承諾したのであろう。

このような倭国王の半島南部に対する軍事的支配権の主張は、広開土王碑文に「臣民」と位置づけられた百済・新羅との政治的従属関係に基づいていたのである。

註

（1）那珂通世「高句麗古碑考」（那珂通世遺書『外交繹史』岩波書店、一九五八年）所収。
（2）今西龍遺著『朝鮮古史の研究』（国書刊行会、一九七〇年）所収。
（3）末松保和「上代史研究の外国史料の解説」の「（附）高句麗好太王碑文」（『日本上代史管見』私家版、一九六三年）として所収。
（4）歴史学研究会編『日本史史料』1古代（岩波書店、二〇〇五年）「高句麗広開土王碑銘」の解説。
（5）二分法は、門田誠一「瓦からみた高句麗の守墓制」（『古代東アジア地域相の考古学的研究』所収、学生社、二〇〇六年。初出は一九九一年）で、前文・本文の二区分説が提起された。序論・本論の二区分は、李成市「表象としての広開土王碑文」（『闘争の場としての古代史―東アジア史のゆくえ―』岩波書店、二〇一八年。初出は一九九四年）に使用され、武田幸男『広開土王碑との対話』などで使われている。解説では、とりあえず序論・本論の名称を便宜的に使用する。
（6）李成市「表象としての広開土王碑文」では、本論を二部に区分するが、「石刻文書としての広開土王碑文」（ともに『闘争の場としての古代史』）では、本論第二部の守護人制をさらに二分し、守護人烟戸のリストと広開土王の「教言」に区分する本論三区分説を提唱している。
（7）池内宏『通溝』巻上、七〇頁。この点は、後に井上秀雄『古代朝鮮』が「守墓人烟戸と王権の確立」（日本放送出版協会、一九七二年）として、また濱田耕策『朝鮮古代史料研究』が強調するところでもある。

（8）武田幸男『広開土王碑との対話』の銘文による。
（9）武田幸男『広開土王碑との対話』の銘文による。
（10）武田幸男『広開土王碑との対話』第九章「わたしの「辛卯年」条解釈」。

広開土王碑関連主要文献（日本語図書）

池内　宏『通溝』巻上（復刻版、国書刊行会、一九七三年）
荊木美行『東アジア金石文と日本古代史』（汲古書院、二〇一八年）
王　健群『好太王碑の研究』（雄渾社、一九八四年）
王健群・賈士金・方起東『好太王碑と高句麗遺跡—四、五世紀の東アジアと日本』（読売新聞社、一九八八年）
佐伯有清『研究史 広開土王碑』（吉川弘文館、一九七四年）
佐伯有清『古代史演習 七支刀と広開土王碑』（吉川弘文館、一九七七年）
徐　建新『好太王碑拓本の研究』（東京堂出版、二〇〇六年）
白崎昭一郎『広開土王碑文の研究』（吉川弘文館、一九九三年）
武田幸男編著『広開土王碑原石拓本集成』（東京大学出版会、一九八八年）
武田幸男『高句麗史と東アジア—「広開土王碑」研究序説—』（岩波書店、一九八九年）
武田幸男『広開土王碑との対話』（白帝社、二〇〇七年）
武田幸男編『知られざる名品シリーズ第二期4 広開土王碑』（天来書院、二〇〇七年）
武田幸男『広開土王碑墨本の研究』（吉川弘文館、二〇〇九年）
東京国立博物館編『高句麗広開土王碑拓本』（一九九六年）
東京都目黒区教育委員会編『広開土王碑と古代日本』（学生社、一九九三年）
東京都目黒区守屋教育会館郷土資料室編『目黒区所蔵 高句麗広開土王碑拓本写真集』（一九九〇年）
東方書店編『シンポジウム 好太王碑—四、五世紀の東アジアと日本—』（東方書店、一九八五年）
東洋書道協会『高句麗好太王碑（書品一〇〇）』（一九五九年）
寺田隆信・井上秀雄編『好太王碑探訪記』（日本放送出版協会、一九八五年）
朴　時亨『広開土王陵碑』（そしえて、一九八五年）
濱田耕策『朝鮮古代史料研究』（吉川弘文館、二〇一三年）
福宿孝夫『日本古器銘と好太王碑文』（中国書店、一九九一年）
藤田友治『好太王碑論争の解明』（新泉社、一九八六年）
古瀬奈津子編『広開土王碑拓本の新研究』（同成社、二〇一三年）
星野良作『広開土王碑研究の軌跡』（吉川弘文館、一九九一年）
水谷悌二郎『好太王碑考』（開明書院、一九七七年）
門田誠一『古代東アジア地域相の考古学的研究』（学生社、二〇〇六年）
門田誠一『東アジア古代金石文研究』（法蔵館、二〇一六年）
読売テレビ放送編『好太王碑と集安の壁画古墳—躍動する高句麗文化—』（木耳社、一九八八年）
李　進熙『好太王碑の謎—日本古代史を書きかえる—』（講談社、一九七三年）
李　進熙『広開土王陵碑の研究』（吉川弘文館、一九七二年）
李　進熙『好太王碑と任那日本府』（学生社、一九七七年）
李　成市『闘争の場としての古代史—東アジア史のゆくえ—』（岩波書店、二〇一八年）

第三章　広開土王碑拓本の残存数と保存方法

徐　建　新

一　伝世広開土王碑拓本の数について

広開土王（好太王）碑はおよそ一八八〇年ごろに発見された。広開土王碑の最も古い文字記録については、清末の地方官吏李超瓊による『遼左日記』がある。『遼左日記』の記載によると、広開土王碑の所在地、懐仁県の県令であった章樾が、一八八二年の春頃に碑文の拓本の制作を始めたという。最初の拓本は一種の摹拓本である。この拓本の碑字は墨で輪郭を描いて作成したものであり、このことから本当の拓本とはいえない。李超瓊はこの拓本に人工的に墨を補塡した痕跡があることに気がついたため、地元の拓本制作者に改めて拓本を制作することを要求した。

戦後、人工的な補塡の痕跡を最も早く発見したのは日本の水谷悌二郎氏である。一九七〇年代以降、この種の摹拓本は大きな論争を引き起こした。現在までのところ、このような摹拓本は二種類が発見されている。一つは日本の酒匂景信が持ち帰ったもので、もう一つは一八八四年に李超瓊が蘇州へ持って行った墨本（図1）である。最近著者は中国国内で、もう一つの摹拓本（図2）を発見した。これは二〇一三年一一月に中国東北地方での調査時に発見した新発見の拓本である。この墨本も初期の摹拓本の一種と推測される。

これまでに、末松保和氏と武田幸男氏は、いずれも酒匂景信本に基づいた初期摹拓本の制作方法の復元を試みている。新発見の拓本は摹拓本の制作過程の理解をさらに深める一助となるものである。

摹拓本の後すぐに、地元の拓工は本当の拓本の制作を開始した。それが今日「原石拓本」と言われるものである。この拓本には大きな学術的研究価値と収蔵品としての価値がある。原石拓本の制作が始まった時期は一八八九年より遅くはない。さらにその後、一八九〇年代のある時期に、文字が明瞭な完全な拓本を大量に制作するため、地元の拓工が石灰で碑石を補塡した拓本を制作するようになる。これがいわゆる「石灰拓本」である。石灰拓本の制作時期は、一八九〇年代から一九三〇年代であり、地元の拓工はこのころに大量の拓本制作を始めた。今日伝世する拓本の多数はみなこの時期の拓本である。一九六〇年代以降には、中国の学界が調査研究を行う過程において、少数の拓本が制作された。今日では、碑石の保護のため、拓本の制作は禁止されている。以上が広開土王碑拓本制作の歴史の簡単な紹介である。

それでは、これまでの一三〇年余に制作された拓本は、結局のところどれほどの分量が現在まで伝わっているのだろうか。一九五九年に水谷悌二郎氏が発表した『好太王碑考』には八種の拓本資料が使用されている。一九七二年に李進熙氏が発表した『広開土王陵碑の研究』には十種以上の拓本が示されている。一九八八年、武田幸男氏が『広開土王碑拓本集成』を発表した時には、三、四十種の拓本が示された。一九八〇年代以降、拓本の数量はさらに増加した。二〇一三年に出版された古瀬奈津子編『広開土王碑拓本の新研究』に所収された早乙女雅博氏の統計に

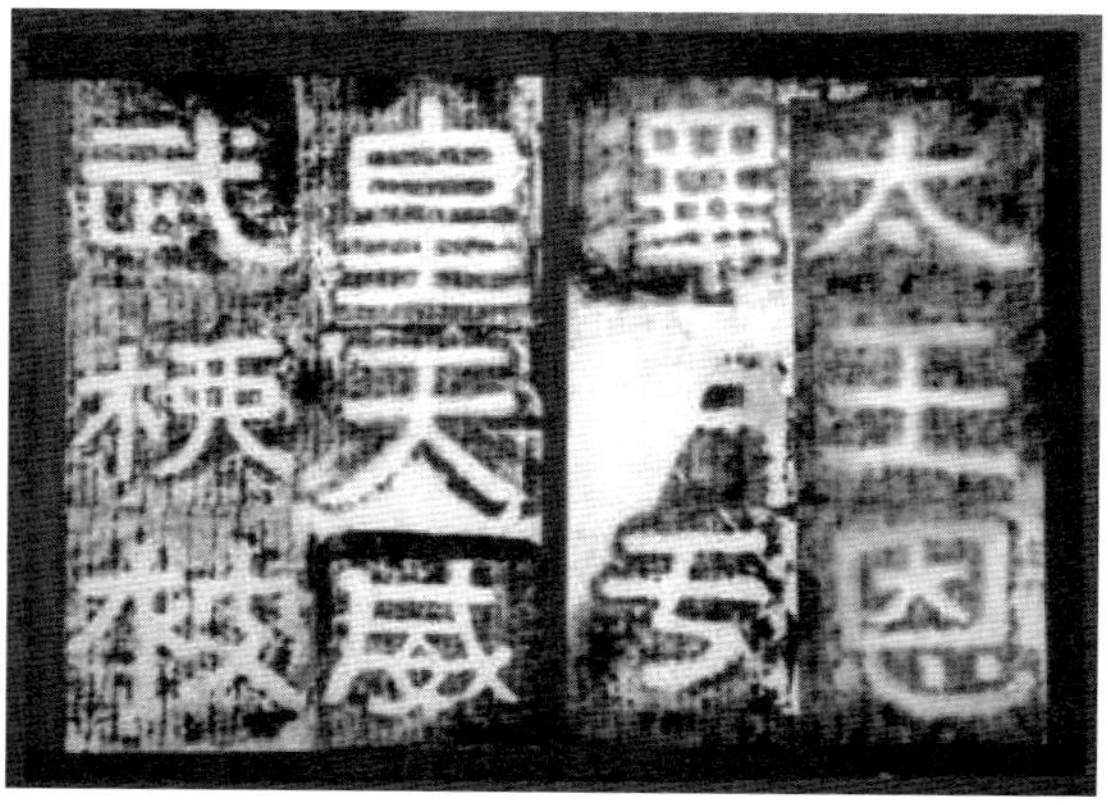

図１　李超瓊本

図２　中国東北地区某本

よると、今日、東アジア各国にある伝世の広開土王碑拓本には九八種があるという。ただし、早乙女氏の統計は公表された出版物に提示された拓本に限られたものである。もし未発表の拓本を含めるならば、その数はさらに増加する。筆者の知る限りでは、現在のところ中国には少なくとも十種類以上の公表されたことのない拓本がある。日本と韓国にもおそらく発表されていない拓本があるであろう。このことから、今日、伝世の広開土王碑拓本の総数は一二〇種を超えるものと考えられる。

二　伝世拓本の保存方法

上述の一二〇種類以上の伝世拓本は碑字の拓出状態が異なるだけでなく、保存の方法も異なっている。おおよそ伝世の広開土王碑拓本の保存方法は以下の数種に分けられる。

①全紙をもとのまま保存する方法

この保存方法は拓本に対していかなる処理もせず、もとのまま保存したものである。広開土王碑拓本はふつう四幅に分けて拓出されるが、水谷悌二郎拓本（原石拓本）のように、各面を三段にわけて拓出すると全部で拓本は一二幅となる。この形式による保存では拓本の本来の姿をありのまま留めることができ、拓本の大きさや碑字の拓出された様子もわかり、拓本制作者の題字や整理番号も記されている。このような書誌情報がもとのまま保存されていると、調査や研究にも大変役に立つ。例えば上述の水谷拓本の背面には「東一」「南一」などの文字が書かれている。これは拓工が拓本を制作するときに残した整理番号である。筆者の調査

図３　北京大学 A 本

図４　北京大学 C 本 12 幅

によると、水谷拓本背面の整理番号は北京大学C本、北京大学B本背面の整理番号の字体と非常に近く、この二種の拓本は同一時期、同一拓工によって制作されたものと考えることができる。そのため、もとのまま保存された拓本は、研究者に対して多くの情報を提供することができる。

現存する拓本には、このようにもとのまま保存された拓本が多く、そのうちのかなりの数は原石拓本で、水谷拓本、北京大学蔵A本（図3）、北京大学蔵B本、北京大学蔵C本（図4）、傅斯年図書館乙本などである。さらにかなりの数の石灰拓本があり、北京大学F本、宮内庁書陵部所蔵拓本、書学院本などがある。本書に写真収録されている明治大学の整紙本（第一部第一章）もこの種の拓本に属する。

しかし、このような保存形式でも不充分である。拓本を閲覧する時に損壊を受けやすいのである。繰り返し折りたたむため、折りたたまれた所は非常に破損しやすく、碑字を損ない、拓本の完全な保存状況に影響を生じる。そのため、この種の拓本を調査するときには特に注意しなけ

図５　日本 足立幸一本

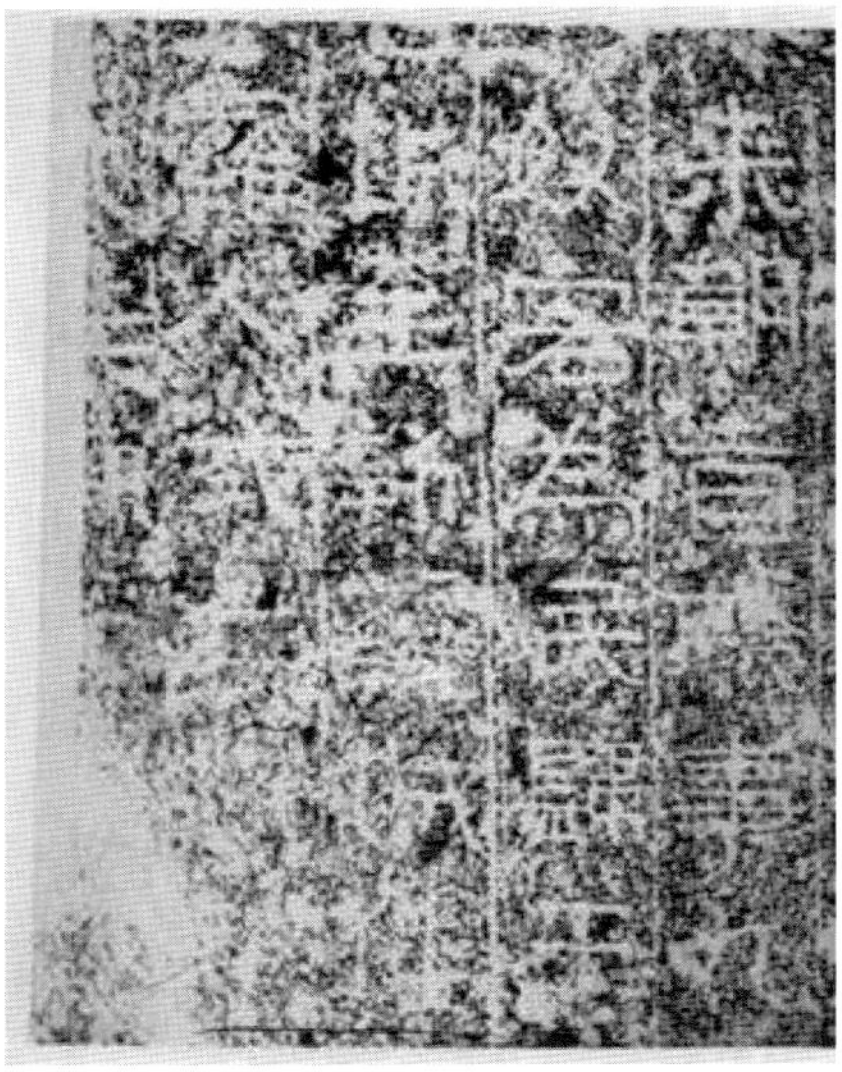

図7　中国国家図書館蔵本
（原石拓本、部分）

図6　北京大学D本

ればならない。

②全体を表装して保存する方法

拓本全体を表装した場合、通常は四軸に分ける。この種の保存方法は拓本を長く保存するのに都合がよく、観察するときにも便利である。しかし研究者にとっては不都合な部分もある。たとえば背面（裏面）の文字や拓本に残る凹凸した様子は表装した後では見ることができないのである。この種の拓本に属するものには、酒匂景信本、北京王少箴旧蔵本、日本足立幸一本（図5）、北京の画家李苦禅旧蔵本などがある。

③裏打ち（托裱）をして保存する方法

裏打ちは簡単な表装の方法であり、拓本の下に紙を一枚あてるものである。その目的は拓本を保護し摩損による傷を受けないようにすることで、裏打ちする一つの方法は拓本と下面の当て紙を完全に貼り付けて一つにするものである。もう一つの方法は拓本の縁だけに当て紙を貼り付ける方法で、拓本の中心部分と当て紙は離れている。こちらの方法を用いると拓本の碑字には全く変化を生じることがなく、拓本の現況を保存しやすい。「裏打ち」による拓本には、北京大学D本（裏打ちにより一二幅。図6）、傅斯年図書館甲本（裏打ちにより二四幅）などがある。

先に述べた拓本の縁部分だけに当て紙を貼りつけた拓本には中国国家図書館蔵本（原石拓本）がある（図7）。

④剪装本

剪装本は拓本を本のように装丁したものである。剪装本の長所は、保存、収蔵に都合がよく閲覧にも便利な点である。しかし剪装本の最大の問題は拓本の原況を破壊していることである。剪装本は碑字にのみ注目したもので、碑字がない部分は往々にして破棄され装丁されていない。広開土王碑第一面と第二面の碑石には巨大な割れ痕があり、第三面右側の上部と下部にも大きな破損がある。多くの拓本、特に石灰が塗られた時期の拓本には、上述の部分には通常墨をつけていない。剪装本を制作するときには往々にしてそのような墨のついていない部分を切り取ってしまうことが多く、表装されないのである。このようになると、閲覧者は原碑の様子を理解しにくくなる。また剪装本によっては碑字の順序を間違えて表装されたものもあり、解読が困難となっている。

広開土王碑を剪装本に表装する方法は、普通半ページごとに二行、毎行三字である。しかし毎行二字や、毎行四字の拓本もある。半ページごとに二字のみを表装した拓本もある。剪装本の多くは四冊本になっているが、八冊本や一二冊本もある。

　現在、伝世の好太王拓本の多くは剪装本であり、一八八四年の李超瓊本、任昌淳本、国学院大学図書館蔵本、北京大学図書館蔵本G本等がある（図8・9・10参照）。明治大学図書館の剪装本（第一部第二章）もこのうちの一点である。

　以上、広開土王碑の様々な拓本の保存方法を紹介した。これらの収蔵方法にはそれぞれに長所と短所がある。保存方法を選ぶ場合には、それ

図8　李超瓊本（墨水廓塡本）

図9　天津文運堂本（初期石灰拓本）

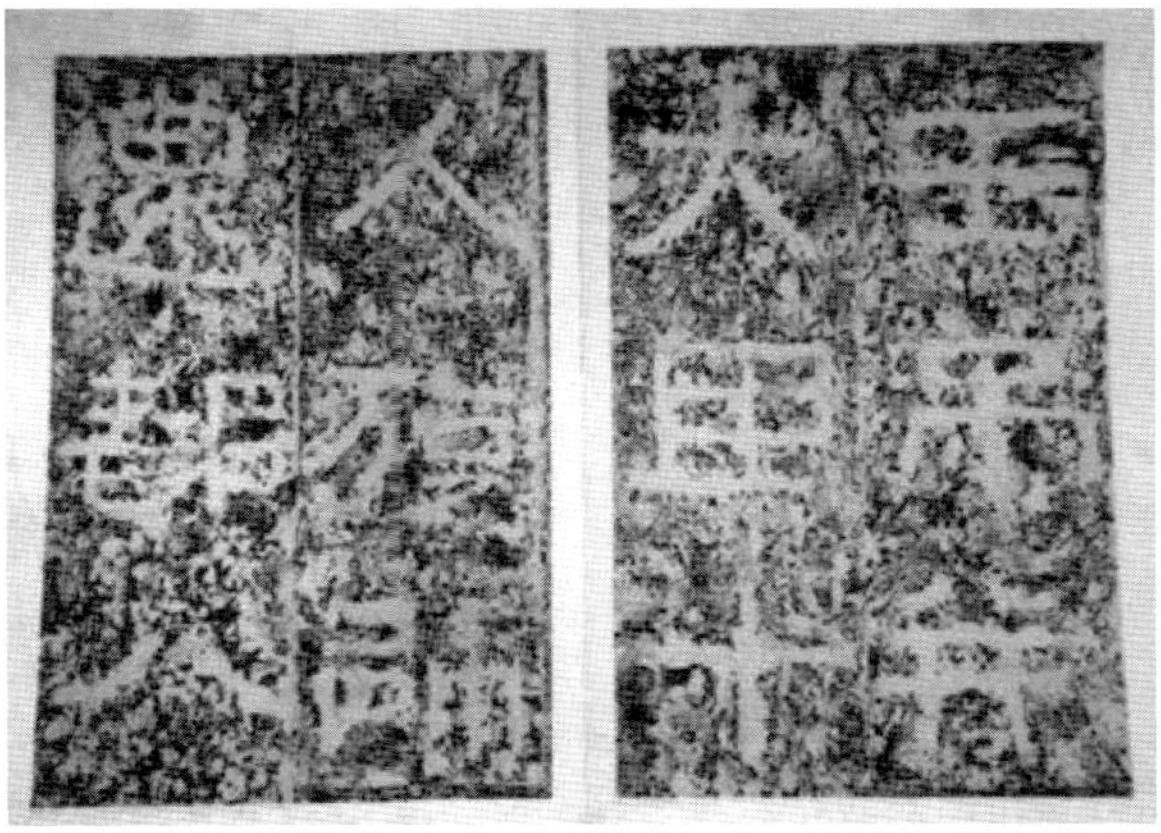

図10　天津文運堂本（毎半頁6字本）

それの拓本の保存状態によって決めるべきである。

参考文献

武田幸男『広開土王碑墨本の研究』（吉川弘文館、二〇〇九年）
早乙女雅博「小拓紙から見た広開土王碑拓本の分類と年代」（古瀬奈津子編『広開土王碑拓本の新研究』同成社、二〇一三年）
武田幸男編『廣開土王碑原石拓本集成』（東京大学出版会、一九八八年）
水谷悌二郎「好太王碑考」（『書品』一〇〇号）
李進熙『広開土王陵碑の研究』（吉川弘文館、一九七二年）

（翻訳　石黒ひさ子）

第四章　東アジア学界の広開土王碑研究史

徐　建　新

一　広開土王碑研究の歴史

1　戦前の研究（中国、日本）

中国の学界での広開土王碑の研究　第二次世界大戦前の広開土王碑研究は主に中国と日本の学界で展開した。清の光緒帝の時代（一八七五～一九〇八）初期から二〇世紀四〇年代まで、中国の学界で少なからぬ学者や金石愛好者が広開土王碑について著述し、その研究には碑石の発見の経緯や採拓の情況、拓本の流伝情況の紹介、碑石の地点や方位・寸法、碑文の状況の記述、碑文についての釈文、立碑の年代や碑文に示された年代、人名、地名、事件や碑文の書体について考証を行ったものを含む。この時期の研究の特徴について、筆者は次のいくつかの点を考えている。

第一に、考証において、学者たちは中国の史書（『後漢書』『魏書』『北魏書』等）を参考とするだけではなく、朝鮮、日本の史書（『三国史記』『三国遺事』『東国史略』『東国通鑑』『東国史』『日本書紀』『三韓紀略』等）も参考としている。しかし、彼らは終始碑文を高句麗王国の史料として見ており、これと日本古代史研究を連繫させてはおらず、この点は日本の学界の初期の研究とは明らかに異なっている。

第二に、広開土王碑が発見された初期、最初にこの碑への関心をもったのは主に金石家と金石愛好者で、史学家でこの碑に関心をもつ者は多くはなく、このため初期の研究ではまだ歴史研究と緊密に結びついてはいない。

第三に、この時期の研究者は、広開土王碑には異なる種類の拓本が存在することを理解していて、碑文が塗られたり、補修されていることを明確に提示した学者さえもいたが、碑石に石灰が塗られたり、補修されたりした時期やその補修の程度については深く考察を進めることはなく、碑石が塗られたり、補修されたりする以前に製作された、いわゆる原石拓本にも多くの関心を向けることはなかった。このことは、正確な碑文の釈読に影響を与えただけでなく、碑文の内容にかかる研究や考証にも影響を与えたのである。例えば、劉節氏は「好太王碑考」（『国学論叢』二―一〈一九二九年〉掲載、『古史考存』人民出版社、一九五八年所収）において、碑文について詳細な考証を行った。この論文は中国の学者が碑文を研究した本当の始まりと認められるものであるが、劉氏は碑石が採拓された歴史について深く研究はせず、論考において依拠している六種の拓本は皆石灰が塗られた後の拓本である。この点により、この論文における多くの考証の意義は失われている。

日本側の研究　次に日本での研究を見てみる。一八八三年（広開土王碑が発見された約三年後）、日本陸軍参謀本部によって派遣された酒匂景信が中国に入った。酒匂景信は当時、参謀本部では陸軍炮兵大尉であり、彼の中国での任務は「北支那及満洲の兵要地志資料の捜集と調査」であった。酒匂は懐仁の地で一種の広開土王碑墨本（拓本）を得た。これが後人が言うところの「酒匂本」である。墨本の性質からいえばその名称は雙鉤塡墨本、あるいは墨水廓塡本ともされる。一八八四年、酒匂が日本に帰り復命した時、この墨本を参謀本部に提出した。その後、天皇にも献上された。当時、日本軍では碑文に「百残新羅舊是屬民」という句があることを見て大いに驚喜し、そこで漢学に精通した人々を組織し、碑文についての研究を行い、一八八四年から一八八九年まで、碑文研究は参謀本部で秘密裏に進められた。研究に関与したのは主に海軍省軍事部軍官の青江秀と参謀本部軍官の横井忠直である。この時期の研究成果には主として次のものがある。

井上頼圀『任那考』（一八八二年）
青江秀『東扶余永楽太王碑銘之解』（一八八四年）
谷森善臣『高句麗広開土境好太王墓碑銘』（一八八四年）
横井忠直『高句麗古碑考』（一八八四年）
酒匂景信『碑文之由来記』（一八八四年）

『会余録』第五集（一八八九年六月）の出版により、酒匂本が世に公布されると、日本の学界はそれに伴って碑文の研究に加わった。この時期の研究は菅政友、那珂通世、三宅米吉が代表であり、彼らは碑文の干支、碑文の記述について、特に日本と関係のある記事について広汎な考証を行った。一九〇五年から一九一八年まで、鳥居龍蔵・関野貞・今西龍・黒板勝美等の日本の学者たちは前後して集安を訪れ、碑石の実地調査を行った。その調査の重要な成果の一つは、碑石がこれ以前に、粘土や石灰によって補修されていたという事実を発見したことであり、拓本の碑字について疑いを提示した。この時期の研究者には今西龍・小田省吾・池内宏・末松保和の諸氏がいる。上記の研究の結果から、日本の戦前における研究には、いくつかの特徴と傾向のあることが理解できる。

日本の四世紀の歴史は同時代の史籍がないため、四世紀史は日本の学界では「大和闕史時代」とも呼ばれている。広開土王碑が発見された後、日本の学者は八世紀に編纂された史籍『日本書紀』の関係する記載に基づいて、碑文の「倭」と日本の四世紀の歴史を、さらに日本古代国家史へと繋げて、広開土王碑文を古代国家形成の証明のための主要な根拠と成らしめた。

戦前の研究を通じて、日本の学界は広開土王碑の研究において、次のような結論を導いた。

（1）広開土王碑文は四世紀後半期の日本勢力が朝鮮半島に進出したことを証明する確実な史料である。

（2）碑文の「辛卯年」の部分は「倭」を主語とするもので、「倭」が百済、新羅をして倭に臣服せしめたと解釈すべきである。

（3）碑文の「倭」は「日本」「大和朝廷軍」あるいは「日本軍」と理解すべきであり、つまり日本の統一的な軍隊である。

（4）以上に述べた三点を前提として、日本が当時既に大和政権による古代国家を完成させていたと考える。

2　戦後の研究

戦後の朝鮮半島の学者による、戦前の日本の学者の視点への批判　戦前の日本の学界にはマルクス主義唯物史観と近代実証史学、文明史観が併存するという局面が存在していた。戦後の広開土王碑研究はまさに、この背景の下に展開したものである。

戦後の広開土王碑研究は一九五五年から開始された。この年、韓国学者の鄭寅普氏が「広開土境平安好太王陵文釈略」（『白楽濬博士還甲記念国学論叢』一九五五年）を発表した。この論文では、鄭氏は碑文釈文の句読点の位置や解釈について、これまでの日本の学界の伝統的な視点とは完全に異なる見解を提出した。彼は碑文の「辛卯年」条にある「渡海破」の句の主語は高句麗であると考え、また「以為臣民」の句の主語は百済であるとした。鄭氏の解釈はその後、韓国や朝鮮の学者の研究に大きな影響を与えた。

一九六三年、朝鮮民主主義人民共和国の学者金錫亨氏は「三韓三国の日本列島における分国について」と題する論文（朝鮮『歴史科学』一、一九六三年）を発表し、広開土王碑文の「倭」は朝鮮三韓（馬韓、辰韓、弁韓）と三国時期に朝鮮半島から日本列島に移住した朝鮮人の建立した分国であり、これらの分国は日本の九州、畿内、出雲の各地に存在したと考えた。七世紀以後に至って、ようやくこれらの分国は大和政権によって統一され、その統一者もまた朝鮮から来た移民勢力であると指摘した。金氏はその後まもなく『初期朝日関係研究』（朝鮮民主主義人民共和国社会科学院出版社、一九六六年）も出版した。同年、朝鮮学者の朴時亨氏もその専著である『広開土王陵碑』（朝鮮社会科学院出版社、一九六六年）を出版した。この本は広開土王碑研究史において最初の専著である。「辛卯年」の条の理解については、朴氏もまた、「渡海」の主語は高句麗とすべきであり、「破」の目的語は「倭」であると考えている。筆者は朴時亨氏の著作の大きな貢献は中国における金石学の文献を詳細に収集したことであると考えている。

日本の学者による戦後の反省—水谷悌二郎氏の拓本研究と中塚明氏の論文

日本においては戦後、碑文について積極的な史料研究が展開された。一九五九年、日本の水谷悌二郎氏は広開土王碑拓本について一〇年前後の研究を進めた後、「好太王碑考」（『書品』一〇〇、一九五九年）を発表し、かなり厳正な釈文を提示して、これまでの釈文における多くの間違いを訂正した。彼はさらに、酒匂本は拓本ではなく、「雙鉤廓塡本」であることをはじめて明確に指摘した。彼が収蔵し公表した拓本は、現在でも最良の拓本の一つと考えられる。

全体から見て、戦後の日本の学界は、六、七〇年代以前には、大体において戦前に形成された定説を継承し、広開土王碑を大和政権が朝鮮南部を支配した基本史料と見なしている。朝鮮、韓国の学界では具体的な視点で異なるところもあるが、おおよそ、碑文中の「倭」を高句麗と対等な、あるいは劣勢である敵対者と見なし、「倭」が朝鮮南部を支配したことを否認している。

日本、朝鮮双方の学者の視点が鋭く対立する状態の下、日本の学者、中塚明氏は一九七一年に「近代日本史学史上における朝鮮問題—とくに「広開土王陵碑」をめぐって」（『思想』五六一）を発表した。この論文において、中塚氏は詳細に日本における初期の広開土王碑研究と参謀本部の関係を分析し、当時の日本では常識となっている、碑文に関わる解釈が戦前の参謀本部の釈文と解釈から大きな影響を受けていることを指摘した。さらに、明治時代以来の日朝関係史に関わる間違った史観を指摘し、学校の教科書に記された問題点を述べた。この点についてはあらためて徹底的な反省と検討を行う必要がある。

李進熙氏の改竄説　一九七二年、在日の韓国学者李進熙氏は、その広開土王碑研究に関する新説を発表した。李氏はその著書『広開土王陵碑の研究』（吉川弘文館、一九七二年）において、大量の拓本と碑石の写真を掲載し、文献史料について分析を行い、広開土王碑文は碑石の発見後まもなく三度にわたり日本の参謀本部の策略の下に改竄され、その内容を日本に有利にせしめたと提起した。彼はこの陰謀活動を「石灰塗付作戦」と呼ぶ。このため、改竄された原碑によって製作された拓本、およびこのような拓本によって作られた釈文は古代史研究の基本史料とすることはできないという。李氏の衝撃性をもつ論点が発表された後、朝鮮、韓国の学界では広汎な支持を得たが、日本の学界では多くがその観点には同意しなかった。李進熙氏の広開土王碑研究の中心的な思想は、現代の日本の学界における古代日朝関係史の基本認識に残る「皇国史観」の影響について厳しく批判するものであった。筆者の考えでは、李氏の研究には少なからず検討すべき部分があるものの、その積極的意義には衆目の認めるものもある。李進熙氏の後、金貞培、千寛宇、李丙燾、金永萬、金廷鶴、徐榮洙、李亨求の諸氏もまた次々と論文を発表した。これらの研究に共通する特徴は、戦前の日本の学界に形成された定説を批判し、江上波夫氏が提唱した「騎馬民族説」と金錫亨氏、朴時亨氏等の朝鮮学者の新説を導入したことである。

金錫亨、朴時亨、李進熙等の諸氏の視点は、日本の伝統的視点に厳しい挑戦を提起した。その研究は資料が豊富で、立論と分析にはいずれも独特のものがあり、これらの朝鮮の学者の挑戦は単純に「狭隘な民族主義視点」と貶め、無視することはできないものであった。このため、多くの日本の学者が注目し、積極的に広開土王碑の研究活動に身を投じたことから、戦後の東アジア古代史学界における、最も注目を引きつけた国際論争が形成された。

八〇年代以後の日本の学界は、広開土王碑の史料研究において注目すべき進展を得た。武田幸男編著『広開土王碑原石拓本集成』（東京大学出版会、一九八八年）で武田氏は再び各種拓本について全面的な分析と研究を行った。彼は拓本の用紙と着墨の特徴をもとに、各種拓本について分類を行い、特徴のある拓本編年体系を提示した。この本において、武田氏は集中的に四種の広開土王碑初期拓本（原石拓本）を紹介している。

中国の学者による一九四九年以後の調査と研究—一九六三年中朝連合調査団、拓工張明善氏の仕事　戦後から一九八〇年まで、中国歴史学と考古学の研究者および文物界の人々は、広開土王碑について数回の調査を行った。一九六三年、中朝の学者は連合考古調査団を組織し、中国国内における渤海と高句麗の遺跡を調査発掘し、この際に広開土王碑も調査されている。この時中国国家文物局が派遣した著名な拓工である張明善氏は、広開土王碑拓本を多数製作した。このうち二部は、後に朝鮮側へ送られた。この調査は朝鮮学者（朴時亨氏、金錫亨氏等）の研究に、影響を与えたものである。

この時期、中国の学者には、碑文に関わる研究成果の発表は多くない。八〇年代以後になると、中国の学界は多年にわたる静寂の後、再び広開土王碑についての研究を展開する。一九八〇年、朴真奭氏は論文を発表し、古代日本による朝鮮への侵略は歴史事実に符合しないことを指摘した（「試論広開土王碑的「辛卯年記事」」『延辺大学校紀要』一九八〇年）。楊通方氏の論文は、高句麗の君主世系について質疑を提示したものである。広開土王は碑文中に称せられる十七世王であって、十九世王とすべきではないと考えた（「高句麗不存在山上王延優其人—論朝鮮〈三国史記〉有関高句麗君主世系問題」『世界歴史』一九八一年三期）。

王健群氏の調査と研究　八〇年代の広開土王碑研究において、王健群氏の研究は人々の広汎な注目を集めた。一九八三年、王氏は「好太王碑的発現和捶拓」（『社会科学戦線』一九八三年第四期）を発表し、まもなく『好太王碑研究』（吉林人民出版社、一九八四年）を出版した。王氏の上述の研究における主要な結論は以下の通りである。

（1）広開土王碑が発見された年代について、光緒二年（一八七六）説を主張し、また発見者を当時の桓仁県県令の章樾の部下で、官吏の関月山と考える。

（2）初期の採拓者の子孫への取材から、李進熙氏が主張する日本陸軍参謀本部が碑文について行った三回の塗付による修正（いわゆる「石灰塗付作戦」）は実際には存在せず、碑石の補修によって碑字に変化を発生させたのは現地の中国の拓工である。

（3）碑文を長時間調査し、また諸家の拓本や釈文を参照して、新たな釈文を提示した。

この本は出版後に東アジア各国の学界、特に日本の学界の注目を集め、その釈文は水谷悌二郎釈文以降の碑文研究に関わる最重要成果の一つと評価された。

王健群氏の後、中国の劉永智、王仲殊、方起東、耿鉄華の諸氏も積極的に討論に参加し、多くの論文や専著を発表した。例えば、耿鉄華氏の『好太王碑新考』（吉林人民出版社、一九九四年）、『好太王碑一五八〇年祭』（中国社会科学出版社、二〇〇三年）等がある。

八〇年代に入ると、中国台湾地区の学者も討論に加わった。台湾大学の高明士氏は八〇～九〇年代に多くの論文を発表し、台湾に収蔵される数種の広開土王碑拓本について紹介した。

研究成果の総結と分類　広開土王碑が発見されてから百年余りの研究史を回顧すると、東アジア各国の学者の研究は二つに分けることが可能である。その一は金石学の角度から行われる史料研究で、これには碑石調査、拓本研究と釈文研究が含まれる。その二は、歴史学の角度から碑文内容を検討するものである（すなわち、碑文に記述された歴史事実の研究）。広開土王碑研究をさらに進めて八つの面に分ける学者もいる。

（1）碑石研究、（2）碑文字研究、（3）拓本の編年研究、（4）拓本文字の研究、（5）碑文釈文研究、（6）碑文の歴史研究、（7）碑文書法研究、（8）碑文研究と関わる近現代史と史観の批判研究、以上八つである。

二　広開土王碑研究史におけるいくつかの問題と筆者のこれらの問題への調査

日本軍人酒匂景信が碑文を改竄した事実はない　在日韓国学者の李進熙氏は一九七一年に参謀本部の碑文の改竄問題を提示したが、彼の研究では間接的な証拠が示されただけで、直接的な証拠はない。その後、王健群氏は李氏の視点を否定したが、やはり証拠となるものは提示していない。つまり二〇世紀末に至っても「改竄説」は依然として検証の待たれる問題だったのである。

二〇〇四年、北京の嘉徳拍売社（オークション会社）に一つの拓本が現れ、オークションの前に、筆者はこの拓本の鑑定に関与した。拓本の詳細な調査を通じて、これがまさに、一八八四年に蘇州按察使の李眉生（鴻裔）が見た拓本の一つであることを論証した。さらに清末の金石家である葉昌熾氏の『語石』における関係記載の補足も行った（葉昌熾『語石』奉天一則〈一九〇九年〉の記載「乙酉年（光緒十一年、一八八五年）、中江本眉生（鴻裔）丈得両本、以其一贈潘文勤師。其三四十紙、属余為排比考釈、竭旬日之力、未能連綴」）。同時に、この拓本の発見によって、筆者はさらに以下の結論を得た。

一、この拓本は、もとは鳳凰庁で働いていた李超瓊という下級官吏が一八八三年に江蘇蘇州に持ってきたもので、李氏がこの拓本を入手した時期は一八八一年である。これは酒匂景信が拓本を得た一八八三年より早い。そのため、この拓本は今のところ、国内外に伝世される広開土王碑拓本のうち最も初期の墨本である。

二、金石家の葉昌熾はこの拓本に基づき、広開土王碑について最初の考証を行い、一三〇〇字余りの長い跋文を残した。これは今のところ知られている中国の学者の最も早い研究成果である。

三、この拓本の製作方法は酒匂景信本ととても近く、どちらも摹拓本に属し、肝要となる碑字も同じである。ここから判断できることは、日本の酒匂景信本はその製作過程において意図的に改竄を加えられたものではないということである（徐建新「高句麗好太王碑早期墨本的新発現―対一八八四年潘祖蔭蔵本的初歩調査」『中国史研究』二〇〇五年第一期）。

李超瓊『遼左日記』の発見―碑石発見後の最初期の状況を知る　広開土王碑研究史におけるもう一つの問題は、碑石の発見後の最初期の事実が不明なことである。広開土王碑の発見の具体的な時期については過去に多くの説があり、同治末年説、光緒元年説、光緒二年説、光緒六年説等とあって、一つにまとまっていない。さらにこれらの多くの説が根拠とするのは、一八九五年以後の記録である。

二〇一二年、筆者は東北の地方官吏李超瓊に関係する資料を調査するなかで、思いがけず李超瓊の孫が北京に住んでいることを知り、何度かの紆余曲折を経てついに彼らを探し出した。そして、その家に伝わる遺品に、李超瓊が書いた一八八一～一八八三年の『遼左日記』を発見した。『遼左日記』には、広開土王碑発見の歴史と初期の採拓の歴史に関わる事柄が記録され、さらにこれまで学界では知られていない、いくつかの事実と叙述があることに気づいた。

李超瓊の『遼左日記』の研究を通じて、筆者は次のような新たな事実を確認した。

（1）広開土王碑の拓本製作の歴史は、一八八二年にまで遡りうる。

（2）広開土王碑の初期拓本の製作は、懐仁県の初代県令である章樾と関係がある。

（3）李超瓊は一八八二年に拓本に塡墨勾勒（文字を写しとり、墨で塗りつぶす）された事実を発見していた。

まとめると、李超瓊の『遼左日記』はこれまでに知られた広開土王碑に関する最も古い文字記録であり、広開土王碑の発見の歴史、初期拓本の採拓の歴史についての認識をより豊かにするもので、広開土王碑発見史の問題を研究する上で重要な資料である。

この『遼左日記』の史料を根拠として、以下のような判断を下すことができる。

（一）前述の北京で発見された摹拓本における李超瓊の題跋には「是碑余以光緒辛巳（一八八一年）客鳳凰城時得之」とあり、ここで李超瓊は一八八一年に墨本を得たと述べている。しかし、光緒七年（一八八一）の『遼左日記』に筆者は広開土王碑に関わる記述を発見できていない。彼が最初に通溝の古碑（即ち広開土王碑）のことを聞いたのは、一八八二年正月二〇日である。

これはおそらく、一八八二年正月以前に、李超瓊はまだ広開土王碑のことを知らなかったことを証明するものである。ここから見ると、前述の一八八一年の拓本の「是碑余以光緒辛巳（一八八一年）客鳳凰城時得之」の一句は、李超瓊の誤記なのかもしれない。つまり、広開土王碑の拓本製作は一八八一年に始まったのではなく、一八八二年に始まった可能性が高い。

（二）懐仁県最初の県令である章樾は碑文を読むために、一八八二年春季以後に拓本を製作しようとした。これは広開土王碑の初期の拓本が確実に章樾と関係することを表すものである。

（三）一八八二年四月二四日、李超瓊は懐仁県の通溝口巡検である張皓山が送ってきた広開土王碑拓本を得ている。李進熙氏は広開土王碑の最初の拓本製作は一八八二年八月、懐仁県の二番目の県令として陳士芸が任じられた後であると考えているが、ここから見ると、最初の拓本製作はその時期より早い。

（四）初期拓本の製作過程について、李超瓊の日記にもかなり多くの叙述がある。一八八二年四月二四日、李超瓊は張皓山が送ってきた拓本について調査し、この拓本が「経俗手用筆勾勒為之」であることを発見している。この記載のように、李超瓊は早くから拓本の製作者が拓本に填墨勾勒している事実を発見していた。彼はこれについて不満を示している。二〇〇三年に筆者が中国嘉徳拍売社（オークション会社）で発見したいわゆる一八八一年本は、おそらく、李超瓊が得たこの墨本であろう。墨本に勾勒の痕跡があることを発見した後、李超瓊はすぐさま通溝口巡検に手紙を出し、さらに二〇〇枚の紙（二刀）を送って、高句麗古碑を採拓することを要求している。

（五）一八八二年正月に、李超瓊は通溝の古碑を知った後、まだ碑文の内容を理解していなかった。彼は章樾の西席（下級官吏）魏雲帆が作った賦を根拠に、通溝の古碑は魏玄菟太守王頎が刻したものではないかと推測している。

（六）一八八二年における李超瓊の居住地は鳳凰城（現・遼寧省鳳城市）である。一八八二年六月以前に李超瓊は広開土王碑を見ていない。しかし、彼はかなり詳細に採拓者の伝言を記録している。彼の日記から見出せるのは、広開土王碑の初期の拓本製作はたいへん難しく、「以四五人十日之功、僅得一分而已」であった。その後、これらの初期拓本製作の情報は、参謀本部の酒匂景信を通じて日本へ伝わり、また日本の初期の研究成果に現れた。例えば、亜細亜研究会編輯『会余録』（一八八九年六月出版）の「高句麗碑出土記」には、「然碑面凸凹不平、不能用大幅一時施工不得已用尺余之紙次第搨取。故工費多而成功少、至今僅得二幅云」と記されている。

つまり、李超瓊の『遼左日記』は中国の広開土王碑の発見の歴史や、初期採拓の歴史に対する認識をより豊かにするもので、上述の問題を研究する上で重要な文献資料である。

結語

東アジア各国の古代史料学と金石学の研究において、広開土王碑のように緻密に研究された事案はかなり珍しい。広開土王碑研究とその研究者が、研究の過程において採用した各種の方法は、東アジア各国の金石学研究に対して大きなインパクトを有している。これは広開土王碑研究の重要な意義の一つである。

（翻訳　石黒ひさ子）

第五章　三・四世紀高句麗都城と中原王朝都城

朱岩石

はじめに

三・四世紀は、中原の都城制度に新たに大きな変革が発生した時期である。後漢王朝末年の建安年間（一九六～二二〇）には、日々厳しさを増す社会的な矛盾から激動が引き起こされていた。曹操はこの乱世の政治家として当時の社会改革をリードした。考古資料の考察によると、この時期は都城制度・陵墓制度・文化芸術等多くの面で新たなものが創り出されている。三世紀後半には西晋の短い統一の後、中国は民族大融合・文化大交流のさらに激烈な十六国時代に入る。この時期の東アジア地域における古代文化の発展はこれらを背景とした強烈な影響を受けざるを得ず、中国東北地区にあった高句麗王国も例外ではなく、中原王朝の朝貢体系において、巨服・交流から発展・勃興への道のりを経ることになった。三・四世紀の中原王朝都城遺跡と高句麗都城遺跡の考古資料の整理からは、この両者の都城計画の思想と政治制度・建築技術・文化宗教等の諸方面における異同を見ることができ、さらに古代東アジア都城の発展・進化を理解するための考古学的研究に有益な視角をもたらすものとなっている。

一　中原王朝都城

三・四世紀の中原都城遺跡は、曹魏から三国・魏の時期の都城である鄴城（以下「曹魏鄴城」とする）がまず挙げられる。[1] 後漢末年、建安年間の「官渡の戦い」（二〇〇年）で曹操は袁紹を打ち破り、魏王として鄴城を占拠した後、新たな計画による建設を始めた。この時の鄴城の規模は王国の都城としてのものであったが、単一の宮城制度・中軸線による対称という都城計画の思想は、後世に長く影響を与えるものとなった。曹丕が帝を称した（二二〇年）後、三国時代に入ると、鄴城は三国・魏の五都の一つとなり、五都のトップである洛陽城は改築時に曹魏鄴城の影響を直接に受けている。魏明帝の時期（在位二二六～二三九）における太極殿の営造は洛陽城の大規模な改築の契機となるもので、その時に後漢以来の帝都における南北二宮に代わり、曹魏鄴城の単一宮城計画の思想が実現された。西晋の左思が「洛陽紙貴（洛陽の紙価を貴める）」と述べた『魏都賦』に至っても、「魏都」はやはり鄴城であり、曹魏鄴城が魏晋の人々の心に特別な位置を占めていたことがわかる。四世紀の十六国時代に入ると、後趙・冉魏・前燕は鄴城を再び国都とし、大規模な営造が行われ豪奢を極めもしたが、三国・魏以来の単一宮城制度・中軸線による対称という都城計画の思想は遵守された。

1　曹魏から三国魏の都城—鄴城

鄴城遺跡は河北省臨漳県の西南約二〇㎞にある、南北に連なる二つの古城から成るもので、曹魏～三国・魏（二〇四～二六五）、後趙（三三五

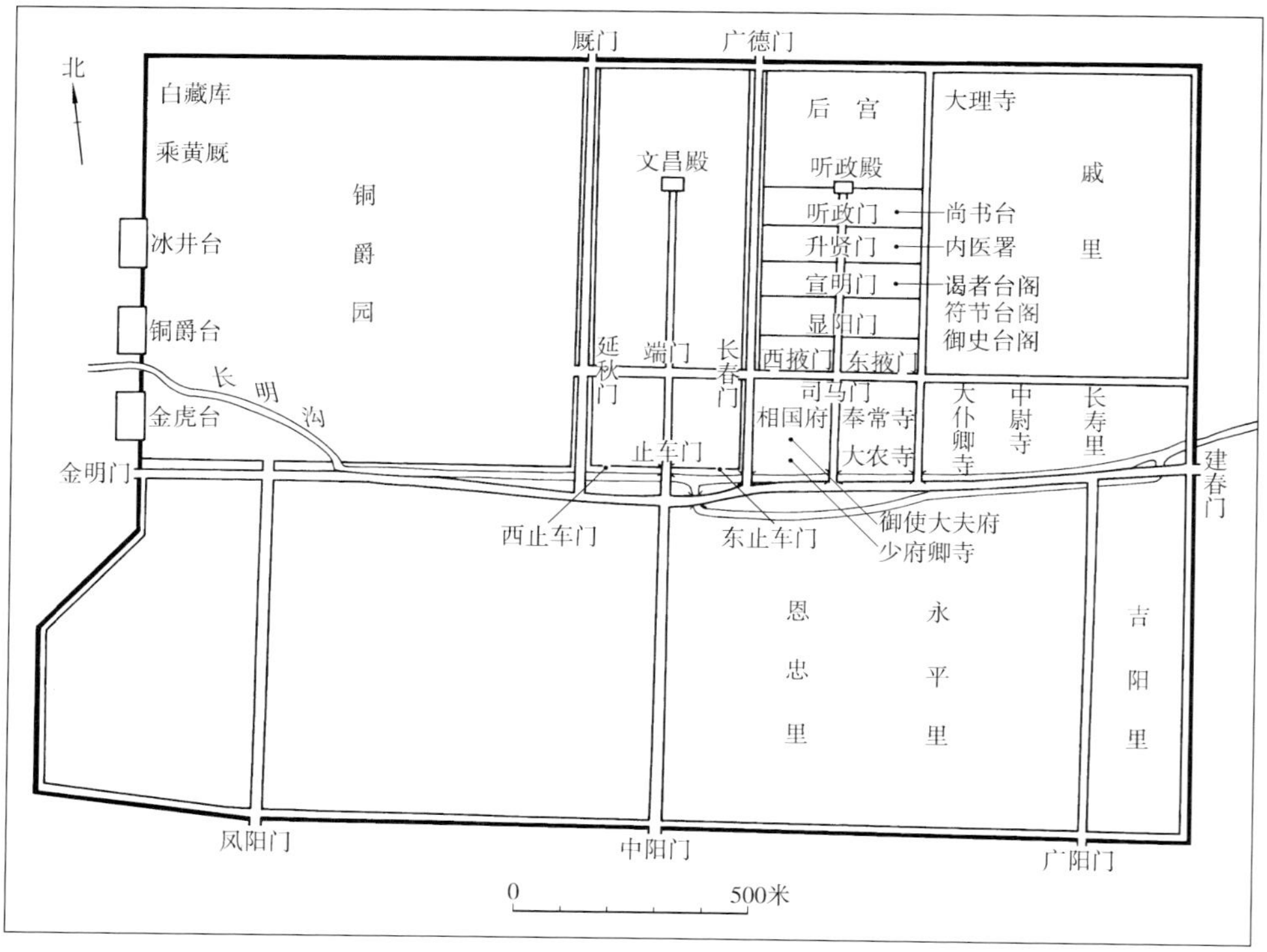

図１　曹魏鄴城平面図（『中国考古学』魏晋南北朝巻、中国社会科学院出版社、2018年）

～三五〇）、冉魏（三五〇～三五二）、前燕（三五七～三七〇）、東魏（五三四～五五〇）、北斉（五五〇～五七七）の六つの王朝の国都であった。

曹魏鄴城は鄴北城ともよばれたが、人為的あるいは自然的な破壊を経て、古城遺跡はほぼ全て地下に埋没し、現在、地表には銅雀三台が部分的に存在するのみである。『水経注』濁漳水の記載によると、曹魏鄴城は「東西七里、南北五里」であったという。中国社会科学院考古研究所・河北省文物研究所による鄴城考古隊の長期にわたる考古学的な探査と発掘を経て、城壁・城門・道路・主要な宮殿等の遺跡は徐々に検証が進んでいる。考古学的な調査によれば、その平面構造はおおよそ横長の長方形で、東西二四〇〇～二六二〇m、南北一七〇〇mである。南城壁中央の中陽門から中陽門内大道・宮城南中央の門から宮城正殿の文昌殿までが、全城を貫く中軸線を構成している（図1）。都城全体に規格の統一された中軸線が現れるのは、曹魏鄴城が現在までに確認されている最も早い実例である。

①城壁・城門　城壁は版築により築かれたが、現在は全て地下に埋まっていて、遺構から確認される幅は約一五～一八mである。東城壁で探査できた部分は一三〇〇mであり、発掘した部分では、幅一五・三五mである。北城壁では三五〇m、西城壁の南部分では約三〇〇m、南城壁では約一四〇〇mが確認でき、確認した範囲では幅一六・三五mである。

曹魏鄴城には全部で七門があり、『水経注』によると南城壁に三門があり、その中央を中陽門といい、その真北に端門および文昌殿がある。南城壁の東門は広陽門、西門は鳳陽門という。東城壁には一門があり、建春門という。西城壁には一門があり、金明門という。北城壁には二つの門があり、東側は広徳門、西側は厩門という。探査によると、東城壁と北城壁にはそれぞれ一つの城門跡が確認され、そのうち東城壁の門跡は城の東南角から約八〇〇mの地点にあり、文献にいう建春門にあたる。発掘門道の開口部の広さは二二mで、外側には甕城の痕跡が見られる。発掘調査を行っていないので、甕城の年代は確定しがたいが、これは都城防衛に関わる重要な設備である。

曹魏鄴城の防衛に関わる独自の特徴として、西城壁に沿った高台群がある。世に名の知られた銅爵台・金虎台・氷井台は合わせて三台と称され、鄴北城の西城壁の北寄りにあり、城壁と一体となるものである。銅爵台は建安十五年（二一〇）に、金虎台は建安十八年（二一三）に、氷井台は建安十九年（二一四）に築かれている。(2) 金虎台は金明門のすぐ北にあり、現存する遺構は東西七一m、南北一二〇m、高さ一二mである。その北八三mに銅爵台はあり、現存する基礎は東南角のみで、東西四三m、南北五〇m、高さ約六mである。銅雀台の北の氷井台は、痕跡も残されていない。

②道　路　考古学的調査により、曹魏鄴城には全部で六条の大道が発見されている。東西大道が一条、南北大道が五条である。そのうち三条の南北大道は東西大道の南側にあり、二条は東西大道の北側にある。このほか城壁内側にはさらに城内を循環する道路がある。発見された城門跡と六条の大道を合わせると、鄴北城の道路交通システムのおおよそのアウトラインを見ることができる。

建春門から金明門に至る大道では、城内で最も長い道路が発掘調査で確認された。全城唯一の東西大道で、すでに二一〇〇mが調査され、路面の幅は約一三mである。この道は鄴北城を南北二つに分け、北半分には主に宮城、衙署、銅爵園等が建てられ、南半分には主に一般的な官署と里坊が分布し、建春門と金明門を結ぶ大道は鄴北城の横方向の補助軸線となっている。

東西大道の南には三条の南北大道がある。中央は中陽門大道、東側は広陽門大道、西側は鳳陽門大道である。中陽門大道は全城の中心にあり、南は中陽門に始まり、北は東西大道と垂直に交わる。全長七三〇m、幅一七mである。中陽門大道から北への延長線上には宮城の南中央の門である端門と文昌殿等の中心的な建物がある。中陽門大道とその北への延長線がまさに鄴北城の都城規画の中軸線である。広陽門大道は約一五〇mの範囲しか調査されておらず、幅は一三mである。鳳陽門大道は全長八〇〇m、南は鳳陽門から、北は東西大道へ達し、幅は約一三mである。広陽門大道と鳳陽門大道は中軸線をはさんで東西で対称の位置にある。

東西大道の北には二条の南北大道がある。東側は広徳門大道であり、北は広徳門に始まるが、まだ北側が調査されたに過ぎず、調査で確認した範囲は長さ約四五〇m、幅約一三mである。西側は厩門大道であり、ごく僅かな部分しか調査されておらず、調査で確認した範囲は長さ約七〇〇m、幅約一三mのみである。広徳門大道と厩門大道は中軸線をはさんで東西で対称となる位置にある。

曹魏鄴城には伝統的な縦横垂直の道路計画が採用され、平面配置は整然としている。中軸線となる中陽門大道と東西大道が道路網の中心を構成し、城内全てをむらなく分割し、異なる機能を持つ空間を作りだす。その他の南北大道は中軸線である中陽門大道を基準として、東西対称に存在している。道路によって区分された里第の区域も東西対称に整然と並んでいる。

このため、曹魏鄴城の都城規画に共通する体系的な空間は、もはや地位に属するものではなく、宮殿・宮城・苑園・城壁等と同時に考えられた要素として都城規画に組み入れられ、さらに中軸線による対称が曹魏鄴城では諸方面に貫かれている。鄴城の都城規画は中国古代都城の歴史において新たな一ページを開くものといえる。

③宮城区と大型建物跡　曹魏鄴城の宮城壁は発見されていないが、鄴北城の東西大道の北側・宮城の中央部には一〇ヵ所の版築による基壇跡が発見され、この基壇跡が集中して分布することから、ここを曹魏鄴城の宮殿区としている(3)。文献記載と合わせることで、曹魏鄴城の宮城は基本的には復原可能である(4)。

宮城の中心は文昌殿で、この宮殿は宮城正殿として城の北部中央に位置し、復原された位置は広徳門大道の西で、宮城全体の西半分となる(5)。文昌殿は外朝正殿であり、賓客との朝会や群臣に対する饗宴等、国家的な儀礼はみなここで挙行された。文昌殿、端門と止車門、南城壁中央の中陽門は南北に一直線に並び、この曹魏鄴城を貫く南北方向の縦線こそが城全体の中軸線なのである。

④軍事防御の色彩をもつ銅雀三台建物群　曹魏鄴城の都城規画では銅雀台・金虎台と冰井台の三つの高台群がこの都城営造の一つの特徴となっている。銅雀三台は世に名を知られているが、その一因は、ここで建安学派の文学家たちが不朽の文学的佳作を残したことによる。もう一つは、これらが独自の機能を備えていたためである。この壮大にそびえ立つ宮殿建物群は中国建築史において一定の位置を有し、その軍事上の防御機能は極めて明瞭である。

以上からわかるように、曹魏鄴城では、南の中陽門から中陽門内の大道を経て北の文昌殿に至る中軸線は城全体の規画の中心となり、都城における唯一の東西大道は全体を南北二つに区分し、北区は政治に突出した空間として機能し、北区の中央にはただ一つの宮城が計画され、西側は皇室の園林である銅爵園が、東側には勲功ある貴族の住宅地区である戚里等が配された。南区は経済や文化といった日常機能の空間が置かれている。都城の道路網は形態が整い、機能が区別される地区を分かつものであり、都城全体の空間は中軸線による対称と機能によって区分される構造として現れている。曹魏鄴城の中軸線による対称構造・単一の宮城・機能が区分された都城規画と理念は、その後の歴代都城に踏襲されることになったといえよう。

2　三国・魏から西晋の都城―洛陽

社会が大きな激動の中にあった魏晋南北朝期、洛陽城は歴史の暴風雨に曝されることになった。二二〇年に曹丕が称帝し、魏の文帝となると、三国時代に入り、洛陽城は三国・魏と西晋の二つの王朝の国都となった。永嘉の乱（三〇七〜三一三）で西晋王朝が滅びると、洛陽は満身創痍となり、廃墟となった。この後、洛陽城は十六国王朝において利用はされたものの、大きな建設が行われることはなかった。洛陽城が再び復興するのは、五世紀末、太和十九年（四九五）、北魏の孝文帝による遷都の後である。

曹丕が称帝した後、戦乱で破壊された前代の旧都を修繕改築し、ここを歴史的な発展に適合した豊かな帝都と成らしめた。新たに建造された洛陽城は、その規模を拡大させたのみでなく、その時代に特徴的な都市建築が出現した。さらに都城全体の配置構成にかなり大きな変化が発生したのは魏明帝曹睿の時である。青龍三年（二三五）に京師洛陽では盛

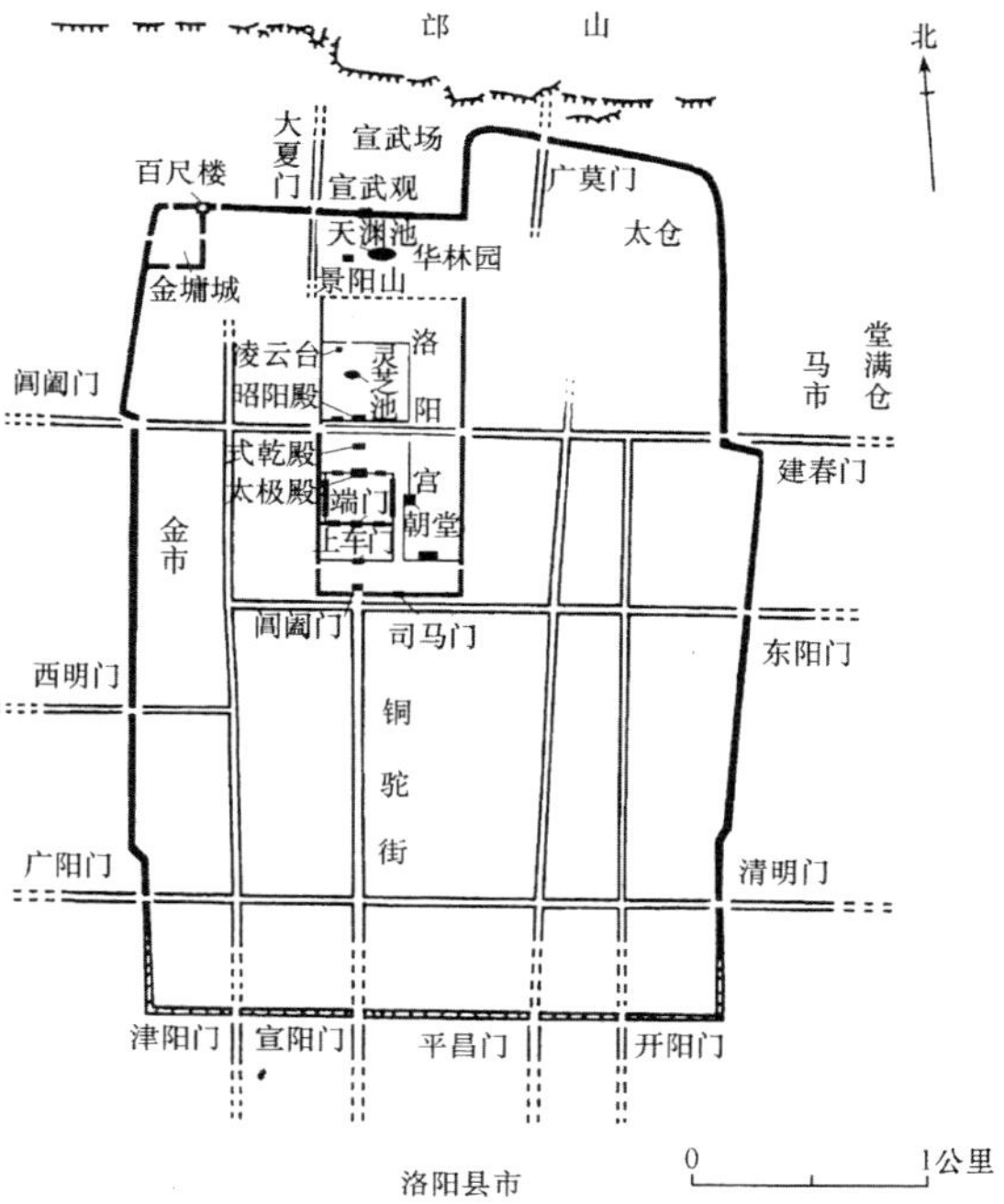

図２　三国魏洛陽城平面示意図（銭国祥「漢魏洛陽城対南朝都城的影響」『考古学集刊』18、2010年）

んに土木工事が行われた。太極殿や昭陽殿の諸殿が起工され、芳林園（後に斉王曹芳の諱を避けて華林園と改称）が作られ、国家太平たる景観が示された。太極殿が落成すると、ここが曹魏の皇宮の正殿となった。

三・四世紀の三国・魏から西晋の洛陽城は、その形状・配置構成において、後漢都城としての洛陽城と比べると、二つの顕著な変化があるといえる。その一は南北の宮制から単一の宮制に変化したことであり、これは曹氏皇族が曹魏発祥の地である鄴城の制度を継承発展させたものである。その二は、都城西北角における金墉城の造営で、帝都の軍事防御的特徴を際立たせている。

①単一宮城の確立　後漢洛陽城の宮城は南と北の二宮制であり、五世紀末、北魏が洛陽城に遷都して打ち立てたものが単一宮城である。北魏が洛陽に遷都した時には、南と北に宮殿が対峙するものから単一宮制への変化はすでに完成していたといえる。近年の考古学の成果によると、洛陽城単一宮城の確立は三国時期に遡ることが可能である（図2）。

探査によると、北魏宮城は内城（漢から晋代の洛陽城）の北中部にあり、東陽門（漢の中東門）—西陽門（北魏で新置）大道の北にあたり、元は漢の北宮の跡であった可能性もある。平面はおおよそ長方形で、南北の長さ一三九八m、東西の幅六六〇m、面積は内城のおよそ十分の一となっている。東、南、西の三面の城壁は残存していないが、基礎部分は探査可能で、北側には痕跡は全く残されていない。城壁には四つの門が見つかり、南に一門、西に二門、東に一門がある。南門は宮城正門の閶闔門で、南壁の中央西寄りにあり、全城最大の城門建築となっている。宮城内殿跡は密集していて、発見された版築の基壇は二、三十ヵ所あり、主要な宮殿建物はいずれも宮城閶闔門の真北にあたる南北直線上に建てられている。閶闔門北の二号門跡・三号門跡はすでに発掘され、その北は東西一〇〇m、南北六〇mの太極殿の基壇に達する。太極殿基壇の両側には太極東堂・太極西堂の基壇があり、三号門跡とともに太極院を構成している。宮城から北上すると内城北壁に至り、そこは建物跡はかなり少なく、あるいは北魏やそれ以前の歴代王朝の禁苑の所在地であるかもしれない。[6]

考古学的な発掘調査による閶闔門跡・宮城二号門跡・三号門跡と太極殿跡の基壇の版築面をみると、初期の築土には共通点があり、築土からの出土遺物の時期的特徴を分析した結果、初期の築土は魏晋期のものと考えられる。文献記載を合わせると、閶闔門から太極殿に至る単一宮殿制度の確立は、後漢の廃墟に国都を再建した三国魏の時期に始まる可能性があり、中でも魏明帝曹叡が皇位継承し、洛陽に大規模な土木工事を実施して宮室を拡大した時の可能性が最も高い[(7)]。

②都城西北角に増築された金墉城と「馬面」等の設備　文献によると、曹魏明帝の在位時期に都城西北角に金墉城が作られている[(8)]。都城西北角は城全体の地勢において最も高い場所であり、ここから城全体の形勢を俯瞰することができる。金墉城の建設は宮室防御を強化するための重要な措置の一つであった。これはあるいは、曹操が鄴城西壁に営造した銅雀三台のプランと理念を参考としたのかもしれない。

考古学的な探査と発掘によると、金墉城は三つの南北に連なる小城から成り、最も南の一城は漢城内の西北角にあり、残りの二城は漢城の外にある。城壁築土の版築面がはっきり示すように、金墉城の三つの城は、同一時期の建築ではない。最も南の小城は三世紀魏晋の遺跡であり、残りの二つの小城の着工年代はどちらも北魏以降であり、全体の規模は歴史的な発展にともなって拡大しつつ形成されたものといえる[(9)]。三つの小城はお互いに門道で通じていて、平面でみると目の字形になっており、南北の長さ約一〇四八ｍ、東西の幅約二五五ｍになる。城壁は堅固で、幅は一二～一三ｍに達する。八つの城門が探査され、いずれも門道がある。城内には二十ヵ所余りの版築による基壇といくつかの道路や池の跡が発見されている[(10)]。遺跡の現状は、『水経注』穀水注の記述内容とほぼ同様である。金墉城は相対的に独立した一つの城郭建物群であり、洛陽城の都城防御体系の重要な部分とすべきもので、この特徴は銅雀第と鄴城との関係に非常に相似している。

馬面遺構について、この遺構は魏晋洛陽城、すなわち北魏内城の西壁北側・北壁東側・金墉城の城壁の全てに存在し、全部で一八ヵ所発見され、その中には金墉城城壁外側の一一の馬面遺構も含まれる[(11)]。これら馬面の形態・分布状況は基本的に一致し、一時期に建設された防御システムによる設備と見なすべきである。馬面間には一一〇～一二〇ｍの距離があり、平面では長方形、面積は大小の違いがあり、大きいものでは一九・五ｍ×一二・五ｍ、小さいものは一八・三ｍ×八・三ｍであることがわかった[(12)]。発掘からは、現存する馬面の外側の築土は北魏時期に修繕されたもので、馬面内部の築土は着工年代の三・四世紀魏晋時期のものであることがわかった[(13)]。中原都城で馬面のような都城防御施設が使われた最も早い事例となっている。

曹魏鄴城および三国魏から西晋にかけての洛陽城の都城建設からわかることは、三・四世紀中原王朝の都城では、一つには単一宮城制度・中軸線による対称配置の構造やさらに明確に整った機能別の空間プランが作られ、また一方では軍事防御を重視するという時代の特徴も現れていた、ということである。

二　高句麗都城

中原曹魏鄴城時代に相当する三・四世紀、高句麗は中原王朝と苛烈に接触しており、このことと関連する文献記載や出土文献が注目されている。漢末から三国時期、公孫氏と魏将丘肩倹の征伐により、高句麗の西進は挫折する。四世紀初め、高句麗は楽浪・帯方を占領し、その勢力は南へ発展して大同江・載寧江流域に達し、朝鮮半島南部の百済・新羅との覇権争いが始まる。四世紀中葉には、慕容皝が再び高句麗へ遠征し、「焚其宮室、毀丸都而帰」（『晋書』慕容皝載記）とする。三・四世紀の中国古代社会の大動乱は非常に広範な地域に及び、東北地域の片隅である高句麗政権もその中に深く関わったといえる。そして高句麗政権では三・四世紀の歴史において、都城営造にはどのような交流があったのだろうか。ここが注目すべきポイントである。

『後漢書』高句驪伝には「高句驪、在遼東之東千里、南與朝鮮・濊貊・東與沃沮、北與夫餘接。地方二千里、多大山深谷、人隨而為居」とある。高句麗政権は紀元前三七年に建てられ、その初期の勢力範囲は渾江流域に限られていた。後漢時期に入ると高句麗の発展はかなり加速し、桓仁・集安・通化の地域を中心に、西は新賓一帯、北は夫余と接し、東は延辺、南は楽浪を支配領域とするようになった。隋唐時期に高句麗王国が滅ぼされるまで、高句麗は七〇〇年余り存続し、高句麗政権と中原政権との間では多くの戦争が発生しているものの、政治・経済・文化・宗教等の別の面からいえば終始密接な関係を保持し続けた。

『三国史記』地理志によると「自朱蒙立都紇升骨城、歴四十年、孺留王二十二年（三年）、移都国内城……都国内歴四百二十五年、長寿王十五年（四二七）移都平壌」とある。この時期、高句麗都城建設を具体的に記述する関連文献を参照すると、「尉那岩城」「丸都城」「国内城」「平壌城」「国内」等様々な名称を見いだすことができる。考証によると(14)、「尉那岩城」と「丸都城」は山城であり、これは集安山城子山城のことを指し、都城としての期間に前後して三回以上の大規模修築が行われている。「国内城」は集安市内の平城であって、この城跡は高句麗の都城であった期間に建設されている。ここから、三年から四二七年に平壌城へ遷都するまで、高句麗が集安で国内城・丸都山城を都城としていたことは学界の共通認識となっている。このため、三・四世紀の高句麗都城について検討するのは、集安国内城跡と丸都山城跡である。

二〇〇〇年以降、世界文化遺産として申請するため、吉林省考古研究所等の機関は桓仁、集安で大規模な発掘調査を実施し、その後四部の大型報告書が出版された。これは、中国が二〇〇五年の第二八回世界遺産大会で「高句麗王城・王陵と貴族墓葬」を申請する時の科学的な基礎資料となったものである。

1　高句麗国内城

高句麗国内城は吉林省集安市内の鴨緑江右岸にある。都城の北側は山であり、南側は川に面している。遺跡の平面は長方形に近く、一周の長さは二六八六mである。考古学的な調査から遺跡には城壁・城門・馬面・護城河・城内官衙遺構等があることが確認されている（図3）。

①城　壁　石を積み重ねて築かれたもので、東壁・北壁・西壁南側は高句麗時期の築造であり、そのうち北壁は保存状態がわりと良い。しかし城壁の時期は複雑になっていて、一九七〇年代に何ヵ所かの石城壁内部の底部に堅い土畝が発見されている。それは築土のようでもあり、その中から灰陶の土器片や石斧・石刀・石製刀装具・環状石器等が出土した。このことから国内城の石積みによる城壁は更に古い時代の土城を基礎として営造されたものだという学者もいる。城壁はいずれも簡単に磨かれた花崗岩の大きな石を積み上げたもので、幅九・二一～一一・八mである。城壁は、下から上にいくに従い幅が狭くなり、城壁の外側を側面からみると階段状になっている。階段状の城壁の上にはまっすぐに石壁が建てられている。城壁の内壁は不規則な石材が内側に向かって斜めに積み上げられている。外壁と内壁の間は土もしくは土と石で填められてい

る。

②城　門　全部で七つの城門遺構が発見され、東・西・北の城壁にそれぞれ二門ずつ、南壁に一つの門がある。そのうち北壁西側の城門は発掘により、単門道とわかった。西壁南側の城門は南北両側の城壁がずれて開口した部分を利用して作られたもので、このために城門の方向は南向きになっている。このほか、西壁北門に瓮城の遺構があると推測されている。

③馬　面　考古学的な整理作業から確認された馬面は一〇ヵ所以上ある。馬面外側を包む石の観察から、馬面と城壁との接続部分で相互に咬合し、積み上げられた石層に収まっていることから、同時期に修築されたことが証明される。城門両側の馬面には対照的に置かれたものがあり、城門外の双闕のようである。城壁東北角は弧状の角になっていて、曲り角の両端にはそれぞれ馬面が設けられている。西南角と東南角には外側に飛び出したテラス部分があり、角楼のある建築のようである。

④護城河　城東・城北にはもともと幅約一〇mの護城河があったが、後に埋められている。城西は通溝河であり、城南には東から西へ流れて通溝河へ合流する自然河流の小さな川が今も残る。旧来の護城河は通溝河を利用して西北角から入り、自然河流と地勢を利用して西南から流れ出て、最後には南へ向かって鴨緑江へ合流したものと推測される。

⑤城内の官衙遺構　二一世紀に入った十数年の間に、城内では二〇ヵ所余りが発掘され、城内中部の中心的な建築地区はおおよそ確認できている。そのうち体育グラウンド地点で発掘された四つの平地式建物跡では川原石の石積みによる壁の基礎と曲尺形の暖房設備の遺構が検出されたが、建物遺構本体の保存状況は良くない。中心的な地区からは龍文磚・平瓦・丸瓦や巻雲文・獣面文・蓮花文・忍冬文の瓦当等が出土しており、典型的な官衙建築であり、また王室専用の建築にも属することを証明している(15)。城内では一九六三年に、紀年のある巻雲文瓦当一点が出土しており、その銘文には「太寧四年太歳□□閏月六日巳巳造吉保子宜孫」とある。関連する研究によると、この軒瓦の「太寧四年」は「太寧三年」の誤りで、三二五年に作られた瓦である(16)。これは国内城の中心地区に四世紀の建築物があったことを示す根拠の一つでもある。もちろん国内城が長期にわたり用いられたことを反映する出土遺物もあり、東市場やゲートボール場等の地点ではさらに時代が下る渤海国期の蓮花文瓦当等

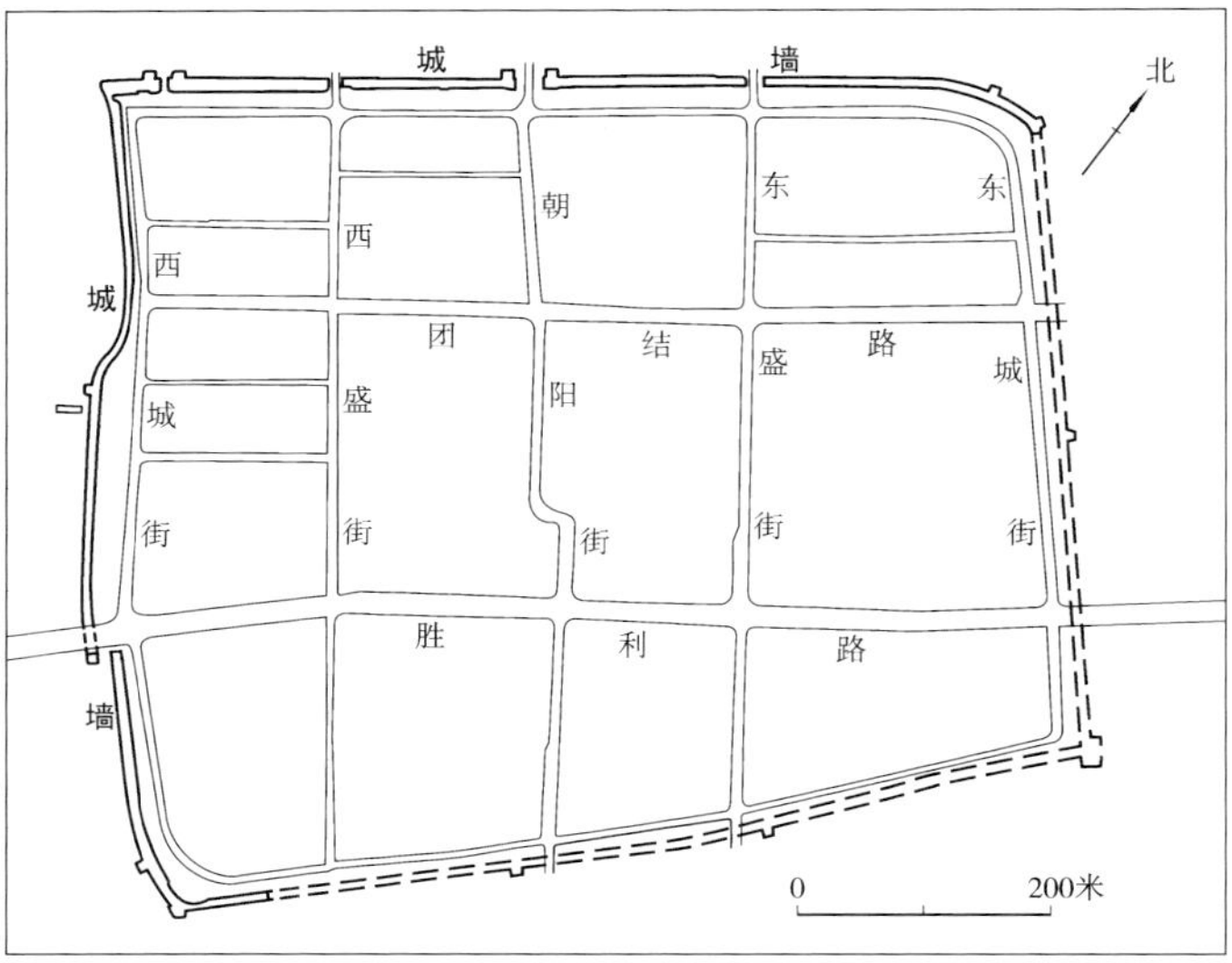

図３　吉林集安国内城平面図（『中国考古学』魏晋南北朝巻、中国社会科学院出版社、2018 年）

も出土している。

国内城の外の平地では、城跡と同時期の建物跡もさらに発見されている。例えば東五〇〇ｍにある東台子遺跡では、発掘により四つの回廊で相互に繋がった房跡が発見され、房内には曲尺形のオンドルが設けられている。このうち一つの房跡の中央には長方形の石座がおかれていて、その長さは〇・八ｍ、幅〇・六ｍである。このことから、この遺跡が高句麗の社稷ではないかと推測する学者もいる。

２　丸都山城

丸都山城は地元では「山城子」と称され、集安市中心部から西北二・五㎞にある。山城は南面に傾斜する箕状に湾曲した山頂部の間に建設され、南面の低地とその他の三面との高低差は四四〇ｍに達する。山城の城壁は一周の長さが六九四七ｍで、環状の山頂部に沿って築かれている（図４）。通溝河は山城の南側を経て流れ、さらに南に向かって鴨緑江に合流する。山城は城壁・城門と城内の宮殿跡・瞭望台と戍卒（兵士）用の建物跡・貯水池等によって構成され、このほかに山城の使用年代より後代の墓[17]もある。

①城　壁　山城の城壁は自然地形と地勢を利用したもので、石を積んで環状に山頂部に築かれており、城壁の頂部外側には女墻が築かれている。

②城　門　山城では全部で七ヵ所の城門遺構が発見された。北壁西門以外の城門遺構の地表面には、赤褐色の瓦の破片の散布が見られ、この城門には本来、楼閣があったことを明示している。南壁の低く窪んだ谷口には山城の正門が設けられ、甕城がある。南壁西門跡でも発掘が行われたが、単門道で、外側に甕城がある。

③宮城と宮殿跡　宮城は南壁正門から四六〇ｍの地点、山城南部の緩やかな中腹部にある。宮殿跡は東から西を向き、四周の石積みは不規則な四辺形で宮城を囲む壁となっていて、その一周の長さは三三二ｍである。宮殿を囲む壁の中の建築は西側を低く東側を高くする順序で並び、低地から高所へ向けて四層のテラスが建造された。宮城の西壁には宮門が二ヵ所あり、一号門跡が正門となっている。地層の関係と堆積の特徴を分析してみると、宮城内の宮殿建物は基本的に同一時期に形成されていることがわかる。宮殿跡の面積はかなり広く、建物跡ごとにそれぞれ

図４　吉林集安丸都山城平面図（『中国考古学』魏晋南北朝巻、中国社会科学院出版社、2018年）

機能と性質を有するものになっている。以上の遺跡の発掘調査では大量の瓦の破片が出土し、そのうち平瓦の叩き目の紋様には方格文（格子叩き）・蓆文（縄叩き）・菱形文（斜格子叩き）等がある。丸瓦には叩き目がみえず、瓦当には蓮花文・獣面文・忍冬文等がある。発掘により出土した瓦の破片のほとんどは赤褐色で、僅かに灰褐色のものが混じるが、これらの赤みがかった瓦は宮殿跡が大火によって破壊されたことを示している。発掘された宮城と宮殿跡からはオンドルのような暖房設備は発見されていない。これは戦争がなければ寒冷な厳冬期に高句麗国王がここに居住することはなかったことを示すものである。

④瞭望台等の建物跡　瞭望台は角の丸い長方形の石積みの高台で、残存する高さが四～五ｍ、南壁正門内一〇〇ｍの地点の小さな土の丘にあり、北壁には舞台状の部分の前後に石段が設けられ、台上から南を望むと、通溝河の谷山に沿った水の流れが目の前に広がる。戍卒用の建物跡は瞭望台北側の台地の上にあり、現在、地表には一八の礎石が残っている。瞭望台の東南三〇ｍにある窪みは貯水池である。

以上からわかるように、三・四世紀の高句麗都城制度には従来の山城建築の伝統を維持した山城式都城―丸都山城があり、同時にその土地に合わせた平地式都城―国内城も営造し、両者が共存・相互補完して高句麗独自の「国内」の都となっていた。

三　結　語

以上の資料の整理からわかることは、三・四世紀の中原王朝の都城では単一宮城制度・中軸線による対称配置構造をもち、より明確に整えられた機能空間プランが作られる一方、軍事防御を重視した時代の特色も際立っていた。高句麗においては中原王朝との対立・衝突と交流の中で、都城制度にも徐々に変化が生まれていった。その都城制度は従来の山城営造の伝統を維持した山城式の都城―丸都山城と、同時にその土地に合わせた平地式都城―国内城も造営し、両者が共存・相互補完して、高句麗独自の「国内」の都となっていたのである。三・四世紀の中原都城と高句麗都城の異同の概括から、以下のような理解をまとめることができる。

1　中原都城・高句麗都城での防御体系の創造

三・四世紀の中国には重大な社会変革が発生し、この時期には全土を統一するような大帝国はもはや存在せず、短い統一と長期の分裂が社会の主旋律になっていた。日々先鋭化する社会矛盾から引き起こされる激動に対峙するため、中原王朝でも周辺王国でも、都城規画にはまず政権の安定と発展を考えなければならなかった。考古学による発掘調査が行われた鄴城の関連施設と銅雀三台跡・漢晋洛陽城金墉城跡と馬面・高句麗丸都山城と国内城防御システム等は、いずれも当時の都城軍事防御体系が絶えず発展し創造されてきた新たなものなのである。

中原都城では金墉城・銅雀三台のような相対的に独立した城堡式建築群が建造されたほか、洛陽城都城の防御体系に馬面等の城の防御設備も出現した。それでは、中原都城規画と高句麗等北方王朝との間に、軍事防御システム営造における相互関係は存在しているのだろうか。この問題は注目に値する。城壁外側の馬面は、中原城邑の防御システムの伝統にはないものであるが、高句麗国内城・丸都山城には普遍的な現象であり、内蒙古・東北地域の石積みの城跡においては馬面を使用する伝統ははるか先秦時期にまで遡ることができる。ここから、魏晋洛陽城に現れた馬面は、高句麗等の北方王国政権の交流とどのような関係を有していたといえるのだろうか。今後、中原都城・高句麗都城の防御体系の関係についてさらなる検討が必要である。

2　高句麗都城の営造は中原都城の建造技術を相当量取り入れている

三・四世紀の高句麗都城における大量の磚や瓦が出土する建物跡は、官衙建築とすべきものである。これらの建築のプランと建設は中原都城と密接に関わるものである。

高句麗は魏晋王朝との交わりにおいて、その政治制度・文化伝統を受け入れた。三・四世紀は短い統一と長期分裂の時期ではあるが、中原政権はなお秦漢期の中華帝国の冊封体制を維持することを試みていた。集安では「晋高句驪率善仟長」「晋高句驪率善佰長」「晋高句驪率善邑長」等の印が出土しており、[18]いずれも中原政権が高句麗政権に対して直接冊封を行ったことを示す実物資料である。中原政権が高句麗政権に対し冊封をしたという文献の記載として、最も古いものには前燕慕容儁が三五五年に故国原王釗への冊封の記述があり、このような冊封関係は高句麗政権の滅亡前までずっと継続している。[19]『三国史記』高句麗本紀によれば、三七二年に高句麗は「立太学、教育子弟」とあるが、そこで誦読された書は中国の五経や『史記』『漢書』等の文献であった。

高句麗都城における官衙建築の瓦製作技術は、中原都城と密接な関係にある。国内城外の東五〇〇mで発掘された東台子遺跡は、回廊で繋がった四つの房跡であり、その中の一つには中央に長方形の石座が置かれ、房内には暖をとるためのオンドル設備があった。この建物跡は高句麗の社稷ではないかと推測されている。このような官衙建築で使用される瓦の装飾文様には、かなり早くから現れる巻雲文瓦当から、四世紀後半に新たに出現する蓮花文・獣面文瓦当まで、いずれも中原建築装飾芸術の変化・趨勢と同じである。例えば十六国の鄴城時期（三三五～三七〇）に仏教が盛んになり始めるが、鄴城における十六国時期の磚瓦窯遺跡で出土する蓮花文瓦当[20]は、中原都城建築装飾に見える仏教芸術の影響を明らかにうけている。仏教が中原から高句麗へ伝わるのは一般的には三七二年と考えられているが、この後急速に広がり、蓮花文瓦当による建築装飾はすぐに官衙建築の間で応用されていく。この点は高句麗都城の官衙建築技術と中原都城の建築技術が密接な関係にあることを反映したものである。

3　高句麗都城は伝統を維持しつつ打破する

高句麗は集安の平地の城―国内城・山城―丸都山城を合わせて三・四世紀の高句麗都城とするが、これは中原都城と異なる最大の特徴である。まずは伝統の継承についてである。大山深谷を占拠した高句麗の独特の地理環境と頻繁な戦争は、高句麗において独特な山城営造技術を育て上げた。集安の高句麗都城丸都山城の規模は明らかに平地の国内城より大きく、ここから丸都山城が当時の都城営造において独特の地位にあったことを看取することができ、それは高句麗における都城営造の歴史発展の必然的な結果でもある。中原都城は軍事要塞的な性質をもつ銅雀三台群でも、堅牢な守備となる金墉城であっても、それは都城建築の一部分に終始する。高句麗が山城に平城を加えて共に都城を構成するという現象は、中原都城制度とはっきりと異なるものである。

次に伝統の打破についてである。高句麗中期の都城は初期の単一山城による都城の構成を打破し、国内城は高句麗最初の平地の都城となっている。これは漢代の城邑を踏襲したものではあるが、この城の営造において受けた中原都城の文化と技術伝統は、高句麗中期の都城に重大な変化をもたらし、高句麗晩期の平壌城の規画にも影響を与えている。

国内城からは中原技術の伝統を持つ宮室建築にかかる遺物（礎石や磚瓦等）が大量に出土し、このような新技術は丸都山城の建設にも応用されている。山城で発掘された大規模な宮室建築や城門等から大量の蓮花文・忍冬文・獣面文の瓦当や平瓦・丸瓦の破片が出土していることは、いずれもその土木建築技術において中原技術の伝統を参考にした、あるいは移植したものであることを示している。もちろん建築材には原始的な特徴（玉縁がなく、前方が広く後方が狭い丸瓦等）がある場合もあり、工匠集団が技術の導入や参照において未熟であることをはっきり示しているが、伝統を打破しようとする過程に特有な考古学的文化現象とみることができる。

註

（1）概念上の混乱を避けるため、本文における「曹魏時期」とは曹操が「挟天子以令諸侯」とした後漢建安年間を指すこととする。曹丕が称帝した後の三国時代に入ってから、三国の魏国は「三国・魏時期」とする。

（2）『三国志』巻一「武帝紀」（中華書局、一九五九年）。

（3）中国社会科学院考古研究所・河北省文物研究所鄴城考古隊「河北臨漳鄴城遺址勘探発掘簡報」（『考古』一九九〇年七期）。

（4）徐光冀「曹魏鄴城的平面復原研究」（『中国考古学論叢』科学出版社、一九九三年）。

（5）「魏都賦」李善注云「文昌殿前直端門、端門之前、南当南止車門、又有東西止車門、端門之外、東有長春門、西有延秋門」。

（6）中国科学院考古研究所洛陽工作隊「漢魏洛陽城初歩勘査」（『考古』一九七三年四期）。

（7）段鵬琦「漢魏洛陽城的幾個問題」（『中国考古学研究——夏鼐先生考古五十年紀念論文集』文物出版社、一九八六年）、銭国祥「漢魏洛陽城対南朝都城的影響」（『考古学集刊』一八、二〇一〇年）。

（8）酈道元『水経注』穀水注。

（9）中国社会科学院考古研究所洛陽漢魏城工作隊「漢魏洛陽故城金墉城址発掘簡報」（『考古』一九九九年三期）。

（10）中国科学院考古研究所洛陽工作隊「漢魏洛陽城初歩勘査」（『考古』一九七三年四期）。

（11）中国科学院考古研究所洛陽工作隊「漢魏洛陽城初歩勘査」（『考古』一九七三年四期）。

（12）中国科学院考古研究所洛陽工作隊「漢魏洛陽城初歩勘査」（『考古』一九七三年四期）。

（13）中国社会科学院研究所漢魏故城工作隊「洛陽漢魏故城北垣一号馬面的発掘」（『考古』一九八六年八期）。

（14）吉林城文物考古研究所・集安市博物館『国内城—二〇〇〇～二〇〇三年集安国内城与民主遺址試掘報告』（文物出版社、二〇〇四年）、同『丸都山城—二〇〇一～二〇〇三年集安丸都山城調査試掘報告』（文物出版社、二〇〇四年）。

（15）『旧唐書』高麗伝「（高句麗）其所居必依山谷、皆以茅草葺舍、唯仏寺・神廟及王宮・官府乃用瓦。」集安出土の巻雲文瓦当の状況は史書の記載を実証するものである。これらの瓦当の出土地の多くは王都国内城で、少数が城外の遺跡であり、いずれも王宮または官府に属する。このほか王陵または貴族墓葬かその付近から出土したものは、墓上の建築と守墓機構の建築に用いられた瓦であり、これらはみな王宮や官府と同列に属するものである。

(16) 李殿福「集安高句麗墓研究」(『考古学報』一九八〇年二期)。

(17) 山城内で発見された高句麗の墓は三八座であり、そのうち積石墓が三六座、封土墓が二座である。この二座の封土墓は宮殿跡の西南と西北にそれぞれ位置し、宮殿跡にかなり近く、年代は宮殿が廃棄された後のものである。

(18) 瞿中溶『集古官印考証』(東方学会、一八八九年)巻十二に記録される「晋高句驪率善仟長」「晋高句驪率善佰長」「晋高句驪率善邑長」の三つの晋高句麗官印は、最後の一つが一九八二年羅福頤主編の『故宮博物院蔵古璽印選』(文物出版社、一九八二年)にあり、故宮博物院が現蔵する。『東北史地』二〇〇四年一期封二に「晋高句驪率善仟長」「晋高句驪率善佰長」「晋高句驪率善邑長」七つの印模が掲載されている。

(19) 魏存成「中原、南方政権対高句麗的管轄冊封及高句麗改称高麗時間考」(『史学集刊』二〇〇四年一期)。

(20) 中国社会科学院考古研究所等『鄴城文物菁華』(文物出版社、二〇一四年)。

(翻訳　石黒ひさ子)

第六章　唐代陵戸の再検討

黄　正　建

はじめに

唐代の陵戸は、皇帝（太子）陵寝の看守と洒掃（清掃）を行う人戸であり、これまで研究者の注目を集めてきた。史料が少ないため、研究者の得られた結論は概ね一致しているが、若干の異論もある。新出の「天聖令」に附された唐令中に「陵戸」に関するものがあり、この問題について再検討を行いたい。史料は限られているが、まだ検討の余地が残っている。

過去の研究のうち、最も早いものは、日本人研究者濱口重国氏の「唐の陵・墓戸の良賤に就いて」である（以下、「濱口論文」とする）(1)。中国人研究者では、主に二方面の論考があり、一つは階級構造に関する研究、もう一つは陵墓制度に関する研究である。前者に、張沢咸氏の著書『唐代階級結構研究』第一四章「官戸、雑戸及其他」中の一節「墓戸、陵戸」がある（以下、「張論文」とする）(2)。後者には樊英峰氏の「試論唐代対乾陵的管理和保護」中の「設置守陵陵戸」の一節がある（以下、「樊論文」とする）(3)。以上の先行研究の視点について、検討を加えたい。

一　陵戸の人数に関する疑問

陵戸の人数に関する主な史料は『唐六典』巻十四「太常寺」である。「帝陵」「先祖帝陵」「太子陵」の三種の陵署に記載されている陵戸の数量は異なっている。具体的には、「献陵、昭陵、乾陵、定陵、橋陵、（孝敬皇帝）恭陵署……陵戸〈乾陵、橋陵、昭陵各四百人、献陵、定陵、恭陵戸各三百人〉(4)」。永康、興寧二陵署、「陵戸各一百人」。諸太子陵署、「陵戸各三十人」(5)である。注意すべきは、ここでの陵戸は「人」単位で計算されている点である。

この三つの陵署は、開元二十五年（七三七）になって、みな「宗正寺」の管轄となった(6)。これは、礼制から皇室の系譜へその重点が移ったためと説明できる。『新唐書』百官志には、陵署は「宗正寺」の部分に記述されている。

陵戸の人数に関して、『唐六典』巻三「尚書戸部」に以下の異なった記述が見られる(7)。

> 凡京畿充奉陵県及諸陵墓及廟邑戸、各有差降焉。橋陵尽以奉先。献陵以三原、昭陵以醴泉、乾陵以奉天、定陵以富平、各三千戸。若献祖、懿祖二陵、各置洒掃三十人。興寧、永康二陵各置一百人、恭陵亦如之。隠太子及章懐、懿徳、節愍、恵荘、恵文、恵宣等七陵各置三十人、諸親王墓各置十人、諸公主墓各置五人。周文帝、隋文帝陵各置二十人。周隋諸帝陵各置十人。〈皆取側近下戸充、仍分作四番上下。〉

これに因ると、『唐六典』太常寺条の陵署所管の「四百人」「三百人」が、

『唐六典』戸部条では「三千戸」となっている。単位が「人」から「戸」に変わっているのみならず、数量も大きく異なっている。

この点はどう解釈すべきだろうか。張論文では「理解しがたい」とするが、(8)樊論文では四百（三百）人は上戸、三千戸は下戸とし、上戸は供奉、修理を、下戸は守視、清掃等を日常業務として行うとする。(9)下戸から三千戸を出すというのは『唐六典』戸部にも記述があるが、「太常寺」条の四百（三百）人の出自は上戸との記述はなく、根拠がない。さらに上戸と下戸が違う業務を担っていたというのは推測の域を出ず、論拠とするに足りない。この差異について、濱口論文では、数百人の陵戸は、掃除や守衛を担い、三千戸は陵寝の必要とする「時享費」を負担するという。(10)三千戸からの収入を、陵寝の日常的な支出にあてることは可能だが、三千戸が「四番上下」する点をどう解釈するのだろうか。これは雑役なのか。この三千戸は陵戸に属するか。

先に挙げた史料の記載からの推論として、筆者は『唐六典』戸部条の「皆取側近下戸充、仍分作四番上下」の一句は、「若献祖、懿祖二陵……」の後の文字の注釈であり、即ち人数記載のある陵戸の「人」についてのみの注で、直前の「三千戸」は含んでいないと考える。この推論が成立するならば、「下戸」に由来し、「分番上下」するのは「人」であって「戸」ではない。言い換えれば、「献祖、懿祖二陵」以降の「人」で計算された陵戸は、すべて下戸の出自で、分番上下する。これに対し、一つの県全体の戸（橋陵）、県内の三千戸（献陵・昭陵・乾陵・定陵）は分番上下の記述範囲には含まれない。

黒竜江大学の呉樹国氏は、二〇一五年十一月の中国唐史学会において、論文「唐代陵戸問題発微」を発表し、この問題に対する新しい見解を示した(11)（以下、呉論文とする）。史料に「四百人」「三千戸」と記述が異なる点についての解釈は、「その中の四百人は色役性質の陵戸で、三千戸は雑徭として州県の管理下にあり、陵戸ではない」とする。

筆者は、呉氏の三千戸が陵戸ではなく、性質が異なるとする点については同意する。但し、三千戸が担っているのが雑徭であるという点には検討の余地がある。日常的に一つの陵墓を維持、清掃、管理するのに、三千戸も必要とするだろうか。この点で、現時点では、濱口氏の解釈に同意したい。さらに濱口氏の解釈から進んで、三千戸は時享費のみならず、陵寝の維持管理、清掃、祭奠、必要な器物、車輅、献食等の一切の費用を賄っていたのである。言い換えれば、この三千戸は服役ではなく、ただ租税を提供していたのである。納められた租税は、すべて当該県の陵寝の支出に充てられた。

では、なぜこの三千戸は雑徭ではないと言えるのだろうか。前述のとおり、一つの陵墓の維持管理、清掃にこれほど多くの人員を必要としない点以外に、開元二十七年（七三九）成立の『唐六典』を遡る開元十七年（七二九）、すでに玄宗皇帝は「毎陵側近取百姓六郷、以供陵寝、永勿徭役」と述べている。(12)「永勿徭役」とは当然「雑徭」を負担しないことも含む。従って、三千戸が雑徭を担うという論は成立しがたいと思われる。筆者は、現在のところ、この三千戸（橋陵に至っては一万三百戸）が「供陵寝」というのは、濱口氏の主張する「時享費」のみならず、陵寝の維持管理、清掃、祭奠、及び必要とする器物、車輅、献食等一切の費用を支えると考えている。言い換えれば、この三千戸（橋陵は一万三百戸）が、元々朝廷に納めていた租税を、すべて県司（或いは県の「陵署」）に帰して、陵寝のあらゆる支出をまかなうのである。

ここで考えられる反証を挙げよう。開元十七年以前に、奉陵県の三千戸が陵寝に供奉する規定はなく、すべての民戸は租税を朝廷に納めなければならなかった。

高宗の永徽六年（六五五）に、奉陵県の民戸を慰撫するために「親謁昭陵、曲赦醴泉県民、放今年租賦」という記事がある。[13]『唐六典』戸部によれば、開元年間に至って、醴泉県のうち三千戸が「供陵寝」することとなったが、高宗時代にはこの規定がなく、昭陵所在の醴泉県の民戸は、すべて租税を納める必要があった。だからこそ高宗の「放今年租賦」の赦書があるのだ。この点について、開元十七年以降、醴泉県の三千戸は、「永勿徭役」だけであり、租税は納めなくてはならない。納めた租税が「供陵寝」にのみ用いられたに過ぎない。

結論は以下の通りである。『唐六典』巻一四「太常寺」記載の諸陵署数百人は、下戸から出た百姓である。輪番（四番）にて陵寝の警護、清掃等の仕事を担当した。また陵寝の各種支出は『唐六典』巻三「戸部」の規定により、陵墓所在の県三千戸（橋陵は一万三百戸）の納める租税で賄う。この三千戸（一万三百戸）は陵戸ではなく、ただ納める租税で「供陵寝」するのである。その他の徭役を永久に免除されるのが利点であった。

二　陵戸の設置規定が令文に見えるか

陵戸の設置に関する規定は令文に見えるのだろうか。

『新唐書』唐紹伝に引用されている上疏文では「在令、先世帝王陵戸二十」とあり、[14]唐「令」中に先皇陵戸の人数に関する規定が存在した可能性は高い。日本の養老喪葬令1先皇陵条「凡先皇陵、置陵戸令守」の条文も、[15]唐「令」に先皇陵戸の設置規定がある証明となろう。

但し、新出の北宋天聖喪葬令の宋令第1条には陵戸についての内容はない。従って呉麗娯氏による復原唐令にも（仁井田陞による『唐令拾遺』東京大学出版会、一九六四年も）陵戸に関する内容の令文は復原されていない。[16]とすれば、『新唐書』の記事は信頼できるだろうか。この記事及び養老令の令文により、唐喪葬令の先皇陵戸に関する令文を復原することは可能だろうか。

『新唐書』記載の唐紹の上疏文について、他の史籍では異なる記述が見られる。『新唐書』より成立の早い『唐会要』では、前述した上疏文に「先代帝王陵戸、准式二十人」とあり、[17]『新唐書』の「在令」が「准式」と書かれている。多くの原史料を引用している『冊府元亀』では「先代帝王陵戸、唯二十人」とあり、[18]「令」字も「式」字も用いられていない。『冊府元亀』の「唯」字は、「准」字の誤りとすべきであり、また脱漏の可能性もある。いずれにせよ、先皇陵戸の規定が唐令にあるという証明はできない。先に引用した養老喪葬令1条に関する『律令』（岩波書店）の注釈は、「諸陵式に陵戸・守戸の数の記載がある」とする。これを踏まえて『唐会要』の記録と再度比較すると、唐「令」の中には先皇陵戸の設置に関する令文の有無を確定できないが、陵戸の人数規定については「令」ではなく「式」にあるといえよう。

喪葬令の他にも、例えば賦役令に「陵戸」に関する令文がある。次節にて検討しよう。

三　陵戸の職掌

陵戸の職掌は明確である。先述の樊論文では「供奉、修理、守衛、清掃及び植栽」の四項目を挙げている[19]。史籍記載の職掌は、大きく三項目に分けられる。

第一は「守衛」である。先に引用した『唐六典』太常寺では、「陵令」の職掌について、「陵令掌先帝山陵、率戸守衛之事」と述べる[20]。この「戸」は「陵戸」を指す。『新唐書』太宗本紀では、西涼の武昭王墓の墓戸について「復涼武昭王近墓戸二十以守衛」と述べている[21]。これにより墓戸は陵戸と同じ性質であるが、等級、人数が異なることがわかる。この史料からも、陵戸の重要な職掌は陵墓の守衛であることが証明できる。そのため陵戸と墓戸は「守戸」とも称されたのである[22]。

第二は「清掃」、即ち陵園を清掃し、清潔を保つことである。『唐大詔令集』に「謁五陵赦」があり、そのなかで陵戸に「終身洒掃陵寝」させると述べている[23]。これが陵戸の基本的な仕事内容であり、唐代以降も引き継がれた。例えば、五代後唐の荘宗・同光三年（九二五）には、「毎陵仰差近陵百姓二十戸充陵戸、各備洒掃」の詔があり[24]、陵寝の洒掃が、陵戸の伝統的な仕事であることがわかる。

第三は「築墳」である。唐代陵寝の付近には、陪葬墓が許されていた。一般に、王公大臣の陪葬墓は、専門機関が責任をもって築造したが、特殊な状況下での陪葬墓は、陵戸があらかじめ完成させるものであった。『唐六典』太常寺には、陪葬墓について「若宮人陪葬、則陵戸為之成墳」とある[25]。皇帝が死去したのち、仕えていた宮人の中には、皇帝の陵寝に移り住み奉仕する者がおり[26]、死後は陵戸の築いた墳墓に埋葬された。

四　陵戸の身分

濱口氏は早くも一九三〇年代に、陵戸は唐初に賤民であったが、開元十七年（七二九）に、五帝陵の陵戸が良民となり、のちに他陵の陵戸も良民となったとの認識を示した。開元二十五年前後成立の『唐六典』中に、すべての陵戸は下戸に出自するとの記述もあり[27]、張論文も、開元十七年以前の陵戸は賤民であり、後に良民とされ、色役或いは職役に属したとの認識を示し[28]、これは現時点での基本的な共通認識となっている。『天聖令』に附された唐令は「陵戸」についての新出史料であり、先行研究を踏まえて、再検討しよう。

陵戸は、唐代前期においては官賤民であった。具体的に言えば、その身分は官奴婢や雑戸ではなく、「官戸」に似ている。玄宗皇帝は開元十七年十一月に[29]「謁五陵赦」を頒布し、その中で次のように述べている。

献陵、定陵官吏、并管陵県官、各加一階。陵戸并放従良、終身洒掃陵寝[30]。

この赦文は、以前は賤民であった陵戸が、開元十七年以降は良民となった根拠たる史料であり、良民となったのちも「終身洒掃陵寝」を強いられるきわめて強い束縛を受けていたことがわかる。

唐代前期に賤民としての陵戸の身分が「官戸」に類似していたことには傍証がある。唐代後期の憲宗元和七年（八一二）、永昌公主が死去し、憲宗は公主の墓所に祠堂の建造を試みたが、宰相李吉甫は、「臣恐不如量置墓戸、以充守奉。」と反対し、憲宗はその建議を受け入れた。但し、墓戸の出自については、自らの意見を次のように示している。「朕不欲破二十戸百姓、当揀官戸委之」(31)。この記述により、一般的な状況では墓戸には百姓を充てていたが、「官戸」を充てることも可能であり、官戸は即ち官賤民であると言える。先に引用した『唐六典』戸部条には陵戸数と同時に、親王・公主墓の墓戸数も明確に記載している点も証明となろう。この史料から、墓戸は官賤民、具体的に言えば「官戸」を充てたことがわかるのである。

このように、開元十七年十一月以降に一般の陵戸は良民となり(32)、上述した憲宗の述べた「不欲破」の「百姓」となった。いったん陵戸となった百姓は、「職掌人」に属した。

『通典』大唐官品は、内外文武官員を記述したのち、「内職掌」として「斎郎、府史、亭長、掌固、主膳、幕士、習馭、駕士、門僕、陵戸、楽工、供膳、獣医……」等(33)。ここで「陵戸」と併記されている「主膳、幕士、習馭、駕士、供膳、獣医」は唐代には「庶士」に属していた。「天聖令」雑令の唐15条に「其習馭、掌閑、翼馭、執馭、馭士、駕士、幕士、称長、門僕、主膳、供膳、典食、主酪、獣医、典鐘、典鼓、価人、大理問事、総名庶士」である(34)。

「庶士」は基本的に色役に従事する「諸色人」であり、分番（四番二下し、その他の徭役を免除された(35)。「陵戸」と「庶士」を比較すると、身分は似ており、性質も同じである。陵戸もまた色役に従事する百姓であり、同様に「四番上下」し(36)、他の課役も当然免除されていた。天聖賦役令唐15条は、課役を免除される人員に関する規定の専門条文であり、条文は以下のとおりである。

諸正、義及常平倉督、県博士、州県助教、視流外九品以上、州県市令、品子任雑掌、親事、帳内、国子、太学、四門、律、書、算等学生、俊士、無品直司人、衛士、庶士、虞候、牧長、内給使、散使、天文、医、卜、按摩、咒禁、薬園等生、諸州医博士、助教、両京坊正、県録事、里正、州県佐、史、倉史、市史、外監録事、府、史、牧尉、史、雑職、駅長、烽帥、烽副、防閤、邑士、庶仆、伝送馬驢主、採薬師、猟師、宰手、太常寺音声人、陵戸、防人在防、及将防年非本州防者、徒人在役、流人充侍、（謂在配所充侍者、三年外依常式。）使、幷免課役(37)。

ここでも「陵戸」と「庶士」は同列に記され、かつ「免課役」と規定される。『通典』大唐官品は、開元二十五年令に由来するが、「天聖令」に附された唐令もまた早くて開元二十五年令である。これにより、遅くても開元二十五年（七三七）には、陵戸は庶士等の諸色人と同じく良民百姓の身分であり、その他の課役を免除されていたことが明らかである。但し、『通典』においては、「陵戸」と「楽工」が同列に記されているが、「天聖令」に附された唐「賦役令」では「陵戸」は「太常寺音声人」と同列になっている。ここで、一つの論点を示したい。即ち、開元二十五年の時点で、陵戸は良民ではあったものの、一般の百姓より身分は低い「百姓」であった。

太常音声人は「名附県貫、受田、進丁、老免与百姓同」(38)「依令婚同百姓」(39)「各于本司上下、不従州県賦役」(40)との記述から、張論文では、官賤民であるが、「その地位は雑戸よりやや高く」(41)、開元年間に至って音声人は簿籍を持ち、分番上下するが、法律上の地位はすでに良人に近づいていたとする(42)。筆者も、太常音声人の身分は、開元二十五年令の時点ですでに良民であったと考える。そうでなければ、「天聖令」唐賦役令において、課役免除の職掌が列挙されているのに、なぜ同じく官賤民である雑戸、官戸への言及がないのか。唐賦役令のこの条文は、均しく良民に対するものだとわかる。太常音声人は、百姓の中では比較的身分は低いものであり、強い束縛を受けていたのである。

陵戸は太常寺音声人と同列であり、その身分、地位はほぼ同じであった。陵戸も州県に戸籍を有し、受田、進丁、老免も百姓と同じであった。陵寝に奉仕し、州県の賦役は免除されていた。但し、一たび陵戸となれば、終身洒掃を行うという、一般の百姓よりも強い束縛を受けたのである。

陵戸に対する課役免除は、唐代後期も同様であった。そのため、先述した憲宗の意見のように「墓戸」として、百姓の代わりに「官戸」を用いたのである。これは「破二十戸百姓」すること、すなわち二十戸の百姓が国家の課役を免除され、皇室私人の服務に従事することを望まない気持ちと同時に、一たび陵戸或いは墓戸となれば、「終身」[43]陵墓に奉仕することになる百姓に対する憐憫の気持ちも含まれている。

これまで述べた通り、陵戸は唐代前期には官賤民であったが、身分は「官戸」とほぼ同じであり、開元十七年以降に大部分が良民へと解き放たれ、「百姓」の身分を有した。開元二十五年前後に陵戸となった者は、みな課役を免除され、分番で陵寝での奉仕にあたった。この一点においては、色役を担う他の「庶士」身分とほぼ同じである。

異なる点は、庶士も分番で勤務するが、身分は転換可能なのに対し、同様に分番勤務を行う陵戸は終身、洒掃を行い、他の職業に従事することはできない。この点は「太常寺音声人」と概ね同じである。以上のように、陵戸は、終身色役に服役する専業戸百姓であり、百姓身分に属して、自らの戸籍と家庭経済を持つ[44]、法律上の百姓待遇を受けていたのである。終身服役するため一般の百姓よりも強い束縛を受け、自由の度合いは低い陵戸であるが、その他の課役は免除されるため、生活上の負担は軽いと言えよう。

補　遺

陵戸は後代まで連綿と続くが、名称は多くの場合「守陵戸」[45]へと変わった。身分は他の課役を免除される「百姓」であった。例えば、前章で言及した五代後唐の時期に「陵戸」は「毎陵仰差近陵百姓二十戸充陵戸」とされ、身分は「百姓」と明確に記されている。この史料は『旧五代史』であるが、『五代会要』には更に具体的に「逐陵各差近陵百姓二十戸放雑差役、充陵戸」[46]との記述があり、陵戸に充てられた百姓が、他の差役を免除されると記されている。後周・太祖の臨終の言「累諭晋王曰……『入陵之時、召近税戸三十家為陵戸』」[47]もまた、陵戸に充てられるのが、元来国家の賦税を負担する「税戸」であったことを明確に示し、この「百姓」の性質についての疑問点はない。宋代に至り、神宗熙寧元年（一〇六八）に、堯陵に対して「置守陵五戸、免其租、奉洒掃」と定めたが、その後、「唐諸陵除已定頃畝外、其余許耕佃為守陵戸」と規定した[48]。この一文では余り明確でないが、『続資治通鑑長編』には「詔唐諸陵除立定依条禁止頃畝外、其余民已請射地、許依旧耕佃為守陵戸」[49]とある。この記事から、宋王朝では前代帝王陵の守陵戸は「民」であり、租税を免除されると同時に、自ら耕作可能な佃地があり、身分としては小規模な土地を持つ百姓であったことがわかる。

唐代晩期から、陵寝守衛に関して変化が生まれた。例えば、陵墓の守衛人を雇用する現象が見られるようになる。『唐大詔令集』巻二九所載の「太和七年（八三三）冊皇太子徳音」の中に「百姓困窮、弊由奸吏」「其諸陵守当夫、宜委京兆府以価送陵司、令自雇召、幷不得差配百姓[50]」とみえる。この「守当夫」とはいかなる種類の人物か不明だが、身分が百姓であり、職責は陵寝の守衛であることに疑いはない。実際に「守当夫」を雇用する政策が実現したか否か知りえないが、唐代後期に、陵寝で服務する人員の採用、雇用形態に関する記載が何点か見られる。僖宗の「南郊赦文」中の「従咸通十三年夏以前、京兆府所欠諸陵掌閑彍騎丁資三衛[51]等資銭、亦幷放免[52]」もその一つである。唐代晩期には、陵戸も含むいくつかの色役については「資銭」で代納して、官府による雇人が服務するため、自ら服役する必要はなくなった。

また、昭宗の「改元天復（九〇一）赦文」にも、「其毎年奉仕陵諸県差配芟薙人夫不少、殊不切用、徒為労擾。自今已後、但毎年芟薙之時、委京兆府於本県苗税銭数内、酌量功価、支付陵令、遣自和雇人夫、委拜陵官常加点検[53]」とあるのも「陵令」に銭を支払わせ人夫を「和雇」させている。当然、この「人夫」は、必ずしも陵寝の洒掃、守衛を行う者とは限らないが、唐代において、陵寝の守衛が差配された百姓から銭による雇人へと変化する現象は、大いに重視すべきであろう[54]。

もう一点の変化は、宋代で当代皇帝陵の陵寝の守衛者が兵士へと変質した点である。宋王朝の前代帝王陵の陵寝を守護しているのは「守陵戸」で、人数も少なく、常に三〜五戸の間であった。但し、宋代帝王陵寝の守衛には、廂軍があたり、その数は数百人にも達し、「守陵奉先」軍と名付けられた。『宋史』には仁宗時代の制度として「三陵皆置卒五百人、唯定陵以章献太后故、別置一指揮。昭陵使甘昭吉引定陵例、請置守陵奉先両指揮、京西転運司請減定陵卒半以奉昭陵、詔選募一指揮、額五百人[55]」。このような「奉先兵士」は「夜宿陵寝」するべきであるが、常に別の仕事に従事させられ、哲宗時代に「守陵兵士豈可于外役使……自今幷令停罷[56]」と憤った詔書がある。陵寝を守衛するのが大量の陵戸から兵士へと転変し、多大な労力や力役から解放されたことも、唐宋間の社会的変化にともなう現象であった。

唐代陵戸制度の研究は、周辺地区や国家の守墓人制度にも大いに参考となる。有名な高句麗の広開土王碑文中に、「守墓人烟戸」が詳細に銘記されている。「烟戸」に関する数多くの研究のうち、主要なものは「烟戸」の字源や身分、各王朝における使用等に言及している。烟戸の身分については、主に「奴隷説」「農奴説」「公奴婢説」「良民説」等がある[57]。唐代陵戸制度と比較すると、次の三点が指摘できよう。

一、唐王朝の文献中に「烟戸」と称するものはない。『四庫全書』を検索しても、後代の清朝にて使用されている用例のみである。この点から民戸を「烟」と称するのは東北民族の語彙に由来する可能性がある[58]。

二、高句麗の守墓人「烟戸」は、売買可能であり、唐代の陵戸が官賤民（売買不可）から良民へと変化したことと対比すると、この「烟戸」は私賤民か自由度の低い、終身服役する百姓（貧富の差が広がり売買される）であろう。

三、碑文によると、設置された守墓人烟戸は三百三十戸に上る。高句麗の人口総数を考慮するならば、この数字はかなり大きく、その社会発展段階に相応であると言えよう。

日本古代にも陵戸制度があり、しばしば唐王朝の陵戸制度との比較研究対象となっている。最近の研究成果として、章林「略論日本律令制国家的陵戸身份」（以下、「章論文」とする）が挙げられる[59]。日唐陵戸の比較に関し、いくつかの点を指摘しておきたい。

一、章論文で、日本の「陵戸」の名称の起源を唐朝に求めている点については問題はない。但し、日本の『延喜式』諸陵寮式に「凡山陵者、置陵戸五烟令守之。有功臣墓者、置墓戸三烟」とあり[60]、ここでも陵戸を「烟」と称している。上述のように、唐朝の史籍には陵戸を「烟」と称した記録はなく、高句麗では守墓人を明確に「烟」と称する。この点から、日本古代の陵戸制度は高句麗の影響をも受けていると言える。

二、日本の律令法典では、陵戸を明確に「五色の賤」の賤民の一つとする点が唐と異なっている。現在残っている唐代の律令には、陵戸を賤民とする法律規定はない。しかし、日本の律令法典において、陵戸制度が「令」と「式」とに分かれて記載されている点は、唐代の令式を理解し、逸文の収集、復原を行う際にも重要な参考点となろう。

三、日本古代の陵戸は三戸から五戸に過ぎず、唐朝の三百人、四百人よりも遥かに少ない。日唐陵戸制度の比較研究を行うにあたり、この差についても十分に考慮する必要がある。

おわりに

結局、陵戸問題は、経済、社会、礼法制度などとも関連しており、前代から唐王朝へ、唐王朝から後代へと、いずれも変化があった。唐宋間について言えば、例えば賤から良へ放たれた者、差配から雇用への変化、民戸から兵士へと各種の変化が見られた（専業の守陵戸は宋代にもみられるが、明清時代に至ってもなお存在した）。同時に、唐王朝の陵戸制度は、周辺地区や国家に相互に影響を及ぼしていた。陵戸問題に関する全面的な検討は、唐朝社会の歴史的変化と東アジア全体の中での制度、文化の相互関係に対する理解の助けとなり、今後さらに深く精緻な研究を行うに十分価するということができるだろう。

註

(1) 濱口重国「唐の陵・墓戸の良賤に就いて」（『史学雑誌』四三―八、一九三二年。後に『唐王朝の賤人制度』東洋史研究会、一九六六年所収）。

(2) 張沢咸『唐代階級結構研究』（中州古籍出版社、一九九六年）。

(3) 樊英峰「試論唐代対乾陵的管理和保護」（『文博』二〇一二年第一・二期）。

(4) 『唐六典』巻一四（中華書局、一九九二年）、四〇〇・四〇一頁。

(5) 『唐六典』巻一四、三九〇・三九一頁。

(6) 代宗の大暦二年（七六七）には、宗正寺の管理下に確定したことが『旧唐書』巻一一「代宗本紀」（中華書局、一九七五年）、二八七頁に見える。

(7) 『唐六典』巻三、七七・七八頁。

(8) 張沢咸『唐代階級結構研究』、四九七頁。

(9) 樊論文、五二頁。

(10) 濱口重国「唐の陵・墓戸の良賤に就いて」。

(11) 呉樹国「唐代陵戸問題発微」（『〈唐代東南社会与海上絲綢之路〉国際学術研討会暨中国唐史学会第十二届年会論文集（上冊）』二〇一五年）、三二一〜三三一頁。

(12) 『冊府元亀』巻八五「帝王部・赦宥四」（中華書局、一九六〇年）、一〇〇七頁。呉論文において、この「六郷」が『唐六典』に記された三千戸に相当することが証明されている。

(13)『旧唐書』巻四「高宗本紀上」、七三頁。
(14)『新唐書』巻一一三（中華書局、一九七五年）、四一八五頁。
(15)『律令』（岩波書店、二〇〇一年度版）、四三四頁。
(16)天一閣博物館・中国社会科学院歴史研究所天聖令整理課題組校註『天一閣蔵明鈔本天聖令校証（附唐令復原研究）』（中華書局、二〇〇六年）六七六・六七七頁。
(17)『唐会要』巻二一「諸僭号陵」（中華書局、一九五五年）、四〇九頁。
(18)『冊府元亀』巻五八七、七〇二二頁。
(19)樊論文、五二頁。
(20)『唐六典』巻一四、四〇一頁。
(21)『新唐書』巻二、三七頁。
(22)前述の『唐会要』巻二一で引用した唐紹の上疏に「謹按昊、順二陵、恩赦特令依旧、因循前例、守戸与昭陵数同」（四〇九頁）とあり、陵戸を明確に「守戸」と称している。
(23)『唐大詔令集』巻七七（商務印書館、一九五九年）、四三九頁。
(24)『旧五代史』巻三二「荘宗紀第六」（中華書局、一九七六年）四四九頁。
(25)『唐六典』巻一四、四〇一頁。
(26)『資治通鑑』巻二四九の宣宗大中十二年二月条の胡注引に「宋白曰：唐制……凡諸帝升遐、宮人無子者悉遣詣山陵供奉朝夕、具盥櫛、治衾枕、事死如事生」とある（中華書局、一九七六年）八〇六八頁。
(27)濱口重国「唐の陵・墓戸の良賤に就いて」。ここで濱口は三千戸もまた陵戸とするが、現在の筆者の見解とは異なっている。
(28)張論文、四九六頁。
(29)この年月は『冊府元亀』巻五四による。
(30)『唐大詔令集』巻七七、四九六頁。
(31)『旧唐書』巻一四八「李吉甫伝」、三九九四・三九九五頁。
(32)呉論文では、唐代後期の憲宗時代にも官賤民を墓戸に充てていた記載があることから、開元十七年に良民へと放たれた陵戸は限定的とする。筆者は、憲宗時代に官戸を墓戸に充てたのはこの一例にすぎず、開元十七年の制書は、「大赦天下」とあり、全国に発せられているので、制書中の陵戸を良民に放つのも、全国的に（天下）及んだと考えている。
(33)『通典』巻四〇（中華書局、一九八八年）、一一〇六頁。
(34)前掲註（16）『天一閣蔵明鈔本天聖令校証』清本、四三三頁。
(35)黄正建「唐代〝庶士〟研究」（『《天聖令》与唐宋制度研究』所収、中国社会科学出版社、二〇一一年）五一四〜五三六頁。
(36)『唐六典』巻三、七八頁。
(37)前掲註（16）『天一閣蔵明鈔本天聖令校証』清本、三九二頁。
(38)『唐律疏議』巻一七「賊盗」二四九条問答（中華書局、一九八三年）、三二四頁。
(39)『唐律疏議』巻一四「戸婚」一九二条、二七一頁。
(40)『唐律疏議』巻一八「賊盗」二六五条、三四二頁。
(41)張論文、四九〇頁。
(42)張論文、四九二頁。
(43)前掲の開元十七年敕文。
(44)この点について史籍に明確な記載がないが、陵戸と地位が類似する廟戸については「毎戸営田十畝、以充祀祭等用」とあり、陵戸も同様の可能性がある。『唐六典』巻三「戸部」、七八頁。
(45)「守陵戸」という名称からも、これ以後の陵戸の主要な職務が陵寝の守衛であることがわかる。
(46)『五代会要』（上海古籍出版社、一九七八年）巻四、六一頁。
(47)『旧五代史』巻一一三「周書」太祖紀第四、一五〇三頁。
(48)『宋史』巻一〇五「礼八」（中華書局、一九七七年）二五六〇頁。
(49)李燾『続資治通鑑長編』巻二八〇、神宗熙寧十年条、（中華書局、二〇〇四年、二版）六八六四頁。
(50)『唐大詔令集』巻二九、一〇七頁。
(51)「陵」字の後に「戸」字が脱落していると思われる。「掌閑」は「天聖令」雑令における「庶士」である。
(52)『全唐文』巻八九（中華書局、一九八三年）、九三〇頁。

(53)『全唐文』巻九二、九六一頁。
(54) 唐宋間における陵戸の変化については、呉論文を参照のこと。
(55)『宋史』巻一二三「礼二十六」、二八八四頁。
(56)『続資治通鑑長編』巻三六六、哲宗元祐元年、八七九八頁。
(57) 朴真奭「関于好太王碑中守墓人烟戸的身份」(耿鉄華編『高句麗好太王碑』所収、吉林大学出版社、二〇一二年)二〇二～二一二頁。
(58) 最近参加した中国での古文書研究会において、朱玫氏が朝鮮時代の戸籍と同時代の中国(元明時代)の戸籍には大きな相違があり、むしろ清朝の戸籍と類似していると報告していたことも傍証となりうるだろう。
(59) 章林「略論日本律令制国家的陵戸身份」(『古代文明』第四巻第三期、二〇一〇年)、一〇三～一一一頁。
(60)『延喜式』巻二一(国史大系、吉川弘文館、一九八七年)五五六頁。

(翻訳　波多野由美子)

第七章　集安の遺跡と東アジアの積石塚

河野正訓

はじめに

高句麗広開土王（好太王）碑があるのは、中華人民共和国（中国）の吉林省東南部にある集安市である。鴨緑江を挟み、対岸には朝鮮民主主義人民共和国（北朝鮮）が立地する。この集安市には、かつて高句麗の王都があった。高句麗が最初に都を置いたのは、紀元前一世紀頃、鴨緑江の支流である渾江中流域の中国遼寧省桓仁県と推定されている。そして、紀元三世紀初頭には現在の集安市に遷都する。その後、楽浪郡を滅亡させるなど勢力を拡大しつつ、四二七年には北朝鮮の平壌へと遷都し、六六八年には新羅・唐の連合軍の攻撃によって滅亡する。

集安は、高句麗の中期とも呼ぶ時期に栄え、広開土王碑周辺には高句麗の歴史的な遺産が数多く残っている。丸都山城（尉那巌城、山城子山城）や国内城（通溝城）、近年発見された集安高句麗碑が代表的であるが、このほか将軍塚や太王陵など数多くの積石塚（古墳）も残されており、二〇〇四年には「古代高句麗王国の首都と古墳群」として世界文化遺産に登録された。現在は、世界文化遺産に登録されたこともあって年々整備が進む。集安高句麗碑などを展示する集安博物館のリニューアルも終え、中国国内のみならず、世界各地から観光客が絶えず訪れ、賑わっている。

本稿では、この集安に残されている遺跡に注目し、その位置づけを確認する。そして、広開土王碑を前後する時代の、考古学からみた高句麗と倭との関係について、墓制のうち「積石塚」というキーワードを軸に、先行研究をたどりながら解明していきたい。

一　集安の都城

広開土王碑の建つ集安には、先述したように数多くの高句麗の遺跡が残る（図1）。ここでは二〇一三年一〇月に現地にて踏査した内容をもとに、主に集安の主要な遺跡の内、国内城と丸都山城を紹介する。後に詳述する集安の積石塚が築造された歴史的環境について先行研究を参照しながら確認したい。

1　国内城

集安平野の西にあり、通溝河の東岸、南には鴨緑江が流れる地に国内城が築造された。ほぼ方形の城であり、北面城壁では七三〇m、西面城壁では七〇二mの長さを誇る。城壁の基礎は幅七～一〇mであり、高さは四mにも達する。城門は南北にそれぞれ一ヵ所、東西にそれぞれ二ヵ所あり、城壁には一定の間隔で馬面という城壁の外に突き出した台状の石塁が巡る。現在の集安市の街中には幾度か改修された城壁が部分的に残っており、地表面近くには高句麗の頃の城壁もみることができる。この国内城の中には王宮があったと考えられ、瓦が比較的よく集中する中心部が王宮の所在地であったと想定されている。[1]

戦国時代から漢代の頃には土城があり、西暦三年には瑠璃明王が国内城に遷都したとの記述が『三国史記』巻十三に残る。そして、『三国史記』巻十六には、故国原王の頃、三四二年に土城を修繕する形で石の城壁を築いたとみられている(2)。

2　丸都山城

国内城は平城であるが、近接して築造された山城として丸都山城がある。国内城から北西約三kmに位置する。周長約七kmにも及ぶ大規模な山城である。東・西・北の三面にある城壁は山の尾根上に築かれており、その外側は絶壁となっている。南側が低く、ここの城門は今も昔も丸都山城に入るための重要な通路となっている。城壁は東と北に二ヵ所、南に一ヵ所あり、二〇一三年の訪問時には南の城壁を中心にして修復工事が進んでいた。

城内に入り斜面に作られたトウモロコシ畑を抜けると、物見台址（眺望台址）があり国内城などを一望することができる。物見台址の近くには守備兵の衛舎址（戍卒居住址）があり、南北二六mで東西八mの範囲に、礎石が三列、合計二〇数個並ぶ。このほか宮殿址と想定される遺構もあり、傾斜面を東西三段に整地し、各所に礎石をみることができる。なお、城内には積石塚が三六基ある他、わずかに封土墳も確認できる。

この丸都山城はその立地から防衛に適した城といえる。国内城が平時の王宮であるのに対し、丸都山城は戦時など非常時に使われた城とみるのが一般的である。しかし、丸都山城の築造時期について、西暦三年の国内城への遷都時とする説(3)があるものの、瓦の分析から礎石建物や城壁などの構築年代は六世紀後半からであり、広開土王や長寿王が活躍した四・五世紀は、墳墓が構築される一方で、山城の機能が停止した状態であったと考える研究者もいる(4)。

このように高句麗は四二七年に遷都して以降、集安はすぐさま廃れるわけではなく、かつて王宮のあった地として、継続して人々は住み続け、時には城を補強したりもした。そして後述するように、五世紀前半までの王墓もみることができ、数多くの積石塚が四・五世紀を中心に築造された。遷都後は、墓制としての積石塚の風習は廃れるものの、代わりに盛土で墳丘を作る封土墳が作られ続け、五盔墳五号墓のように横穴式の石室内に四神図などの壁画が描かれる古墳も集安では発見されている。

二　高句麗の積石塚

1　積石塚の分類と変遷

積石塚とは、墳丘を石で積みあげた古墳のことであり、土で築く通有の古墳とは異なる。その起源は、中央アジアやシベリアといった極寒の地で発生したケルンであると考えられている。永久凍土のような土地柄では、土を掘り起こすよりも、石を積み上げたほうが効率的である(5)。

高句麗は、紀元前一世紀の建国当時から、四二七年に平壌に遷都するまで、積石塚が一般的な墓制であった。主に鴨緑江の本流と支流に沿って積石塚が分布する。朱栄憲氏、李殿福氏、田村晃一氏、魏存成氏、などの研究者によって高句麗の積石塚は分類され、変遷案が示されてきており、早乙女雅博氏が詳しくまとめている(6)。これらの成果によると、積石塚は外表構造や埋葬施設によって分類することができ、河原石や山の塊石を積み上げ、方形、円形、楕円形の平面、埋葬施設に竪穴式石槨を

国内城（城壁）

集安の街中には、国内城の城壁が部分的に残る。城壁は、幾度か改修されている。

国内城（馬面）

城壁のコーナーにある方形の突出部である。馬面と呼ばれ、国内城では十四箇所確認される。

丸都山城（南側城壁）

丸都山城の中でも一番低い所に築かれた城壁である。2013年に訪問した際には、史跡整備が進んでいた。

丸都山城（物見台址）

宮殿址の前面にある台地上にあるのが物見台址である。石材を積み上げた高層の建築物である。

丸都山城（宮殿址）

宮殿址とされる建物址。草が生い茂っているが、かつては礎石建ち瓦葺きの建物が密集していた。

五盔墳５号墓

６世紀末頃に築造された封土墳。古墳の横にある通用口から内部に入ることができ、色彩豊かな壁画を見学できる。

図１　集安の遺跡

もつ基壇のない積石塚（紀元前三世紀?〜五世紀前半）が、もっとも初現的な形態といえる。その後、紀元前後頃には方形基壇のある方壇積石塚や、方形基壇を階段状につくる方壇階梯積石塚が出現する。基壇をもたない積石塚→方壇積石塚→方壇階梯積石塚の順に、階層が高くなる傾向にある。三世紀末から四世紀前半には方壇積石塚や方壇階梯積石塚に横穴式石室が採用され、より上位の積石塚は切石を丁寧に積み、大型化する。なお、一定の高さに積石をした後、埋葬施設を構築しているのも特徴である。

五世紀前半には積石塚の造営は終わり、平壌遷都後は、横穴式石室に土をかぶせた古墳（封土墳）へと変化する。遷都後も、集安には封土墳が造営され続け、舞踊塚や角抵塚など石室に壁画が描かれていることもある。壁画の題材は、四・五世紀は生活風俗を示したものが多く、六世紀以降には四神図が壁画の主要テーマとなる。

２　集安の積石塚

この集安にある広開土王碑周辺では、高句麗の王陵と考えられるほどの巨大な積石塚が存在する。ここでは二〇一三年一〇月に、踏査をすることができた積石塚を中心に紹介してみたい（図２）。なお、高句麗の積石塚について個々の事例は、東潮・田中俊明氏が作成された『高句麗の歴史と遺跡』に詳しく書かれているので、参考にしていただきたい(7)。

高句麗の積石塚の中心地は集安であり、洞溝古墳群に代表される。この洞溝古墳群は、方壇階梯積石塚が約四〇〇基、巨大なものは二〇基弱ある。集安には平城である国内城と、山城である丸都山城があるが、その丸都山城の麓には千基余りの積石塚や封土墳からなる山城下貴族墓地が広がる。

代表的な王陵としては、将軍塚がある。広開土王碑より北東に約一六五〇ｍの地点にある。方壇階梯積石塚であり、横穴式石室をもつ。正方形の墳丘各辺には、三個の巨石を配す。墳頂には軒丸瓦や軒平瓦が多数存在していたことから、建物があった可能性がある。将軍塚の北西二〇㎞の地点にある五女峰国家森林公園内では、将軍塚と同質である花崗岩の採石場がみつかっており、同地より運ばれた可能性がある。この将軍塚に併行する形で陪塚群が五基ないし八基、列状に築造される。図は、現在確認できる第一陪塚である。上半分が破壊されているため、支石墓のような埋葬主体や、切石内部の裏込め石の様子を観察することができる。

広開土王碑に近い王陵としては、太王陵がある。碑から南西に二〇〇ｍの距離にある。現在、かなり崩落してしまっているが、もとは方壇階梯積石塚であるとされる。正方形の墳丘各辺には、五個の巨石を配す。墳丘上段には石室があり、家形の石槨構造をなす。墳丘上には、「願太王陵安如山固如岳」銘の入った塼など、多数の塼や瓦が発見されている。

広開土王碑より南西に約八㎞とやや離れている麻線溝墓区は、近年、集安高句麗碑が発見されたことで注目されている。ここも王陵級の積石塚である千秋墓と西大墓が発見されている。千秋墓は一辺が八〇〜八五ｍもあり、王陵のなかでも規模が大きく注目される。「千秋萬歳永固」などの塼が発見されている。西大墓は一辺五五ｍあり、積石から瓦が発見されている。

以上のように、主要な集安の積石塚を紹介した。その被葬者については諸説あり、とりわけ四一二年に没した広開土王がどの王陵に埋葬され

山城下貴族墓地（方壇積石塚）

背後に見えるのは丸都山城である。その麓には、数多くの積石塚や封土墳が築造される。

山城下貴族墓地（方壇階梯積石塚）

1辺19.7mの弟塚。階段状に切石を積み上げて、中には割石を充填する。2段目には石室があるとされる。

千秋墓

1辺80～85m、高さ約15mとなる、大形の積石塚である。崩壊しているが、もとは方壇階梯積石塚であった。

太王陵

一辺66m、高さ14.8mの方壇階梯積石塚である。各辺に5個の巨石を配し、上段には屋根形の石室をもつ。

将軍塚

1辺31.6m、高さ12.5mの切石で覆われた方壇階梯積石塚である。各辺に3個の巨石を配し、上段に石室をもつ。

将軍塚1号陪塚

1辺9.2m切石で覆われた方壇階梯積石塚で、将軍塚の9分の1の規模である。支石墓のような埋葬施設をもつ。

図2　集安の積石塚

たのか、いまも謎に包まれている。ここでは数多くある説の主なものを紹介する。東潮氏は墳丘の巨大さを示して権力を象徴する未開な積石塚よりも、規模は小さいものの完成度の高い切石を組み、巨大で堅固な墓室をもつ将軍塚こそ、広開土王の墓であると考える。二〇㎞も離れた巨石の採掘や運搬にもみられるように、労役集団の統率や強力な政治権力が将軍塚造営の背景にあり、そのような権力をもつ王は広開土王に相応しいとみる。(8)また瓦当から王陵の変遷を考察した田村晃一氏は、太王陵型（四世紀中頃）→千秋塚型（四世紀後半から末葉）→将軍塚型（五世紀初頭から前半）へと変遷することから、広開土王の墓を将軍塚であると考え、谷豊信氏も大筋で認めている。(9)しかし、桃崎祐輔氏は瓦の編年を見直し、千秋塚→太王陵→将軍塚と築造順序を想定し、馬具の型式学的検討もあわせて太王陵を四世紀末から五世紀前葉の間に位置づける。そして、太王陵周辺の埋納遺構から「辛卯年好太王□造鈴九十六」銘の入る銅鈴がみつかっており、太王陵＝広開土王説を補強する材料となっていると主張する。(10)このように太王陵が広開土王だとすると、太王陵よりも新しく位置づけられる将軍塚は、広開土王の次に王位についた長寿王（四九一年没）が埋葬された可能性を指摘できよう。(11)

さて、これら王陵は積石塚を採用していることに象徴されるように、積石塚という墓制は、五世紀までの高句麗のひとつのアイデンティティを担っている。その高句麗以外の地、例えば朝鮮半島南部域の百済、伽耶、新羅や、海を隔てた倭の墓制をみると、その大半が土で墳丘を築造した封土墳であり、高句麗の墓制とは対称的である。しかしながら、百済や伽耶、倭においてもごく一部に積石塚があり、これまで数多くの先学によって高句麗との関係性を議論するための重要な研究素材となってきた。そこで次節以降、百済や伽耶、そして倭の主要な積石塚を紹介し、高句麗との関わりについて考古学的な所見を紹介してみたい。

三　百済と伽耶の積石塚

1　百済

ソウルにある石村洞古墳群は、漢城時代の百済の積石塚として著名である（図3）。なかでも石村洞三号墳は、高句麗式積石塚と呼ばれ高句麗から南下した高句麗系移住民と関連した墳墓として認識されている。また、石村洞二号墳や石村洞四号墳は、一見すると集安にある積石塚のようであるが、表面のみ石で覆い、内部には土が詰め込まれ、その中に木棺を安置する。高句麗の積石塚とは異質であることから、百済式積石塚と称される。三世紀には築造がはじまり、四世紀後半になると近肖古王の墓として有力視される石村洞三号墳が作られ、五世紀頃まで古墳群は継続して築造された。(12)なお、近年の漢城百済博物館による発掘調査により、一号墳と二号墳の間で複数連なる方形の積石状遺構が発見されている。

石村洞古墳群をみると、王陵として高句麗式積石塚が採用され、しだいに外観のみ似せた百済式積石塚へと転化する。そして、百済と高句麗との軋轢や、百済と中国王朝とのつながりが生まれると、王陵に積石塚を採用しなくなる。高句麗に敗れ、公州に遷都した際の王陵として武寧王陵のある宋山里古墳群があるが、古墳は盛土となり石室は中国南朝の影響が多大となる。

石村洞３号墳

一辺 50m ある方形の高句麗式積石塚。百済の近肖古王（346 ～ 375）の墓という説がある。

石村洞４号墳

一辺 17m ある方形の百済式積石塚。墳丘内部は土であり、墳丘の外側のみ積石を施している。

図３　百済の積石塚

２　伽耶

慶北地域の大邱市鳩岩洞古墳と漆谷郡多富洞古墳が、伽耶の代表的な積石塚として知られており、慶南地域にも積石塚ではないかとされる古墳がある。

鳩岩洞古墳群のうち五六号墳は、竪穴式石槨の上に円形の積石塚を構築しており、直径約五ｍと直径約二〇ｍの積石塚が連接する。出土遺物から五世紀後半の築造と想定されている。多富洞古墳群は、五世紀後半から六世紀中葉までの古墳群であり、積石塚は四基確認される。最も古い積石塚である九号墳は五世紀末の時期であり、一号墳は直径六ｍほどの円墳が二つ連なる連接した積石塚である[13]。

これら百済や伽耶の積石塚は後述するように、日本列島の積石塚との関係性が注目されている。

四　倭の積石塚

１　古墳時代中期の画期

広開土王碑には、高句麗と倭とが幾度も軍事的な接触をしたことが書かれている。この広開土王が王位について活躍し死去する四世紀末から五世紀前半は、倭では古墳時代中期前半に相当する。三世紀後半～四世紀後半（古墳時代前期）の王（首長）が、司祭者としての役割が強かったことは、古墳から出土する三角縁神獣鏡や石製腕飾類などの副葬品からみて明らかである。それが、五世紀（古墳時代中期）に入ると状況は変わり、甲冑が副葬品の中心を占めるようになることから、王（首長）の軍事的な役割が増したことが明らかである。

しかも、朝鮮半島南部では、倭の甲冑が近年、数多く発掘されており、帯金式短甲は総数一四領にも達する。金榮珉氏は、百済地域の倭系甲冑を副葬する古墳は、埋葬施設が倭系石槨（石室）であり、ほかの共伴遺物も倭系遺物が多いことを指摘する。これらの点から、百済に対する倭の軍事的な援助があったゆえに、百済に倭系の遺構や遺物が流入しているとみる。(14)

また、甲冑のような武具のみならず、鉄鏃のような武器をみた場合、五世紀前半には短頸鏃が、五世紀後半には長頸鏃が日本列島内で普及しており、同時期の朝鮮半島南部でも同じ鉄鏃が普及している事実がある。水野敏典氏は長頸鏃が広範囲で認められる現象を、高句麗南下と関連づけて理解している。(15)

五世紀の日本列島は、朝鮮半島からの外来系遺物が数多く流入し、技術が定着する時期でもある。とりわけ五世紀後半は顕著であり、馬生産、鍛冶生産、織物生産、土器生産など様々な手工業生産の分野で変革が認められ、さらに墓制も横穴式石室に代表されるように大きく変わる。

そのような中、集安を中心に分布する積石塚が、日本列島においても古墳時代にモザイク的に分布する。その量は、一五〇〇～三〇〇〇基程度と考えられ、日本列島の全古墳の一～二％程度しかない比較的珍しい古墳である。(16)ただし、土生田純之氏が指摘するように、積石塚といっても、同じ歴史的な背景によって成立したわけではなく、画一的な評価はできない。(17)そこで日本列島における積石塚について、詳細な情報がわかっている個々の事例を取り上げ、高句麗を中心とした朝鮮三国と、倭との関係についても論じてみたい（図４）。

２　石清尾山古墳群

三世紀から積石塚は存在する。とりわけ四国で目立ち、旧国で讃岐地域と阿波地域では三・四世紀に積石塚をよく築造することから、「阿讃積石塚分布圏」と言われるほどである。(18)その中でも、香川県石清尾山古墳群の三世紀から五世紀にかけての積石塚は著名である。一九三三年に『讃岐高松石清尾山石塚の研究』が刊行され、梅原末治氏によって詳細な報告や考察がなされている。(19)この石清尾山古墳群は、瀬戸内海を見下ろすことができる山頂に築かれた古墳群である。双方中円墳二基、前方後円墳九基、方墳一基、円墳三〇基以上と、様々な形の積石塚があり、日本列島で特有な形の前方後円墳や双方中円墳にも積石が施されていることは、注目に値する。この石清尾山は、安山岩が露出しており、その山石を利用して積石塚を構築したことが明らかである。それゆえに土で墳丘を作るよりも、石で作った方が容易であったとする積石塚環境自生説を唱える研究者は多い。

しかしながら、この石清尾山には、六世紀から七世紀にかけての古墳が積石塚よりも多く築造されている点は注意しなければならない。(20)石清尾山二号墳のように、土で墳丘を作り、横穴式石室をもつタイプである。つまり、土で墳丘を作りえた立地であるといえ、たとえ土での構築が難しければ、造墓地の変更も可能であったはずであるが、あえて積石塚を選んだ理由には、石に対する強いこだわりがあったのであろう。その証拠として、瀬戸内海を挟んで対岸には、数多くの三・四世紀の古墳が築かれる中、ごく一部であるものの積石塚を確認することができる。その中の一つに、瀬戸内海に面する兵庫県岩見北山墳墓群があり、なかでも前方後円（方）形の積石塚の岩見北山四号墳は、香川県域で製作された

石清尾山古墳群

全長約 70m の鏡塚古墳。全国的にみても珍しい双方中円形である。石清尾山古墳群の中でも古い積石塚である。

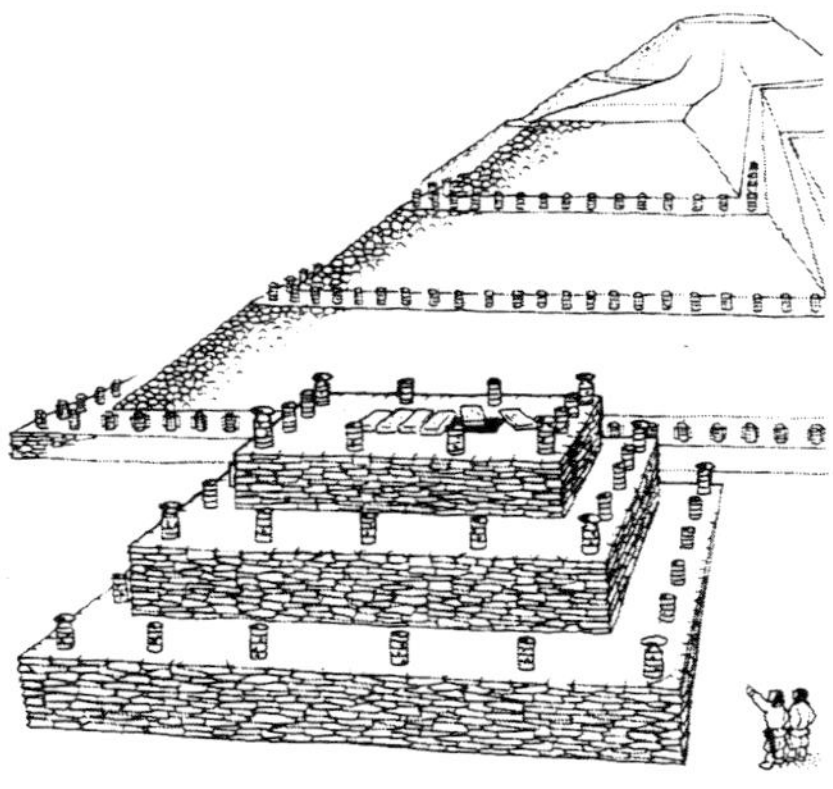

茶臼塚古墳と松岳山古墳

松岳山古墳の前方部に隣接して茶臼塚古墳は築かれている。この図は、発掘調査をもとに和田萃氏が復元したものである。

松岳山古墳

松岳山古墳の後円部には積石状の施設があり、その中央には石棺、石棺の両脇には円孔を穿った平石が立つ。

相島積石塚群

海岸沿いに積石塚が群集している。手前にある 2 段に復元された積石塚は、相島大塚である。

二本ヶ谷積石塚群

4.7×5.3m の方形積石塚である 13 号墳。5 世紀後半の築造であり、地面を掘りこんで埋葬施設を構築している。

大室古墳群

直径約 14m の円形積石塚である第 168 号墳。中央には合掌形石室がみられる。埴輪が巡り、馬形土製品が出土している。

図 4　倭の積石塚

と考えられる大型複合口縁壺が出土しており、墳丘の形は積石塚の徳島県萩原一号墓や奥谷二号墓と類似するという(21)。おそらく岩見北山四号墳の造墓者は、四国と密接な関係を持っていたゆえに、あえて積石塚を築造したものと理解できる。このように捉えると、墳丘を石で構築することは、その出自をも示しうるものであったと考えられる。

三世紀後半は、日本列島の広範囲において共通した墓制である前方後円墳が築造され、ヤマト王権を中心とした広域支配体制が確立した段階であると評価できる。そして、律令制国家とは異なり強固な支配ではなく、あくまで地方首長とヤマト王権との関係のなかでの間接的な支配関係であり、地方首長の自律性が高かった段階であるともいえる。そのため、石清尾山古墳群のような積石塚が成立したのも、墳丘を土で構築するのか、石で構築するのかについては、造墓における選択の自由があったゆえに、積石塚が構築されたと考えることもできよう。

そこで、積石にするという発想が生まれた背景は、四国で積石塚が築造された三～五世紀頃に、東アジアにおいて最も積石塚の築造が盛行していたのが高句麗の地であるゆえに、高句麗と四国の首長との関係の有無が問題となる。しかしながら、高句麗との関係を示しうる証拠が積石以外認められず、石清尾山古墳群の築造の背景に高句麗が何かしらの形で関わっていたのか不明である。

３　松岳山古墳と茶臼塚古墳

五世紀の王陵である古市古墳群が築造される前に、石川を挟んで四世紀中頃に築造されたのが、墳長約一三〇ｍの前方後円墳である大阪府松岳山古墳と、前方部側に築造された南北二二ｍ、東西一六ｍの長方形墳である茶臼塚古墳である。松岳山古墳は、後円部三～四段、前方部二段からなる。墳丘斜面や墳頂は板石を垂直に積み上げ、埋葬施設には鷲の山（香川県）産の石材が一部用いられている。石棺の両小口側には、円孔のあいた板石が立てられており、特異な形態をなす。そして、茶臼塚古墳は階段状に積石が施されており、一見すると高句麗にある方壇階梯積石塚に類似し、百済の王陵である石村洞古墳群の積石塚を彷彿とさせるという意見がある(22)。また、松岳山古墳から出土した細頸壺が百済に類例の多い平底であり、墳頂にある立石は中国大陸や朝鮮半島に起源があるとする意見もある(23)。さらに、近年発掘調査が進展した石村洞古墳群の様子をみると、かなり近接して積石塚が築造されており、松岳山古墳と茶臼塚古墳の距離が二〇～三〇cmとほぼ接しており、連接墳が多い高句麗の積石塚の点とも通じる現象である。そのため高句麗や百済との関係のもと、茶臼塚古墳が築造された可能性は充分にあるといえる。しかし、テラス部に埴輪が樹立されている点は、高句麗や百済の方壇階梯積石塚とは一線を画する。また、日本列島で上位階層の首長墓からよく出土する三角縁神獣鏡、鍬形石、車輪石、石釧などが出土している。

和田萃氏は、茶臼山古墳の被葬者を倭人と想定し、朝鮮半島の諸国家との交渉が契機となり、新しい墓制を導入した人物であると考えている(24)。筆者も、東アジアの動乱の影響が倭に及ぶ中、茶臼山古墳の被葬者像のように、朝鮮半島との交渉の窓口を担った人物がいても不思議ではないと考える。

４　相島積石塚群

玄界灘に浮かぶ福岡県新宮町から沖合約七kmに位置する相島は、江戸時代に、朝鮮通信使の接待所があった島として著名である。島の北東にある長井浜は海辺にあり、砂浜のような立地ではなく、砂は海に洗われ、丸い石が浜全体に細長く広がっている。そこに、積石塚が確認できるだけで二五四基、密集して築造されている。時期は、四世紀末から七世紀初めまで確認できるが、なかでも五世紀が中心となるようである。墳丘は円墳や方墳が多く、無墳丘墓も確認できる。埋葬施設に竪穴式石室、箱式石棺、竪穴系横口式石室、横穴式石室があり、様々である。なお、同じ浜には江戸時代の朝鮮通信使関連の墓地もある。この相島積石塚群のうち相島大塚（一二〇号墳）は、全長二〇ｍの前方後方墳、もしくは一辺一二ｍの方墳と考えられている。現在墳丘は二段に復元されている。基底部にやや大きめの石（縦根石）を配置する方法は、一見すると方壇積石塚のようにもみえる。なお、この相島大塚のある周囲は、伽耶に系譜が追える坏蓋も見つかっている(25)。

このような積石塚群が築造された理由には諸説ある。報告書では、半島系遺物がほとんどなく漁具関連遺物もないことから、半島から渡来した人々や海人族の墓とするには、否定的である。むしろ、長井浜が対岸の津屋崎地方を向いており、この津屋崎地方にある古墳をみると、相島積石塚群の造営期間中に在地勢力を押しのけて、中央（ヤマト王権）の影響を強く受けた宗像（胸肩）君一族の墓に代わることから、相島の被葬者は、津屋崎から移動した在地勢力の墓地とみる(26)。宇野愼敏氏は、相島積石塚群から大刀や鉄鏃といった武器や伽耶系須恵器も出土していることを評価し、国家的祭祀である沖ノ島祭祀が始まる時期に相島積石塚群が築造されていることから、高句麗南下にともなう倭の半島出兵に際して助力した、航海術に長ける被葬者像を想定している(27)。

5　二本ヶ谷積石塚群

静岡県浜松市に所在する二本ヶ谷積石塚群は、五世紀後半から六世紀前半にかけて築造され、周辺の古墳群に混在するものを含めて総数三〇基の積石塚が確認されている。その多くは円礫を低く積む方墳からなり、一辺三～九ｍの大きさである。埋葬施設は木棺直葬であり、墳丘の構築と同時か、もしくはその前に地山を穿って設置する。この低墳丘で墳丘を作る前に埋葬施設を設置する点は、高句麗の積石塚とは一線を画するが、日本列島の古墳にはあまりみることができない特徴であり、半島からの影響が考えられる(28)。埋葬施設のなかには木槨状の施設もあり、朝鮮半島東南部域の墳墓群と共通するという。出土遺物に明確な半島色が認められないこともあわせると、直接的に高句麗から渡来した人々の墓とは考えにくい。しかしながら、その立地は谷底にあり、同時期の盛土墳（辺田平古墳群）は、隣接する段丘上に位置し、墳形も円墳と異なる。谷底に古墳を造ることは倭では特殊である。

鈴木一有氏は、五世紀半ばに地域拠点として突如出現し、鉄器、木器、玉類、骨角器、紡織など、複合的な手工業生産が行われたことが明らかになった新興勢力の恒武遺跡群と、二本ヶ谷積石塚群の被葬者とには関連があるとみる。また、二本ヶ谷積石塚群と同様の墳墓が半島に確認できず、その理由として、二本ヶ谷積石塚群の被葬者が朝鮮半島から直接移住したのではなく、別の地域での世代交代がある程度の期間あった可能性がある(29)。そして、恒武遺跡群からはヤマト王権との関連が深い遺物が多く出土することから、この地への渡来系集団の移住にヤマト王権の関与があったと指摘する(30)。なお、鈴木氏は前述したように高句麗からの直接的な人の移入には慎重であるが、二本ヶ谷積石塚群と類似した低平な外観をもつ積石塚として、中国遼寧省上古城子古墳群を挙げており、今後の中国や北朝鮮での積石塚の調査例を注視する必要性について言及している。(31)

6　大室古墳群

長野県長野市に所在する大室古墳群は、五世紀後半から七世紀にかけて築造された。総数五〇〇余基のうち、全古墳の八割からなる四〇〇余基が積石塚とされる。出現期にあたる五世紀後半は、低墳丘の円墳からなり、合掌形石室という板石を組み合わせ、天井石が屋根型になる竪穴系横口式石室をもつ。その後、六世紀半ば頃から横穴式石室をもち、墳丘も石と土とで構築する土石混合墳へと変化する。この大室古墳群は五つの支群に古墳が分布する。具体的には北山支群二二基、大室谷支群二四一基、霞城支群一六基、北谷支群二〇八基、金井山支群一八基である。そのうち大室谷と北谷支群は谷部に位置しており、先述した二本ヶ谷積石塚群と同様の傾向を示す。

第一六八号墳から馬形土製品が出土しているが、このような半島系の遺物はほとんどなく、墳丘には埴輪が巡り、副葬品は須恵器を伴うなど倭の要素が多々含まれる。長野市のある善光寺平には弥生時代以来、朝鮮半島と交流を示していた資料が数多く残るため、佐々木憲一氏は大室古墳群の被葬者に最新技術をもった朝鮮半島からの渡来第一世代が含まれる可能性を指摘するとともに、「朝鮮半島から早くに善光寺平に移住した人々の二世、三世、すでに日本で結婚し家庭を営んでいる人々が多く含まれている」と想定している。世代が変わるにつれ、故地の要素が薄くなるという解釈である。(32)

大室古墳群のような円形でかつ合掌形石室をもつ積石塚は、高句麗では確認することができない。太王陵の石室も屋根形をしているため、合掌形石室に通じるところがあるが、両石室の形の相違は大きく、その間を埋めるためには更なる類例の追加が待たれるところである。積石塚という属性に限って議論した場合、集安から平壌へ四二七年に遷都する際に、基本的には封土墳に変化するゆえに、五世紀後半に成立する日本列島の積石塚の系譜を高句麗に求めることができないとする意見がある。しかしながら、集安や平壌といった都から離れ、鴨緑江の下流にある慈江洞雲坪里古墳群では、六世紀まで積石塚があることから、森浩一氏は大室古墳群のような長野県の積石塚の源流を高句麗に求めている。(33)また、土生田純之氏は、朝鮮半島南部の伽耶において、大室古墳群に近接する時期に築造された、円形積石塚の大邱鳩岩洞古墳群や漆谷郡多富洞古墳群の存在に注視する。(34)土生田氏の指摘から、朝鮮半島南部域に移り住んだ高句麗系集団の墓制が、この長野の地に伝播した可能性も考えねばならない。

この大室古墳群の地は、平安時代に編纂された『延喜式』に、勅使牧としての「大室牧」が記述されており、古代において官営の馬生産が盛んであった。大室古墳群やその周辺の遺跡からは、馬具や馬骨が多く見つかり、五世紀後半の馬形土製品が発掘されたこともあって、古墳時代においても馬生産をしていたのは間違いない。しかも甲冑や飾馬具などヤマト王権と関係の深い遺物も出土していることから、馬生産など半島由来の最新技術をもち、かつヤマト王権とも関係を結んだ被葬者像を想定することができる。(35)このように半島の最新技術を取り入れることは、王権や地方首長にとって目下の課題であった。半島情勢が激化し、四七五年には長寿王が倭の友好国である百済の王都漢城を陥落させているので、倭のなかでも相当の危機感があったのであろう。そのため、馬生産など最新技術を各地に定着させることが急務の課題であった。このような時代の要請に答えるかのように、半島系技術を駆使し馬生産などに従事した大室古墳群の被葬者達が、脚光を浴びるかのごとく登場したのではないかと考える。

7　剣崎長瀞西遺跡と下芝谷ツ古墳

群馬県高崎市に所在する剣崎長瀞西遺跡では、五世紀後半において在来的な要素が濃厚な円墳と、半島系要素の認められる方墳や方形積石塚が作られており、二本ヶ谷積石塚群と同様に、出自の差を示す墳墓が隣接して作られていたことで注目されている。充分余裕のある広い土地に立地するのは円墳であり、狭い土地には方墳や方形積石塚が立地しており、造墓地の選定が行われている。また古墳の大きさを比較すると、円墳は径一〇～二二m、方墳は一辺六～一〇m、方形積石塚は一辺一～三mであり、階層差が認められる。なお、方形積石塚は、埋葬施設に竪穴式小石槨をもち、石槨周辺を長方形に高さ五〇㎝ほど石材で覆う。方墳というのは、一段目は土壇であり、二段目は方形積石塚と同様の積石構造をなすものを指す。つまり、方墳と方形積石塚は関連性が高い墳丘構造をなしている。その方墳のうち一〇号墳は、大伽耶地域の金製垂飾付耳飾や韓式系土器が出土しており注目されている。一方で、円墳からは埴輪が出土しており、方墳や方形積石塚からはほぼ出土しない。この遺跡からは、洛東江流域に分布する馬具が土坑内からみつかり、殺馬儀礼が行われた可能性が指摘されている。また、三一軒の内、二六軒ほど造り付け竈をもつ住居址が検出されており、その中には韓式系土器の出土例もある。そのため、方墳や方形積石塚には、朝鮮半島からの渡来人、あるいはその後裔たちが葬られた可能性が高いといえよう。[36]

このほか、群馬県高崎市には下芝谷ツ古墳という、一辺二〇mの比較的大きな方墳が築造される。剣崎長瀞西遺跡の方墳同様に、盛土墳の上に積石を載せる構造である。六世紀初頭頃の築造と考えられており、竪穴式石槨内部からは馬具や甲冑とともに、ガラス玉や透かし彫りで飾られた百済に系譜が追える金銅製の飾履が出土している。墳丘規模が大きく、墳丘テラスには埴輪も樹立されており、豊富な副葬品などを総合すると、かなり階層の高い被葬者像を想定することができ、首長の客分や技術顧問のような存在であったとも想定されている。[37]

これら剣崎長瀞西遺跡や下芝谷ツ古墳の積石塚は、二段目のみを積石にするという、積石塚のなかでもかなり変容している墳丘構造である。その被葬者は、出土品や立地も合わせて考えると半島との結びつきをもつ人々であったと考えられ、しかも様々な階層に分かれていることを知ることができる。

おわりに

広開土王碑の時代、四～五世紀における高句麗を中心とした朝鮮半島諸国と倭との関係を、積石塚というキーワードから探ってみた。倭における積石塚研究は、先学によってかなり蓄積されている状況であり、各時代や各地域において積石塚の在り方も様々あるとわかっている。

三世紀における石清尾山古墳群の成立背景は、高句麗の影響があるのかはっきりしないものの、四世紀の大阪府茶臼塚古墳の成立には高句麗や百済からの影響をみてよさそうである。しかしながら、このような事例は三・四世紀では稀であり、広開土王が王位について活躍し、さらに長寿王によって高句麗の版図拡大が行われる五世紀になってはじめて、朝鮮半島と関連深い積石塚が日本全国に普及する。その積石塚に葬られた被葬者の役割は様々あり、本稿で紹介した通りである。土生田純之氏が指摘するように、積石塚は同様の歴史的背景をもって出現したと一括りすることはできないため、個々の事例を詳細に追及することが今後とも求められよう。

最後に本稿でもいくつか論考を紹介しているが、二〇一七年に『積石塚大全』という本が刊行された。日本列島のみならず、高句麗をはじめ朝鮮半島各地の積石塚に関して、詳細な報告がなされており、積石塚研究の到達点を示している[38]。より詳しい研究状況を知りたい読者には、おすすめしたい本である。

註

（1）千田剛道『高句麗都城の考古学的研究』（北九州中国書店、二〇一五年）。
（2）賈士金「集安の歴史文物と高句麗遺跡」（王健群ほか著、読売新聞外報部訳『好太王碑と高句麗遺跡　四、五世紀の東アジアと日本』読売新聞社、一九八八年）。
（3）前掲註（2）賈士金「集安の歴史文物と高句麗遺跡」。
（4）前掲註（1）千田剛道『高句麗都城の考古学的研究』。
（5）土生田純之「半島の積石塚と列島の古墳」（『文化の十字路　信州』日本考古学協会二〇一三年度長野大会実行委員会、二〇一三年）、同「積石塚と渡来人」（『積石塚・渡来人研究の成果と課題』積石塚・渡来人研究会、二〇一五年）。
（6）早乙女雅博「第5章 高句麗」（『世界の考古学⑩ 朝鮮半島の考古学』同成社、二〇〇〇年）。
（7）東潮・田中俊明『高句麗の歴史と遺跡』（中央公論社、一九九五年）。
（8）前掲註（7）東潮・田中俊明『高句麗の歴史と遺跡』。
（9）田村晃一「高句麗の積石塚の年代と被葬者をめぐる問題について」（『青山史学』八、一九八四年）、谷豊信「四、五世紀の高句麗の瓦に関する若干の考察」（『東洋文化研究所紀要』一〇八、一九八九年）。
（10）吉林文物考古研究所・集安市博物館編著『集安高句麗王陵―一九九〇―二〇〇三年集安高句麗王陵調査報告』（文物出版社、二〇〇四年）、桃崎祐輔「高句麗太王陵出土瓦・馬具からみた好太王陵説の評価」（海交史研究会考古学論集刊行会編『海と考古学』六一書房、二〇〇五年）。
（11）魏存成『高句麗考古』（吉林大学出版社、一九九四年）。
（12）林永珍著、高久健二訳「高句麗・百済」（土生田純之編『積石塚大全』雄山閣、二〇一七年）。
（13）沈炫瞰著、高久健二訳「伽耶・新羅」（『積石塚大全』）。
（14）金榮珉「韓国出土帯金式板甲の諸問題」（『武器・武具と農工具・漁具―韓日三国・古墳時代資料―』「日韓交渉の考古学―古墳時代―」研究会・国立釜山大学校博物館、二〇一四年）。
（15）水野敏典「古墳時代中期における日韓鉄鏃の一様相」（『帝京大学山梨文化財研究所研究報告』十一、帝京大学山梨文化財研究所、二〇〇三年）。
（16）森浩一・NHK取材班『騎馬民族の道はるか　高句麗古墳がいま語るもの』（日本放送出版協会、一九九四年）。
（17）前掲註（5）土生田純之「積石塚と渡来人」。
（18）森浩一・伊藤勇輔『徳島県三好郡三加茂町丹田古墳調査報告』（同志社大学文学部文化学科、一九七一年）。
（19）梅原末治『讃岐高松石清尾山石塚の研究』（刀江書院、一九三三年）。
（20）土生田純之『古墳時代の政治と社会』（吉川弘文館、二〇〇六年）。
（21）岩本崇「古墳時代前期における地域間関係の展開とその特質」（『龍子

三ツ塚古墳群の研究　播磨揖保川流域における前期古墳群の調査』大手前大学史学研究所・龍子三ツ塚古墳調査団、二〇一〇年）。
(22) 前掲註（5）土生田純之「半島の積石塚と列島の古墳」、西谷正「高句麗と古代の日本」（『古代を考える』四四、古代を考える会、一九八七年）。
(23) 安村俊史「茶臼塚古墳」（『積石塚大全』）。
(24) 和田萃『大系日本の歴史2 古墳の時代』（小学館、一九九二年）。
(25) 西田大輔編『相島積石塚群』（新宮町埋蔵文化財発掘調査報告第十六集、一九九九年）。
(26) 前掲註（25）西田大輔編『相島積石塚群』。
(27) 宇野愼敏「九州島周縁部における島嶼所在群集積石塚とその背景」（『還暦、還暦?、還暦!』―武末純一先生還暦記念献呈文集・研究集―』武末純一先生還暦記念事業会、二〇一〇年）。
(28) 滝沢誠「二本ヶ谷積石塚群の歴史的性格」（『二本ヶ谷積石塚群　保存整備事業報告書』浜松市教育委員会、二〇〇九年）。
(29) 鈴木一有氏は、集団の故地が朝鮮半島に限らず、近畿地方中枢部や西日本の某所であった可能性もあるとする。また、直接的に朝鮮半島から移動した場合でも、半島南部域に移り住んだ高句麗系集団など、半島内での二次的な移動もありえると考えている。
(30) 鈴木一有「東海地方の様相―二本ヶ谷積石塚群の実相と被葬者像―」（『文化の十字路 信州』日本考古学協会二〇一三年度長野大会実行委員会、二〇一三年）。
(31) 鈴木一有「遠江」（『積石塚大全』）。
(32) 佐々木憲一・河野正訓・高橋透・新井悟編『信濃大室積石塚古墳群の研究』Ⅳ（明治大学文学部考古学研究室、二〇一五年）。
(33) 前掲註（16）森浩一・NHK取材班『騎馬民族の道はるか　高句麗古墳がいま語るもの』。
(34) 前掲註（20）土生田純之『古墳時代の政治と社会』。
(35) 前掲註（32）佐々木憲一・河野正訓・高橋透・新井悟編『信濃大室積石塚古墳群の研究』Ⅳ。
(36) 前掲註（20）土生田純之『古墳時代の政治と社会』。
(37) 若狭徹『古代の東国1 前方後円墳と東国社会』（吉川弘文館、二〇一七年）。
(38) 土生田純之編『積石塚大全』（雄山閣、二〇一七年）。

出典

図1～3　筆者撮影。
図4　茶臼塚古墳の図は註（24）より引用。それ以外は筆者撮影。

あとがき

日本の中学・高校の教科書は、広開土王碑（好太王碑）について倭国と朝鮮半島との関係を書いているので、人口に膾炙している。古い時代の史料がきわめて少なく、四世紀では広開土王碑、五世紀になると『宋書』倭国伝の「倭の五王」について触れざるをえないからだ。倭の五王と半島の百済・新羅等との関係は、広開土王碑に刻まれている倭国の半島進出と強い関係がある。ところが、教科書に掲載されている小さい写真を見たことがあっても、広開土王碑の実物を見た人はそれほど多くはないだろう。なにしろ石碑の拓本である整紙本の大きさは、面によって数値は異なるが、縦が五ｍ五〇㎝近くもあり、横幅も二ｍ近くある巨大な拓本だからである。

広開土王碑の研究は、十九世紀後半の発見以来、碑文研究が中心になっていたが、資料としての拓本研究は必ずしも十分ではなかった。今日でこそ、原石拓本や石灰拓本などの拓本研究は進んでいるが、誰もが写真を手元において拓本を観察できるような環境にはない。したがって、釈読文が正確かどうかを確かめることも、たやすくできなかったのが現状だろう。本書の企画は、複数の拓本を並べることにより、こうした研究状況を大きく変えることにある。

ところで、明治大学は広開土王碑研究とは深い関係にある。拓本を集成して本格的な拓本研究を始めた李進熙さんは、「広開土王陵碑の研究」で明治大学において博士号を取得している。また、本書の刊行委員の一人である徐建新さんは、中国の博物館・図書館で原石拓本を発見したばかりか、日本学術振興会の「論文博士号取得希望者に対する支援事業」を使って明治大学で研究し、「好太王碑拓本の研究」で博士号を取得した。この二つの研究は、学史に残る研究といって過言ではない。

このような明治大学における広開土王碑文の研究の高まりのなかで、図書館が整紙本と剪装本の拓本を所蔵するに至る。剪装本の購入にあたっては、文部科学省の私立大学教育研究高度化推進補助金の支援を受けている。

なお、本広開土王碑研究は、明治大学の国際共同研究プロジェクト支援事業「明治大学所蔵好太王碑拓本と新出「集安高句麗碑」の碑文とその歴史的研究」（二〇一三〜二〇一五年度）による研究成果の一部である。日中の共同研究で、現地調査や原石拓本の研究などを行なってきた。また、明治大学図書館から多大なご支援をいただいたことを明記し、関係者の皆さんに感謝したい。

二〇一九年二月

吉村武彦

執筆者紹介

【編者】明治大学広開土王碑拓本刊行委員会

吉 村 武 彦（よしむら たけひこ）

加 藤 友 康（かとう ともやす）

徐　建　新（xú jiàn xīn）

吉 田 悦 志（よしだ えつし）

【執筆者（執筆順）】

矢 越 葉 子（やごし ようこ）

明治大学研究推進員。日本古代史。

〔主な著作〕「天一閣蔵明鈔本天聖令の書誌学的検討―唐令復原の一方法として―」（『〈お茶の水女子大学〉人文科学研究』12，2016年）・「東大寺所蔵経巻の検討―「神護景雲二年御願経」と正倉院文書を手がかりに―」（『正倉院文書研究』15，2017年）

朱　岩　石（zhū yán shí）

中国社会科学院考古研究所研究員・副所長。中国考古学。

〔主な著作〕『雲崗石窟』全20巻（副主編，中国語版，科学出版社，第1期2014年，第2期2016年，第3期2018年）・「漢唐都城規劃中公共系統空間考古学研究」（『社科大講堂・史学巻』経済管理出版社，2011年）・「東魏北斉鄴南城内城之研究」（『漢唐之間的視覚文化与物質文化』文物出版社，2003年）

黄　正　建（huáng zhèng jiàn）

中国社会科学院歴史研究所研究員。中国古代史。

〔主な著作〕『唐代衣食住行研究』（首都師範大学出版社，1998年）・『敦煌占卜文書与唐五代占卜研究　増訂版』（中国社会科学出版社，2014年）・『走進日常　唐代社会生活考論』（中西書局，2016年）

河 野 正 訓（かわの まさのり）

東京国立博物館考古室研究員。日本考古学。

〔主な著作〕『古墳時代の農具研究』（雄山閣，2014年）・佐々木憲一・河野正訓・高橋透・新井悟編『信濃大室積石塚古墳群の研究Ⅳ』（明治大学考古学研究室，2015年）

【翻訳】

石黒ひさ子（いしぐろ ひさこ）

明治大学政治経済学部兼任講師。中国史。

〔主な著作〕『花咲く中国語』（共著，朝日出版社，2013年）・「中日交流史上的墨書陶瓷与寧波」（『天一文苑』23，2018年）・「墨書陶磁器からみた「綱」」（『南島史学』86，2018年）

波多野由美子（はたの ゆみこ）

日本中国考古学会会員。日中交流史。

〔主な著作〕王士倫「中国漢・六朝の銅鏡銘文」（翻訳，『古代学研究』126号，1991年）・「「倭人伝」の表記とその後」（『古代探求』中央公論社，1998年）

【編者】明治大学広開土王碑拓本刊行委員会

吉村武彦（よしむら たけひこ）

明治大学名誉教授。日本古代史。

〔主な著作〕『日本古代の社会と国家』（岩波書店，1996年）・『ヤマト王権』〈シリーズ日本古代史２〉（岩波新書，2010年）・『大化改新を考える』（岩波新書，2018年）

加藤友康（かとう ともやす）

明治大学大学院文学研究科特任教授。日本古代史。

〔主な著作〕「古代文書にみえる情報伝達」（藤田勝久・松原弘宣編『古代東アジアの情報伝達』汲古書院，2008年）・「日本古代の情報伝達と出土文字史料」（吉村武彦編『日本古代の国家と王権・社会』塙書房，2014年）・「平安貴族による日記利用の諸形態」（倉本一宏編『日記・古記録の世界』思文閣出版，2015年）

徐 建 新（xú jiàn xīn）

中国社会科学院世界史研究所研究員。日本古代史。

〔主な著作〕『好太王碑拓本の研究』（日文，東京堂出版，2006年）

吉田悦志（よしだ えつし）

明治大学図書館長。明治大学国際日本学部教授。博士（学術）

〔主な著作〕『上司小剣論―人と作品』（翰林書房，2008年）・『事件『大逆』の思想と文学』（明治書院，2009年）・『明治大学文人物語―屹立する「個」の系譜』（明治大学出版会，2016年）・『阿久悠 詞と人生』（明治大学出版会，2017年）

明治《めいじ》大学《だいがく》図書館《としょかん》所蔵《しょぞう》　高句麗《こうくり》広開土王碑《こうかいどおうひ》拓本《たくほん》

2019年3月25日　初版第一刷発行　　定価（本体15,000円＋税）

編者　明治大学広開土王碑拓本刊行委員会

発行所　株式会社　八木書店 古書出版部
代表　八木乾二
〒101-0052 東京都千代田区神田小川町3-8
電話 03-3291-2969（編集） -6300（FAX）

発売元　株式会社　八木書店
〒101-0052 東京都千代田区神田小川町3-8
電話 03-3291-2961（営業） -6300（FAX）
https://catalogue.books-yagi.co.jp/
E-mail pub@books-yagi.co.jp

印刷　精興社
製本　牧製本

ISBN978-4-8406-2223-3